May our paths cross again someday

2100 코리아 유나이티드
변방에서 중심으로 뛰어든 젊은 한국인들을 위한 보고서

초판 1쇄 발행 2024년 7월 12일

지은이 정기종
펴낸이 장길수
펴낸곳 지식과감성#
출판등록 제2012-000081호

교정 및 편집 지식과감성#
마케팅 김윤길, 정은혜

주소 서울시 금천구 벚꽃로298 대륭포스트타워6차 1212호
전화 070-4651-3730~4
팩스 070-4325-7006
이메일 ksbookup@naver.com
홈페이지 www.knsbookup.com

ISBN 979-11-392-1977-7(03300)
값 18,000원

- 이 책의 판권은 지은이에게 있습니다.
- 이 책 내용의 전부 또는 일부를 재사용하려면 반드시 지은이의 서면 동의를 받아야 합니다.
- 잘못된 책은 구입하신 곳에서 바꾸어 드립니다.

지식과감성#
홈페이지 바로가기

2100

변방에서 중심으로 뛰어든 젊은 한국인들을 위한 보고서

코리아 유나이티드

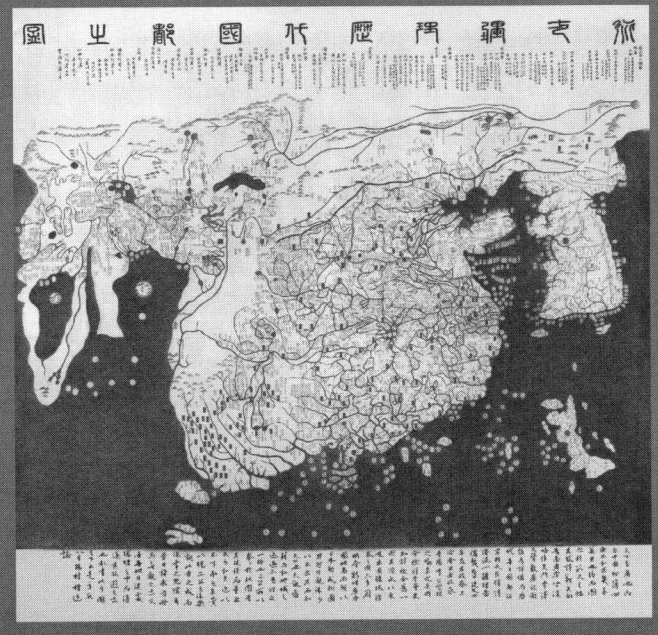

정기종 지음

21세기 과학기술의 초월적 발전은 한반도의 5천 년 지정학적 굴레를 벗겨 주었다.
한국은 변방에서 세계의 중심으로 뛰어들었고 미래는 젊은 한국인들의 시대가 될 것이다.
우리 역사 속에서 자신감을 찾으면 미래의 비전을 가질 수 있고 통일은 대한민국의 성공 여부를 결정할 것이다.

자신과감정

글머리에

파주 헤이리 마을의 가을 풍경은 아름답다. 카페에서 피자와 카푸치노로 점심을 하면서 주말 나들이 나온 젊은 세대를 본다. 밝은 얼굴의 행복한 표정이다. 해방과 전쟁의 어두운 시대를 보낸 이전 세대와는 다른 모습이다. 서울 광화문 주변 관청가도 변했다. 중앙청은 철거되어 한양 궁궐의 모습을 되찾았고 삭막했던 정부종합청사 앞은 유럽처럼 사람이 모이는 광장이 되었다. 이 책은 국내와 해외에서 외교 공무원으로 일한 경험과 지식을 돌아보고 쓴 글이다. 대한민국의 미래를 생각하면서 다음 세대에 보내는 보고서라 할 수 있다. 한 많고 억울함이 큰 한민족의 해원(解冤)을 위한 것이고 동시대를 살면서 좌절감과 성취감을 동시에 경험했던 세대의 자존감 회복의 기록이다. 2024년 대한민국은 사회적 갈등과 정치의 양극화 그리고 급격한 인구감소와 북핵 리스크 등 많은 문제를 안고 있지만, 아직 가능성이 살아 있고 사람들의 눈빛은 순박하다. 고난의 역사와 평화의 심성을 갖고 있어서다. 타고르의 표현을 빌리면 신이 사랑할 만한 사람들이고 숨겨 둔 신부와 같다.

우리의 근현대사는 철을 제련해 합금으로 만드는 것과 같은 연단과 융합의 역사였다. 그리고 과학기술의 초월적 발전은 한반도의 시공간을 완전히 변화시켰다. 유라시아 대륙의 변방에서 받은 압박이 신지정학의 개막으로 풀렸고 대한민국은 전 세계와 직접 연결되었다. 4대 강국인 미국과 중국, 일본과 러시아를 우리만큼 일상생활 속에서 가깝게 접하고 이해하고 있는 나라는 없을 것이다. 더구나 한민족 디아스포라의 대부분은 이들 국가 내에 있다. 우리의 저력은 이같이 세계로부터 수렴되어 융합된 지적·물리적 역량에서 나온다. 역사 속 모든 국가의 부흥에는 천지인(天地人)의 합일이 필요했다. 그리고 21세기 대한민국에는 천시와 지리 그리고 인화의 세 가지 조건이 무르익고 있다.

첫째는 천시(天時)의 도래다. 새천년을 앞두고 세계는 시대정신과 국제정세에 일대 변화가 이루어졌다. 20세기 두 차례 세계대전을 경험한 인류는 핵전쟁의 발발을 방지하고 평화와 인도주의를 주창하는 유엔의 창설로 새 시대를 열었다. 따라서 정신문명과 국가의 연성국력이 중시되는 세기를 맞았다. 대한민국의 스토리는 이러한 시대조류와 부합한다. 홍익인간의 건국철학으로부터 3.1 독립선언 그리고 한류문화까지 이어지는 인도주의 휴머니즘 코리아다. 유엔헌장과 유네스코헌장보다 반세기 앞서 어두운 패도의 시대가 가고 광명한 공의의 시대를 선포한 것이다. 이러한 정체성은 평화와 인류공영을 지향하는 동감국가(Like Minded Countries)들과의 연대를 만든다. 여기에 20세기 말 소련의 붕괴와 냉전체제의 해체는 우리의 외교지평을 획기적으로 넓히고 새로운 기회를 가져다주었다.

둘째는 메타버스(Metaverse)로 이루어진 신지정학의 등장이다. 통신과 운송기술의 발달로 변화된 지리(地理)는 시공간의 수렴(Time Space Convergence) 시대를 탄생시켰고 한반도에 새로운 지리(地利)를 가져다주었다. 이로써 변방의 한반도는 세계와 직접 연결되었다. 강대국 간에 놓인 변방국가는 작은 화분에 심은 나무나 어항 속 붕어처럼 위축될 수밖에 없다. 그러나 새롭게 창조된 메타버스에서 대한민국은 새로운 영토를 얻었다. 그리고 과거에 겪은 고난과 의지는 발전의 추동력이 되었고 역사는 이 같은 변방국가의 흥기 과정을 증언해 준다.

셋째는 인화(人和)의 잠재력이다. 대한민국은 정치와 경제의 격변기 속에 숨 가쁘게 달려왔다. 더구나 한국전쟁과 분단으로 인한 냉전의 분위기는 국가공동체의 갈등과 분열을 만들었다. 이제는 천시와 지리에 인화를 더한 천지인의 합일로 이어져야 할 때다. 이것은 한민족의 DNA 속에 하늘을 공경하고 자연을 사랑하며 의로움을 지향하는 전통이 있어서다. 인간의 마음을 잇는 정이 있어서 가능한 일이다. 이 때문에 정화수를 떠 놓고 기도하던 어머니와 할머니의 마음처럼 인화의 동아줄을 짤 수 있다. 호랑이에게 쫓기던 오누이가 하늘이 내려 준 동아줄을 타고 승천하는 이야기와 같다.

따라서 지금 대한민국은 새로운 패러다임이 필요한 시기가 되었다. 정부와 국민이 전략적 사고를 하고 역량이 활기를 얻으면 각각의 힘은 합력해 새로운 도약을 이루게 될 것이다. 그리고 핵전쟁의 위협과 물질문명의 한계에 봉착한 세계에 정신문화와 인도주의에 기반한 새로운 국제 레짐(Regime)을 주창할 수 있다. 대한민국은 세계에 평화와 인류공영의 희망을 줄 수 있는 나라다. 이 때문에 지금은 잠시 숨을 고르고 지내 온 시간을 돌아보고 미래의 나갈 길을 찾을 때다. 이것은 국가공동체의 진행방향에 있어서 질량과 속도를 포함하는 벡터 함수를 읽는 것이고 미지의 바다에서 새로운 항로를 찾는 항해사의 독도법과 같다.

통일은 한계에 봉착한 대한민국의 정치경제적 장벽에 돌파구를 만들어 줄 것이다. 이것은 민족의 사명이고 조상의 유훈을 이루는 일이다. 이를 위해서 우리 사회에 건강한 자유민주주의가 활성화되고 남북한 간의 소모적이고 자학적인 분단의 패러다임을 전환해야 한다. 100년 후의 한민족을 생각하고 우리가 방향을 잡아 나가면 지혜로운 후손은 더 나은 방법을 찾을 것이다. 후대가 할 일은 숨겨진 조상의 장점을 찾는 일이고 그들이 전하고 싶었던 메시지를 대신 말해 주는 것이다. 이것은 애정 없이는 할 수 없는 일이기에 훌륭한 자손이 훌륭한 조상을 만든다. 21세기 대한민국의 성공은 이 같은 한민족공동체를 이끌 리더십을 위해 '역사의 신'이 준 것이다. '민족중흥의 역사적 사명을 띠고 이 땅에 태어나'를 외우면서 '새 역사를 창조'하기 위해 '줄기찬 노력'을 했던 세대의 마지막 책임이라고 할 수도 있을 것이다. 이것은 민족 간의 투쟁이 아니라 조화를 이룰 때 비로소 가능하고 후대에 번영을 전해 주는 길이 된다. 지금은 물줄기가 흘러 바다로 가듯이 한민족의 로드맵을 만들어 갈 때다. 우리가 뿌리 깊은 나무가 되고 샘이 깊은 물이 되면 이 나무는 배가 되어 세계의 큰 바다로 나갈 것이다.

끝으로 원고의 초안을 감수해 주신 여러분들에게 깊은 감사를 드린다. 문맥의 정리와 내용의 정돈을 비롯해 이분들의 귀중한 조언이 없었으면 글을 완성하지 못했을 것이다. 멋진 책으로 다듬어 준 지식과 감성#의 교정·편집 전문가들의 노고에도 감사드린다.

목차

글머리에 4

I 천시(天時)의 도래
1. 역사의 신 13
2. 떠오르는 K-세계관 28
3. 타임 스페이스 컨버전스 39
4. 변방에서 중심으로 50

II 초연결 시대의 지리(地理)
1. 세계의 중심이동 65
2. 그레이트 게임 78
3. 변방의 약진 92
4. 지리(地理)와 지리(地利) 106

III 인화(人和)가 모두를 결정한다
1. 화합의 인재 121
2. 포괄적 정확성 133
3. 신뢰의 구축 144
4. 공동체 유산 155

IV 전략적 사고가 필요한 때
1. 시스템적 사고 169
2. 현실적 실용주의 180
3. 전략적 균형감각 191
4. 유연한 창조력 201

V	역량배양의 길	
	1. 섬김의 리더십	219
	2. 수평적 펠로우십	231
	3. 꾸준한 역량배양	241
	4. 통합적 사기진작	254

VI	시간(時間)이 문제다	
	1. 베이직 원칙	269
	2. 인내의 과정	279
	3. 조절된 속도	290
	4. 굿 거버넌스	301

VII	세계의 흐름	
	1. 갈등의 동북아	315
	2. 신흥세력 아시아	329
	3. 기득권 미국, 유럽, 호주	341
	4. 태동의 중남미, 아프리카	352

VIII	2100 코리아 유나이티드	
	1. 철학과 상식 그리고 원칙	367
	2. 능동적 가치외교	381
	3. 인고의 K-정체성	396
	4. 2100 코리아 유나이티드	408

참고자료	424

I
천시(天時)의 도래

20세기 두 차례 세계대전의 참화를 겪은 세계는 핵전쟁을 막고 인류의 평화정신을 높이기 위해 유엔을 창설했다.

이 같은 의지를 담은 유엔헌장과 유네스코헌장보다 반세기 앞서 한국민은 3.1 독립선언으로 어두운 패도의 시대가 가고 광명한 도의의 시대가 도래했음을 알리고 인류 양심의 새 기운을 주창했다.

21세기를 목전에 두고 일어난 소련의 붕괴와 냉전의 종식은 세계의 지정학적 구도를 변화시키고 한국에 새로운 기회를 주었다.

그리고 널리 인간을 이롭게 하자는 홍익인간의 사상은 국제사회에 모범적 가치 질서로 제시할 수 있게 되었다.

여기에 과학기술의 초월적 발전은 세계에 한국의 문화와 정신을 직접 알리는 길을 열어 주었다.

바야흐로 한국은 정신적 가치와 지정학적 가치 모두에서 세계의 변방에서 중심으로 들어선 것이다.

1. 역사의 신
1. 새천년의 새로운 바람   13
2. K-역사의 부활   16
3. 한반도의 크로노스와 카이로스   21
4. 한국에 주어진 천시   24

2. 떠오르는 K-세계관
1. 새로운 가치관의 부상   28
2. 널리 인간을 이롭게 한다는 건국철학   31
3. 제국과 의로운 민족   33
4. 조선열전, 한나라식 제국주의   36

3. 타임 스페이스 컨버전스
1. 시공간의 수렴시대   39
2. 속도와 시간을 만드는 사람들   42
3. 메타버스(Metaverse)에서의 영토변화   44
4. 과학기술이 만든 새로운 시공간   47

4. 변방에서 중심으로
1. 신지정학이 바꾼 한반도의 위상   50
2. 고대 인도가 중국에 준 영향   54
3. 프랑스 대포와 영국 대포   56
4. APR 1400 원전 수출의 의미   59

1. 역사의 신

1. 새천년의 새로운 바람

1) 21세기는 역사상 가장 큰 변화가 있는 시대다. 100년 전 제국주의의 광풍 속에 휩쓸린 세계는 제1, 2차 세계대전을 발발시켜 역사상 전대미문의 참상을 겪었다. 그리고 이러한 과오를 되풀이하지 않고 인류의 정신을 고양하기 위해 유엔을 창설했다. 전체주의 독재정치와 핵전쟁으로 인한 인류멸절의 위기를 방지하고 다음 세대에 지속가능한 평화와 번영을 전해 주기 위해 평화주의를 제도화하고 새로운 세계관을 구축한 것이다.

2) 그리고 과학기술의 초월적 발달은 최고조에 달해 세계의 시간과 공간을 완전히 새롭게 바꿔 놓았다. 인류는 '호모 데우스(Homo Deus)'라는 표현이 나올 만큼 신의 영역에 가까워졌고 인간의 활동여건도 과거와 비교할 수 없을 정도로 빠르게 변화가 이루어졌다. 따라서 국가 간에도 과거의 형태와는 전혀 다른 관계가 형성되었다. 근대와 현대를 넘는 초현대 시대에 새로운 지정학적 환경이 만들어진 것이다.

3) 이 같은 시공간의 수렴(Time Space Convergence) 시대는 한반도를 유라시아 대륙의 변방에서 세계의 중심으로 뛰어들게 해 주었다. 한국은 세계 각국과 신속한 대규모 인적 물적 교통이 가능하

게 되었고 새로운 국가와 연결되었다. 그리고 육상과 해상에서 전에 없던 길이 생겼고 실시간 통신으로 창조된 메타버스(Metaverse)의 신공간에서는 새로운 영토가 탄생했다. 이것은 우리의 의지나 역량과는 무관하게 진행된 것이기에 운 또는 천시라고 부를 수 있다. 국가와 민족의 운도 변하고 있고 21세기는 한국의 국운이 시작되는 시점이 된다. 고난과 연단의 시간을 거친 한민족에 주는 천시라 할 수 있다. 여기에는 역사에 나타난 변화의 법칙이 있다.

4) 역사의 법칙은 과거에 있었던 사건들에 나타난 일정한 규칙성을 찾는 시도다. 그리고 역사의 발전은 이 같은 법칙을 믿는 인간의 심리가 만들어 낸다. 근대 역사철학의 문을 연 헤겔은 《역사철학강의》에서 역사를 4개의 발전 단계로 구분했다. 이것은 첫째, 역사의 유년기로 개인의 주관적 자유가 없는 동양 세계다. 둘째, 그리스 세계로 인간의 개성이 처음으로 나타난 청년기다. 셋째, 로마 세계는 추상적인 보편성을 가진 장년기다. 넷째, 게르만 세계는 자유와 진리의 실현을 위한 완숙한 노년기다. 헤겔은 일인 지배하의 동양은 전제주의적 폐쇄사회이기 때문에 쇠퇴할 수밖에 없다고 하고 역사의 가장 절정기에 달한 게르만 민족에게 이 같은 인류발전의 역사적 사명이 있다고 주장했다.[1]

5) 종교에서 보는 견해는 더욱 확실하다. 역사에는 인간과 자연을 창조한 신의 주권적 섭리가 있다는 것이다. 삼 대 유일신 종교의 원형인 유대교가 대표적이다. 뒤를 이은 그리스도교는 바울이 말한 것처럼 하나님을 사랑하는 자 곧 그 뜻대로 부르심을 입은 사람들에게는 모든 것이 합력하여 선(善)을 이룬다고 믿는다. 그리고 불교의 진

리를 따르는 사람들에게는 인(因)과 연(緣)이 만나 이루어지는 연기(緣起)의 법칙이라고 할 수 있다. 한민족은 하늘을 숭상하고 자연을 존중하고 의지해 살아온 사람들이다. 신앙심 깊은 이 땅의 어머니들은 이른 새벽 정화수를 떠 놓고 소원을 빌었다. 절기마다 하늘에 제사를 지내고 축제를 했으며 몽골제국과의 전쟁 중에도 팔만대장경을 만들었다. 하늘이 비를 내리신다고 하고 비가 오신다고 표현하면서 하늘의 은혜에 감사했다. 자연을 정복하기보다 함께 조화를 이루며 지내 왔고 신과 자연 그리고 인간의 합일을 중요하게 여겼다. 한민족의 역사의 법칙은 이 땅의 산과 들에 남겨져 있는 이 같은 천지인(天地人)의 조합으로부터 찾을 수 있다.

6) 역사학자들은 역사 속 민족들의 흥망성쇠에 나타난 일정한 법칙을 설명했다. 이 중에는 해방 후 교육자의 길을 걸은 김준엽의 《역사의 신》이라는 관념이 있다. 이것은 일제강점기 대한의 독립을 예견한 젊은 한국인의 인생 기록이다. 학병으로 징집된 후 정의롭고 선한 민족이 결국 승리한다는 역사의 법칙을 믿고 일본군을 탈출해 광복군에 입대하는 멀고 긴 장정(長征)의 길을 선택한 것이다. 유대인 사상가 발터 벤야민은 역사를 자주적으로 읽고 해석해야 비로소 자신의 역사를 찾아낼 수 있다는 의미에서 역사의 솔질을 이야기했다. 유대인의 역사와 비슷한 고난을 겪은 한민족도 분명한 역사의식을 가질 시간이 되었다. 확고한 역사인식에 기반을 둔 후에 비로소 흔들리지 않고 미래를 향해 나갈 수 있기 때문이다.

7) 한민족은 5천 년 가까운 역사를 유라시아 대륙의 동쪽 끝에서 민

족의 생활공간을 영위해 왔다. 그리고 국가와 영토의 변화를 거치면서 역사의 법칙에 영향을 받았다. 이것은 점차로 외부로부터 더해진 요소들을 포용하면서 이루어진 한민족의 시간과 공간의 변화였다. 21세기 한반도는 이러한 시공간의 조건이 근본적으로 바뀌는 중이다. 이러한 과정을 이해하고 비로소 과거에 걸어온 궤적과 현재의 위치를 정확하게 파악할 수 있다. 그리고 이것은 미래의 비전이 되어 역사의 새로운 물결을 타고 나갈 배가 된다.

2. K-역사의 부활

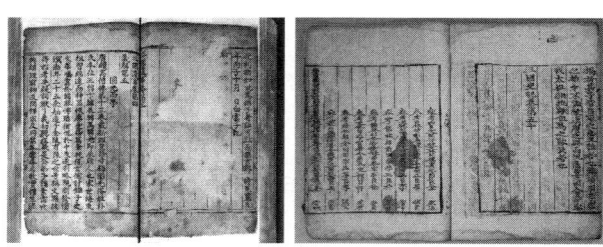

(출처: (왼쪽) 삼국유사, 국가유산청 (오른쪽) 삼국사기(三國史記), 국가유산청)

이민족이 쓴 《사기》와 《조선사》는 한민족이 쓴 《삼국사기》와 《삼국유사》의 시각과 다르다.

1) 21세기에 들어 한국인의 역사인식에 새로운 변화의 바람이 불어오고 있다. 시간과 공간이 새롭게 맞춰지는 퍼즐 같은 역사의 재구성이다. 첫째로는 과거에는 제대로 알려지지 않았던 우리 역사문화의 재발견이다. 여기에는 세계와 한반도의 고대사를 다시 쓰게 한 홍산문명 유적과 같은 전대미문의 발견도 포함된다. 2023년 9월에는 그동안 경시되었던 가야 고분군이 유네스코 세계유산에 등재되

었다. 우리 역사기록물의 경우에는 더 많고 다양한 변화가 생겼다. 이 때문에 지금은 그동안 한국이 정치경제적으로 격동의 시간을 보내면서 올바로 볼 수 없었던 역사의 조각들을 모자이크하는 시간이 되었다. 그리고 이후에 조각이 맞춰진 다음에 한국은 전혀 새로운 모습으로 나타날 것이다.

2) 둘째로는 왜곡된 역사기록의 재해석이다. 1145년 고려의 김부식은 《삼국사기》를, 그리고 1281년 일연은 《삼국유사》를 편찬했다. 그러나 우리 역사기록은 한무제(漢武帝) 당시 기원전 108~91년경 사마천이 쓴 《사기》에 〈조선열전〉으로 처음 등장한다. 이후에도 중국의 사가들은 한민족을 비롯한 주변 민족과 관련한 역사기술을 했다. 동이, 서융, 남만, 북적 그리고 흉노(匈奴)와 같은 용어를 사용해 이들 고유의 문화형태를 무시한 채 비문명 집단으로 규정지어 놓았다. 그리고 근대로 들어서는 중요한 순간에는 일제가 식민화 작업 우선순위로 조선의 역사를 편찬해 발간했다. 우리 역사를 인접 국가들이 자신의 의도대로 해석하고 기록한 것이다.

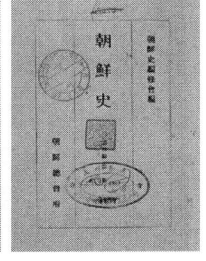

(출처: (왼쪽) 사마천 사기, 바이두백과)

《사기》와 《조선사》

3) 1922년 조선총독부는 직속기구로 조선사 편수위원회를 조직했다. 그리고 1925년에는 조선사편수회로 개편하면서 16년 동안 당시 거액인 100만 원을 예산으로 역사편찬 작업을 했다. 1938년에 《조선사》 35권을 발간하고 편찬 과정에서 수집된 주요 사료와 고문서를 각각 《조선사료 총간》 20개와 《조선사료집진》 3책으로 묶어 사업을 일단락했다. 당시 수집한 사료는 한국, 일본, 중국에서 찾아 모든 4,950책이며 그 외에도 사진 4,510매, 문권, 화상, 편액이 453점에 달했다. 일제가 한민족의 역사와 정신을 왜곡해 평가절하하고 부정적 관점에서 기술하는 것은 당연한 일이었을 것이다. 편찬 책임자 중 하나인 스에마츠 야스카즈는 "한국이 우리 국가에 병합되어 그 이름도 조선으로 고친 것과 동시에 그 모든 영토는 우리 국가의 일부분이 되었다. 그 이래 조선의 역사는 순연한 국사의 일부분을 이루고 있어 이미 국사의 바깥에 조선사는 존재하지 않는 것"이라고 했다.[2] 이것은 식민지였던 조선사의 위상을 일본사의 지방역사로 이미 방향을 정하고 작업한 사실을 말해 준다.

4) 일제가 만든 《조선사》가 왜곡된 시각에서 편찬된 것임은 명확하다. 이러한 1차 자료를 모든 학자와 일반인이 읽고 평가할 수 있도록 한글로 번역해 공개하는 것은 중요한 일이다. 그러나 우리 역사를 바로잡는 이러한 작업은 해방 이후 줄곧 답보상태에 있었다. 한국 역사학계는 1961년 이기백의 《한국사 신론》을 비롯해 본격적으로 탈식민지적 역사해석을 시작했다. 그리고 식민사학 극복을 위해 노력해 나갔다.[3] 그러나 해방 이후 한국전쟁을 거치고 정치경제적 혼란기에 우리 역사학계가 본격적인 연구활동을 하기 어려웠을 것은

충분히 이해할 수 있는 일이다. 《조선사》의 한글 작업은 2022년에 비로소 일차적으로 번역 작업이 끝났다. 이제는 되찾은 자료와 역사 인식으로 우리의 역사를 새롭게 검증해 쓰고 있다. 우리 자신의 눈으로 역사의 해석이 이루어지는 것이다.

5) 《조선왕조실록》은 1392년~1863년간 태조부터 철종까지 25대 472년 조선왕조의 기록이다. 1997년 유네스코 세계기록유산에 등재된 세계에 유례가 없는 국가기록물이다. 실록의 한글 번역과 인터넷 등재 작업은 1993년에 완료되었다. 어린 학생으로부터 노인에 이르기까지 모든 국민이 우리 역사를 직접 찾아볼 수 있게 된 것이다. 중종반정 후 7일 만에 폐비가 된 단경왕후를 연민하는 중종과 왕비와의 사랑은 〈7일의 왕비〉 이야기로 돌아왔다. 이에 따라 영국 헨리 8세와 앤 불린의 〈천일의 앤〉 못지않은 흥미 있는 우리의 이야기들이 만들어질 수 있었다. 이와 같은 역사문화 기록은 거름이 되어 한국 역사가 계속되는 동안 수많은 열매를 맺게 할 것이다. 왕실로부터 민간에 이르기까지 우리 전통에 담긴 이야기들이 부활한 것이다. 튼실한 열매를 맺는 뿌리 깊은 나무와 크고 멀리 흐르는 샘이 깊은 물을 찾은 것과도 같다. 이외에도 임진왜란 때에 소실된 초기 책들을 제외하고 1623년 인조부터 1894년 고종까지 270여 년간의 《승정원일기》 역시 마찬가지다. 2001년 유네스코 세계기록유산에 등재될 만큼 장기간 왕실 안팎에서 일어난 일들을 기록한 소중한 문화유산이다. 민족의 정신을 찾아볼 수 있는 기초 자료를 발굴해 우리 자신을 알게 된 것은 무엇보다 중요한 일이다. 한글로 기록된 조선시대 왕실과 사대부의 서간과 여인들의 규방문화 기록

이 발굴되었고 현대어로 번역되어 출판되었다. 북한과 중국 내 조선족 사회가 보유하고 있는 자료까지 포함한다면 더욱 풍부하게 될 것이다. 이제는 과거의 역사 경험과 고전의 지혜를 더 이상 외국의 것에만 의존해 인용하지 않고 우리 역사에서 찾아볼 수 있게 된 것이다.

6) 과거의 우리 역사기록을 재해석하는 일과 함께 주목할 소식은 해외에 나갔던 우리 역사자료의 귀환이다. 한국의 국력이 커지고 세계와의 접촉이 용이하게 된 때문이다. 2011년 8월에는 프랑스에서 《의궤(儀軌)》가 반환되어 145년 만에 한국으로 돌아왔다. 《의궤》는 1866년 병인양요 때 프랑스군에 의해 약탈당했던 조선의 의전교범이다. 책 속에는 오직 단색의 백의민족으로만 알고 있던 조선의 화려한 의전행사 모습이 그대로 그려져 있다. 찬란한 왕실복장과 장대한 의장행렬이 착용한 원색의 복장과 격조가 드러난 것이다. 이로써 조선인들은 거의가 흰색 옷만을 입고 있었다는 고정관념이 깨어졌다. 색채감각 없는 무지한 민족이라는 정신적 굴레에서 벗어난 것이다. 그리고 한국 전통예술의 아름다움은 외국에서 먼저 알게 되어 높은 평가를 받았다.

7) 외국에서 돌아온 조상의 역사문화 자료에 의해 현대 한국인의 정신세계는 더욱 풍요해졌다. 1402년 조선이 제작한 〈혼일강리역대국도지도〉는 세계지리학계의 높은 평가를 받는 고대 세계지도다. 지도는 임진왜란 때 일본에 약탈당했다가 500년 후인 1910년 일본 교토의 류코쿠 대학을 통해 발표되면서 세계에 존재가 알려졌다. 그 밖에 미국으로 반출되었던 유물들도 돌아왔고 독일에서 발견된 19세

기 조선화가 기산 김중근의 풍속화는 외국 화랑에서 먼저 인정받았다. 외국 미술관에 소장된 무명의 조선 화가 그림의 가치가 해외에서 먼저 평가받은 후에 한국으로 역수입된 것이다. 이러한 일은 우리의 DNA 속에 잠자고 있던 역량을 새롭게 발견하고 자신감을 갖게 했다. 외국에 나가 있는 문화유물뿐만 아니라 고서적들이 돌아올 수 있도록 더욱 노력해야 할 이유다.

3. 한반도의 크로노스와 카이로스

1) 시간은 두 종류로 나눠진다. 주관적 시간과 객관적 시간의 두 가지 다른 관념이다. 같은 시계지만 한 사람이 보는 시계의 침은 느리고 다른 사람에게는 빠르게 인식되는 것이다. 사형 집행 직전에 사면된 도스토옙스키가 말한 사형수의 시간관념이나 유대교에서 말하는 야훼에게는 하루가 천 년 같고 천 년이 하루 같다는 말과 같다. 신의 시간 크로노스(Cronos)는 인간에게 공평하게 나누어 준 시간이다. 여기에 신의 섭리 속에 인간이 어떤 관념과 의지를 갖고 사용하느냐를 더하면 카이로스(Kairos)의 시간이 된다. 오랜 유랑 생활 속에서 유대민족이 견딘 힘의 근원이다. 이것은 헬레니즘과 함께 유럽의 역사를 구성하는 또 하나의 문화인 히브리즘 역사관의 근간이 된다. 로마에서 국교로 발전한 기독교의 여호와 신앙이다. 그리고 고난의 역사 속에 하늘님의 보우하심을 기원한 한민족의 시간도 이와 같다.

2) 크로노스와 카이로스는 서로 다른 방향과 속도를 갖고 흐르는 시간이다. 이렇게 연계된 두 개의 시간이 만드는 역사는 랑케의 실증주의 역사보다는 조지 잉거스가 해석한 것 같은 스토리 역사에 가깝다. 또는 E. H. 카의 "과거와의 대화"나 발터 벤야민의 "역사의 솔질"에서 나타나는 시간관념이다. 단순히 수평적으로 진행되는 물리적 시간관념과는 다른 신의 섭리와 인간의 의지가 합해져 작용하는 것이다.

3) 더욱이 현대의 시간은 과학기술에 의해 실제로 변하고 있다. 빠른 속도를 만들어 거리를 줄이고 시간의 총량을 늘리기 때문이다. 시간의 물리적 변화에 따라 관념으로서의 시간도 바뀌게 되었다. 시간이 세계의 공간과 인간을 변화시켰기 때문이다. 크로노스의 시간과 카이로스의 시간이 만나면서 일어난 일이다. 이러한 시간의 변화는 세계의 중심지보다 변방에 더욱 많은 충격을 주었고 세계와의 실시간 인적·물적 접속이 가능하게 해 주었다.

4) 각각의 국가마다 시간이 다르다. 활용하는 시간의 속도가 다른 것이다. 유럽과 미국은 가장 먼저 빠른 속도를 달성했다. 그리고 이에 따라 많은 시간과 넓은 공간을 확보했다. 1814년 스티븐슨이 만든 최초의 영국 증기기관차 속도는 마차 정도의 느린 속도였다.[4] 1825년에 시속 39킬로미터 정도였다. 당시 미국 내 교통기관의 속도변화는 디트로이트와 란싱 간 46킬로미터의 이동시간이 1840년대 마차로 1,300분에서 120년 후인 1960년대에는 철도나 자동차로 80분으로 줄었다. 2020년대 KTX의 최고시속 421킬로미터나 중국 고속

철의 501킬로미터 그리고 프랑스 TGV의 575킬로미터와 일본 신칸센의 603킬로미터와는 비교할 수 없는 시작이었다. 러일전쟁에서 러시아 발틱함대는 1904년 10월 14일 북해를 출항해 지구 둘레 4분의 3에 달하는 29,000킬로미터를 220일 동안 항해한 끝에 1905년 5월 27일 대한해협에 도착해 일본 연합함대와 전투를 벌였다. 이후 항공기의 발달은 장거리 이동시간을 획기적으로 단축했다. 최초의 태평양 횡단 비행기는 미국의 단엽기 미스 비돌이었다. 미스 비돌은 1931년 10월 4일 일본 아오모리현의 사비시로 해안을 출발해 태평양 상공을 무착륙으로 8,850킬로미터를 비행했다. 그리고 41시간 뒤 미국 시애틀 공항에 도착했다. 오늘날에는 제트엔진 여객기의 인천공항과 LA 공항 간 태평양 횡단 비행시간은 11시간 정도다. 그만큼 국가 간의 인적 물적 이동이 대규모로 빠르게 이루어지고 있다.

5) 현대 교통과 통신 수단의 발달로 한국과 같은 극동의 변방국가는 가장 큰 수혜를 입은 국가가 되었다. 이러한 변화가 없었다면 1950년 한국전쟁이 발발하자 세계 각 지역에서 편성된 유엔군이 한반도까지 신속히 이동해 올 수는 없었을 것이다. 16개국의 전투병력과 5개국의 의료지원단 그리고 40여 개 국가에서 물자를 보내왔고 이것은 신생 대한민국을 패망에서 구했다. 그리고 국제무대에서 한반도의 새로운 지정학적 관계를 만들었다. 유사 이래 장구한 시간 동안 지정학적 굴레에 매여 있던 한반도의 사슬이 벗겨지는 천우신조의 호기를 맞은 것이다. 오랜 역사의 질곡 속에 고난의 시간을 보낸 한민족에게 역사의 신이 응답한 것이라 할 수 있다.

6) 이 같은 역사적 사실로 대표적인 민족은 유대민족이다. 기원전 1400년 출애굽의 엑소더스 서사가 이와 같고 제2차 세계대전 후 1948년 5월 이스라엘의 건국이 그렇다. 전 세계로 흩어진 유대인 디아스포라는 시대적 격동기마다 이러한 크로노스와 카이로스의 시간을 자신들에 유리하게 사용했다. 유라시아 대륙의 동쪽 끝 변방에 있던 한민족도 어려운 환경 속에 운명을 개척해 왔다. 그리고 우리의 독립운동과 함께 미국과 소련이 일본제국을 붕괴시켜 광복을 성취했다. 이제는 새로운 시대를 맞아 과거를 돌아보고 미래를 계획할 시기가 되었다. 시간은 한민족의 편이고 미래는 이 같은 천시를 활용해 시공간을 새롭게 재구성하는 한민족의 역량에 달려 있다.

4. 한국에 주어진 천시

1) 어느 강대국이나 전략가들은 마치 신과 같이 지구본을 손에 들고 세계전략을 구상한다. 그리고 국가와 민족의 운명을 좌우하는 결정을 내린다. 국제정치학자들은 자주 세계지도를 보는 것이 일상적인 습관처럼 되어 있다. 그러나 불완전한 인간이 만드는 전략은 상대적이고 약점과 결점이 나오기 마련이다. 이 때문에 클라우제비츠는 전쟁이 시작되면 그동안 준비한 계획은 휴지처럼 된다고 했다. 인간이 미처 모르는 변수가 있기 때문이다. 인간의 노력만으로는 한계가 있는 것이고 인시와 천시가 합해져야 한다.

2) 국가에도 개인과 마찬가지로 운이 존재한다. 이것은 요행수로 표

현되는 우연히 발생하는 경우의 수가 아니다. 오히려 상황을 정확히 보고 분석해 합리적으로 판단하는 결과물이다. 주변국의 국내외 상황이 우리에게 좋을 때와 나쁠 때가 있는 것처럼 국제관계에도 세력 변동이 있다. 강력하게 성장하는 국가가 압박해 올 때가 있고 반대로 주변국들의 세력이 개편되는 때가 있는 것이다. 주변국들의 국력이 약화하는 시기에는 우리의 국운이 발흥할 기회가 된다. 개인의 경우로 본다면 함께 시험에 응시한 경쟁자 중에 뛰어난 인재가 많을 때와 그렇지 않을 때가 있는 것과 같다. 이것은 자신의 능력과는 무관하게 생기는 외적 조건이기 때문에 천시 또는 운이라고 부를 수 있다.

3) 이처럼 운이란 기회와의 만남이다. 이 기회는 사람이나 물건 또는 환경과의 만남이 될 수 있다. 어느 방향에서 귀인이 온다는 토정비결의 은유적 표현에 비유할 수도 있다. 또는 신앙심 깊은 종교인에게는 신과의 만남이 될 것이다. 그리고 국가에는 어느 국가 어떤 민족을 만나게 되는가에 의해 변화가 이루어진다. 국운의 상승과 하강은 새로운 국가의 문명과 접하면서 시작된다.

4) 반만년 우리 역사의 대부분은 중국과 일본과의 양자관계였다. 북방민족과의 접촉이 있었지만 미미한 정도였고 거의가 중원으로 향해 중국과 동화했기 때문이다. 따라서 국가의 규모 면에서 압도적이었던 중국과의 관계는 불리한 조건이었다. 일본과의 관계는 삼국시대를 통해 일본역사의 초기에 선진문명을 전달하고 국가건설에 중요한 역할을 했다. 그러나 중국의 압박을 거의 받지 않은 일본은 신

속히 근대화에 성공했고 역으로 대한제국을 식민지화했다. 한반도는 대륙세력과 해양세력의 중간에서 피동성을 강요받았고 어려운 시간을 보냈다. 그러나 한민족의 역사를 자세히 보면 세계 어느 민족도 이러한 지정학적 조건에서 이곳에 살았던 선조들보다 잘 해낼 수 있었다고 말할 수는 없다.

5) 근대에 들어 서세동점 시대의 도래는 한반도에 새로운 기회를 가져다주었다. 중국 일본과의 단순한 양자관계로부터 다자관계로 바뀌었기 때문이다. 이것은 다음과 같은 면에서 한반도가 시대의 수혜자가 되었음을 의미한다. 첫째로, 서구문명의 직접 수용이다. 조선은 서구와 외교관계를 수립했고 이들 국가로부터 정부와 민간의 주요인물들이 입국했다. 1832년부터 시작된 기독교 선교사들의 교육과 의료 활동은 서구의 기독교 문명과 함께 자유민주주의적 사고방식을 전해 주었다. 물질문명뿐만 아니라 개인의식의 혁명이라는 근대화를 맞게 된 것이다. 이것은 조선의 수구적 사회제도를 변혁시키고 국민국가로 성장할 수 있는 토양을 제공해 주었다. 둘째로, 서구를 활용해 중국과 일본을 견제할 수 있게 된 점이다. 서구세력이 중국과 일본을 압박하면서 이들이 한반도에 미치는 영향력은 감소하게 되었다. 이러한 와중에 일본에 의해 식민지 기간을 거쳤으나 결국 서구에 의해 일본제국은 멸망했다. 그리고 일본은 장기간 역사의 부채를 안게 되었다. 셋째로, 이러한 여건을 활용하면서 체득한 민족 역량의 축적이다. 미국과 러시아는 한국의 근대적 의식형성과 독립운동에 중요한 역할을 했다.

6) 한국의 미국과 러시아와의 새로운 접촉은 줄다리기에 비유할 수 있다. 상대하는 나라가 중국과 일본 2개국에서 4개국으로 늘어난 것이다. 2인 줄다리기보다 3인 또는 4인 줄다리기에는 더 많은 변수가 있다. 강자와 약자 2인 간의 줄다리기는 뻔한 결과를 만들지만 다자간 줄다리기는 약자에게 유리하게 변한다. 상대의 힘이 분산되고 이것을 이용할 기회가 생기기 때문이다. 마치 카드 게임에서 자신의 손에 든 패가 많아지듯이 국가에는 대외정책에 활용할 수 있는 전략적 변수가 많아지는 유리함이 있다. 북방의 몽골과 중앙아시아 그리고 남방의 동남아시아 국가들과의 만남으로 동북아의 세력변동에 새로운 변수가 된 것 역시 우리에게는 중요한 사실이다.

7) 하늘이 준 기회를 인간이 바르고 성실히 이행한다는 점에서 천시(天時)는 인시(人時)라고도 할 수 있다. 전통적인 동양사상으로 본다면 천명(天命)사상이기도 하다. 그리고 한민족의 역사 속에는 신이 사랑할 사람들이 있었다. 자식을 사랑하는 마음으로 새벽 정화수를 떠 놓고 기도한 어머니의 마음이 담겨 있고 고향산천의 푸근함이 주는 평화가 있다. 불가능한 것처럼 보이는 여건 아래서도 조국의 독립을 위해 자신을 희생하는 길을 선택한 애국선열들이 있었다.

2. 떠오르는 K-세계관

1. 새로운 가치관의 부상

유엔헌장 제1장 제2조 4. 모든 회원국은 그 국제관계에 있어서 다른 국가의 영토보존이나
정치적 독립에 대하여 또는 국제연합의 목적과 양립하지 아니하는
어떠한 기타 방식으로도 무력의 위협이나 무력행사를 삼간다.

1) 인간의 일생이 성장하는 것처럼 인류도 정신적으로 점차 성숙해지는 것은 분명하다. 비록 때로는 시행착오를 거치지만 전반적으로 인류의 정신은 더욱 나은 가치를 향해 높여져 왔다. 여기에는 전쟁의 경험에서 얻은 반성과 평화의 요구가 큰 역할을 했다.

2) 20세기 들어 세계는 두 차례의 전쟁으로 역사상 최대의 참상을 겪었다. 1914년 7월부터 1918년 11월까지 계속된 제1차 세계대전에서 군인 1,100만 명과 민간인 1,300만 명 정도가 사망했다. 불과 20년 후인 1939년 9월 다시 세계대전이 발발해 1945년 8월 종전까지 군인 1,500만 명과 민간인 3,000만 명 정도가 사망했다. 당시를 기록한 사진들은 전쟁의 야만성을 생생하게 전해 준다. 그중에 아이를 품에 안고 돌아선 유대인 어머니의 머리 바로 뒤에서 총을 쏘는

나치 병사의 사진은 인간성의 마지막 보루가 무너지는 장면처럼 보인다.

3) 전후 1945년 6월 26일 헌장이 조인되었고 10월 24일 창설된 국제연합(UN)은 이러한 역사를 배경으로 한다. 같은 해 11월 설립된 국제연합교육과학문화기구(UNESCO) 헌장도 전쟁이 반복되지 않도록 하는 평화의 사고방식을 인류의 새로운 지침으로 제시했다. 국제사회에 새로운 세계질서의 가치관이 도래한 것이다. 한국을 비롯해 188개국이 가입한 유네스코헌장은 평화를 위해 정부보다도 평범한 시민들의 역할을 주목했다. 그리고 인류의 지적 도덕적 연대 위에 평화를 건설해야 한다고 다음과 같이 설명했다. "전쟁은 인간의 마음에서 나오기 때문에 평화의 방벽을 세워야 할 곳도 인간의 마음이다. 인류역사를 통해 서로의 풍습과 생활에 대한 무지는 의혹과 불신을 초래한 원인이다. 그리고 이 같은 충돌이 자주 전쟁을 일으켰다. 문화의 광범한 보급과 정의, 자유, 평화를 위한 인류의 교육은 인간존엄에 불가결한 것이다. 또한, 모든 국민이 서로 원조와 관심의 정신으로 완수해야 할 신성한 의무다."라는 것이다. 그리고 세계평화의 건설을 위해 다음과 같이 선언했다. 이것은 첫째, 모든 사람에게 충분하고 평등한 교육기회의 부여. 둘째, 객관적 진리의 구속받지 않는 탐구. 셋째, 사상과 지식의 자유로운 교환. 넷째, 국민 간 의사소통 수단의 발전과 확대.[5]

4) 평화를 위한 유네스코헌장을 현실을 모르는 이상주의의 순진함으로 간주하는 견해도 있으나 현실주의만을 고집하는 것은 위험한

것이다. 개별국가의 정치경제적 이익추구에만 전념한 결과가 전쟁을 유발한 것이 역사의 교훈이기 때문이다. 따라서 유엔과 유네스코의 헌장은 국제사회가 이상을 상실해서는 안 된다는 새로운 시대의 각성된 세계관을 보여 주었다. 그리고 평화를 위한 이상은 설득력을 필요로 한다.

5) 한국은 이 같은 국제사회의 인도주의적 가치구현에 있어 실천경험으로 설득력이 있는 특별한 나라다. 첫째는 건국의 정신으로 홍익인간의 선언이다. 널리 인간을 이롭게 한다는 인류공통의 인도주의 철학을 가진 세계에 유례없는 나라다. 둘째로는 실제로 인도주의를 실천한 것이다. 한민족의 전쟁역사는 거의가 방어전이었고 대부분의 국가 위기를 외교적으로 해결했으며 대외정책 수단으로의 군사력 사용은 억제되었다. 신라의 천년왕조는 순리에 따라 고려 왕조로 평화롭게 이양했다. 이러한 사실은 21세기 가치외교의 시대에 국제사회에서 리더십을 발휘할 수 있는 배경이 된다. 세계에는 한국이 겪었던 어려움과 유사한 입장을 가진 국가들이 대부분이다. 따라서 동병상련과 같은 동반자 관계를 가질 수 있다. 1919년 3.1 독립운동에서 패권의 시대가 가고 도의의 시대가 왔다고 선언한 것은 시대를 앞선 역사의식을 보여 준다.

6) 한민족은 제국주의나 식민주의로 약소국을 수탈한 경험이 없다. 역사에 부채가 없는 것이다. 우리가 이룬 국력은 인내와 근면으로 성취한 떳떳한 것이고 국제사회에서 존중받을 수 있는 귀중한 외교적 자산이다. 따라서 가치외교의 시대에 국제사회의 공감과 협조를

받을 수 있는 천시를 얻었다. 평화의 리더십을 발휘할 수 있는 자격을 가진 것이다. 그리고 과학기술 문명의 발달로 신지정학의 세계가 도래한 것은 호랑이에 날개를 달아 준 것과 같다. 자유와 평화 그리고 인도주의를 앞세워 당당하게 세계로 나갈 수 있게 되었다.

2. 널리 인간을 이롭게 한다는 건국철학

1) 단군왕검의 존재를 역사적 사실이 아닌 신화로 보는 이유는 곰이 인간이 된 웅녀와 결혼했다는 설명 때문이다. 그러나 이 같은 해석은 정확한 것이 아니다. 《삼국유사》의 기록은 웅득여신(熊得女身)으로 이것은 왕비가 될 수 있는 여자의 자격을 얻었다는 의미로 해석해야 한다. 곰이 여자의 몸으로 변했다는 웅화여신(熊化女身)이나 웅변여신(熊變女身)이 아니기 때문이다. 고대 사회에는 곰과 호랑이 그리고 소와 말과 같은 동물을 부족의 상징으로 이름 붙였다. 자신의 부족을 대표해 신부 후보로 나와 쑥과 마늘로 견디는 인내심과 지혜를 겨루는 시험에 통과한 곰 부족 출신의 여성이 왕비가 된 것으로 보아야 한다.

2) 이것은 문화인류학의 기본적인 해석이다. 그리고 언어학에서 말하는 단어의 기표(記標)와 기의(記意)를 구별하는 것과 같다. 곰이 사람이 되었다고 직설적으로 해석하는 것은 곡해하는 것이다. 민족의 뿌리에 대한 인식을 명확히 하지 못하면 역사의식이 올바르게 형성되지 못하고 미래를 향한 방향감각도 가질 수 없다. 조상의 의지

와 얼을 되살리지 못하게 되는 것이다. 훌륭한 조상이 훌륭한 자손을 만드는 경우보다 훌륭한 자손이 훌륭한 조상을 만드는 경우가 많다.

3) 널리 인간을 이롭게 한다는 홍익인간의 박애정신과 인도주의에 입각한 국가공동체의 설립정신은 세계에 유례를 찾기 어렵다. 미국의 자유의 여신상이 들고 있는 독립선언문은 종교의 자유를 위시로 인간의 자유를 천명한다. 볼셰비키 혁명 후 소비에트 공산당은 만국 노동자의 단결을 내세워 노동자와 농민의 지상천국을 약속했다. 공산주의 이념은 자본주의에 대한 비판으로 노동자와 빈민의 정의를 앞세운다. 그러나 이러한 '자유'와 '정의' 두 개의 주장은 모두 팽창주의적 이론으로 변질해 충돌했고 전쟁의 배경이 되었다. 그리고 제2차 세계대전 후 진영 간의 냉전과 열전을 탄생시켰다. 힘을 획득한 국가는 제국으로의 확장에 진력했고 진영편제 과정 중에 약소국은 피해를 입었다.

4) 구한말 세계열강이 제국주의와 식민주의의 광풍 속에 침략의 길로 달려갈 때 우리 선조들은 시대에 맞서 싸웠다. 이것은 식민 조선의 해방을 향한 갈망이 만들어 낸 바람이었다. 당시 민중신앙 속에 나타난 만국활계어조선(萬國活計於朝鮮)이라는 말의 의미를 돌이켜 보면 알 수 있다. 세계적으로 진행되는 폭력적 조류를 거부하는 조선의 정신이 세계를 살릴 것이라는 기대감이었다. 그로부터 100년 후 현시대에 있어서 이 글은 다시 소환된다. 인류가 당면한 핵전쟁과 인간성의 파괴와 같은 지구적 위기를 직시

하면 한민족의 책임을 인식하게 되는 것이다. 조상이 물려준 홍익인간 사상으로 세상을 이롭게 할 것은 우리 후손들의 할 일이다.

3. 제국과 의로운 민족

베스타는 한국인의 마음에는 의로움과 명분이 있음을 주목했다.

1) 냉전학자 오드 아르네 베스타가 쓴 한국 역사서의 제목은 《제국과 의로운 민족》이다.[6] 부제는 중국 한국 관계 600년으로 제국 중국과 의로운 국가 조선을 대비해 분석한 책이다. 베스타는 의로움의 원칙은 한국에서 특별한 역할을 한 것으로 보인다고 하면서 조선이 강조한 도덕성과 충실성을 주목했다. 장군의 계급 중에 "의(義)를 수호하는 장군"이나 "의를 닦는 지휘관"이 있으며 국왕 친위대의 명칭도 "의로운 자, 번영하는 수도 경비대"였다는 것이다. 이것은 한국의 전통적 가치의 핵심을 명료하게 지적한 것이다. 의로운 국가의 조건에는 여러 가지가 있다. 그러나 이 중에 중요한 것은 사리사욕이 아니라 대의명분을 우선하는 것이다. 억울한 사람이 없도록 하는 것

이고 정당한 주장이나 요구를 힘으로 억누르지 않는 것이다. 이것이 의로운 나라는 불의에 저항하는 나라라는 의미다. 그리고 인간의 의로운 마음이 하늘을 감동시킨다는 지성이면 감천이라는 말과 같다.

2) 역사적으로 한국인의 혼에 담긴 중요한 가치는 자유와 평화 그리고 충과 효, 의와 정과 같은 이상적 가치다. 베스타도 임진왜란 당시 의병이나 충신과 같은 한국의 전통적 의(義) 사상을 거론했다. 의병 혼과 충신불사이군과 같은 충성심 그리고 사육신의 절개와 정몽주의 일편단심은 변함없이 후대에 전해졌다. 백성들은 소나무와 매화에 빗대어 사육신의 절개를 칭송했고 반찬거리 나물에는 변절한 신숙주의 이름을 붙여 숙주나물로 불렀다. 이러한 지점에서 한국인의 의로움은 정치적 또는 법적인 '정의'와는 다른 차이가 있다. 옳지 않은 방법으로 얻은 권력을 따르지 않는다. 신숙주가 당대의 영특한 인재였고 많은 업적도 남겼지만 이익을 위한 변신을 칭찬하지 않는다. 그리고 이러한 자존심을 정체성으로 알고 지켜 왔다. 논쟁에서는 "부끄러운 줄 아세요."라고 상대방의 '불의'를 자극하려 한다. 의로움은 현대에도 정당의 명칭에 사용되었다. 유혈 집권으로 역사에 오점을 남긴 대통령도 정의라는 이름을 선호했다. 현실정치에 참여하는 주요국 정당 중에 정의의 이름이 붙은 사례는 별로 없다. 그만큼 한국인의 일반적 관념은 의로움과 정의를 지향한다.

3) 제국과 국가 모두에 있어서 국운은 이동한다. 이것은 민심에 따른 것이다. 일반 국민들이 모인 힘이 국가의 힘을 만들기 때문이다. 그리고 한국사회의 민심은 의로움과 정의를 따른다. 패도보다 왕도

를 갖춘 지도자를 원하는 것이고 국가 간의 관계에서도 마찬가지다. 이 때문에 조선은 중국에 무력에는 무력으로 응전했고 유교적 의로움의 명분이 있을 때는 평화 관계를 유지했다. 과거 제국주의 시대에는 오직 물리적인 힘의 정치가 주류였다. 그러나 냉전 이후의 세계에는 연성국력에 기반한 국제정치가 등장했다. 스토리에 강한 나라가 이긴다는 말이 강대국 미국에서 나온 것이다. 이것은 국제사회에서 지도력을 발휘하기 위해서는 설득력 있는 명분이 필요하다는 것이다. 그리고 명분으로는 자유와 정의 그리고 평화와 인권과 같은 인도주의적 가치가 중요하다.

4) 국운이 쇠퇴하는 이유는 힘만을 의지하는 교만함 때문이다. 힘으로 지배하려고 할 뿐 설득하려고 하지 않는 것이다. 그리고 그 결과는 국운의 상실이고 국가의 붕괴다. 힘이 정의가 되는 패권주의 세계에서는 전쟁 발발의 위험성이 높아진다. 그러나 인류사회는 평화로운 세계를 바란다. 따라서 평화를 위한 정의가 필요하다. 정의에 기반을 두는 평화를 원하는 것이다. 이것은 이중기준이나 기정사실화로 포장된 거짓 정의로는 달성될 수 없다. 이런 점에서 현대 세계에는 3.1 독립선언문에 선포된 광명한 새 시대의 도래와 같은 정의를 중시하는 나라가 필요하다. 인류역사가 이 같은 방향으로 옮겨지고 있기 때문이다. 따라서 이들의 눈물과 피땀 어린 시간을 담고 있는 한국의 시간은 의로운 시간이 되어야 한다. 고난받은 민족의 카이로스의 시간이기 때문에 과거를 망각하고 이들의 희생을 외면하는 것은 천시를 외면하는 것이 된다.

4. 조선열전, 한나라식 제국주의

1) 《중동의 국제관계》를 쓴 포셋은 아랍인이 쓰지 않은 아랍의 역사는 온전한 것이 될 수 없다고 했다.[7] 이것은 한반도 역사에 있어서도 마찬가지다. 한민족의 고대사는 중국인이 그리고 근대사는 일본인이 기록한 것이 대부분이다. 이 때문에 왜곡과 편향성이 큰 것은 당연하다. 한반도는 이러한 와중에 영토뿐만 아니라 역사 침탈의 희생이 되었다.

2) 중국과 일본이 주변국을 침공하면서 제국으로의 확장을 시도할 때 사해동포(四海同胞) 또는 팔굉일우(八紘一宇)를 명분으로 선전했다. 이것을 천명이라고 호도하지만 실제로는 침략을 호도하기 위한 제국주의 이론에 불과하다. 여기에는 대국화의 욕망만이 있을 뿐 인간을 대하는 방법론이 빠져 있기 때문이다. 진정한 하늘의 뜻은 사람을 위하는 일이다. 그러나 침략전쟁은 약소국 국민을 살상하고 자국민을 전쟁 소모품으로 사용한 희생으로 이루어진 것이다. 민심을 외면한 것으로 천시에 따르는 것이라고 할 수 없다.

3) 기원전 109년 한(漢)나라의 침공으로 벌어진 고조선과 한나라 전쟁은 한나라의 승리로 끝났다. 따라서 사마천이 기록한 《사기》〈조선열전〉은 왜곡된 역사기록으로 남게 되었다. 여기에는 중화제국의 패권주의와 고조선의 의연한 웅전 모습이 나타나 있다. 《사기》의 기술을 보면 고조선의 왕 만은 원래 연나라 사람으로 손자 우거에 들어 백성 수가 많아지고 나라가 커지자 입조해 한나라 황제를 보려고 하

지 않았다. 또 진번 주위 여러 나라가 황제를 보려 해도 가로막고 통하지 못하게 했다. 이후 한나라 섭하가 고조선 장수를 죽였고 고조선은 복수전으로 섭하를 살해했다. 그리고 한무제는 고조선 원정을 시작했다. 고조선군의 반격과 거짓 항복으로 한나라 위산이 패수를 건너지 않은 채 회군하여 황제에게 사형을 당한다. 한무제는 고조선 재침공을 명령해 공손수와 누선장군의 갈등을 정리하고 두 군대를 병합한 좌장군이 다시 공격을 시작한다. 그 결과 고조선의 재상 노인과 한음 그리고 이계의 재상 삼과 장군 왕협은 전세를 비관해 서로 의논한 후 고조선왕 우거를 죽이고 항복한다는 내용이다.

4) 이 같은 사실에는 다음과 같은 문제점을 주목해 보아야 한다. 우선 전쟁은 한나라의 패권주의적 침략전쟁이었다는 것이다. 이것은 첫째, 국경의 개방과 출입국 관리는 국가 고유의 영토주권에 해당한다. 고조선의 기본적인 권리다. 그러나 한나라는 이것을 무시하고 무력으로 개방을 요구하고 이에 응하지 않자 전쟁을 벌였다. 둘째, 한나라 섭하의 고조선 장수 살해는 분명한 범죄 행위다. 그리고 이에 대한 복수로 고조선군이 섭하를 살해했다. 한무제가 고조선 원정을 시작한 것은 고조선의 정당한 보복 행위에 대한 일방적 무력행사다. 전쟁발발의 원인을 한나라가 만들었음에도 범죄자를 인도하지 않고 오히려 고조선을 상대로 전쟁을 벌인 것이다. 셋째, 고조선 정복을 목적으로 하는 전쟁에는 한나라의 영토확장 정책이 나타나 있다. 넷째, 점차로 국력이 상승하는 중에 벌어진 한나라와의 전쟁으로 고조선은 멸망했다. 이것은 약소국의 부상을 경계하는 한나라의 정복전쟁이었다. 그러나 고조선의 재상과 장군들인 삼과 한음, 왕협

과 장항 그리고 노인의 아들 최는 모두 후(侯) 작위를 받았지만 한나라 장수 중에 후에 봉해진 사람은 아무도 없었다고 〈조선열전〉 기록은 끝난다.[8] 전쟁은 성공적으로 종결되었다고 볼 수 없는 애매한 결과가 되었다.

5) 고조선의 패전은 한나라가 오손과 대원으로부터 명마 한혈마를 수입하고 인도로부터 선진 철기제련법이 전해지는 시기에 이루어졌다. 결국, 철제무기로 강화된 한나라의 군사력에 의해 고조선은 멸망했으나 한나라 역시 이후 쇠퇴한다. 기원전 108년 고조선이 멸망한 후 서기 9년 왕망의 신나라에 의해 멸망했다. 우리의 역사자료가 잦은 전란으로 소실되고 약탈당한 것은 알려진 사실이다. 따라서 우리가 해야 할 것은 외국의 역사기록 속에 남겨진 귀중한 자료들을 찾아내고 이것을 올바르게 해석하는 일이다. 이러한 역사인식이 미래를 향한 추동력을 가져다준다. 현재 진행 중인 우리의 역사도 자주적으로 써 나가야 하는 것은 이것이 후대에 민족의 정신으로 전해지기 때문이다.

3. 타임 스페이스 컨버전스

1. 시공간의 수렴시대

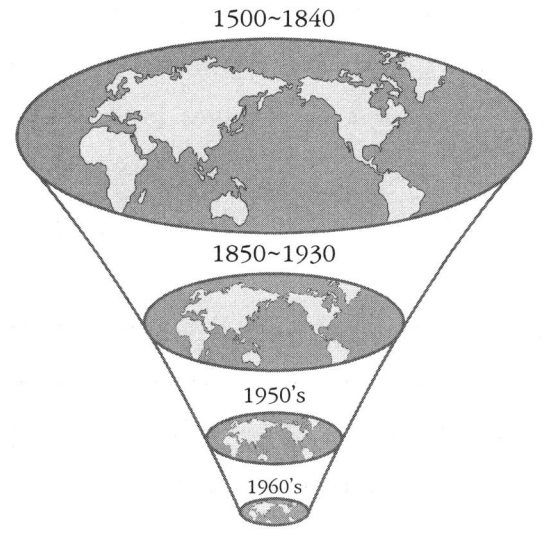

시간과 공간은 축소되고 세계는 지구촌이 되었다.

1) 칭기즈칸은 성을 쌓고 지키려는 자는 멸망할 것이고 빠르게 이동하면서 공격하는 자는 빼앗을 것이라고 했다. 몽골군은 1인당 3~4마리의 말을 번갈아 타면서 사람과 물자 그리고 정보, 세 가지 전략자산을 신속히 이동했다. 이것은 제국으로 팽창하는 국가가 시대를 초월해 이용하는 방법이다. 그리고 몽골은 1271년 원(元)나라를 건국하고 8년 후에는 남송(南宋)을 멸망시켰다.

2) 1620년 9월 16일 메이플라워호를 타고 영국 플리머스 항을 떠난 102명의 영국 청교도들이 대서양을 건너 4,425킬로미터 거리를 항해해 미국 매사추세츠의 케이퍼 카드에 도착하는 데는 66일이 걸렸다. 대항해시대가 시작된 1400년대 말부터 1850년 기간에 마차 또는 범선의 평균속도는 시속 16킬로미터 정도였다. 1930년대 중기선박은 시속 61킬로미터 그리고 중기기관차는 시속 104킬로미터 정도였다. 1950년대 프로펠러 항공기 속도는 시속 600킬로미터 정도가 되었다. 그리고 이후 제트엔진을 장착한 여객기가 출현해 시속 1,000킬로미터 정도로 비행하면서 승객과 물자를 이동해 주고 있다. 점차 작아지는 세계는 축소되어 손안에 놓인 지구의 모습으로 표현된다.

3) 교통 외에 통신기술의 발달로 정보의 이동 속도 역시 경이적으로 빨라졌다. 1821년 세인트헬레나에서 나폴레옹의 죽음이 런던에 알려진 것은 2개월 후였다. 1844년에 모스가 전신 통신기를 발명하면서 모스 부호를 사용해 원거리에 떨어진 다수 공간 간에 실시간으로 정보가 소통되는 새로운 공간이 등장했다. 그리고 새천년대에 접어드는 지난 한세기 동안 교통과 통신 수단의 발달은 과거 인류의 전체 역사보다 더한 것으로 시간과 공간에 획기적인 변화를 가져왔다. 따라서 국력의 확산에 필요한 시간과 공간을 먼저 장악하는 국가가 전쟁에 승리하고 세계를 장악하게 되었다.

4) 빠른 교통정보의 송수신이 가능해지면서 안전하고 신속한 운송수단의 이동을 가능하게 해 주고 있다. 전 세계의 해양과 항공로도 거미줄같이 연결되어 항로를 관제 받고 있다. 1980년대의 한국 외

교부와 재외공관 간에 외교통신망은 외국 통신사의 기지국을 사용했다. 당시의 전송수단은 텔렉스(Telex)로 불린 기계를 사용하는 것이었다. 이후에 팩스가 발명되고 다시 인터넷이 등장해 보급될 때까지 사용되었다. 텔렉스 통신은 티커 테이프라고 불린 노란색의 긴 종이테이프에 작은 원형 구멍을 뚫어 이렇게 천공된 문자나 숫자를 기호화해 전송하는 것이었다. 폭이 2센티미터가량 되는 종이테이프에 일렬로 뚫려 있는 작은 구멍들이 기계를 통과하면서 전송된다. 수신처에서는 도착한 정보를 기계에 넣어 다시 문자화시키는 방식이었다. 이 때문에 전송 속도가 길게는 수십 분씩 소요되기도 했다. 국제 통신료가 매우 비싼 시절이었기 때문에 송신시간을 줄이기 위해 최대한 짧고 명료한 문서를 작성하도록 독려하기도 했다. 현대의 통신사들은 당시와 비교할 수 없는 1초당 UHD 초고화질 영화 50편 분량을 전송하는 1.5테라바이트를 사용하고 있다.

5) 현대 시공간의 변화에 대해 1992년 오브라이언의 「지리의 종언」이 그리고 1997년 카이렌크로스의 「거리의 사망」이 발표되었다. 그리고 2008년에 미국 캔자스 대학교수 바니 와프는 「시공간 수렴의 선행역사의 발굴」을 발표했다. 이들 연구논문 모두의 시각은 과거에 없었던 새로운 시공간의 수렴시대(Time Space Convergence)가 출현했음을 말하고 있다.[9] 교통과 통신이 결합된 지구적 규모의 연결망이 구축되고 이것이 시공간의 급속한 변화를 초래한 것이다. 시간과 공간의 단순한 압축이 아니라 상호 밀접히 연계하면서 동조되는 수렴시대가 되었다. 그리고 이것은 국제관계에서도 과거와는 전혀 다른 새로운 관계를 만들었다. 원거리 국가 간의 교류가 가능해

지고 변방국가가 멀리 떨어진 국가들과 연대가 가능하게 되었다. 이를 바탕으로 국제사회에 새로운 대외전략이 등장하면서 신지정학의 시대가 막을 올렸다.

2. 속도와 시간을 만드는 사람들

1) 국가의 발전을 위해서는 시간을 정확히 지키고 효율적으로 사용하는 것이 중요하다. 국력의 근간은 경제며 경제의 기본은 시간활용이기 때문이다. 시간은 금이라고 하지만 사실상 시간은 금보다 귀하다. 서양이 동양을 제압한 이유도 시간의 사용에 있다. 시계는 고대 동서양에서 비슷하게 해시계와 물시계 또는 모래시계 형태로 등장했지만 서양은 점차로 과학적으로 정확하고 세분된 기계시계를 만들어 시간을 관리했다.

2) 현재와 유사한 기계동력 시계는 13세기 말부터 프랑스와 독일 그리고 영국 등지에서 제작되기 시작했다. 1364년 파리에는 높이 3미터의 대형시계가 설치되었다. 그리고 1510년 독일 뉘른베르크의 열쇠공 페터 헨라인이 현재 사용하는 12시를 표시하는 시계를 만들었다. 이것은 현재와 비슷한 시분침을 가진 계기판과 태엽을 이용한 회중시계였다. 뉘른베르크의 달걀이라는 별명을 가진 시계로 차나 배 안에서도 사용할 수 있는 휴대가 가능한 이동식 시계였다. 태엽을 감는 앵커와 톱니바퀴 그리고 동력전달 철사에 시곗바늘을 연결한 단순한 구조로 오차범위는 하루 30분 정도였다. 시계는 1618년부터

1648년까지 계속된 가톨릭과 프로테스탄트 간의 30년 전쟁에서 군사활동을 위해 더욱 발전되었다. 그리고 1656년 네덜란드의 호이겐스가 진자를 이용한 추시계를 발명하면서 획기적으로 정확성이 높아졌다.

3) 현대에 들어와 정확한 시간관념은 더 중요해졌다. 사회 각 분야에서의 일정 추진에 있어서 성공과 실패를 좌우한다. 전쟁에서는 미사일의 비행속도와 방향계산에 필요하고 이것을 요격하는 기술 역시 고도로 정밀한 시간계산이 요구된다. 우주선의 발사와 항성 이착륙에도 마찬가지다. 그뿐만 아니라 세계 모든 나라에서 실시간으로 장거리 정보의 송수신이 가능하게 되었다. 중국과 같이 동서 5,200킬로미터, 남북 5,500킬로미터의 광대한 면적을 가진 나라의 많은 사람을 하나의 동일한 시간대로 묶는 것도 가능하게 되었다. 실시간 통신으로 원격지에서도 동시에 행사진행을 할 수 있게 된 것이다.

4) 2009년에는 파나이오타의 「전자 미디어와 통신의 시대에 있어서 시간과 공간의 재개념화」[10]가 발표되었다. 이 글은 현대의 통신기술과 매스컴의 발달이 시공간 개념에 근본적인 변화를 가져왔다고 했다. 이제 세계는 시공간이 수렴되었고 따라서 공간과 장소의 개념도 변했다는 것이다. 그리고 시간의 개념도 실제 시간과 인터넷 시간이 나누어졌다고 했다. 이 때문에 과거에 없었던 새로운 전자공간이 전통적 공간개념을 대체하게 되었고 정치와 경제 그리고 문화예술에 이르기까지 새로운 접근방식을 요구한다는 결론이다.

5) 마셜 매클루언은 공간이 있어야 시간도 있다는 시공간의 상호작

용을 설명하면서 지구가 단일장소가 되었다고 하고 세계를 지구촌(Global Village)으로 묘사했다. 학자들의 견해는 이같이 세계를 단일무대로 자유롭게 사용하는 국가가 세계를 선도한다는 데 일치한다. 새롭게 재편된 국제무대의 시간과 공간에서 정치경제와 문화예술 그리고 군사적으로 지도적 위치에 서게 된다는 것이다.

3. 메타버스(Metaverse)에서의 영토변화

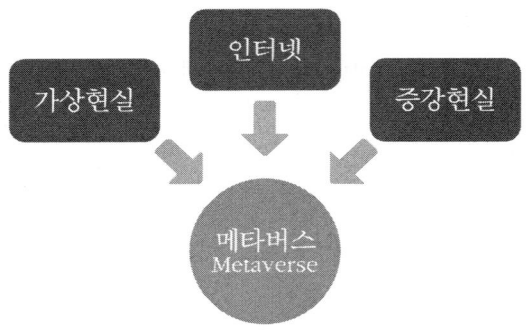

인터넷과 과학기술로 연결된 세계는 가상의 공간을 탄생시켰다.

1) 2001년 10월 등장한 애플 아이팟(i-Pod)으로 시작된 전자단말기 문화가 세계와 인류를 이처럼 바꿀 것으로 예상한 사람은 거의 없었을 것이다. 불과 20여 년 만에 이제 고성능 스마트폰으로 손안에서 세계와 접속하고 모든 업무를 처리하는 세상이 되었다. 메타버스로 불리는 가상공간 속에 새로운 세상이 열린 것이다. 이것은 단말기의 성능과 화상의 정밀도가 극도로 높아지고 인체적응이 자연스럽게 되면서 현실세계와 가상세계를 구별하기 어려울 정도로 발전하고 있다.

2) 과거 전통적인 물리적 공간의 제약을 뛰어넘는 메타버스 즉 메타공간이 탄생하면서 직접접촉 대신 기술적 중간매체를 통한 관계망이 형성되고 있다. 2024년 2월 영국 BBC 방송프로그램 〈BBC Earth〉는 스리랑카 남부 휴양지에 거주하는 영국과 유럽 젊은 세대를 취재해 방영했다. 이들은 현지에 거주하면서 노트북만으로 전 세계와 접속해 저술과 출판 그리고 금융과 문화예술 활동을 하고 있었다. 디지털 노마드(Digital Nomad)로 불리는 새로운 생활방식이다. 이에 따라 국가의 영토개념도 변화했다. 대륙 변방의 작은 나라라도 큰 영향력을 행사할 수 있는 시대가 되었다. 외국과의 접촉거리와 이동시간이 국토의 위치나 크기와 정비례하지 않게 된 것이다.[11]

3) 리프킨은 수백 년 전에 시계가 했던 역할을 대신해 지금은 컴퓨터가 시간관념을 혁명적으로 변화시킨다고 지적한다. 인터넷이 시간관념을 바꾸고 있고 우리 자신과 세계를 인식하는 방식을 변화시킨다는 것이다. '시간'에서 '인터넷 시간'으로의 전환이 이루어졌다는 설명이다. 그리고 인간이 만드는 컴퓨터 기술이 시간을 변화시켰고 시간이 다시 인간을 변화시킨다고 했다. 직장에서는 직원 스스로 근무시간을 결정할 수 있게 되었고 재택근무와 같이 요일개념이 사라지고 있다. 한국에서의 나의 시간과 뉴욕에 있는 다른 사람의 시간이 같이 동조되거나 또는 이와 반대로 한국 내에 있는 사람들이 서로 다른 시간대를 살게 된다.

4) 경제적 측면에서 메타공간의 상업성은 "공간에서 전자공간으로"라는 말로 설명된다. 자본주의의 뿌리가 되는 시장을 형성하는 공간

이 재구성되고 있기 때문이다. 전자공간상의 경제활동이 활성화되면서 존재하지 않던 새로운 활동공간이 탄생했다. 텔레비전 쇼핑이나 인터넷 쇼핑이 활성화되었고 국경을 넘는 온라인 거래가 획기적으로 증가했다.

5) 문화적으로는 공간개념이 "장소 안의 생각에서 생각 안의 장소"로 변했다. 같은 장소에 있는 두 사람이 서로 다른 생각을 하는 동상이몽(同牀異夢)이 현실화한 것이다. 서울에서 태국 북부 거주민과도 직접 화상대면을 할 수 있고 아프리카 오지에 있으면서도 파리나 런던을 접속할 수 있다. 이러한 환경변화는 개인의 정체성에도 여권상의 국적과 실제 소속감이 다를 가능성을 증가시켰다. 이것은 금융활동에 있어서는 더 큰 의미를 갖는다. 서울에서 도쿄나 뉴욕의 주식을 사거나 팔 수 있게 된 것이다. 그리고 다음 날이면 파리의 식당에서 사업 파트너와 함께 만날 수 있는 시대가 되었다. 이 결과로 국적을 초월하는 심리적 소속감이 만들어진다.

6) 이 같은 메타공간에서는 사람들의 마음을 선점하는 국가가 새로운 세계를 주도하게 된다. 그리고 유튜브와 페이스북 그리고 인스타그램과 같은 SNS를 통한 공공외교를 가능하게 한다. 더구나 가상현실과 증강현실 기술의 발전으로 세계인의 생활습관과 사고방식도 빠르게 바뀌고 있다. 이러한 환경에서 한국은 경쟁력을 갖고 있다. 상품 수출뿐만 아니라 한류로 불리는 연성국력의 확산이 추동력을 받고 있고 문화 콘텐츠는 메타공간을 통해 세계로 진출하고 있다. 미국과 유럽 그리고 중동 두바이에서 열리는 BTS와 블랙핑크의 공

연에 세계 각국에서 모인 젊은이들이 함께 열광하게 되었다. 한국의 전통적 아름다움과 정서 그리고 고유의 인간미를 지구 어느 곳이나 실시간으로 전달할 수 있게 되었다.

4. 과학기술이 만든 새로운 시공간

1) 로마제국의 발전은 길에 의한 것이라고 해도 과언이 아니다. 로마의 중심도로인 아피아 가도(Via Apia)는 변방으로 이어져 가면서 식민지로부터 인적 물적 자원을 공급받았다. 발칸반도에서는 강인한 체력을 가진 슬라브인들을 병력자원으로 충원했고 이들 중에는 황제의 지위까지 오른 인물도 있었다. 디오클레티아누스 황제는 305년 퇴위 후에 제국의 수도를 떠나 고향 크로아티아의 항구도시 스프리트에 궁전을 짓고 여생을 보냈다. 아피아 가도로 강화된 로마는 다시 이 길을 통해 제국을 확장해 갔다.

2) 시공간의 변화에 의해 이루어지는 새로운 기회는 로마제국뿐만 아니라 발칸반도나 게르만 지역 같은 변방에 있어서도 마찬가지였다. 그리고 이것은 오히려 이들 변방에 더 중요한 역할을 했다. 억눌린 잠재력을 깨워 주고 역량축적의 기회가 되기 때문이다. 이미 성장해 제국화된 국가는 과다영양이 되어 비만해지고 타락의 원인이 되기 쉽다. 풍요와 사치가 제국의 쇠퇴를 부르게 된다. 그러나 자유와 발전을 원하는 변방국가의 갈급함은 강력한 성장동력으로 작용한다. 로마제국의 쇠망 과정을 연구한 기본은 로마가 결국은 자멸

한 것과 같다고 평가했다.[12] 교만과 나태로 인해 새롭게 흡수한 풍요함을 소화해 재창조할 수 있는 능력을 상실했기 때문이라는 것이다. 폴 케네디는《강대국의 흥망》에서 로마제국의 변방이었던 앵글로색슨과 게르만이 제국의 역량을 흡수하면서 서서히 흥기를 잡을 수 있었다고 했다. 결국, 로마는 변방에서 온 게르만과 튀르키예 민족에게 제국을 넘겨주었다.

3) 피터 터친은《전쟁과 평화 그리고 전쟁》에서 역사의 변동기에 이루어지는 지정학적 변화는 변방국가에 유리한 것이라고 분석했다. 그리고 이 때문에 변방국가는 신흥세력으로 부상한다고 평가했다. 이것은 첫째, 선진문명과 교류하면서 얻는 자신감이다. 운동팀이 가능하면 강팀과 자주 경기를 가지려는 것과 같고 무술인들이 고수와 대련하며 배우는 것과 같다. 강자로 알고 있던 상대에 대한 두려움을 제거하고 극복하는 방법이다. 둘째, 자신을 재발견하는 것이다. 이것은 그들이 가진 자신의 역사기록을 역수입함으로 이루어진다. 외부인의 눈과 분석을 통해 자신을 다시 보고 잠재된 역량을 깨닫게 되는 것이다. 셋째, 선진문물과 기술을 취득하고 배울 수 있게 되는 것이다. 이로써 자신의 역량이 성장한다. 넷째, 세력 간의 이러한 만남으로 인해 새로운 국제지형이 구축되는 것이다. 주변 국가 간의 관계가 변화되는 것으로 새롭게 등장한 변수로 인해 기존의 양자관계에서 다자관계로 변화한다. 변방국가에는 새롭게 활용할 카드가 주어지는 것이며 이로써 과거에 없던 기회를 만들어 낼 수 있게 된다. 터친은 이러한 기회를 잡고 도약할 힘은 공동체의 단결에서 나온다고 했다.

4) 이같이 새롭게 이루어지는 지정학적 변화는 한반도에도 적용된다. 한반도에는 중국과 일본과의 교류를 통해 축적된 역사문화의 유산이 전해져 왔다. 그리고 여기에 다시 근현대에 들어와 미국과 러시아 그리고 서구와의 만남은 과거 중국과 일본에 한정되었던 접촉공간을 대폭적으로 확장해 주었다. 정치와 경제 그리고 문화와 과학기술 협력뿐만 아니라 우리 역사와 고고학 연구에서도 새로운 학문적 협력이 가능해졌다. 한민족의 고대사와 발해지역에 대한 연고권 확인은 미국과 러시아 학자들의 연구결과가 크게 도움을 주었다. 중국과 일본의 연구였다면 외면되거나 왜곡되었을 많은 역사사료가 발굴되고 축적되었다. 그리고 이처럼 새로 확보된 지식통로는 전에 없던 지적자산을 가져다주었다. 미국과 러시아 그리고 튀르키예와 아랍이 보고 기록해 놓은 한국의 역사도 나타나고 있다. 조상의 발자취가 담긴 역사유산이 거울에 비치는 것처럼 다가오고 있다.

5) 일본은 중국이나 한국에 비해 빠른 시기에 서구를 통한 근대화로 국운 상승의 기회를 맞았다. 그러나 현대의 한국은 이보다 더 유리한 호기를 갖는다. 100여 년 전보다 월등히 발전한 과학기술 덕분이다. 당시에는 소수 지배층의 특정한 사람들만이 외국과 접촉하고 교류했다. 그러나 현재는 공적으로나 개인적으로 대부분 국민이 직접 외국과 교류할 수 있도록 빠르고 편리하게 세계가 좁아졌다. 국력을 구성하는 요소 중에 연성국력이 중요하게 되었고 한국문화의 지구적 확산이 가능하게 되었다. 기적과 같은 21세기 시공간의 수렴 속에 한국의 미래에 넓고 큰 기회의 문이 열렸다.

4. 변방에서 중심으로

1. 신지정학이 바꾼 한반도의 위상

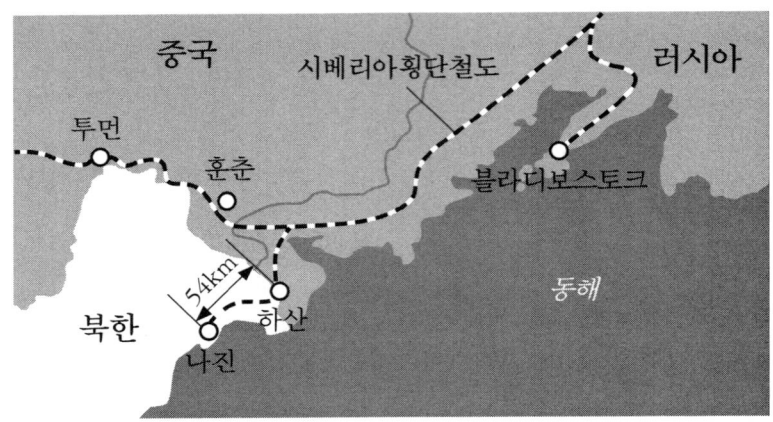

54킬로미터 거리의 나진-하산 간에는 폭 17킬로미터 국경선으로
북한과 러시아가 마주해 한반도는 러시아와 연결되고 중국의 동해접근은 차단되었다.

1) BC(부력조절기, Buoyance Control)와 공기공급기(Regulator)에 의지하는 아마추어 다이버의 최대 잠수심도는 30미터다. 이 지점부터 급속히 나타나는 어둠의 공포와 잠수병 우려와 같은 이유가 있지만 강한 해저조류의 변화에 휩쓸릴 위험 때문이 크다. 거대한 조류에 휩쓸리면 그간 교육받은 오픈 워터 또는 어드밴스드 과정에서의 방식으로는 해결할 수 없는 큰 용기와 역량이 필요하다. 국가가 새로운 국제조류를 만날 때 나타나는 현상도 이와 같다.

2) 한국외교는 과거 이천 년간 대부분 중국 또는 일본과의 양자외교에 한정되어 있었다. 그러나 근현대에 들어 세계는 격변기에 들어섰고 극동의 한반도는 세계사의 흐름에 본격적으로 뛰어들었다. 과학기술의 발전이 동북아의 국제관계 지형도를 완전히 바꾼 것이다. 따라서 새로운 지정학에 맞는 전략적 사고방식을 수립할 필요성이 대두되었다.

3) 그러나 19세기 말과 20세기 초 한반도는 이에 적극적으로 대응하지 못했다. 그 때문에 대한제국은 일제의 식민지가 되었고 이후 백년간의 고난과 갈등기를 겪었다. 이 시기는 한반도에 새로운 국가들과 만나는 기회를 주었고 그중 가장 중요한 국가는 미국과 러시아였다. 조선과 미국과의 외교관계는 1882년 그리고 러시아와는 1884년 수립되었다. 이들 두 나라는 일본제국의 흥망 과정에 관여했고 일제의 멸망 후에는 남북한의 건국과 한국전쟁에 깊이 개입했다.

4) 대서양과 태평양 두 개의 대양으로 격리된 미국이나 유럽의 변방이었던 러시아는 근대 과학기술의 가장 큰 수혜자였다. 이들 양 대국은 대양과 유라시아 대륙을 건너 전 지구를 무대로 활동할 수 있게 되었다. 1853년 6월, 대형함포를 장착한 증기군함 흑선을 타고 도쿄항에 도착한 미국의 페리 제독은 일본을 개항시키고 아시아에 영향력을 행사하기 시작했다. 그리고 7월에는 러시아의 푸차친 함대가 나가사키에 입항했다. 근대식 총기로 무장한 러시아인들은 담비 교역로를 개척하면서 유라시아 대륙의 시베리아 삼림을 통과해 태평양까지 도달했다. 그리고 1904년 완공한 시베리아 철도로 진출을

가속화해 극동의 영토와 자원을 획득해 나갔다.

5) 1961년 구로사와 아키라 감독의 일본과 소련 합작 영화 〈데르수 우잘라(Dersu Uzala)〉는 시베리아 동쪽으로 태평양을 향해 점점 다가서는 러시아 탐험대와 이들의 길 안내 역할을 하는 토착 원주민 데르수 우잘라와의 인간적 교류를 주제로 하고 있다. 17세기부터 본격화한 러시아의 동진은 청나라와의 충돌을 야기했고 1654년과 1658년 두 차례 조선의 나선정벌도 이 시기에 이루어졌다. 1686년 러시아가 극동에 건설한 알바진 요새는 청나라 군대의 공격으로 800명 수비병 중 24명만이 생존하고 퇴각했다. 그리고 3년 후인 1689년 8월 베이징에서 1,500킬로미터 그리고 모스크바에서 8,000킬로미터 떨어진 네르친스크에서 청나라의 최초 국제조약으로 이 지역을 국경으로 하는 러시아와의 국경조약이 체결되었다. 그러나 이후 러시아는 1858년에 아이훈 조약과 1860년 베이징 조약으로 16만 6천 평방킬로미터 면적의 극동의 연해주를 취득해 한반도와 접경하게 되었다.[13] 이로써 함경도와 국경을 접하면서 청나라와 함께 한반도와 연결된 대륙국가가 되었다. 미국과 러시아의 외교사절과 기독교 선교사들이 조선의 독립운동과 개화에 끼친 영향력은 큰 것이었다. 그리고 일제가 물러나고 독립 후에 소련은 북한을 지원하면서 한국전쟁을 발발시켰고 미국은 한국 방위에 주도적 역할을 했다.

6) 대한민국은 1896년 고종이 러시아 공사관으로 피신한 아관파천 후 약 백 년이 지난 후에 북방외교를 시작했다. 1988년 서울 올림픽을 계기로 동구권 국가들과의 국교수립을 추진해 1989년 2월 최초

로 헝가리와 수교했다. 그리고 11월 폴란드와 수교하고 12월 몰타에서 부시 미국 대통령과 고르바초프 소련 공산당서기장 간에 냉전 종식이 선언된 이후 1990년 9월 러시아와 수교했다. 이로써 미국과 서구진영 그리고 제삼세계 국가에 한정되었던 외교관계 수립국가는 추가로 45개국이 더 늘어났고 수교국의 인구는 17억 명이 추가되었다. 그만큼 국제무대에서 활동범위가 넓어졌다. 그리고 이후 이루어진 교역과 인적 물적 그리고 정보와 문화 교류는 한국의 역량을 크게 강화했다. 소련 붕괴 후 러시아 경제의 난관시기에 우리가 제공했던 차관을 물자로 대납받은 것은 예기치 않았던 기술취득 기회가 되었다. 전차와 항공기를 비롯한 방위산업과 산업 기술개발에 지원이 되었고 우주인 훈련과 우주 발사체 건조와 같은 우주 과학기술 협력도 진행되었다. 우수한 기초과학인력을 우리 산업계에서 활용할 수 있었던 것도 수확이었다. 천시와 같은 냉전체제의 붕괴와 러시아와의 외교관계 수립이 없었다면 성사될 수 없었던 일이다. 러시아와의 접경은 양날의 칼과 같이 기능과 역기능 두 개의 가능성을 동시에 한반도에 전해 주었다.

7) 북한 나진과 러시아 하산 간의 약 17킬로미터의 국경은 세계에서 몇 안 되는 단거리 국경선이다. 그러나 거리 이상의 중요성을 지닌 국경으로 중국은 이 때문에 동북지역에서 바다로 나갈 길이 막히게 되었다. 동해를 거쳐 태평양으로 진출해 한반도를 좌우 양편에서 압박할 수 있었던 중국의 동쪽 영향력이 소거된 것이다. 이것은 정치와 외교뿐만 아니라 경제적으로도 중요한 변수가 되었다. 한반도가 중국과 러시아, 유라시아 대륙의 양대 교통로를 활용할 수 있게 된

때문이다. 이에 따라 복잡해진 방정식을 풀어 나갈 의지와 노력이 필요한 시기가 온 것이다. 미래에 한반도를 출발해 시베리아를 지나 유럽까지 도착하는 유라시아 대륙 횡단철도는 한국의 국가 사회 전반에 획기적인 변화를 가져다줄 것이다. 그리고 일본은 한일 해저터널 건설로 자신들에게도 기회를 줄 것을 요청하게 될 것이다. 이러한 신지정학의 시대에 한반도는 과거처럼 일방적인 침략의 대상이나 종속적 지역이 아닌 주동적 위치에 서게 된다.

2. 고대 인도가 중국에 준 영향

1) 인도가 중국의 민족국가 수립 초기에 기여한 역할 중에는 제철기술이 있다. 도가니철로 불리는 우츠(Wootz)철을 만드는 제철기술이다.[14] 이것은 적정한 강도와 연성을 겸해야 하는 철제무기를 만들기 위해 필수적인 고대 제철방법이다. 철을 제련하기 위해서는 철의 용융점을 높여야 한다. 인도 타밀지역 장인들은 도가니를 사용해 1,000도 이상의 고온을 만들어 철의 불순물을 제거하고 탄소 함량을 조절해 강철로 만들어 냈다.[15] 인도 우츠철은 세릭철로도 불리고 도가니에서 만들어져 도가니강이라고도 불린다. 기원전 1천 년 중반경에 인도에서 발전된 당시로서 선구적인 제철방식이다.

2) 철기시대는 기원전 2천 년경 아나톨리아와 인도에서 시작되어 제철기술은 서서히 세계로 확산되었다.[16] 이스라엘의 역사기록인 《사사기》는 조상이 이집트에서 탈출해 가나안에 도착 후 전쟁을 벌일

때 원주민들은 이미 철제병기로 무장하고 있어서 초전에 패했다고 기록했다. 히타이트 민족이 거주한 아나톨리아와 인접한 팔레스타인에서 벌어진 기원전 약 1,400년경의 역사다. 고대 인도와 그리스, 중국, 로마 문헌은 타밀 제철법에 대한 언급이 있다. 밀폐된 진흙 도가니 안에서 흑 마그네사이트 광석을 가열시켜 1,000도 이상의 고온을 만드는 것이다. 그리고 화로에서 철 찌꺼기 불순물인 슬래그와 탄소를 제거하는 방법을 개발했다. 중국인들과 스리랑카인들은 우츠철 제조법을 타밀인들로부터 기원전 5세기경 습득한 것으로 추정된다. 우츠철은 도검으로 제작했을 때 날카로운 날이 되고 표면에는 물결무늬가 나타난다. 이 무늬는 작은 탄소 크리스털 알갱이들이 철에 새겨져 만들어진다.[17]

3) 고대 타밀 무역상들은 남인도와 스리랑카 그리고 아랍과의 해상 교역을 통해 고급 제철기술과 우츠철을 소개했다. 무한나드 또는 힌디라는 단어는 중동에서 이슬람 이전과 초기 이슬람 시대에 인도산 철로 만든 칼을 의미했다. 이것은 최고급 도검으로 아랍의 시가에도 등장한다. 그리고 661년 시리아에서 개국한 우마이야 왕조의 수도에서 유명한 다마스쿠스 칼로 발전해 이후 십자군전쟁을 통해 유럽에 전해졌다. 중국에서는 기원전 1,200년경에 주철 즉 무쇠를 만들어 사용했으나 주철은 깨지기 쉬운 단점이 있었다. 그리고 기원전 100년경에 주철을 녹인 후 휘저어서 연철을 만드는 공정을 시작했고 도가니강으로 무기에 적합한 강철을 만들었다. 한나라는 창검과 방패 제조에 이 같은 선진 제철기술을 활용했고 변방에 위치한 고조선의 무기를 앞서게 되었다.

4) 다음으로는 인도불교의 도입이다. 불교는 기원전 250년경 아쇼카왕 시대에 인도의 북쪽 국경을 넘어 차츰 중앙아시아 사막에 있는 오아시스 국가에도 전해졌다. 그리고 기원전 206년 전한(前漢)시대가 시작되고 한무제가 파견한 장건이 개척한 서역 길을 통해 한나라에 인도의 문물과 불교가 전해졌다. 《위지》〈서융전〉에는 전한시대 애제 원년인 기원전 2년에 대월지국 사자 이존을 통해 불경이 전래했다는 기록이 있다. 불교의 교리는 한나라 지도층의 정신력을 강화시켰고 윤회설은 전쟁에서 병사들을 죽음도 두려워하지 않는 사생관으로 무장시켰다.

5) 한나라는 기원전 200년 백등산 전투에서 한고제가 흉노의 묵돌선우에게 패한 후 복수전을 준비했다. 60년 뒤 한무제가 등극한 후 장건을 월지국에 파견하면서 서역 길을 개척한 것이다. 시기를 포착해 주변 국가의 역량을 흡수했고 이 때문에 월지로부터 3천 필의 한혈마를 종마로 획득해 강력한 기마군단을 편성할 수 있었다. 한나라는 이렇게 제철기술과 기마대 그리고 사상전에 필요한 종교라는 국력요소를 도입해 주변국들을 정복해 나갔다.

3. 프랑스 대포와 영국 대포

1) 1453년 5월 오스만제국이 동로마 비잔틴제국 정복에 성공한 것은 대포 때문이었다고 해도 과언이 아니다. 헝가리 장인 우르반이 만든 대구경 대포가 있었기에 가능했다. 길이 8.2미터 지름 90센티

미터의 대포는 450킬로그램의 돌덩이를 1.6킬로미터까지 쏘아 보내면서 난공불락이던 콘스탄티노플 성벽을 파괴했다. 성벽이 무너지자 예니체리로 불리는 오스만제국 용병집단의 과감한 돌격으로 성내 진입에 성공했다. 역으로 비잔틴 수비대가 강력한 포대를 가지고 있었다면 패배하지 않았을 것이다.

2) 이후에 유럽의 전쟁은 총포전술이 주가 되었다. 1470년 이후 주조 기술은 유럽에서 크게 발전했고 중량을 줄여 가벼워진 경량 대포가 중포를 대체했다. 그리고 이동이 편리해진 대포는 전쟁의 판도를 바꿨다. 포병 지휘관이던 나폴레옹은 1804년 12월 프랑스 황제에 즉위 후 대포를 활용해 1805년 12월 아우스터리츠 전투에서 오스트리아-러시아 연합군을 패퇴시키고 유럽을 제패했다. 프랑스군은 대포 이동용 장비를 발명했고 포의 구경을 표준화하면서 포병전술을 발전시켰다. 18세기 유럽 대포의 최대 사정거리는 1.6킬로미터 정도로[18] 2세기 전 임진왜란에서 조선해군이 사용한 천자총통의 1킬로미터를 절반 정도 초과하는 거리였다.

3) 프랑스의 뒤를 이은 영국의 국력상승 역시 대포기술의 발달 때문이었다. 영국해군은 1805년 10월 트라팔가르 해전에서 프랑스-에스파냐 연합함대를 격파했다. 이로써 영국은 대서양을 장악하고 유럽대륙의 프랑스를 견제했다. 영국해군의 승리는 우수한 지휘관들과 뛰어난 성능의 대포 제작기술의 발전 덕분이다. 발사 순간 포신에 균열이 생겨 터지지 않도록 합금하는 기술이다. 강력한 포탄을 더 멀리 더 많이 보내기 위해서는 강하고 큰 대포를 대량으로 만들어

낼 수 있는 철강 주조기술이 필요했다. 1853년 발발한 크림전쟁에서 영국은 신형 포탄을 발명했다. 포탄은 발사 후 화약가스에 의해 회전하는 방식으로 장거리를 정확하게 날아가 목표물을 맞혔다. 그러나 프랑스군의 주철대포로는 충분한 내구성이 없어서 이 같은 포탄을 사용할 수 없었다.

4) 영국 과학자 헨리 베서머는 최초로 대규모 철강 제련방법을 창안해 고성능 대포를 대량생산할 수 있게 했다. 1856년 특허를 취득한 베서머 변환기라고 불리는 발명으로 녹은 선철에 공기를 강제로 주입하는 방법이다. 이것은 종래 방식으로 하루가 소요되던 철강 생산량을 단 10분으로 축소했다. 기적 같은 일이지만 실제로는 단순한 것으로 철물에 접촉한 공기 속 산소반응이 만드는 화학작용 때문이었다. 이것은 별도의 공정이 없이 고로에 쇳물을 부었다 다시 따라내는 간단한 작업방식이었다.

5) 당시 유럽에서는 철광석을 용광로에 넣어 녹은 철을 인력으로 휘저으면서 주철이나 연철로 만들었다. 주철과 강철 그리고 연철 모두가 탄소강이지만 탄소량이 많으면 단단하지만 깨지기 쉽고 너무 낮으면 무르게 된다. 탄소함유량 3~3.6퍼센트 정도의 주철은 다리 교량과 같이 하중을 지탱하는 용도에 우수했다. 반면에 적당한 유연성이 필요한 철로 같은 자재로는 탄소함유량 0.08퍼센트 정도의 연철이 적합했다. 한편으로는 철물을 휘젓는 퍼들링 방식은 철 찌꺼기인 슬래그를 대량 포함하는 결점이 있었다. 그러나 베서머는 용광로의 뜨거운 가스 속에 녹아 있는 초과산소가 선철로부터 탄소를 제거

해 준다는 사실에 착안해 용광로 안에 순수한 철을 남기도록 하는 방식을 개발했다. 베서머는 이 기술을 사용해 슬래그 없는 탄소함유량 0.3~2퍼센트 철강의 대량생산 작업을 가능하게 했다.[19] 여기에 제자리에서 회전하면서 철물을 쏟아 내는 방식 고로인 전로의 등장으로 영국군에 공급되는 철강량은 대폭 증가했다.

6) 제철기술의 요점은 철 속의 탄소와 불순물을 적절한 방법으로 제거해 내는 것이다. 근대 제철기술이 발전하기 이전에는 전통적으로 쇠를 가열한 후에 두들겨 가격하는 단조 작업 방식이었다. 쇠를 겹겹이 포개는 식이 되어 겹쇠라고 불리는 것으로 불에 달군 겹쇠는 다시 찬물 속에 담가 열을 식히는 과정을 수백 번 반복한다. 이 결과, 철은 수천 겹으로 압착되면서 탄성과 경도를 최적의 상태로 유지하게 된다. 감당하기 어려울 정도의 고열과 타격의 과정을 겪으면서 만들어지는 것이다. 철의 제련 과정이나 공동체의 융합 과정에도 뜨거운 열정을 품고 내부의 불순물이 정제되어야 하는 것은 동일하다. 그리고 공동체의 기본이 되는 개인에게 있어서도 이것은 마찬가지다.

4. APR 1400 원전 수출의 의미

1) 2009년 12월 크리스마스를 며칠 앞두고 아랍에미리트의 수도 아부다비의 7성급 호텔 에미리트 팰리스에서 한국, 일본, 중국, 프랑스 4개국 대사관의 차석직원들이 점심 모임으로 모였다. 넓은 중앙 홀을 중심으로 좌우 양편에 높이 솟은 객실 윙을 가진 에미리트 팰리스

는 궁전이라는 이름에 걸맞은 넓은 크기에 호화로운 시설로 국가적 자부심을 갖는 호텔이다. 정례적인 친선 겸 정보교환 자리지만 이날은 특별했다. 아랍에미리트가 건국 이래 최초로 발주한 원자력 발전소 4기의 수주경쟁이 한창인 가운데 모인 것이기 때문이다. 한국의 한전과 미국-일본의 제너럴 일렉트릭-히타치 합작 그리고 프랑스 아레바가 입찰에 참가 중이었다. 보통의 경우에는 선제적으로 움직이지 않는 일본 외교관도 이날은 적극적으로 한국의 수주 가능성을 물어볼 정도로 경쟁심을 보였다. 한국은 이미 며칠 후에 있을 정상방문 행사를 준비하고 있던 중이었다. 이 때문에 말과 표정에 주의하면서 모임을 가졌고 12월 26일 토요일 이명박 대통령이 도착해 칼리파 대통령과 원전 건설계약 서명식을 가졌다.

2) 재외공관 중에 국가원수를 위시로 국회의장과 관계부처 장·차관 그리고 정부특사를 비롯한 고위인사들이 약 일 년 정도 기간에 한 공관을 중점적으로 방문한 것은 거의 유일한 일이었을 것이다. 그만큼 중요한 국책사업이었기 때문에 당시 공관장이던 C 대사 내외를 필두로 산업자원관과 무관 그리고 직원들의 노력은 헌신적이었다. 수주에 앞장선 한국전력공사의 역량과 공로는 물론이다. 모두가 최선을 다해 쾌거를 이룬 것이다. 원자력발전에는 가능성과 위험성의 양측면이 있지만 어느 경우건 우리의 과학기술력을 갖춰야 하는 것은 국제사회에서 자주적 위상을 갖고 외국에 종속되지 않기 위해서 중요하다.

3) 그리고 이제는 그동안 원전 기술개발에 소홀하던 유럽에까지 한

국형 원전의 수출 경쟁력이 커졌다. 원자력 발전소의 수출은 한국 현대사에 큰 의미를 갖는 일이었다. 입찰 수주가격 200억 불도 큰 금액이지만 원자력이 갖는 상징성이 크기 때문이다. 소형모듈원자로(SMR) 설계기술을 가진 한국의 독자적인 대형 원전설계와 장비 제조기술이 국제적으로 인정받은 것이다. 이로써 향후 외국에 추가 수출의 길이 열렸다. APR 1400은 한국형 핵기술이 적용되어 최고 능력이 발휘된 집합체다. 발전용량 1,400메가와트의 고출력을 보유하고 안전성 면에서도 세계정상급 수준을 갖고 있다. 이러한 기술력을 아랍에미리트 정부로부터 철저히 평가받은 후에 선택된 것이다. 아랍에미리트 왕세자가 직접 관리하는 엘리트 집단인 무바달라는 뛰어난 정보수집과 분석력으로 한국의 국가능력을 정확하게 파악하고 있었다. 따라서 협상에 있어서도 다양한 카드를 갖고 상대했다. 원전 수주결정을 앞두고 무바달라는 한국의 산업기술 수준에 대한 설명을 요청했다. 한국이 가진 능력의 실상을 알아야만 앞으로의 협력 여부를 결정할 수 있다는 것이었다. 이렇게 확인한 한국의 국력을 아랍에미리트가 신뢰한 것이다.

4) 2011년 3월 걸프 해안의 광활한 사막에서 바라카 원전공사 착공식이 거행되었다. 이후 이곳은 한국인을 중심으로 다국적 기술인력이 모인 소도시가 되었고 2021년 1호기 완공에 이어 2022년 2호기 그리고 2023년 2월과 6월에 3호기와 4호기가 세워졌다. 한국은 중동진출 50년 만에 한국형 원전의 수출에 성공했다. 1970년 최초로 사우디아라비아에서 도로 건설공사를 할 때와는 전혀 다른 모습으로 등장한 것이다. 여기에는 장기간 수많은 시공경험을 가진 토목건

축 실력과 첨단 원전 설계기술의 저력이 담겼다. 세계기능올림픽에서 최다 연속 우승한 뛰어난 기능인들이 있었다. 그리고 이제는 반도체와 첨단과학 분야에서 선도국가 대열에 진입해 과거에 배양되고 축적된 역량이 발휘되고 있다. 4차 산업혁명으로 불리는 IT와 AI 그리고 로봇과 생명과학에서 새로운 도약을 눈앞에 두고 있다.

5) 세계가 전대미문의 초기술 시대로 진입하고 산업구조가 새롭게 개편되는 시기에 중동국가들도 미래 개척에 고민하고 있다. 그리고 새로운 성장산업에 적극적으로 참여 중이다. 2008년 미국발 금융위기로 인한 아랍 산유국들의 자본손실은 아시아로 눈을 돌리는 계기가 되었다. 이들 왕정국가들이 석유와 가스 에너지 수출로 축적한 자금을 정부가 직접 운용하는 국부펀드(Sovereign Fund) 역시 막대한 규모다. 그러나 석유와 천연가스 의존도가 높고 기간산업의 역량부족으로 인해 단독으로의 경제산업 다변화는 힘든 것이 현실이다. 따라서 적정한 협력대상국이나 투자대상국을 찾게 된다. 이러한 시기에 한국은 아랍과 동일한 식민지 경험이 있고 평화를 희구하는 민족으로 가장 적절한 파트너 국가가 된다. 정신문화를 중시하는 두 지역의 보수적 가치 역시 공감대를 갖는다. 신라의 처용이나 회회인의 고려 도래와 같은 역사적 유대감도 남아 있다. 이 같은 한국과 중동과의 협력은 새로운 전략적 동반자로서 중요한 한 축을 형성할 수 있다.

II
초연결 시대의 지리(地理)

21세기는 국토 자체의 지형이나 자원 같은 지리(地理)보다 대외관계에서 얻는 지정학적 그리고 지경학적 지리(地利)의 중요성이 부각되었다.

신지정학 시대에 한반도는 대륙과 해양 양면에서의 압박에서 탈피해 새로운 국가들과 만나면서 활로를 찾았다.

그리고 통신과 운송수단의 초월적 발전으로 시간이 단축되고 공간이 축소되는 시공간의 수렴시대가 되었다. 세계는 지구촌이 되었고 메타버스(Metaverse) 신공간의 탄생으로 한국은 극동의 변방에서 세계의 중심과 연결되었다.

여기에 진취성과 창조력을 가진 한국인의 DNA가 부활해 국가의 발전에 추동력을 주고 있다.

변방국가는 고난의 경험과 의지로 흥기하게 된다는 역사의 법칙을 역사학자 기본과 터친은 로마제국과 러시아제국의 성장을 예로 들어 설명했다.

1. 세계의 중심이동
1. 매킨더의 중심지 이론   65
2. 해 뜨는 쪽으로 간 사람들   67
3. 달이 차면 다시 기운다   70
4. 하서회랑(河西回廊), 지리의 중국   74

2. 그레이트 게임
1. 그레이트 게임 속의 우크라이나 전쟁   78
2. 유럽과 중국의 안보경쟁   81
3. 하이브리드 전쟁과 그레이존 외교   84
4. 고래 싸움보다 무서운 고래들의 춤   87

3. 변방의 약진
1. 변방의 힘   92
2. 변방인의 용기와 창조력   95
3. 조선의 표전(表箋)외교   98
4. 경계국가에서 벌어지는 사상심리전   103

4. 지리(地理)와 지리(地利)
1. 30년 전 앨빈 토플러의 권고   106
2. 세계화 시대에 민족주의의 의미   108
3. 지브롤터의 바위   111
4. 신라승 혜초가 광야를 건너는 법   115

1. 세계의 중심이동

1. 매킨더의 중심지 이론

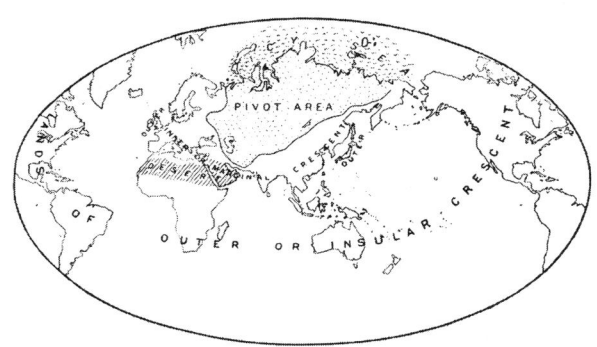

매킨더는 세계를 4개 지역으로 구분하고
유라시아 대륙을 장악하는 국가가 세계를 지배할 것이라고 주장했다.

1) 1904년 영국 왕립지리학회에서 매킨더는 「역사의 지리적 추축」이라는 중심지 이론을 발표해 주목을 받았다. 이것은 지구 최대면적의 유라시아 대륙 중앙부분을 차지하는 나라가 세계를 지배한다는 주장이다. 이 논문은 이후 그레이트 게임으로 불리는 강대국 간의 세계 패권경쟁의 배경으로 이해되었다. 그리고 중심지 이론을 긍정 또는 부정하는 학자들로부터 비중 있게 논의되었다. 당시 영국은 인도를 넘어 1838년부터 1842년간 중앙아시아에서 아프가니스탄과 전쟁을 했고 1839년과 1856년 두 번에 걸쳐 중국과 아편전쟁을 벌이면서 동진을 계속했다.

2) 매킨더는 중요한 인류역사는 지중해와 유럽인종의 역사뿐이라는 주장은 어떤 면에서 사실이라고 하면서 인종적 편견을 보여 주었다. 그리스와 로마의 후계자들이 세계를 지배한 배경은 이들 유럽인종에게서 나왔다는 것이다. 그리고 러시아가 대륙 횡단철도를 부설해 시베리아를 건너 극동으로 진출하고 있고 중국과 인도 그리고 조선을 활용하는 전략을 준비하고 있기 때문에 영국은 이것을 저지해야 한다고 경고했다.

3) 중심지 이론은 유라시아 대륙을 중심으로 세계를 4개의 지역권으로 나눈다. 첫째로, 추축지역으로 유라시아 대륙이며 둘째로, 대륙과 해양의 경계지역으로 발칸반도와 인도 그리고 한반도며 셋째로, 외곽의 온전한 해양지역이며 넷째로, 아프리카와 오스트레일리아 그리고 아메리카 대륙과 태평양을 외부지역 또는 도서 반달지역으로 규정했다.[20] 그리고 심리적 중심지역으로 유대-기독교의 예루살렘이나 아랍 이슬람의 메카를 지목했다. 매킨더의 논문에 Corea로 표기된 조선은 중심지 외곽에 위치한 종속변수로 제시된다. 중심지를 차지하려는 국가들의 투쟁 중에 활용될 역할이 있는 국가라는 의미다.

4) 매킨더는 추축국이 유라시아의 주변 영토로 세력을 확장한다면 함대건설을 위한 광대한 대륙자원의 활용이 가능하고 세계제국이 가시권에 들어올 것이라고 설명했다. 그리고 이 때문에 프랑스, 이탈리아, 이집트, 인도, 조선은 추축국 동맹국들의 전력을 분산시키기 위한 교두보가 될 수 있으며 이것이 대영제국의 체제가 동방으로 뻗쳐 인도를 거쳐 일본까지 연결돼야 하는 근거라고 주장했다.

5) 그리고 지리적 관점에서 볼 때 주변의 고립된 세력들은 제국으로 발전할 가능성이 높은 추축국을 중심으로 회전하게 될 것이라고 예상했다. 따라서 결론적으로 러시아의 지리적 중요성을 감소시키고 추축국으로의 팽창 가능성을 견제하기 위해 내륙 일부지역에 새로운 통제를 시도할 것을 제안했다. 예를 들어 러시아제국을 붕괴시키기 위해 일본이 중국을 조정하거나 러시아의 거대한 대륙에 해양전선을 추가해 불리하게 만든다는 것이다. 1902년 영국은 일본과 제1차 영일동맹을 체결했고 매킨더는 일본이 강화되는 것이 영국에 유리하다는 논리를 전개했다.

6) 이것은 일본의 한반도 식민화와 대륙침략에 타당성을 주는 근거로도 이용되었다. 서구중심의 이러한 이론에 대하여는 한반도의 입장에서 반론을 제기할 필요가 있다. 대륙의 중심지를 차지하려는 열망을 가진 국가들의 전략목표가 되기 때문이다. 매킨더의 이론은 19세기와 20세기를 거쳐 국제정치에서 제국의 논리로 이어져 왔고 이러한 지정학적 주장은 21세기에 있어서도 유사한 모습으로 등장한다. 따라서 한반도와 같이 변방에 위치한 국가는 이에 대응할 논리의 개발과 능동적으로 응전할 수 있는 전략 마련이 요구된다.

2. 해 뜨는 쪽으로 간 사람들

1) 한국은 고인돌의 나라다. 전 세계에 세워진 고인돌 중에 약 4만 기 정도가 한반도에 있다. 세계 고인돌의 절반 이상이 유라시아 대

류의 변방 한반도에 몰려 있는 것은 놀라운 일이다. 전라북도 고창의 고인돌 유적에는 1,550여 기의 고인돌이 있고 그중에 447기가 2000년 유네스코 세계문화유산으로 등재되었다. 한반도에 남아 있는 풍부한 석기시대 유적을 보면 이 땅에 오래전부터 사람들이 살았다는 것을 알 수 있다.

2) 한반도가 지리적으로 오래된 지질구조로 되어 있음도 고인돌의 가치를 뒷받침해 준다. 지층에서 발견된 유물과 유골을 보면 원주민과 이주민들이 융합한 문화다. 북방계와 남방계를 포함해 이곳에 도착한 다양한 부류 사람들의 역사가 장기간 축적된 것으로 이해할 수 있다. 이들이 대륙의 중앙을 지나서 또는 해양을 건너 먼 동쪽 끝 한반도로 이동한 것에는 이유가 있었을 것이다. 한반도의 자연환경은 나라를 운영하거나 사람이 거주하기에 적절하다. 하늘과 땅 그리고 강과 바다가 어울린 산천은 수려한 모습이고 기후와 토질은 농수산물 재배에 적합하다. 그리고 산지와 평야의 적절한 배합은 외적의 침입에 있어서 방어할 수 있는 유리한 조건이 된다. 무엇보다 큰 자연재해가 없는 것이다.

3) 중국과 일본의 자연조건은 인간에게 호의적이지 않다. 중국의 홍수와 지진은 대륙적 규모다. 1976년 수십만 명의 인명 피해를 낸 진도 7.8 규모의 당산 대지진과 같은 대형재해도 발생한다. 태풍과 폭우에 의한 강의 범람과 서북 사막에서 불어오는 초속 수십 미터의 뜨겁고 강한 모래바람은 연례적이다. 일본도 등산을 해 보면 알 수 있듯이 산의 형태는 화산지역 모습에 계곡이 발달했고 화산폭발과 지

진 그리고 태풍과 해일의 피해는 상상을 넘어선다. 한반도에서는 경험하지 않는 천재지변이다. 대륙에서는 중원을 차지하기 위한 전쟁이 끝을 모르게 이어졌다. 중국의 역사가 전국시대로 기록한 바와 같다. 정치는 만리장성과 운하를 비롯한 대형 공사로 수많은 인명이 희생되었다. 황제를 위한 무덤과 거대 건축물을 위해 소비된 백성의 고초도 컸다. 사람이 많아서 사람을 귀하게 여기지 않은 것이다. 사람들이 이런 중원을 떠나 한반도에 정착한 것은 폭정을 피해서나 대륙의 싸움터를 거부하고 평화의 땅을 찾아 나선 때문으로 볼 수 있다. 이 같은 추론의 근거는 한민족이 만들어 간 역사를 살펴보면 타당성을 찾을 수 있고 기자와 공자는 동쪽 동이족 나라를 이상국가로 여겼다.

4) 이것은 첫째, 민족국가 건설의 철학을 홍익인간(弘益人間)으로 정한 것이다. 널리 인간을 이롭게 한다는 것으로 이후 홍범 9조의 규범으로 이어진다. 다툼을 억제하고 평화를 기원한 것이다. 그리고 새로운 나라에서 사람과 사람과의 만남으로 서로의 필요를 나누는 태평한 시장을 만들었다. 공동체 속의 의연한 삶이 성숙하게 된다는 의미다. 청마 유치환은 〈고대용시도(古代龍市圖)〉 시 속에서 옛 시장터의 이러한 교류의 풍경을 묘사했다. "아득한 옛날 삼신산(三神山) 산록 만리ㅅ벌에는 / 한 해에 한 번 나라의 용시가 섰었나니 / 이 날이면 안개 자욱한 / 먼 원시림에 구관조(九官鳥) 우짖는 이른 아침부터 / 온 나라에서 길들여 용을 이끌은 수만의 사람들이 모여들어 / 치수(治水)하고 투룡(鬪龍)하고 용으로써 용을 사로잡는 가용을 / 여기에서 서로 팔고 사고 바꾸기를 행하였나니 / (중략) / 고대(古

代)의 기나긴 하루해가 저물도록 이 용시(龍市)는 / 현란한 화폭처럼 겨울 줄도 모르고 아득히 은성(殷盛)하는 것이었다." 청마의 시는 고대 한민족 사회의 웅혼한 기백을 회고하고 있다.

5) 둘째, 한민족 최초의 전쟁인 한나라와의 충돌 배경이다. 제국화의 길을 걷기 시작하면서 한나라는 고조선이 교역통로를 막고 있다는 것을 전쟁의 명분으로 삼았다. 이것은 국가의 영토주권을 무시한 일방적인 패권주의다. 대륙을 정복하겠다고 길을 내줄 것을 요구한 일본의 군국주의와 다름이 없다. 셋째, 한반도에서 벌어진 전쟁 대부분은 대륙과 섬으로부터의 침략에 대한 방어전이었고 주동적 전쟁은 여진족과 대마도 왜구에 대한 응징적인 정벌과 같은 제한적 국지전이었다. 이 때문에 침략전쟁이라는 역사의 부채가 없는 평화의 역사는 한민족의 중요한 미래자산이다. 이것이 중국 사서가 우리를 군자지국(君子之國)이나 근화지국(槿花之國) 그리고 동방예의지국(東方禮儀之國)으로 부른 이유다. 화랑도의 풍류나 신선과 도인 같은 삶의 전설은 이 땅의 산과 강 여러 곳에 남아 있다.

3. 달이 차면 다시 기운다

1) 제국의 몰락은 예기치 않게 온다. 제국의 쇠퇴는 열역학 제2의 법칙으로 이 세상의 모든 질서 있는 것은 무질서한 방향으로 흘러간다는 엔트로피의 과정과 같다. 살아 있을 때는 모든 신체 세포조직들이 뚜렷한 질서 아래 자리를 잡고 있지만 시간이 지나면서 점차 파괴

되고 흙으로 돌아가는 것이 자연의 이치다. 여기에는 화무십일홍(花無十日紅)이나 달이 차면 기운다는 보편적 지혜나 변증법의 정반합 원리가 있다. 그리고 모든 일이 한계에 도달하면 변화한다는 물극필반(物極必反)의 해석과 같다.

2) 역사의 사례를 보면 이러한 흥망의 법칙이 존재함을 알 수 있다. 역사학자 기본은 천 년 넘게 지속된 로마제국의 몰락 원인으로 4가지 이유를 들었다. 이것은 첫째, 시간의 흐름에 따라 발생한 자연재해다. 둘째, 야만족과 이교도들과의 계속된 전쟁이다. 셋째, 자원의 남용이며 넷째, 로마인끼리의 내부 갈등이다. 전염병이나 지진과 같이 대처할 수 없는 불가항력의 변고는 어느 국가나 제국을 가리지 않고 불시에 닥쳐온다는 것이다.

3) 기본은 발렌티니아누스 황제 당시 4세기에 발생한 일련의 거대한 지진이 로마제국 대부분을 휩쓸었고 갑자기 융기한 계곡과 산의 출현에 시민들이 놀랐다고 전한다. 그리고 거대한 해일로 지중해 연안 그리스와 이집트 등지에 큰 피해를 입혔고 이러한 공포심은 로마제국의 쇠퇴와 세계의 멸망을 알려 주는 징조로 더 확대되었다고 기록했다.[21] 펠로폰네소스 전쟁에서 아테네의 패배에는 전염병의 창궐이 크게 작용했다. 기원전 427년 진정될 때까지 원인불명의 전염병으로 아테네 군대의 중장 보병 4,400명과 기병 300명이 사망했고 아테네 시민의 약 3분의 1이 죽거나 중증을 겪었다. 전염병은 사망자의 장례식마저 회피할 정도로 아테네 전역을 공포에 몰아넣었고 시민들은 지도자인 페리클레스에게 책임을 추궁했다.[22] 동양에

서는 기원전 100년 중국 북방 초원에 기록적인 한파가 닥쳤고 흉노족의 말 먹이인 초원의 풀이 사라졌다. 이 때문에 말과 식량의 부족으로 한나라에 투항해 오는 흉노족이 급증했다고 사마천은 《사기》에 글을 남겼고 이후 흉노족은 서쪽으로 이동했다.[23] 로마의 쇠퇴기에는 황제 지위를 차지하기 위한 극심한 투쟁과 민심의 이반으로 정치적 지도력은 소거되었다. 호화로운 생활에 싫증이 난 상류계급은 퇴폐에 빠지고 민중 또한 빵과 서커스에 의해 우매해져 자원과 물자를 남용했다. 결국, 로마인 스스로는 제국을 지탱할 힘이 없어졌고 이후에는 100만 명에 달하는 고트족이 도나우강을 건너 로마에 들어왔다. 고트족과 반달족의 공격은 더욱 강화되어 476년 서로마는 멸망했다. 1336년 카나리아 제도 항로개척으로 유럽의 대항해시대를 열면서 세계제국으로 성장하던 포르투갈은 1755년 지진과 해일로 수도 리스본의 80퍼센트 정도가 파괴되면서 하강기를 맞았다.

4) 타임지는 미국 독립 200주년 기념호에서 미국은 역사상 가장 단명한 제국이 될지도 모른다고 우려했다. 그리고 그 이유로 욥의 고난을 경험하지 못했기 때문이라고 보았다. 기독교 정신으로 건국된 나라임에도 불구하고 성경에 나오는 의인 욥과 같은 진정한 시련을 겪지 않았다는 것이다. 이후에 파리드 자카리아와 조지프 나이 같은 학자는 최강의 국력을 보유한 미국의 영향력은 앞으로도 몇 세기를 더할 것이라고 예상한다. 이런 점에서 2001년 9.11 테러와 이후 중동에서의 대테러 전쟁이 이러한 욥의 고난과 같이 미국을 연단하는 계기가 될지도 모른다. 실제로 이후부터 미국 내에는 공공외교의 강화와 대외정책의 수정요구가 나타났다. 1979년 《Japan as

Number 1》을 발표한 에즈라 보겔의 예상은 이후 급변해 일본경제의 퇴조로 바뀌었다. 1990년 독일의 통일 그리고 1991년 소련의 해체는 몇 개월 전까지도 국제정치학자 누구도 예상하지 못했다. 국운에는 인간의 능력으로는 알 수 없는 흐름이 있다. 그러나 여기에는 고전에서 말하는 것과 같은 자연의 섭리와 민심이 작용한 부분이 있음은 분명하다. 국가의 교만은 과도한 팽창주의로 나가게 하고 결국은 전쟁과 국민의 고통을 만들어 국가를 쇠퇴로 이끌었다. 자원의 낭비와 자연훼손 그리고 기후위기의 경고를 경시하는 것 역시 마찬가지다.

5) 정상에 오른 제국은 일정한 시간이 흐르면 하강하고 다른 나라에 자리를 물려주게 되는 것이 역사의 법칙이었다. 마치 끝없이 회전하는 원반처럼 지구의 구체에는 어느 곳을 중심이라고 부를 수 있는 기준이 없다. 고대 그리스인들은 델포이(Delphi)를 세계의 중심으로 여기고 세계의 배꼽으로 돌조각 옴파로스(Omphalos)를 세웠다. 지리학적으로는 영국의 그리니치 기준으로 위도와 경도를 제작했으나 지구상에는 어디에도 아무런 표식이 없다. 기준점을 한반도로 바꾸면 또 다른 경위도가 만들어질 수도 있는 것이다. 정상에서 더 이상 도달할 곳이 없다는 것은 정복할 곳이 없다는 것을 의미한다. 여기서는 더 이상의 쇄신이나 자기계발 노력이 필요하지 않게 된다. 이후에는 인간의 약점인 부정과 부패 그리고 나태가 나타난다. 국가나 제국을 움직이는 것은 인간이기 때문에 끊임없는 자기혁신이 없으면 종말로 접근해 간다.

4. 하서회랑(河西回廊), 지리의 중국

하서회랑(河西回廊)은 중국과 중앙아시아를 연결하는 폭이 수 킬로미터에서 100킬로미터 그리고 길이 900킬로미터 정도의 길로 실크로드의 현관과 같다.

1) 중국은 지리의 이점을 갖고 있다. 넓은 농토에서 나오는 생산력으로 규모의 경제를 키우면서 국력이 상승했다. 풍부한 식량으로 인구가 증가하면서 그만큼 재능 있는 인재들도 출현했다. 그리고 중원에 위치해 주변 민족들과의 접촉으로 국가의 발전요소를 흡수할 수 있었다. 그러나 기원전 200년 흉노와의 백등산 전투에서 패한 한나라는 군사력이 열세였다. 이 때문에 적극적으로 화친정책을 택했고 궁정여인들을 흉노로 시집보내면서 평화를 추구했다. 사마천의 표현은 화친외교라 하지만 한나라의 자존심을 고려하면 실제로는 약소국의 공녀징발과 다름없는 것이었다. 왕소군은 전한 원제의 궁녀로 기원전 33년 화친을 위해 흉노왕 선우에게 보내졌다. 시인 동방규는 〈소군원 3수(昭君怨三首)〉를 지으면서 호지무화초 춘래불사춘(胡地無花草 春來不似春)을 말해 왕소군을 이 시대에 가장 유명한 여인으로 전해지도록 했다. 실제로 왕소군은 힘든 환경에서도 흉노족에 선

진문물을 전하고 교사 역할을 해 모범적인 여성상으로 알려져 있다.

2) 시 속에 나오는 말처럼 봄이 와도 봄 같지 않은 척박한 광야에 거주하는 흉노는 강인한 생존력을 가진 흉노마를 기간으로 우월한 기마 전투력을 보유했다. 그러나 이러한 세력균형은 이후 한나라가 더욱 강력한 기마군단을 육성하면서 한나라의 우세로 바뀌게 된다. 이것은 대부분 산지와 농경지로 이루어져 목초재배와 방목지가 부족하고 기마병을 육성하기 어려운 한반도 내의 환경과는 다른 지리적 조건이었다. 뛰어난 전투용 종마의 수입은 더욱 힘든 일이었을 것이다. 한무제는 인접한 중앙아시아에 사절단을 파견해 우수한 전투용 종마들을 획득했다.[24] 사절단을 이끈 장건이 찾아낸 새로운 교통로와 서역에서 가져온 전략물자와 정보는 이 같은 국력증강에 결정적인 기여를 했다. 장건이 개척한 서역 통로는 중원의 서북에서 동남 방향으로 뻗친 하서회랑(河西回廊)이다. 폭이 수 킬로미터에서 100킬로미터 그리고 길이 900킬로미터 정도의 길로 실크로드의 현관과 같이 중국을 중앙아시아와 연결시켜 주었다.

3) 장건은 한나라 조정의 하위직 낭관의 신분으로 파견사절에 응모해 기원전 138년 중앙아시아 월지로 출발했다. 여기에는 흉노족 노예 감보를 대동했다. 이후 흉노에 잡혀 족장 선우에게 10여 년 억류되었다가 탈출해 대원에 도착했고 그리고 강거에서 대월지로 갔다. 한나라로 돌아가는 도중에 다시 흉노에 잡혀 1년여 억류되었지만 흉노인 아내를 데리고 다시 탈출해 13년 만에 귀국했다. 사마천은 장건을 의지가 굳고 마음이 너그럽고 성실했으며 오랑캐들도 모두 그

를 좋아했다고 기록했다. 장건은 귀국 후에 대원, 대월지, 대하, 강거 그리고 인접한 5, 6개국에 대한 자세한 보고서를 작성했다.

4) 그 요지는 ① 오랑캐들은 한나라의 재물을 탐내니 ② 후한 물건을 보내 주어 마음을 열게 하고 ③ 더욱 가까이 불러들여 살게 하며 ④ 한나라와 형제의 의를 맺게 하면 ⑤ 오손은 형편상 한나라를 따르게 될 것이고 ⑥ 이 결과로 흉노의 오른팔을 끊는 셈이 되며 ⑦ 오손이 한나라와 연합이 되면 ⑧ 서쪽의 대하 등을 모두 끌어들여 속국으로 만들 수 있을 것이라는 내용이다. 장건의 보고서에 기초해 한무제는 하서회랑을 따라 원정군을 파견했다. 장건이 사막 가운데 오아시스의 위치를 알고 있었기 때문에 한나라 군대는 식수 공급을 받으면서 계속 전진할 수 있었다. 이같이 분할지배라는 제국주의의 고전적 책략을 사용하면서 한나라는 주변 국가들을 정복했다. 이후로도 장건은 한무제에게 주변국 복속방안을 보고하고 원정을 건의했다. 한나라는 장건이 찾아낸 뛰어난 종마를 얻기 위해 오손왕에게 왕실의 강도옹주를 시집보내고 종마 1천 필을 받아 천마로 이름 붙였다. 또한, 말의 수출을 거절한 대원을 3만 군사로 공격해 종마 3천 필을 획득했다. 그리고 대원에서 더 좋은 한혈마를 얻자 오손의 말을 서극으로 바꾸고 대원의 말을 천마로 했다. 초기에 이들 국가는 한나라와 교역하면서 형제의 나라로 불렀지만 한나라의 국력이 강해진 후에는 모두 무력으로 복속당했다. 흉노는 기원후 89년 북흉노의 멸망과 216년 남흉노가 멸망하면서 남은 유민들이 위나라에 복속하거나 서쪽으로 이주해 중원에서 사라졌다.

5) 이러한 사실로부터 다음과 같은 역사의 교훈을 얻을 수 있다. 첫

째, 국가의 중요사업에는 자질 있고 책임감이 강한 인물이 필요하다. 장건은 포로생활 중에 흉노 여인과 결혼해 자식까지 낳았으나 한나라 사신임을 증명하는 부절(符節)을 간직하고 임무를 잊지 않았다. 둘째, 이민족 영역에서의 활동에는 흉노족 노예 감보와 같은 현지인 조력자의 활용이 중요하다. 셋째, 사신의 임무를 성공적으로 수행한 장건의 성과를 활용한 한무제의 역량이다. 아무리 뛰어난 보고서를 작성해도 결정권자인 지도자의 관심과 의지가 없으면 휴지가 된다. 한나라는 서역으로부터 전략물자와 군마 수입을 통해 국력을 증강시켜 갔다. 장건은 원정기간 동안 입수한 지리와 교통로 그리고 기후와 특산물을 비롯해 이 지역의 국가관계 정보를 세밀히 분석했다. 그리고 이를 바탕으로 이들을 복속시킬 수 있는 계획을 만들어 보고했다. 이러한 책략은 현대 국제관계에서도 유사하게 진행된다. 따라서 이러한 외부의 도전을 받는 국가는 이에 능동적으로 응전할 수 있는 대책을 강구하고 있어야 한다.

6) 장건이 하서회랑 주변 국가들의 풍토와 자연을 조사해 분석한 것과 같이 지리(地理)뿐 아니라 지리(地利)와 지형(地形)을 함께 보아야 하는 것은 다른 나라를 이해하는 데 있어서 중요하다. 그렇지 못하면 아프리카나 중동은 모두가 무더운 곳이라고 생각하기 쉬운 것이다. 그러나 사우디아라비아에도 2천 미터급 고산지대가 있고 눈이 내린다. 케냐의 킬리만자로나 레소토에도 마찬가지로 겨울과 같은 지역이 있어서 여행할 때 겨울옷 준비가 필요한 곳이다. 따라서 아프리카나 중동에 난방용품과 담요를 판다는 것은 단지 뛰어난 상술로서만 아니라 철저한 사전조사에 의한 결과물이다.

2. 그레이트 게임

1. 그레이트 게임 속의 우크라이나 전쟁

브레진스키는 국제정치를 체스 게임에 비유하고 나토의 동방확장을 주장했다.

1) 2022년 2월 발발한 우크라이나 전쟁은 현대전쟁사에 중요한 의미를 갖는다. 이유는 첫째, 예상치 못한 전쟁이다. 발발 몇 주 전까지도 전직 동구권 대사나 지역 전문가도 러시아의 침공 가능성을 부정적으로 보았다. 둘째, 같은 뿌리를 갖는 슬라브민족 간의 전쟁이다. 셋째, 나토와 바르샤바 조약 간의 대결과 같은 동서 군사진영화의 재건 성격을 갖는다. 넷째, 핵전쟁의 위협이다. 그동안 평온한 관광지로만 알고 있던 유럽에서 핵무기까지 언급되는 대규모 전면전이 벌어진 것이 세계인들에게 충격으로 받아들여졌다.

2) 미국과 나토의 우크라이나 지원으로 전쟁이 교착상태를 보이자 푸틴 러시아 대통령은 핵무기 사용을 위협할 정도로 안보 위기감을 내보였다. 이것은 나토의 국경접근을 경계하는 것으로 마치 백 년 전 그레이트 게임의 부활처럼 보인다. 러시아의 안보위협 인식은 제2차 세계대전 후 조지 케넌의 〈롱 텔레그램〉으로 부각되었다. 모스크바 주재 미국 대사관 케넌 공사가 냉전의 효시를 알리면서 1946년 2월 워싱턴 본부로 보고한 전문이다. 케넌은 역사적으로 외부로부터의 침공에 안보불안을 느끼는 소련이 공세적으로 서구정책을 전개할 것으로 예상했다. 그리고 미국이 적극적인 봉쇄정책으로 이에 대처할 것을 주장했다. 결국, 미국과의 반세기 가까운 냉전을 거친 후 1991년 소련은 붕괴했고 냉전은 종식되었다. 그러나 21세기 다시 부상한 러시아가 크림반도를 합병하고 우크라이나를 침공한 자신감에는 강화된 군사력과 핵전력이 있다. 러시아는 특별히 자국산 5세대 최신 항공기의 우수성을 피력하면서 중동의 시리아 내전에도 적극적으로 참여해 영향력을 확대하고 있다.

3) 카터 전미국 대통령 안보보좌관 즈비그뉴 브레진스키는 1997년 《그랜드 체스보드》를 발간하면서 나토의 동방확장 로드맵을 마련했다. 이 계획은 2000년대 초에 폴란드를 위시로 우크라이나까지 나토에 참여하게 될 것으로 예견했다. 그리고 러시아는 이러한 흐름을 용인하는 것이 바람직할 것이라고 조언했다.[25] 그러나 우크라이나의 나토가입 희망에 대해 푸틴 대통령은 2007년 2월 뮌헨연설에서 강력히 반발했다. 이것을 크림반도와 돈바스에서의 영토문제와 연계해 러시아에 대한 공격 예비단계로 인식한 것이다. 여기에는 과

거 나폴레옹과 히틀러에 의해 서구로부터 침공받은 위기의식이 있다. 히틀러는 1927년 《나의 투쟁》에서 동방정책을 설명하면서 소련에 대한 침공의도를 보였다.[26] 그리고 14년 후인 1941년 6월 바르바로사 작전으로 이것을 실천했다. 히틀러는 국가의 영토는 국민의 생활지원에 군사정책적인 의미가 더해진다고 주장했다. 영토의 보전과 민족의 안녕을 위해서는 식량의 확보만으로는 불충분하다는 것이다. 이러한 히틀러의 안보 욕망의 궤변은 독일 국민과 세계를 전대미문의 전쟁의 참화로 이끌어 갔다.

4) 지구온난화로 인해 역사상 처음으로 북극해 항로가 열리게 된 것은 지정학적으로 중요한 의미를 갖는다. 북극해가 더 이상 러시아의 뒷마당과 같지 않게 되었다. 통상적인 메르카도 기법으로 작성한 지도가 측면에서 세계를 평면적으로 묘사하는 데 비해 이제는 북극을 중심으로 내려다보는 형식으로 제작된 지도 사용이 늘어나고 있다. 북극해의 선박통항이 빈번해지고 그린란드와 같은 거대한 섬이 자원경제나 정치적으로 중요성이 새롭게 인식되었기 때문이다. 러시아의 안보불안과 함께 이같이 변화된 해양교통로에서 가장 큰 영향을 받는 나라는 한국과 일본이다. 북태평양에서 베링해협을 지나 북극해를 경유해 유럽으로 통하는 해로가 열렸기 때문이다. 현재 아시아에서 유럽으로 가는 해상화물은 싱가포르와 말레이시아의 말라카 해협을 거쳐 인도양과 수에즈 운하를 통과하는 항로로 운송된다. 북극해 항로는 기존 수에즈 항로보다 거리는 40퍼센트 그리고 시간은 10일가량을 단축할 수 있다. 북극해는 경제적 측면뿐 아니라 군사적인 측면에서 더욱 중요하다. 러시아의 안전지대로 여겨 온 북극 바

다가 해빙되면서 러시아의 안보에 취약점이 생긴 것이다. 전통적인 대륙국가인 러시아는 해군력이 미약하기 때문으로 북극해에서 미국과 나토 그리고 러시아 간 안보경쟁의 수위가 높아지고 있다.

5) 한국의 조선산업이 첨단기술 쇄빙선 아라온호를 건조해 북극해에서 운용하고 해외에도 수출하고 있는 것은 고무적이다. 이제는 우리 선박들이 동해를 통해 베링해와 알래스카 해협을 넘어 유럽과 연결되는 빠르고 안전한 북극해 항로 확보를 위해 노력할 시기다. 한국이 러시아를 적성국으로 만드는 것은 경제와 안보를 위태하게 한다. 한국이 미국과 일본 그리고 나토와 관계를 강화하는 만큼 중국과 러시아의 북한 접근도 가속화할 것이다. 따라서 한국은 한반도의 분쟁이 기타 지역에서의 분쟁과 연계되지 않도록 주의를 기울여야 한다.

2. 유럽과 중국의 안보경쟁

1) 유라시아 대륙의 중앙 부분인 중앙아시아에는 우즈베키스탄을 비롯한 5개국이 위치해 있다. 우즈베키스탄, 투르크메니스탄, 카자흐스탄, 키르기스스탄, 타지키스탄으로 인구 약 7,000만 명에 총면적이 400만 평방킬로미터에 달한다. 이들 국가는 제2차 세계대전 후 냉전기를 거쳐 1991년 소련 붕괴와 함께 독립하면서 독립국가연합(CIS)을 결성했다.

2) 그리스를 출발한 알렉산더 부대가 투르크메니스탄에 건설한 요새는 현대인의 눈으로 보면 단순한 토담처럼 보인다. 10미터 정도 높이로 흙을 쌓아 올려 원형으로 둘러싼 요새로 수도 아시가바트 근교에 만들어졌다. 투르크메니스탄은 고대에는 파르티아로 불린 곳이며 한나라 장건이 구해간 한혈마의 고향으로 지금도 아켈테케라는 이름의 전통마는 국가시책으로 육성되고 있다.

3) 사랑의 도시라는 의미의 아시가바트는 하얀 도시라는 별명대로 모든 건물이 흰색 대리석으로 건축되었다. 대통령궁을 비롯해 시내 중심의 모든 정부기관도 순백색의 담백하고 깨끗한 건물이다. 산악지대에 풍부한 수자원을 보유한 키르기스스탄은 중앙아시아의 스위스로 불린다. 봄축제인 '노르주(Nowruz)'는 푸른 풀밭에서 펼쳐지는 승마대회와 전통공연으로 초원의 아름다움을 보여 준다. 그러나 이곳 중앙아시아는 훌륭한 자연경관과 매력있는 도시들이 있음에도 민족 갈등과 국경문제로 충돌위험을 안고 있다. 이 때문에 이들 국가 간의 분쟁방지를 위해 유럽안보협력기구(OSCE) 대표부가 활동하고 있다. OSCE는 유럽안보를 위한 협력체로 나토 회원국과 구소련 국가들이 참여하는 범유럽기구다. 1975년 헬싱키에서 창설된 유럽안보협력회의(CSCE)를 이어받아 1995년부터 상설기구화되었다. 민주주의를 증진하고 무기통제, 인권보호, 인신매매와 분쟁 방지를 목적으로 68개국이 가입해 활동 중인 대규모 국제기구다.

4) 소련의 붕괴 이후 유고슬라비아연방이 해체된 것처럼 이들 중앙아시아 국가들도 분리되어 독립했다. 그리고 당시 세계언론이 국제

사회의 고아로 표현한 것처럼 유라시아 대륙의 정치적 갈등 속에 지정학적 표류상태에 들어갔다. 이 지역 분쟁역사의 뿌리는 미국과 소련 간의 냉전기보다 오래되었다. 1370년부터 1507년까지 중앙아시아와 이란 그리고 아프가니스탄 지역 일대는 티무르 제국이 지배했다. 당시 수도였던 우즈베키스탄의 사마르칸트는 실크로드의 주요 도시로 동서 무역과 문화의 중심지로 번영해 지금도 국가의 자존심이 높다. 그러나 티무르 사망 후 제국은 분열되어 왕권쟁탈 전쟁이 계속되면서 쇠퇴했다. 그리고 아랍계와 튀르키예계 그리고 이란계를 위시로 다양한 인종과 문화적 이질성이 뒤섞여 있게 된 것이다.

5) 역사문화적 투쟁에 더해 국내경제의 어려움과 애매한 국경선 획정은 국가 간 분쟁의 우려를 더해 준다. 수자원 문제까지 얽혀 있기 때문이다. 이 지역에서 OSCE가 활발한 활동을 하는 것은 독립 이후 민족 간의 충돌이 자주 있었기 때문이다. 소련의 국경선 정리 작업이 국가 내에 민족 분포상황을 고려하지 않은 것이 원인이다. 2021년 4월에는 키르기스스탄과 타지키스탄 간의 국경충돌로 수백여 명의 인명피해가 발생했다. 더욱이 타지키스탄은 이란계 민족으로 튀르키예계 민족이 주가 되는 인접국가들과 차별성을 갖고 있어서 분쟁이 휘발성이 있다. 튀르키예는 아제르바이잔을 비롯해 같은 뿌리의 언어를 사용하는 국가들과 연대해 튀르키예어 연합체 구성을 추진하고 있다. 이 때문에 아르메니아와 영토분쟁으로 간헐적인 무력 충돌을 벌이고 있는 아제르바이잔의 배후지원국이 되어 있다.

6) 1996년 4월에는 중국의 주도로 상하이협력기구(SCO)가 창설되

었다. 여기에는 러시아, 우즈베키스탄, 카자흐스탄, 키르기스스탄, 타지키스탄 5개국이 참여했고 이후 확대되었다. 뒤이어 참가한 인도, 파키스탄, 이란 9개국이 정회원국이고 아프가니스탄과 몽골, 벨라루스 3개국은 옵서버 자격이다. 이로써 유럽에서 나토와 러시아 간의 전통적 대립구도와 함께 아시아에서는 중국이 러시아와 연대하는 모양이 되었다. 유라시아의 중심부를 둘러싼 강대국들의 대립관계가 더욱 복잡해진 것이다. 이곳 중앙아시아에는 일제강점기 연해주에 거주하던 한민족이 1937년 스탈린에 의해 강제로 이주되어 정착했다. 현재는 우즈베키스탄 18만 명, 러시아 15만 명, 카자흐스탄 11만 명, 우크라이나 5만 명, 키르기스스탄 1만 7천 명 정도가 고려인사회를 형성해 거주하고 있다. 이들 고려인은 현지사회에서 중요한 소수민족의 위상을 갖고 한국과 중앙아시아 국가 간의 가교역할을 하고 있다. 이 때문에 중앙아시아의 평화는 이 지역 고려인들의 안전을 위해서도 중요하다.

3. 하이브리드 전쟁과 그레이존 외교

1) 21세기에 들어 러시아의 재부상과 미국과 중국 간의 갈등으로 새로운 냉전 분위기가 조성되었다. 이에 따라 국제정치 구도가 변화하고 새로운 전쟁개념이 출현했다. 2022년 2월 발발한 우크라이나 전쟁은 하이브리드 전쟁(Hybrid War)으로 불리는 새로운 전쟁 양상을 보여 주었다.

2) 하이브리드 전쟁개념은 과거 전통적인 형태의 무력에 의한 직접적인 공격과 영토점령만이 아니라는 점에서 제한전이나 국지전과도 다르다. SNS와 IT 기술을 사용한 허위정보의 유포와 변칙적 공격 그리고 군사력의 제한적 사용을 통해 적대국을 기만하는 것과 같은 다양한 국가역량을 동원한 전쟁이다. 전쟁목적도 적대국을 완전히 정복하는 것이 아니라 국가주권에 대한 다양한 압박으로 부분적 승리를 취하는 것으로 변했다. 전후 정착된 유엔헌장과 국제법에 기초한 국제사회의 규범과 여론을 의식한 것으로 이 때문에 적대국의 내부 분열 그리고 적정한 선에서의 타격과 간접통제로 전환한 것이다. 따라서 대규모 군사행동보다 언론과 여론을 이용한 선전전과 같은 다양한 형태의 심리전이 활발하게 전개된다.

3) 하이브리드 전쟁은 2017년 11월 러시아 육군 참모총장 발레리 게라시모프가 제시한 전쟁개념이다. 게라시모프는 미국과 서방이 러시아에 대해 하이브리드 전쟁을 벌이고 있다고 비난했다. 미국이 정치적 목표를 추구하기 위해 국가권력의 다양한 요소를 사용하는 전략을 전개하고 있다는 것이다.[27] 이에 대해 미국은 역으로 러시아를 비난하면서 모든 전쟁은 속임수에 기초한다는 손자와 클라우제비츠의 기만전술을 거론했다. 러시아가 특정지역에 침투를 위해 전술적 용어 사용을 통해 평화와 전쟁의 개념상의 혼란을 조성하고 있다는 것이다. 그리고 기만과 전복 활동은 냉전의 도구였고 러시아는 역사적으로 이것을 외교와 군사행동에 이용해 왔다고 평가했다.

4) 그레이존(Grey Zone), 즉 회색지대 개념은 분쟁지역에 대한 새

로운 구별용어다. 일본 방위성의 2010년과 2013년 〈방위사업지침〉은 영토, 주권, 경제적 이익을 둘러싼 대립, 즉 전쟁으로 확대되지 않는 이른바 회색지대 분쟁이 증가하고 있다고 설명했다. 그레이존 분쟁은 상황전개 예측이 어려운 지역이라는 점이 문제가 된다. 실제로 전쟁이 발발할 것인가 그리고 어느 국가와 어느 국가가 연대할 것인가가 명확하지 않은 지역이라는 것이다. 중립적 자세로 전략적 모호성을 견지한 국가들과 같다. 결과적으로 강대국 간의 갈등이 고조될수록 그레이존의 전략적 가치는 높아지지만 그만큼 위험도 증가한다. 그리고 그레이존을 대상으로 하는 강대국의 외교활동도 공세적으로 된다.

5) 하이브리드 전쟁과 그레이존 외교는 과거 냉전기 벌어진 미소 양대진영 간의 기만과 전복과 같은 냉전전략이 외견상 모습을 바꿔 21세기에 재등장한 것이라고 볼 수 있다. 21세기에 국제사회는 정치와 경제 그리고 문화적으로 이해관계가 다층적으로 전개되는 가운데 국가관계가 더 복잡하고 다양해졌기 때문이다. 따라서 명확하게 우방국과 적성국을 구분하는 것이 어렵게 진행되고 있다. 국제정치학자들이 평시와 실제 전쟁 발발 시 동맹구성을 명확하게 예측하기는 힘들다고 하는 것과 같다. 이 때문에 동맹국의 소속감을 분명히 하라는 요구와 이것을 거부하려는 시도가 충돌하게 된다. 여기에 그레이존에 해당하는 국가의 딜레마가 존재한다. 중첩된 관계 속에서 국익의 최대치를 만드는 계산법을 찾기 위해서다. 따라서 진영 간의 경계선상에 위치한 국가는 강대국 간의 충돌에 일방적으로 휩쓸리지 않는 자주적 응전전략이 필요하다.

4. 고래 싸움보다 무서운 고래들의 춤

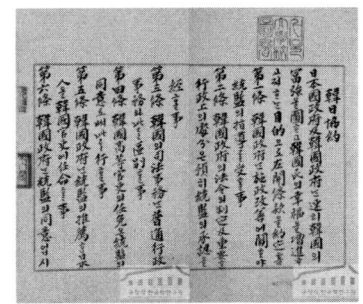

(출처: 일한협약(日韓協約), 서울대학교 규장각한국학연구원)

**한일협약과 일한협약, 양국의 조약본 모두가 문안에서 일본국정부를
한국정부보다 앞에 두고 있어 사실상 일본이 작성한 협약임을 명확히 보여 준다.**

1) 고래 싸움에 새우 등 터지는 것보다 무서운 것은 고래들이 춤추는 중에 새우가 밟히는 것이다. 강대국 사이에 놓인 약소국의 경우에 이 같은 역사적 사례는 드물지 않다. 독일과 러시아 간의 폴란드가 대표적이다. 폴란드는 1772년 1차 국토분할을 겪고 1793년과 1795년 그리고 1815년과 마지막으로는 1939년에 독일과 소련에 의해 수차례 국가가 분할되고 결국 소멸되었다.

2) 고래들이 추는 타협의 춤 가운데 새우가 받는 위협은 더 커진다. 1902년에는 영국과 일본 간에 동맹이 체결되어 일본의 대륙진출에 힘을 더해 주었다. 1905년 7월에는 미국 루스벨트 대통령의 전쟁부 장관 윌리엄 하워드 태프트가 아시아를 순방했다. 그리고 일본 방문 중에 총리대신 카츠라 타로와 비밀리에 협약을 체결하고 미국의 필리핀 인수를 용인하겠다는 일본의 약속과 맞바꾸어 일본의 한국 지

배에 동의했다. 9월에는 1904년 2월 발발한 러일전쟁의 종전협상 과정을 미국이 맡아 일본에 우호적으로 처리해 주었고 전쟁은 1905년 9월 종전되었다.

3) 1905년 7월 27일 회담에서 두 사람은 필리핀 문제와 한국 문제 그리고 극동에서의 평화유지에 관한 입장을 교환했다.[28] 그리고 태프트 장관은 "일본은 미국과 같은 우호적인 나라에 의해 필리핀이 통치되기를 바라고 있다."라고 워싱턴에 보고했다. 카츠라 총리대신은 가장 강한 용어로 확인하기를 "일본은 어떤 공세적인 계획도 필리핀에 대해 갖고 있지 않으며 황화(Yellow Peril)와 같은 것은 일본에 대한 중상모략이나 악의 그 이상도 이하도 아니다."라고 설득했다. 이것은 당시 유럽에서 경계대상이던 중국과는 달리 일본은 서양에 위협적인 행동을 할 나라가 아니라고 미국을 안심시킨 것이다.

4) 카츠라는 러일전쟁의 직접적인 이유로 한국을 내세웠다. 그리고 한반도 문제는 일본에 전적으로 중요하며 이 문제의 완전한 해결은 전쟁의 논리적 귀결이 되어야 한다고 주장했다. 이 때문에 만약 전쟁 후에 한국을 그대로 내버려둔다면 분명히 다른 강대국들과 협정이나 조약을 즉흥적으로 체결하는 이전 습관으로 되돌아갈 것이고 전쟁 전에 존재했던 것과 같은 국제적인 합병증이 재발할 것이라고 한국통치의 정당성을 강변했다. 이에 대해 태프트는 일본의 동의 없이는 한국이 어떠한 조약도 체결하지 못하도록 한국에 대한 일본의 확실성을 굳힌 것이 현재 전쟁의 논리적 결과라고 카츠라의 의견에 동의했다. 그리고 이것이 극동의 항구적 평화에 직접적으로 기여할

것이라는 일본의 관찰과 발언의 정당성을 인정했다.

5) 결과적으로 미국은 1882년 5월 조선과 맺은 조미수호통상조약 제1조 "사후로 대조선국 군주와 대아미리가합중국(大亞美理駕合衆國) 백리새천덕(伯理璽天德, President) 및 그 인민(人民)은 각각 영원히 화평우호를 지키되 만약 타국이 불공경모(不公輕侮)하는 일이 있게 되면 일차 조지(照知)를 거친 뒤에 필수 상조(相助)하여 잘 조처함으로써 그 우의를 표시한다."라는 약속을 어긴 것이 되었다. 이러한 내용은 1883년 11월 체결된 조영수호통상조약에서의 "대조선국 대군주와 대영국 대군주 애란국(愛蘭國) 겸 인도국(印度國)의 연합왕국 여제폐하(女帝陛下) 및 그 후대사군(後代嗣君)과 그 인민으로 더불어 피차간 영원한 평화와 우의가 있을 것이며 차국인이 피국에 가면 그 나라에서 반드시 생명, 재산, 안정의 보호를 받는다."라는 것과 제2조 "체약국의 일방과 제3국 간에 분쟁이 야기될 때는 만약 청원할 경우 체약국의 타방은 타협을 초래하기 위하여 조정에 노력한다."라는 영국의 약속 역시 명목상의 문구임에는 마찬가지였다.

6) 이러한 시기에 일본은 대한제국 병합을 주도면밀하게 단계적으로 추진했다. 우선 대한제국 내의 여론과 친일 지식인층에 유화적으로 접근하면서 병합에 이용하는 것으로 시작했다. 1904년 2월 8일 러시아와 전쟁이 발발하자 23일에 6개조항의 〈한일의정서〉를 체결했다. 여기에는 제3조에 대일본제국은 대한제국의 독립과 영토보존을 확실히 보증할 것, 그리고 제5조에는 양국 정부는 상호승인을 경유하지 않고는 후래에 본 협정의 취지에 위반할 협약은 제3국 간에

성립할 수 없는 것으로 명기되었다. 사실상 대한제국의 주권이 소실된 조약 문안이었다. 그리고 8월 제1차 〈한일협약〉으로 대한제국의 재정과 외교 관련사항을 일본과 사전에 토의하도록 했다. 1905년 11월에는 제2차 〈한일협약(을사조약)〉으로 대한제국의 황제 궐하에 통감을 두고 외교 관련사항을 관리하도록 하면서 국권을 단계적으로 박탈해 갔다. 일제는 3월 26일 대한독립군 중장 안중근을 처형하면서 국제적으로 큰 관심을 불러일으켰던 이토 히로부미 암살사건을 서둘러 종결지은 다음 한국병탄을 강행한 것이다. 5월에는 현역 육군대장으로 육군대신인 데라우치를 제3대 통감으로 겸직하게 했다. 또한, 6월에는 박제순 내각에 강요해 경찰사무를 일본에 완전히 위탁하는 협정을 체결했다. 이에 따라 통감부가 경무총감부를 설치해 일반경찰권까지 완전히 장악했다. 그리고 1910년 8월 22일 〈한일병합조약〉이 일본군의 감시하에 강압적으로 체결되었다.

7) 임진왜란 초기 일본은 정명가도(征明假道)를 요구하면서 조선을 침략했다. 그리고 몽골의 일본침공 당시 고려가 협력했다는 것을 명분으로 삼았다. 그러나 이후 상황이 불리해지자 명나라에 한반도를 반으로 나누기를 제안했다. 결국, 왜란은 전쟁당사자며 피해국인 조선의 입장은 외면된 채로 명나라와 일본 간에 임의로 논의되었다. 한국전쟁에서도 휴전협상 과정에 한국은 참여하지 않았고 결국 서명하지 못하게 되었다. 전쟁의 시작에도 마감에도 존재감이 사라진 것이다. 여기에는 종전 몇 달 전까지도 북진통일안을 결의한 국회와 대통령의 오판과 고집이 있었다. 국력의 부족에도 불구하고 분명한 현실인식이 결여된 때문으로 국가의 향방이 결정되는 중요한 순간

에 주도적 역할을 할 수 없었고 정세 흐름에 피동적으로 끌려갈 수밖에 없었다. 21세기에도 이 같은 국가 간의 기본적인 역학구도는 과거와 별로 다름이 없다. 이 때문에 강대국 간의 다툼과는 별도로 진행되는 거래와 협상의 움직임을 주의 깊게 보아야 한다.

3. 변방의 약진

1. 변방의 힘

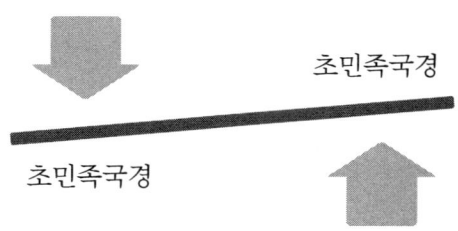

초민족국경이 만나는 경계선에서는 새로운 힘이 발생한다.

1) 16세기 중반까지도 유럽의 변방에서 동양 유목민족의 압제하에 있던 약소국 모스크바 공국은 이후 1721년 표트르 1세가 황제가 되면서 150여 년 만에 러시아제국이 되었다. 옥스퍼드대학 인류학 교수 피터 터친은 역사동역학(Cliodynamics)에 입각해 《전쟁과 평화 그리고 전쟁》을 쓰면서 강대한 세력의 외곽에 있던 변방국가가 점차로 강대해지는 힘의 원인을 분석했다.

2) 러시아의 전신인 모스크바 공국의 시작은 미약했고 시련의 역사였다. 서쪽으로부터는 스웨덴과 프랑스를 비롯한 유럽 선진국들의 무력위협을 받고 동쪽 초원에서는 타타르 민족의 침략으로 공물을 바치는 종속적 위치였다. 1521년 타타르족은 10만 명 병력으로 모스크바를 침공했다. 러시아인 20만에서 30만 명 정도가 포로로 잡혀갔고 80만 명 가깝게 살해되거나 크림지역 튀르키예족에게 노예

로 팔려[29] 전체 인구 700만 명 중 상당수가 피해를 입었다. 타타르족은 1553년 다시 침공해 카잔 지역에서 러시아인 10만 명이 살해되거나 포로가 되었다. 이 같은 국력의 열세와 지정학적 불리함을 러시아가 극복한 이유를 터친은 단결력으로 규정했다. 미약한 약소국이 제국으로까지 성장한 이유는 코사크 농민부터 모스크바의 지도층까지 모두가 본능적으로 자신들이 협력해서 유목민족의 약탈에 대항해야 한다는 것을 깨달았기 때문이라는 것이다.

3) 이것은 이성적인 계산이 아니라 수 세기에 걸쳐 진행된 민족공동체의 문화적 변화의 결과였다. 그리고 동서양의 문명이 충돌하는 경계선에 있는 민족이 상황을 인내하면서 외부의 힘을 흡수한 것이다. 고통스러운 역사라고 해도 이것을 활용하면 발전을 준비하는 것이 되고 포기하고 패배주의에 빠지면 피동적인 삶이 계속된다는 교훈이다.

4) 터친은 러시아가 부상한 이유를 변방의 힘으로 설명했다. 이 지점에서 터친은 14세기 아랍 사상가 이븐 칼둔이 사용한 아사비아(Asabiya)라는 용어를 소환했다. 아사비아는 사회집단의 응집된 행동력을 말하고 이러한 역동적 질량은 시대에 따라 변화한다. 그리고 아사비아가 높은 집단이 초민족국경(metaethnic frontier)을 이용해 역량을 강화하게 된다고 설명했다. 초민족국경은 두 개의 민족공동체 사이에 있는 단층선(fault line)을 말하며 팽창하는 제국은 이러한 국경선을 넘어 다른 민족을 압박한다. 그러나 이들 민족 또한 습격이나 거래를 통해 제국의 힘과 부를 얻고자 한다. 외부 위협에

저항해 성장하려는 열망이 단결된 아사비아를 배양하는 것이다. 민족공동체 간의 단층선에서 일어나는 이 같은 현상은 금속을 융합한 합금물질의 경계면에서는 전에 없던 새로운 현상이 발생한다는 금속공학의 설명과 유사하다.

5) 결과적으로 단층선에서 압력을 받으면서 응집력이 약한 민족은 부서지거나 흡수되고 강한 결속력에 기반을 둔 민족은 생존하고 팽창한다. 그리고 다른 공동체와 연대해 낡은 제국과의 투쟁에 나선다는 결론이다. 러시아는 1552년 이반 4세가 타타르족이 건국한 카잔한국을 무너트렸고 과거의 지배국이던 스웨덴을 제압한 것을 시작으로 제국으로 성장해 갔다. 여기에는 1682년 즉위해 43년간 재위한 표트르 대제의 강력한 전제적 통치와 농노들의 희생을 극복하고 이루어진 아사비아가 있었음을 간과할 수 없다. 여기에는 노예로 끌려가지 않도록 가족을 보호하려는 열망도 크게 작용했을 것이다. 아사비아는 마치 강화유리와 같이 공동체 구성원 모두의 역량이 합쳐진 결집력이다. 강화유리를 구성하는 유리섬유강화폴리머(GFRP)는 360도로 교차 연계되어 시속 수백 킬로미터로 달리는 전철 기관실 전면부를 보호해 준다. 유리섬유를 다양한 수지 재료로 감싸 가공한 복합구조재가 만드는 강력한 응집력이다. 한반도 주변 4대 강국의 초민족국경 사이에 놓인 한국도 이 같은 단층선의 압력 속에 우리 사회의 아사비아를 얼마나 높일 수 있는가에 미래가 달려 있다.

2. 변방인의 용기와 창조력

(출처: Julian Nyča, Visegrad Drina Bridge, Wikimedia Commons)

오스만제국의 용병으로 끌려간 발칸반도의 소년 메흐메드 파샤 소콜로비치는 제국의 재상이 된 후 1577년 고향 드리나강에 문명과 문명을 잇는 다리를 세웠다.

1) 사상과 기술의 발전이 변방에서 축적되고 발휘된 사례는 역사에서 적지 않게 찾아볼 수 있다. 체코의 수도 프라하의 구도심 광장에 서 있는 얀 후스의 동상은 루터의 종교개혁보다 앞선 가톨릭 개혁운동을 기념한다. 후스는 1517년 10월 루터의 종교개혁보다 100여 년 앞서 가톨릭의 개혁을 주장해 1415년 7월 화형을 당했다. 현대과학기술의 혁신적 발명가 니콜라 테슬라는 크로아티아에서 태어나 이후 미국에서 활동하면서 에디슨에 필적하는 새로운 과학기계의 발명에 크게 기여했다. 유럽의 변방 보헤미아 지방에서 출현한 인재들이다.

2) 변방에서 뛰어난 지도자가 나온 사례는 적지 않다. 이들은 역사

의 변환기에 중요한 역할을 했다. 변방인의 진취성과 창조적 DNA가 발휘되었기 때문이다. 이집트와 바빌론, 오스만제국의 재상이나 그리고 로마와 프랑스 제국의 황제 중에도 변방에서 출생해 역사에 이름을 남긴 인물들이 있다. 그리스 문화의 중요한 기둥을 세운 아리스토텔레스는 아테네에서 멀리 떨어진 마케도니아에 인접한 곳에서 태어났다. 이러한 사례는 한국의 역사 속에서도 찾아볼 수 있다. 국가와 제국의 운명은 변천하고 문명이 이동하는 것은 확실하다. 모든 기회와 운은 찾아올 때와 장소를 정확하게 알 수는 없다. 그러나 분명한 것은 모든 사건에는 인간의 의지와 노력이 필수적이라는 것이다. 그리고 이러한 노력은 부족함이 없는 정상에서가 아니라 힘든 환경에서 벗어나려는 변방에서 나온다.

3) 발칸반도는 오스만제국의 이슬람 문명과 러시아제국의 기독교 문명이 교차하는 지역이다. 튀르키예민족과 슬라브민족이 건설한 양대제국의 중간에 끼어 있는 위치이기 때문에 다양한 역사문화가 담겨 있고 고난의 과거를 전해 준다. 보스니아 헤르체고비나 평야를 흐르는 드리나강은 이 두 개의 세계 사이를 흐르는 강이다. 유고슬라비아의 이보 안드리치는 이 강에 세워진 다리를 주제로 하는 역사소설 《드리나강의 다리》로 1961년 노벨문학상을 받았다.[30] 발칸민족의 역사는 비극적이지만 이것을 극복한 강한 의지를 보여 준다. 큰 체격과 강한 체력을 가진 이곳 슬라브 주민의 아들들은 오스만제국의 용병부대 예니체리 병사로 어린 나이에 징집되었다. 10살 정도의 똑똑하고 튼튼한 사내아이들이 빵 하나를 손에 쥐고 말안장 양쪽에 얹힌 자루에 담겨 고향 비셰그라드를 떠났다. 제국의 수도 이스

탄불로 가는 길에 따라오던 어머니들은 드리나강 언덕에서 눈물로 아들을 떠나보냈다. 마치 중국으로 공출되어 가는 자녀들을 보내는 한반도의 어머니들과 같았다.

4) 이렇게 이곳의 주민들은 고난 속에도 살아남았다. 그리고 예니체리로 떠난 소년 중에 일부는 제국의 수도에서 고위직까지 상승했다. 그중에 오스만제국의 전성기 3명의 술탄 치하에서 재상을 지낸 메흐메드 파샤 소콜로비치는 전설로 남았다. 그는 비셰그라드에서 태어나 다른 아이들처럼 말에 실려 드리나강을 건너갔다. 그리고 재상이 된 후 1577년 드리나강에 다리를 세웠다. 모친과 헤어져 강을 건너기 전 마지막 밤을 보낸 곳이다. 다리는 오스만제국의 건축공학의 정점을 보여 주는 것으로 평가된다. 제국과 제국 그리고 민족과 민족을 연결하는 다리는 188미터 길이를 받친 11개의 아치형 교각으로 장식되었고 중간에 있는 캘프릿 쉼터에서는 여행자들과 마을주민들이 모여 세상이야기를 주고받았다. 그리고 100년 후에는 이 다리를 건축한 소콜로비치의 후손들이 튀르키예민족을 쫓아내고 서쪽으로 진격했다. 역사에 흐르는 이 같은 이야기는 변방인의 아픔과 강인함을 전해 준다. 변방에서 일어나는 수많은 미시사는 이곳 사람들을 그만큼 더 강하게 만들었다. 때로는 어린 소년이 장성해 어른이 되고 높은 지위를 얻은 이후에도 잊지 않고 새로운 세상을 만드는 원동력이 되었다.

3. 조선의 표전(表箋)외교

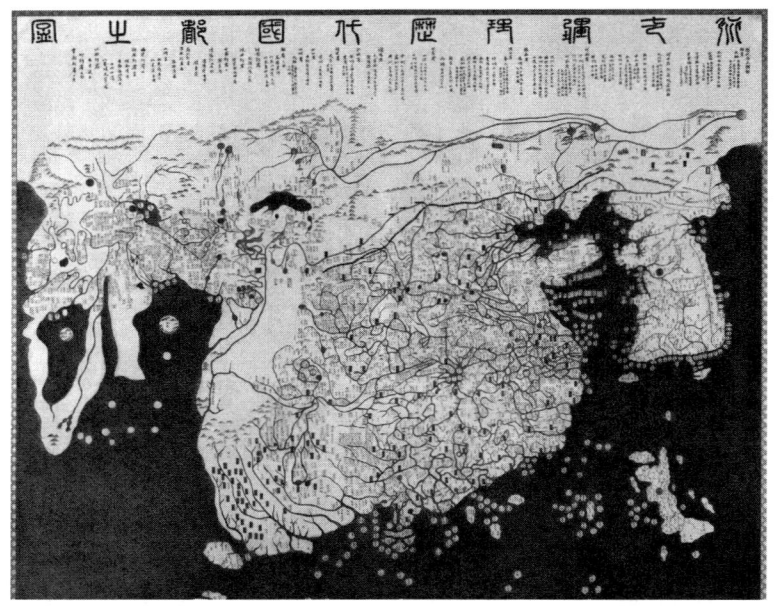

혼일강리역대국도지도, 건국 초기 조선은 명나라의 군사력에 문화와 외교로 웅대하면서
후대에 진취성과 창조력의 메시지를 남겼다.

1) 베스타는 조선과 중국과의 관계를 정의의 측면에서 관찰했다.[31] 그리고 양국관계를 설명할 수 있는 단어로 '의로움(Righteousness)'을 들었다. 올바름과 의의 조화로서 정의의 개념이다. 이것은 유교사상에서 말하는 도덕적 정확성과 충성심 그리고 원칙에 대한 성실함을 의미한다. 법적개념의 기계적 정의와는 차별되는 것으로 솔로몬의 재판과 같은 인간적인 그리고 종교적 개념으로서의 정의라고도 할 수 있다.

2) 그리고 한국인들 대부분이 유난히 정의롭거나 의에 가득 차 있음을 의미하는 것은 아니지만 한국 역사에서 자주 의로운 사건이 있었고 역사의 정의가 궁극적인 선으로 선언된 것에 놀랐다고 했다. 한민족은 국내외를 막론하고 침략과 폭정에 대항하는 깃발을 높이 들었다는 것이다. 그리고 임진왜란과 조선말 일어난 의병을 예로 들었다. 외국학자의 이러한 분석과 같이 조선은 중국의 위력에 외교적으로 응수했지만 약소국의 일방적인 부화뇌동이 아닌 것을 주목해야 한다. 이 때문에 한국인에게는 지도자에 대한 무조건적 추종이라는 레밍(Lemming)의 습성이 있다는 평가는 잘못된 인식이다. 한국인에게는 의로움이라는 명분과 자유혼이 있기 때문이다.

3) 건국 초기 조선과 명나라와의 관계는 대립과 협력의 양면성을 가졌다. 불과 24년 간격으로 거의 비슷한 시기에 세워진 두 나라의 영역획정 때문이었다. 1368년 1월 건국 후 명나라는 요동에 일방적으로 철령위를 설치하고 조선에 점령사실을 통보했다. 그리고 이후에도 지속적으로 조선을 견제하는 위압적 문서를 보냈다. 그것이 표전 문제를 거론한 외교적 압박이었다. 표전은 조선에서 중국으로 보낸 외교문서인 표문(表文)과 전문(箋文)이다. 중국 황제에게 보내는 진정 또는 하례용 문장이 표문이고 전문은 국가에 길흉사가 있을 때나 중국 황후 혹은 동궁에게 보내는 진위용 문서다. 외교문서이기 때문에 문장력이 필요하고 수발신에 격식을 갖춘 의전절차가 요구되었다. 그러나 중국은 이것을 과장해 조선에 대한 압박과 길들이기에 활용했다.

4) 미국인 호머 헐버트는 조선말 기독교 선교사 겸 공립 육영공원 교사로 도착해 고종의 외교고문 역할을 했다. 헐버트는 왕실 보관사료를 찾아본 후에 임진왜란 중에도 명나라의 정치적 압박이 있었음을 다음과 같이 기록했다. 명나라는 조선왕실이 선왕의 사망 후 존칭에도 클 태(太)를 붙인 것을 명나라에 대한 불충스러운 것으로 몰아 위협했고 선조는 이항복을 명나라에 보내고 사죄하는 글로 해명해야 했다.[32] 그리고 선왕의 사후에 클 태(太)를 붙이는 관례는 신라시대부터 이어 온 것이고 이제껏 아무런 문제가 제기된 적이 없었다고 논리적으로 반박했다.

5) 1392년 7월로 예정된 건국을 준비하면서 이성계는 명나라에 사신을 보냈다. 그리고 '조선(朝鮮)'과 '화령(和寧)' 중 하나를 국호로 정해 주도록 요청했다. 명나라는 '조선'을 국호로 정한 예부의 자문(咨文)을 보내왔다. 이에 대해 조선은 곧바로 전문을 보내 국호를 정해 준 것에 진하하고 며칠 후 표문을 보내 사의를 표시했다. 그러나 그 후 명나라는 위협적인 답서를 보냈다. 건국을 앞둔 국가에 대한 전례 없는 무례였다. 그리고 요동 국경에서는 조선 사신들이 명나라 입국을 거부당하거나 구타당하는 일도 발생했다.

6) 이것은 표전 문제가 명분이고 실제 이유는 조선의 군사력 강화 움직임 때문이었다. 1392년부터 1398년까지 조선은 정도전의 주도하에 사병혁파와 정규군 체제 확립을 골자로 하는 군제개혁을 추진했다. 명나라는 이러한 조선의 움직임을 요동정벌을 위한 군사력 강화라고 본 것이다. 그리고 정도전을 핵심인물로 간주했다. 1397년에

는 국방개혁을 주도한 강경파 정도전을 '화의 근원'으로 강하게 비난하면서 정도전의 압송을 재차 요구했다. 11월에는 명나라에 억류되어 있던 3명의 조선 사신들이 사망했다. 표전에서 문제를 만들어 이것을 외교문제로 비화시켰고 외교사절을 인질로 삼아 정도전의 처벌을 요구한 것이다.[33]

7) 조선은 명나라와 조공과 책봉 관계를 맺은 제후국이지만, 명나라와 문제가 발생할 때 사대의 예로 대하는 한편 조선의 국익을 포기하지 않았다. 조선의 유학자 관료들은 예가 아닌 줄 알면서도 명나라가 요구한다고 무조건 따르는 것은 문명국으로서 조선의 위상을 훼손하는 부끄러운 일이라고 주장했다. 그리고 상국이 부당한 지시를 내리는 상황에서 조선은 예의를 갖추어 그 억울함을 설명하는 한편 강한 위세를 보여야 한다고 국왕에 진언했다. 태조 7년인 1398년 윤달 5월 변중량과 신하들은 국왕 이성계에게 "만약 우리나라가 옳지 못한 명령에 임시변통으로 우리의 의사를 굽혀 좇아(曲從非義之命) 먼저 겁내고 약한 형세를 보인다면, 잇따라 따르기 어려운 명령이 있을까 염려되오니 그 장차 어떻게 처리하겠습니까?(先示刦弱之勢, 則恐繼有難從之命, 其將何以應之)"라고 진언했다. 그리고 이어서 "원컨대, 변례를 따라서 이 3인을 머물러 두고 장계(狀啓)를 갖추어 그 원통함을 변명하고 한편으로 우리의 강한 형세를 보인다면(示自强之勢), 구류된 사신도 빨리 돌아올 도리가 있을 것"이라고 상소했다. 태조 이성계도 명나라의 요구를 무시하고 정도전을 압송하여 보내지 않았다. 그리고 그해 음력 8월 정도전은 한때 그의 제자였던 이방원에 의해 피살되었다.

8) 이러한 조선 왕실의 대명정책에서 볼 수 있는 것은 중국이 곧 중화의 진리를 담은 국가는 아니라는 인식이다. 조선이 따르는 것은 중화질서의 바탕인 성리학의 진리며 명나라 황제의 명령은 아니라는 것이다. 조선은 명나라와의 갈등 중에도 각종 사대의례를 빠짐없이 거행했다. 홍무제의 저지에도 불구하고 유교의례를 중단하지 않았다. 오히려 예의윤리를 벗어나 부당한 요구를 하는 것은 명나라의 황제라는 사실에 입각해 선제적으로 능동적 외교를 실행했다. 이것은 유학을 기조로 하는 양국관계의 원칙과 규범을 무시하는 것은 상국으로서의 자격이 없음을 시사하면서 부당한 요구를 거부하는 자주외교를 실행한 것이다.

9) 군사력이 약한 조선으로서 인내와 외교력으로 명나라를 상대해야 했을 것은 불문가지다. 조선은 이러한 상황에서 역으로 적극적 외교공세를 펼쳤다. 명나라는 3년 1사를 요구했으나 조선은 1년 3사로 맞섰다. 문물과 지식을 도입하겠다는 실리를 추구한 것이다. 실제로 명나라에 파견된 조선 사신들은 수천 권의 서적을 가지고 돌아왔다. 1844년 추사 김정희가 제주도 귀양 생활 중에 그린 〈세한도(歲寒圖)〉는 중국에서 가져온 귀한 책들을 선물해 준 역관 이상적에게 보낸 감사의 인사였다. 조선은 신흥국가로서의 역량배양을 위한 의지를 꺾지 않았고 이렇게 취득한 새로운 자료와 정보를 활용해 조선의 것으로 재창조했다. 1402년 태종 이방원이 즉위 후 2년 만에 제작한 세계지도 〈혼일강리역대국도지도(混一疆理歷代國都之圖)〉와 1669년 현종 10년 제작한 천문시계 혼천시계(渾天時計) 그리고 1687년 숙종 13년 제작한 우주천문도 〈천상열차지도(天象列次分野

之圖)〉는 이러한 발전을 향한 조선의 의지를 담은 상징적 작품이며 후대에 전한 메시지였다.

4. 경계국가에서 벌어지는 사상심리전

1) 1943년 12월 1일 카이로에서 루스벨트, 처칠, 장제스 3인은 "3대 강국은 한국민이 노예상태 아래 놓여 있음을 유념하면서 적당한 절차로 한국이 자유롭고 독립적인 국가가 될 것을 다짐했다.(Three great powers, mindful of the enslavement of the people of Korea, are determined that in due course Korea shall become free and independent.)"라고 공동선언문을 발표했다. 한국의 즉각적인 독립이 아니라 적당한 절차를 통한다는 애매한 표현으로 정리된 것은 미국, 중국, 소련 내의 한인 정치세력을 의식했기 때문이다. 3대 강국 모두가 제2차 세계대전이 끝나기 전에 이미 해방 후 한반도 내에 영향력을 갖기를 원했던 것이다.

2) 1989년 12월 몰타회담에서 부시 미국 대통령과 고르바초프 소련 공산당서기장 간의 합의로 냉전체제가 해체되기까지 세계는 전쟁의 불안 속에 살았다. 1962년 10월 쿠바 미사일 위기로 야기된 핵전쟁의 위험이 대표적이었다. 대부분 국가가 전후 독립한 아시아와 아프리카에서는 미국과 소련 양 진영 간의 편제 작업이 활발하게 전개되었다. 이것은 국지전과 사상심리전의 형태로 진행되었다.[34] 한국도 북한과의 대치 속에 전쟁발발의 긴장을 안고 살면서 남녀 고등학

생들도 군사훈련을 받았다. 더욱이 한국과 같이 냉전의 최전선에 서 있는 국가에서는 진영 간의 적극적인 사상심리전이 펼쳐졌다. 따라서 이 같은 국제정세에 효율적으로 응전하기 위해서는 강대국의 냉전전략을 파악하고 이에 적합한 대책을 마련할 필요가 있다.

3) 냉전전략의 요지는 모든 종류의 수단과 방법을 동원해 적성국가의 이익을 훼손하는 행위를 말한다. 또한, 상대진영의 정확한 상황 파악을 방해하고 의도된 함정으로 유도하는 행위다.[35] 손자가 말하는 전쟁의 기본은 기만과 속임수라는 것과 같고 안토니오 그람시가 말하는 부드러운 지배에 의한 자발적 복종, '헤게모니(Hegemony)'와도 비슷한 맥락이다. 이 같은 개념 아래 냉전은 공개적 차원에서는 선전홍보전과 사상전으로 그리고 비공개적 차원에서는 다양한 형태의 비밀공작 활동으로 전개되었다. 중동전쟁과 냉전이 최고조에 달했던 1960년대에 이집트 공보장관이던 모하메드 헤이칼은 냉전은 아랍세계를 선전과 심리전으로 몰아넣었고 CIA와 KGB와 같은 강대국 비밀기관의 전성기였다고 회고했다. 그리고 제삼세계는 자본주의와 공산주의라는 두 개의 무장된 이데올로기 투쟁의 무대가 되었다고 했다.[36]

4) 이처럼 냉전기 세계의 헤게모니 투쟁은 미국과 소련이 주도하는 이념전쟁이었다. 미국은 '인류의 자유를 위해' 그리고 소련은 '만국 노동자의 해방을 위해' 제각각 진영 편제 작업에 전념했다. 베스타는 미국과 소련은 민족 개념이 아니라 인류의 진보라는 이데올로기 위에 건국되었다고 했다. 그리고 이 때문에 두 나라의 건설자들은 모

두 자신들의 건국을 인류의 미래가 걸린 대규모 실험으로 여겼고 건국이념을 제국건설을 위한 사상자원화했다고 지적했다. 그리고 냉전은 미국이 어디든지 공산주의가 성장할 가능성이 있다면 즉각 개입해야 한다는 극단적 결론을 내린 계기였고 그렇게 냉전은 제삼세계로 확산되었다고 분석했다.[37]

5) 제2차 세계대전이 끝나고 근 백 년에 가까운 현시대에 다시 지구적 규모의 긴장이 조성되는 것은 우려할 일이다. 21세기의 위기는 부활한 러시아와 중국과의 연대가 미국이 주도하는 나토와의 대치 양상으로 나타난다. 이러한 사상심리전은 미국의 google 러시아의 yandex 그리고 중국의 baidu와 같은 검색엔진을 통해 제공되는 뉴스와 정보자료를 비교해 보면 쉽게 알 수 있다. 따라서 한국의 경우는 이같이 양 진영이 내세우는 이념적 가치를 자주적으로 평가할 필요가 있다. '가치'에 관한 분명한 인식을 갖고 유엔헌장 그리고 국제법에 부합하는 대외정책이 이루어져야 하기 때문이다. 소극적이고 피동적인 국가는 강대국의 가치외교에 흡수될 가능성이 크고 국가에 원칙과 비전이 없으면 외교의 구심력을 상실하게 된다. 그 때문에 국제사회에 명분 있고 국익에 기초한 '가치'를 정립해 내세울 필요가 있다. 전후 한국의 냉전상황 때문에 철학과 사상의 연구와 토론은 왜곡되고 억제되었다. 그러나 21세기 국제사회에서 문화와 사상의 접촉이 활발해진 시대에는 이 같은 논리적 토론에 대비해야 한다. 군사적으로뿐만 아니라 사상심리전에서 안보가 이루어져야 하기 때문이다.

4. 지리(地理)와 지리(地利)

1. 30년 전 앨빈 토플러의 권고

1) 2000년대를 앞두고 한국정부의 요청으로 앨빈 토플러는 한국의 진로에 관한 보고서를 작성했다. 2001년 6월 제출된 《21세기 한국의 비전》 서문에서 토플러는 자신의 예측이 당시뿐 아니라 30년 후에 되돌아보게 될 것이라고 예상했다. 토플러의 말대로 2030년을 앞둔 현재 시점에서 보고서 내용을 다시 보는 것은 의미가 있다. 보고서의 정확성 여부를 판단할 수 있으며 한국이 새롭게 부딪힌 정치경제적 어려움에 대처하기에 참고가 된다.

2) 토플러는 인류역사를 경제적 변화 측면에서 구분했다. 대략 1만 년 전의 농업기법의 발명이 〈제1의 물결〉로 고대문명을 탄생시켰고 이후 유럽의 산업혁명은 완전히 새로운 부의 창출 메커니즘으로 등장했다. 노동력은 농장에서 공장으로 이동했고 이러한 〈제2의 물결〉은 인류에게 생활수준의 향상을 가져다주었다. 산업혁명에 성공한 열강은 거대한 경제력과 정치력, 군사력을 보유하게 되었다. 그리고 이를 기반으로 약소국을 식민지화했고 세계는 지배와 피지배의 두 국가군으로 양분되었다. 토플러는 이제 앞으로 미래의 새로운 가치창출은 '신경제', '정보사회', '제3의 물결 경제'로 표현되는 기술과 정보사회로의 빠른 이행에 달렸다고 전망했다. 그리고 다음과 같은 요지로 한국에 조언했다. 저임금경제를 바탕으로 하는 종속국가

로 남지 않기 위해서는 경쟁력을 확보하고 세계경제에서 주도적인 역할을 하는 선도국가가 되어야 한다는 것이다. 이것은 2016년 세계경제포럼(WEF, Davos Forum)에서 주창된 정보통신기술(ICT)를 활용한 제반산업의 초융합으로 이루어지는 〈4차 산업혁명〉의 개념과 맥락을 같이하고 있다.

3) 토플러가 말한 선도국가의 경제는 정보기술과 생물학을 융합한 경제다. 그리고 정보화의 기반구축에 성공한 여력을 몰아 생물공학 부문의 역량을 세계적 수준으로 끌어올리는 목표의 달성이다. 이것은 발효기술, 항생제, 의료진단, 헤파티티스B, 유전자 변형 재배 분야에서의 성공 여부가 중요하다. 그리고 ① 민간기업 및 대학과의 공동 '바이오벤처펀드' 신설 ② 지식교역의 자본화 ③ 중소기업의 제3의 물결에 합류 ④ 정보격차의 해소와 같은 과제를 제시했다. 토플러는 결론적으로 차세대 한국기업의 미래는 사람에 달려 있고 시민사회의 새로운 역할과 미래를 위한 교육이 필요하다고 강조했다. 토플러는 한국은 다른 국가들이 여러 세대 동안 이룩한 농업국가에서 산업국가로의 이행을 단 1세대 만에 완성했다고 높이 평가하면서 이것은 한국민의 근면과 지혜 그리고 불굴의 의지로 된 것이라고 한국의 저력을 신뢰했다.[38] 토플러의 말과 같이 한국은 정부의 노력과 국민들의 금 모으기 운동과 같은 애국심으로 외환위기를 극복했고 이후 새로운 성장세를 보여 주었다.

4) 토플러는 보고서 말미에 경제성장의 미래는 기술과 이러한 기술을 사용하는 사람과의 조화에 달려 있다고 강조했다. 공동체의 지속

가능한 발전을 위해서는 기업과 공동체의 윤리가 동반되어야 하기 때문이다. 따라서 새로운 기술을 활용한 경제활동에 있어서는 인간의 생명과 가치를 국가의 세수확대나 기업의 이윤추구보다 우선으로 하는 경영윤리가 필요하다. 미국과 같은 경제 선진국에서 발생한 금융이나 주택 그리고 식의약품 범죄와 같은 도덕적 해이가 있어서는 안 되는 것이다. 공동체 내의 사회적 신뢰와 공적 윤리를 중시하라는 조언이었다.

2. 세계화 시대에 민족주의의 의미

1) 2000년대에 들어 유엔은 세계의 공동발전을 목표로 하는 〈새천년 개발목표(MDGs)〉를 발표했다. 그리고 이와 더불어 주요국가들의 세계화가 급속히 추진되었다. 이에 따라 국가의 주권개념이 제한되는 지구적 사안들이 국제사회의 주요의제로 등장했다. 테러리즘과 환경오염 그리고 지구온난화에 대한 공동대응과 같은 것이다. 그리고 전통적 개념으로서 국가주권의 절대성과 민족주의는 위축되었다.

2) 그러나 이후 나타난 새로운 국제조류는 오히려 민족주의를 강화하는 경향을 보였다. 1996년 새뮤얼 헌팅턴이 예측한 《문명의 충돌》이라는 명제가 현실화했고 9.11 테러 이후 대테러전쟁을 위시로 국제사회에 긴장감이 높아졌기 때문이다. 2001년 12월 영국의 BBC 뉴스는 〈테러리스트의 마음(Mind of the Terrorist)〉이라는 9.11 테러 특집기사를 게재했다. 미정보기관의 9.11 테러 수사결과에 의

하면 총 19명의 아랍인 테러범들이 있었다. 이들 가운데 15명이 사우디아라비아인이었고 비행기를 몰고 뉴욕 세계무역센터(WTC)에 충돌한 두 대의 비행기를 조종한 것은 이집트인과 아랍에미리트인이었다. 그리고 백악관을 노렸다가 중간에 추락한 여객기는 레바논인이 조종하고 있었다. 그 밖에 예멘, 모로코, 시리아인들로 대부분은 20~30대의 독일 함부르크 공과대학 유학생 출신이었다. 미국과 서구사회에서 생활한 아랍 젊은이들이 오히려 반서구적 민족주의와 이슬람 신앙에 몰입해 테러리스트가 된 것은 세계에 충격을 주었다. WTO 자유무역체제를 무시하는 개별국가의 일방적 무역규제로 야기된 국제사회의 정치경제적 갈등도 이 같은 민족주의 추세를 강화했다.

3) 사회학자 베네딕트 앤더슨은 《상상의 공동체》에서 '관념상에 만들어진 민족'이라는 개념을 제시하고 민족주의에는 서양과 동양의 기준이 없다고 보았다. 그리고 국경을 넘나드는 막대한 수의 인구이동 때문에 민족주의는 더욱 심각한 것이 되었다고 했다. 신속한 장거리 이동을 통해 새로운 민족정체성이 탄생했다는 것이다. 앤더슨은 예일대학에 재학 중인 중국인 외모의 학생 네 명을 예로 들었다. 첫째 학생은 자신의 정체성을 '중국 사람'이라고 완벽한 미국 서부 말투로 소개했고 두 번째 학생은 '타이완 사람이 되려고 노력하는 중'이라고 했으며 또 다른 학생은 '중국인이 아니라 싱가포르 사람'이라고 화를 냈다. 결국, 유일한 '중국인'은 '미국인'이었다는 것으로 이제 국적과 소속감을 외모로 판단할 수 없게 되었다는 것이다.[39]

4) 그리고 현시대에는 민족주의가 과거보다 훨씬 더 정치적이고 논쟁적이며 기회주의적으로 되었다고 했다. 이것은 민족주의를 성장시킨 인쇄물보다 훨씬 강력한 영향력을 행사하는 전자매체의 등장 때문이다. 전자 커뮤니케이션은 막대한 인적 그리고 정보의 이동 물결과 맞물려 새로운 형태의 민족주의를 창조했다. 앤더슨은 이것을 원거리 민족주의라고 부르고 과거처럼 장소에 의존하지 않는 것으로 정의했다. 인터넷과 전자금융 그리고 저렴한 해외여행으로 인해 공간에 구애받지 않고 강력한 정치경제적 영향력을 행사할 수 있는 새로운 형태의 민족주의가 탄생했다는 것이다. 이것은 이중국적 보유자가 증가하는 추세인 국가에서는 더욱 중요한 의미를 갖는다.

5) 또 다른 한편으로는 전통적 민족주의가 강화되는 현상도 나타났다. 세계화의 물결 속에 반작용으로 탄생한 것이다. 그리고 세계화 과정에서 약소국이 감내할 두뇌와 자본 그리고 정보기술의 유출과 같은 것에 대한 방어책이라고 볼 수 있다. 이것은 세계화 과정에 등장한 모순이며 정치경제적으로 취약한 국가의 경우에는 더욱 문제가 된다. 원거리 민족주의의 등장으로 인해 전통적인 정치적 영토에서 경제적 영토 그리고 문화적 영토로 민족의 소속 관념이 변화하고 있기 때문이다. 따라서 원거리 민족주의와 전통적 민족주의 그리고 세계화와 로컬화가 서로 충돌하지 않고 조화를 이루도록 하는 것이 국제사회의 과제가 되었다.

6) 4대 강국의 중간지역에서 전쟁의 위험 속에 살고 있는 한국의 경우에는 세계화의 필요성과 함께 민족의식과 공동체 정신이 급속도

로 해체되는 것을 경계해야 한다. 고향에 대한 애정과 소속감이 소멸된 이후에는 다른 외국인과의 관계 이상도 이하도 아니게 된다. 외양은 한국인이지만 실제로 정치와 경제 그리고 문화적으로 한국인으로서의 의식과 행동이 뒤따르지 않으면 외국인과 다름없는 것이다. 이 때문에 세계 어느 곳에 살고 있어도 한국인의 정체성을 근본으로 하는 자발적 민족주의가 유지될 수 있는 환경을 마련할 필요가 있다.

3. 지브롤터의 바위

(출처: Bengt Nyman from Vaxholm, Sweden, Gibraltar, Wikimedia Commons)

대서양과 지중해 사이의 해협을 내려다보는 지브롤터의 바위,
스페인 남단에 있는 영국영토로 작은 산처럼 보이는 426미터 높이의 천혜의 요새다.

1) 모로코와 스페인이 마주 보고 있는 지브롤터 해협은 북아프리카를 지배한 이슬람군이 711년 스페인을 침공할 때 건넌 해협이다. 당

시 원정군을 지휘했던 타리크 장군이 매일 아침 말을 몰아 해안에 나와 유럽대륙을 바라보면서 승리를 꿈꿨다는 바닷가다. 후에 그의 이름은 제벨 알타리크(타리크산)로 해협 이름이 되었다. 또는 헤라클레스가 해협 양안의 기둥을 받치고 있다는 그리스 신화에서 제벨 아틀라스(헤라클레스산)로 되었다는 전설도 있다.

2) 길이 약 58킬로미터의 해협에 폭이 가장 좁은 곳은 14킬로미터 넓은 곳은 58킬로미터가 된다. 지중해와 대서양이 만나는 지점으로 물고기를 쫓아다니는 갈매기와 돌고래 떼가 장관이다. 수심은 평균 365미터 정도로 가장 깊은 곳은 900미터다. 두 바다의 염도가 서로 달라서 바닷물의 해류와 색이 차이가 있고 물 위에는 분명한 경계선이 나타난다. 해협을 지나 지중해로 들어서면 3,334킬로미터 앞에 동서양을 가르는 튀르키예 이스탄불의 보스포루스 해협이 있고 다시 흑해로 들어가 770킬로미터를 더 가면 러시아의 크림반도에 도착하게 된다. 러시아로서는 흑해 함대가 대서양으로 나가기 위해서는 튀르키예와 협력해야만 하는 지정학적으로 중요한 지역이다.

3) 모로코의 항구 탕헤르에서 출항한 고속페리로 약 15킬로미터 거리의 항로를 따라 30분정도 달리면 스페인 남단의 항구도시 알게시라스에 도착한다. 지중해와 대서양을 나누는 해협을 건너는 도중에는 앞뒤 양편으로 유럽과 아프리카 대륙을 볼 수 있다. 이곳은 돌고래 무리의 서식지이기도 하고 하늘에는 대륙을 넘나드는 갈매기 떼가 장관이다. 해협을 건너 유럽대륙에 도착하면 마치 관문처럼 높이 솟은 돌산이 눈앞에 나타난다. '바위(The Rock)'로 불리는 지브롤터

의 요새다. 요새의 거대한 모습은 항해하는 선박에게 믿음직한 신뢰감을 준다.

4) 알게시라스 항구에서 입국수속을 밟고 영국영토인 지브롤터로 들어가면 암벽이 눈앞을 가로막는다. 높이가 426미터의 석회암 암석절벽으로 마치 신화 속 헤라클레스의 기둥과도 같이 장대하게 보이는 바위산이다. 지브롤터 바위 앞에 서면 시야에 가득 차게 우뚝 솟아 있는 웅장한 모습에 압도당한다. 높이 265미터의 서울 남산에 비교하면 짐작할 수 있다. 더구나 남산과는 달리 이곳은 주변이 바다며 바로 절벽 아래에서 올려다보는 것이기 때문에 더욱 느낌이 다르다. 가로 5킬로미터와 세로 1.3킬로미터로 협소한 면적의 지브롤터 시내는 해변 도로변으로 건물들이 늘어서 있다. 3만 명 정도 주민이 거주하는 작은 곳이지만 엄연한 영국의 지방 자치도시로 국제 관광지다. 바위산의 정상은 해협 일대를 감시할 수 있는 천혜의 요새로 관측초소(OP) 역할을 한다.

5) 지브롤터 요새의 명성은 48킬로미터에 달하는 지하터널 때문이다. 바위산 속에 개미굴처럼 뚫은 터널은 위대한 공성전으로 불리는 스페인과의 전쟁에서 영국 수비대가 만들기 시작한 터널이다. 전쟁은 스페인과 프랑스 연합군이 지브롤터를 점령하기 위해 1779년 7월부터 3년 8개월간 벌어졌다. 연합군은 미국의 독립전쟁으로 영국의 전력이 분산된 틈을 이용해 총 14회에 걸친 공격을 시도했다. 그러나 영국군은 터널을 이용해 지브롤터 방어에 성공했다. 바위산 속에 촘촘히 파낸 터널로 효과적인 화포망을 구성할 수 있었기 때문이

다. 영국군은 이로써 아무런 엄폐물 없이 공격해 오는 적군을 내려다보면서 쉽게 살상할 수 있었다. 암석 요새 안에 터널을 굴착해 대포를 끌고 올라가는 고된 작업의 결과였다.

6) 터널 건설은 1782년 5월 삽과 곡괭이 같은 단순한 장비로 시작했다. 작업능률은 열악해 13명이 5주일간 작업으로 0.74평방미터 크기로 25미터만을 굴착했다. 화약 냄새와 돌먼지로 가득한 좁은 오르막 통로를 따라가면서 공기배출구를 뚫는 작업도 난관이었다. 악전고투 끝에 1783년에 들어서는 터널 길이가 약 277미터로 늘었고 드디어 목표지점에 도달했다. 그리고 터널 비탈길로 대포를 밀고 올라갔고 7문의 대포를 설치할 수 있었다. 결국, 스페인과 프랑스 연합군의 공격은 모두 실패로 끝났다. 1783년 2월 전쟁이 끝나고 터널을 방문한 프랑스인 사령관은 이 공사가 로마군의 작업에 필적하는 것이라고 영국군 사령관에게 감탄했다고 한다. 전쟁 이후에도 터널 구축은 계속되어 1790년에는 약 1.2킬로미터로 늘어났다. 그리고 제2차 세계대전 중에는 굴착기술의 발달로 48킬로미터까지 연장되어 바위산 내부 전체를 완전히 요새화했다. 지브롤터는 전쟁 중에 약 16,000명의 영국군 병사들이 주둔하면서 해협 통과 선박들을 통제하는 거대한 요새 역할을 했다. 전쟁 초반 덩케르크에서 철수하면서 처칠 영국 총리는 "우리는 끝까지 싸울 것입니다. 들판과 거리에서 싸우고 언덕에서 그리고 해변에서도 싸울 것입니다. 우리는 절대로 항복하지 않을 것입니다.(We shall never surrender.)"라고 대국민 연설을 해 감동을 주었다. 존 불(John Bull)이라는 영국인의 별명에 걸맞는 이러한 용기는 지브롤터 요새의 영국군에게도 강한 신

뢰감을 주었을 것이다.

4. 신라승 혜초가 광야를 건너는 법

1) 국토는 보유한 지형이나 자원 같은 지리(地理) 못지않게 대외관계에서 얻는 지리(地利)가 중요하다. 따라서 변방의 국가가 좁은 국토를 넓게 쓰는 방법은 적극적으로 외국과 교류하고 해외로 나가 활동하는 것이다. 과거에는 선한 백의민족이며 은자의 나라라는 표현처럼 한민족은 진취성이 부족한 것으로 인식되었다. 그러나 고조선으로부터 시작해 고구려, 백제와 발해 그리고 가야와 신라, 고려의 역사를 살펴보면 이것이 잘못된 생각임을 알 수 있다.

2) 한민족의 진취성은 오늘날 세계 거의 모든 지역에서 활동하는 한국인들의 모습을 보면 확연히 증명된다. 중동의 건설현장에는 세계 최고층 건물을 건축하고 이어도 바다에는 세계 최대 해양구조물을 설치했다. 대자연을 무대로 하는 건설공사의 특성은 스케일이 크다는 것이다. 해양을 장악하는 국가가 세계를 장악하는 것도 분명하다. 선박은 움직이는 국가영토이기 때문이다. 2022년 한국은 세계 20개 주요 상선회사 중 2개 회사를 보유하고 아프리카 연안으로부터 북극해까지 오대양 육대주에서 선단을 운항하고 있다. 세계 8위 규모의 선단은 선박 76척에 82만 TEU 컨테이너를 그리고 14위 규모의 선단은 선박 66척에 15만 TEU 컨테이너를 운용한다. 여건만 주어진다면 세계 어디서건 거대 프로젝트에 도전하고 성공적으로

완수할 수 있는 준비가 되어 있는 활기에 찬 민족이다.

3) 기원 전후의 시기 한반도의 대외교류는 북방대륙을 통해서만 아니라 주변 바닷길을 통해서도 활발히 이루어졌다. 고대 한반도의 해양교류에 관한 학자들의 연구는 고무적인 사실을 알려 준다. 7, 8세기 신라인들이 동남아시아와 인도로 항해한 기록이 있고 신라 승려들은 중국을 지나 인도로 가서 불교를 공부했다. 당나라 수도 장안에서 배편으로 인도로 가는 도중에 실리불서국 서쪽에 있는 파로사국으로 갔고 도중에 태풍이나 질병으로 사망한 여행자들도 많았다. 연구결과는 실리불서국은 수마트라섬 중부 팔렘방 지역 인도네시아 고대 해상왕국 스리위자야로 보이고 파로사국은 수마트라섬 서북부 바루스의 고대왕국으로 추정한다.[40]

4) 고대 한반도의 남방교류 역사는 《삼국유사》가 전하는 가야의 수로부인 허황옥의 도래기록이 대표적이다. 고고학에서는 신라유물 중에 이국적인 양식의 청색 유리구슬의 기원을 인도네시아에서 찾았다. 당시 해양로는 신라와 중국 광저우 그리고 베트남 옥에오 항구를 연결했다고 본다. 경주 대릉원의 신라고분 속 토우 중에 물소, 원숭이, 개미핥기와 같이 한반도에 자생하지 않는 남방계 동물형상이 있는 것도 증거가 된다. 이 중에는 고상가옥 모습의 토우도 있다. 백제와 신라가 동남아와 교류한 역사기록도 남아 있다.[41] 인도 왕이 보낸 불상을 실은 배가 남해안 울산항에 도착했고 이를 기념해 울산의 동축사를 세웠다는 기록이다. 2015년 5월 모디 인도 총리의 방한에서 양국 정상은 인도 아요디아에 허황후 기념공원을 건립하기로

합의했다. 그리고 2018년 11월 공원 개장식에는 한국 대통령 영부인이 참석했다.

5) 미국의 동양고미술학자 코벨은 신라 승려들의 서역여행 연구를 통해 한민족의 용기와 역동성을 확인했다.[42] 9세기 통일신라의 선단은 황해를 장악하고 중국과 한반도 그리고 일본 간의 해상권을 도맡았다. 그리고 중국대륙의 남부 상하이까지 내려가 부근 해역에서 활동했다. 이런 사실은 일본인 승려 엔닌이 838년에서 847년에 걸쳐 중국 일대를 여행 후 저술한 《입당구법순례행기》에 기록되었다. 엔닌의 일기에 나오는 신라인들은 육지뿐만 아니라 바다에서 더욱 막강한 사람들이었다. 엔닌이 중국에서 10여 년 동안 본 바에 의하면 선박은 거의 모두 신라인 소유였다. 일본 배도 있으나 느리고 물이 새서 안전 운항이 염려될 정도로 신라의 쾌속선에 비교할 수 없다고 증언했다. 또 일본 배는 신라인 선원들의 도움 없이는 항해에 나서지 못했다고 이들의 뛰어난 능력에 감탄하고 감사했다. 현재 세계정상급에 있는 한국의 조선술과 해양선단을 보면 이러한 역사적 맥락을 이해할 수 있다.

6) 한민족의 진취적 역사는 기록되어 둔황의 석굴에 남았다. 1908년 프랑스인 펠리오가 중국 서부의 변방 간쑤성의 둔황 천불동 석굴에서 필사본 여행기를 발견했다. 이로써 《왕오천축국전》이 과거로부터 돌아왔다. 신라승 혜초(慧超)가 불교의 뿌리를 찾아 천축국 다섯 나라를 답사하고 성덕왕 26년인 727년에 그곳의 종교, 정치, 문화 등을 기록한 여행기다.[43] 704년 통일신라에서 태어난 혜초는 723

년부터 727년까지 4년간 인도와 중앙아시아 그리고 페르시아까지 여행했다. 혜초의 시를 읽어 보면 당시 신라인의 굳센 의지를 느낄 수 있다. 혜초는 책 속에 오언율시 5수를 남겼다. 그중 파미르 고원이 멀리 바라보이는 험로에서는 〈겨울에 토화라에서 눈을 만나 마음에 품은 말을 적다(冬日在吐火羅逢雪述懷, 동일재토화라봉설술회)〉라는 제목으로 다음과 같이 썼다.

7) "싸늘한 눈은 얼음에 붙어 합치고 / 찬 바람은 땅을 쪼갤 듯 사납다 / 큰 바다는 얼어서 단(壇)을 이루고 / 강물은 벼랑을 물어뜯는데 / 용문에 폭포는 끊어지고 / 우물에는 똬리 튼 뱀이 엉켰나니 / 불에 의지해 계단 오르며 노래 부른다 / 어찌하면 파미르를 넘어갈 수 있는가 / 冷雪牽氷合(냉설견빙합) / 寒風擘地烈(한풍벽지열) / 巨海東墁壇(거해동만단) / 江河凌崖囓(강하릉애설) / 龍門絶瀑布(용문절폭포) / 井口盤蛇結(정구반사결) / 伴火上陔歌(반화상해가) / 焉能度播蜜(언능도파밀)"

20살의 젊은 신라인 승려는 파미르 고원의 상상하지 못한 추위와 험준한 자연환경에 놀라 떤다. 그러나 이에 굴하지 않고 꿋꿋하게 노래 부르면서 홀로 걸음을 계속하는 신라인의 기상을 역사에 남겼다. 이와 같은 사실은 이제 새로운 지정학의 시대를 맞은 한민족이 세계로 나서 용기 있게 활동할 때가 되었음을 말해 준다.

III
인화(人和)가
모두를 결정한다

천시와 지리를 갖춰도 내부에서 분열하는 공동체는 자멸한다. 역사 속에서 길을 찾지 못하고 자신감을 갖지 못하기 때문이다.

단점과 부정적 측면보다 장점과 긍정적 측면을 본 후에 비로소 미래 비전이 나온다.

조상의 마음과 숨겨진 메시지는 후세가 찾아야 하는 몫이다.

국가의 발전을 위해서는 사회를 구성하는 모든 부분이 유기적으로 작동해야 한다. 그리고 단위 공동체들이 직선 또는 곡선으로 움직이더라도 결국은 같은 방향을 향해 갈 때 힘의 합력이 이루어진다.

목표를 잃으면 갈등하거나 분열되고 때로는 충돌해 파탄되기도 한다. 인화는 이러한 공동체의 모든 역량을 이어 주는 끈과 같다.

1. 화합의 인재
  1. 쇠를 단련하는 법   121
  2. 천화동인과 화천대유의 의미   123
  3. 사색당파의 명과 암   126
  4. 야마토다마시(大和魂), 인화의 일본   129

2. 포괄적 정확성
  1. 정확성으로 만든 대영제국   133
  2. 조선이 빠진 임진왜란 종전협상   136
  3. 정확한 지도자와 관료   138
  4. 문서의 정확성과 도덕적 정확성   141

3. 신뢰의 구축
  1. 공중그네 곡예사의 신뢰   144
  2. 양 무리가 사자를 따르는 이유   146
  3. 왜장 사야가가 흠모한 조선의 문화   149
  4. 전통의 힘, 타이중 식당의 빈 의자   152

4. 공동체 유산
  1. 유대인 공동체의 뿌리, 신앙   155
  2. 노비 없는 국가가 노비 있는 국가를 이긴다   158
  3. 신라 화백제도는 현대 대의민주주의의 모범   161
  4. 구슬이 서 말이라도 꿰어야 보배   163

1. 화합의 인재

1. 쇠를 단련하는 법

1) 고대로부터 국가의 흥망은 쇠를 다루는 기술에 달려 있었다. 현대에도 철강생산의 중요성은 두말할 나위가 없다. 제철산업은 건물과 교량 건설과 같은 사회간접자본 구축에 필수적이다. 무엇보다도 강력한 철제무기의 제조는 전쟁의 승패를 좌우한다. 광산에서 캐낸 철광석은 용광로의 1,500도 이상 고온에서 제련 과정을 거쳐 가장 기본적 합금인 강철로 바뀐다. 그리고 다양한 원소를 융합하면 새로운 합금이 되어 특정한 용도로 사용된다. 고대의 도검으로부터 현대식 무기까지 전차의 두꺼운 장갑과 이것을 파쇄할 열화우라늄탄 모두 철을 다루는 기술에 달려 있다. 고열과 압력을 견디는 전투기와 우주발사체 엔진이나 고성능 컴퓨터에 필수부품인 강력 자석을 만드는 것도 합금의 재료와 기술력에 달려 있다. 철을 제련하고 합금으로 만드는 과정은 강한 공동체가 만들어지는 과정과 비슷하다.

2) 합금(合金, Alloy)은 어떤 금속에 다른 금속원소, 또는 탄소, 붕소 등의 비금속 원소를 첨가하여 만든 제품을 말한다. 특정한 목적에 사용하기 위해 다양한 원소로 융합해 소재의 물리적 특성을 변화시킨 금속이다. 일반적인 합금에는 망간, 니켈, 크롬, 몰리브덴, 바나듐, 실리콘 등이 사용되고 특수한 합금으로는 알루미늄, 코발트, 구리, 세륨, 티타늄, 텅스텐, 주석, 아연, 납, 지르코늄 등이 사용된다.

이러한 원소들은 금속을 강하게 하고 다양한 성질을 지니도록 해 여러 조건에 맞게 사용할 수 있도록 만든다. 알루미늄은 유연한 금속이지만 여기에 구리나 아연을 포함하고 적정한 열처리를 하면 강철과 맞먹을 만큼 강해진다. 이런 과정을 거치면 항공기 자재 그리고 특수장비와 같은 가볍고 고강도의 두랄루민이 된다.[44] 우라늄을 포함한 금속은 높은 밀도를 지니고 있어서 철갑을 관통하는 탄두나 방호벽에 사용된다. 니켈과 티타늄을 융합해 마법처럼 물체의 형상을 기억해 복구하는 형상기억합금을 만들 수 있다. 합금의 기적은 연필심에 사용되는 흑연에 높은 온도와 강한 압력을 더해 다이아몬드로 바꿀 수도 있다. 모두 탄소로 구성되어 있기 때문이다.

3) 합금 중에 가장 대표적인 탄소강은 높은 강도를 갖는 강철이다. 강철은 0.02~2.11퍼센트의 탄소를 포함하고 소량의 규소와 망간 그리고 인과 황을 포함해 강도가 높은 장점이 있지만 녹슬기 쉽고 유연성이 낮아 잘 부러지는 단점이 있다. 강한 내구성을 요구하는 목적에 사용되고 테두리 유지력을 제공하기 때문에 예리한 칼날 부분에 적합한 금속이다. 탄소강을 제조하는 가장 원형적인 방법은 담금질이다. 숯불을 사용해 철을 1,000도 이상 고온에 달구고 찬물로 식히면서 망치질로 탄소포함도를 조절하고 불순물을 제거하는 것이다. 그 결과로 철 내부 분자 간의 결합은 강해지고 쉽게 풀어지지 않는다.

4) 뜨거운 불과 차가운 물을 견디며 단련되는 강철과 마찬가지로 사람과 공동체 역시 단련의 과정이 필요하다. 여기에는 고전적인 방식으로 수양과 수신을 통한 자기계발로부터 현대사회에서 정부와 기

업 그리고 군에서의 다양한 교육 프로그램이 있다. 그러나 어느 경우에나 고난은 개인이나 공동체에 있어 중요한 과정이다. 고통을 인내하면서 강화되는 것은 육체적 능력만이 아니다. 내부의 불순물을 정화하고 의지를 잃지 않는 것을 배우기 위해서다. 무엇보다도 교만을 없애기 위해서다. 뜨거운 불과 얼음과 같은 시련의 과정을 거치고 살아남은 민족은 강인한 존재임이 증명된다. 한민족은 수많은 고난을 극복하고 21세기 세계에 당당히 섰다. 이제는 이 같은 시련을 극복한 요인들을 살펴보고 미래의 도약을 위한 역량을 키워 갈 때다.

2. 천화동인과 화천대유의 의미

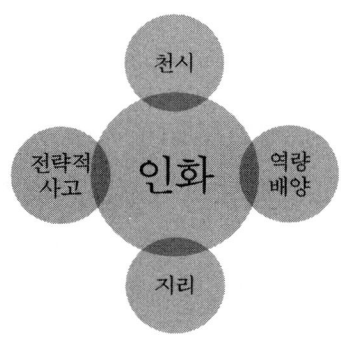

인화는 공동체의 모든 기능을 연결해 주는 역할을 한다.

1) 2021년과 2022년 한국사회는 대장동 사건으로 혼란스러웠다. 수사 대상이 된 회사를 창립한 대표는 천화동인(天火同人)과 화천대유(火天大有)라는 두 개의 이름을 붙였다. 고전에서 가져온 좋은 명칭이지만 결과적으로 관련자의 죽음과 재판 그리고 정치적 투쟁의

스캔들이 되었다. 그 때문에 역경(易經)에서 말하는 화천대유, 천화동인의 본래 의미를 찾아보는 것은 의미가 있다.[45]

2) 역경 13번째 순서에 나오는 천화동인괘는 다음과 같이 공동체의 탄생과 발전 과정을 설명한다. "공동의 광장에서 널리 동지를 천하에 구하니 크게 발전하리라. 유순하고 온화한 인격자가 중추적 위치에 있어서 정당한 지위를 얻고 강한 힘을 가진 자와 호응하니 이것을 동지적 결합이라고 한다. 강대한 역량은 대하를 건너는 것과 같은 큰 사업을 수행하여 성취하리라. 문명함과 강건함이 중정하게 호응하니 이것이 군자의 바른 모습이다. 오직 군자만이 능히 천하 사람들의 마음을 화통하게 만들 수 있는 것이다." 그리고 구체적으로는 상황 전체의 맥락을 "항상 높이 있는 하늘(乾, 건)과 항상 높은 곳을 지향하는 불(離, 리)은 서로 같은 성질을 지니고 있다. 이것이 동인의 괘상이다. 군자는 이 괘상을 보고 족속을 유별하여 사물을 구분한다."라고 정의했다. 그리고 상황의 전개에 있어서는 "문을 나서면서 동지를 구한다. 누가 허물할 것인가. 허물은 없다."로 시작한다. 그리고 다시 "자기의 종중에서 동지를 구하니 혈연에 치우쳐 공정하지 못하다. 세론의 비난은 면치 못하리라."로 이어진다. 이것은 대의를 명분으로 하면서도 개인의 사적인 관계에 매여 공정하지 못하면 상황은 순조롭게 이루어지지 못한다는 경고라 할 수 있다.

3) 14번째 괘인 화천대유는 다음과 같다. "유화한 인격자가 군주의 지위에 있어서 위대한 지도력이 중용을 지키니 상하의 모든 현능한 인사들이 흠모하여 호응하므로 성운을 보전해 가진다는 것을 상징

하는 괘다. 그 정치의 교화는 건전하고도 지성에 차서 천명에 순응하고 시의에 적응한다. 그런 까닭에 크게 발전하고 번영한다." 그리고 이어서 "태양이 하늘 높이 솟아 있다. 이것이 대유의 괘상이다. 군자는 이 괘상을 보고 선과 악을 밝혀서 악을 누르고 선을 드러내어 하느님의 거룩한 명령에 순종한다."라고 대의를 밝힌다. "자신의 바른 마음을 해칠 우려가 있는 자와 사귀지 아니하니 허물이 없다. 노고를 참으며 노력하면 허물이 없으리라."라고 자신을 옳지 않은 길로 이끄는 사람을 가까이하지 말도록 주의를 준다. 천화동인과 화천대유는 모두가 태양이 하늘 높이 솟아 있는 상태를 의미하는 좋은 괘고 성운을 보여 주는 대길한 괘다. 그러나 아무리 훌륭한 이상이라도 이것을 올바른 방법으로 실천하지 못하면 실패하게 된다고 경고한다. 올바름을 알기는 쉬워도 이것을 실천하기는 어렵다는 뜻이 담긴 것으로 역경은 인간의 욕심을 제어하고 하늘의 뜻을 우선하는 겸허함을 요구한다.

4) 인간사회의 구성원리에 대해 동서고금의 모든 고전이 일치해 말하는 것은 모든 것이 구성원들의 마음에 달려 있다는 것이다. 그리고 사람들의 마음을 합치면 못 이룰 것이 없다고 한다. 성경이나 불경으로부터 시작해 카네기의 처세훈까지 그리고 역경이나 채근담과 같은 지혜로운 인물들이 경험한 사실이다. 이와 반대로 마음을 나쁘게 쓰면 멸망하게 된다는 것 역시 중요하다. 공동체 구성원들이 바른 마음으로 함께 해야 일이 성사된다는 인화라는 말로 집약된다.

5) 이것은 국제관계에서도 마찬가지다. 냉전기 미소 양 진영이 전력을 기울여 진영 편제 작업을 했던 것은 공동의 이해관계를 갖는 동맹

국 간의 팀워크를 만들기 위한 것이었다. 이 같은 인화와 팀워크는 기만적 술책이나 강압적인 방법으로가 아니라 상호이익을 위해 자발적으로 이루어져야 지속가능한 동력을 만들어 낸다. 국가 간의 연대에도 정당한 대의명분과 실천으로 맺어지는 호혜적 관계가 강한 것이다.

3. 사색당파의 명과 암

1) 조선을 멸망으로 이끌었다고 비난받는 당쟁과 사화는 정치적으로 기능과 역기능 모두를 가지고 있다. 무조건 질책만 하는 것은 맞지 않는 것이며 500년 조선역사 전체가 당쟁에 휩싸였다고 보는 것은 과도한 평가다. 당쟁 때문에 임진왜란과 병자호란을 당했다는 것은 침략국의 측면에서 보는 견해가 된다. 조선의 군사력 증강을 강하게 견제하는 명나라의 눈치를 보아야 하는 조선의 현실에서 병력을 기르고 전쟁훈련을 강화하는 것은 사실상 불가능할 수밖에 없었다.

2) 임진왜란 초기 명나라에서는 조선이 일본과 연합하여 공격해 오는가를 의심할 정도로 조선을 경계했다. 따라서 군대와 백성의 역량을 자유롭게 키우기는 어렵고 조정에서는 그 자리를 대신해 토론이 많아질 수밖에 없었을 것이다. 더구나 명나라와의 유교적 명분 다툼에서 밀리지 않고 명확한 논거를 제시하기 위해 유학의 논쟁과 변론이 성행하게 된 것은 이해할 수 있는 일이다. 더 앞선 유교 논리로 명나라의 정치적 압박을 저지할 수 있는 학문의 정치화가 이루어진 것

으로 볼 수 있다.

3) 에드워드 와그너는 조선시대 왕실인척의 특권 정실주의를 제어한 것이 삼사(三司)라고 평가했다. 그러나 이 같은 민주주의의 기본인 견제와 균형은 1494년 연산군의 등장으로 파괴되고 국왕의 극단적인 독재정치가 되었다. 모친 폐비 윤씨의 죽음에 개입한 조정 대신들에 대한 복수심이 지도자로서의 이성을 마비시킨 것이다. 1498년부터 1547년 약 50년간 연산군으로부터 명종까지 네 차례에 걸친 사화는 가장 치열한 당쟁시기였다. 1506년 즉위한 중종은 사림세력을 기용해 37세의 젊은 조광조를 대사헌으로 임명하고 훈구파와 사림세력 간의 조화를 도모했다. 그러나 기득권 세력과의 화합은 이루어지지 않았고 사림파가 훈구파에 의해 제거당하는 사화가 계속해서 일어났다.

4) 조선의 당쟁은 발전론적인 관점에서 보면 민주주의의 연습이며 정치 발전 과정이기도 했다. 아울러 국왕의 전제정치를 견제하는 기능을 가졌다. 실제로 당쟁은 정치적 대립이 가시화됐던 4대 사화 동안의 극심한 정치투쟁이 주가 되었고 1567년 즉위한 선조부터 정조까지는 공론에 의한 정치 과정이었다. 어느 국가에나 정치적 갈등과 투쟁은 있기 때문에 조선시대 전체를 당파싸움의 왕국으로 규정하는 것은 정확한 평가라고 할 수 없다.

5) 그러나 당쟁의 후과를 과소평가할 수는 없다. 이 같은 정치투쟁의 와중에 많은 인재가 희생당했기 때문이다. 그리고 실용적인 토론 대

신에 명분에 치중한 허례허식에 빠지게 되었다. 당쟁은 극단적 대립으로 발전해 내 편과 네 편을 철저히 가르는 것이 되었다. 양편 모두를 아우르는 비전이 없었고 공동체 전체를 위한 응집력을 모을 수 없었다. 여기에 국왕은 통합의 리더십을 발휘하지 못했고 신하들은 사적인 이익을 좇아 무리를 지어 전횡했다.

6) 당쟁의 원인을 살펴보면서 성호 이익은 관직을 차지하려는 사람이 많으므로 당파와 당쟁이 발생한다고 보았다. "이득이 하나인데 사람이 둘이면 두 당파가 생기고, 이득이 하나인데 사람이 넷이면 네 당파가 생기며, 한번 권력을 잡으면 과거를 널리 실시해 자기 당파의 사람을 뽑아 당세를 굳히고자 하니 당쟁이 심해진다."라는 것이다. 그리고 이를 극복하는 방법으로 과거시험의 주기를 3년에서 5년으로 늘려 합격자를 줄일 것과 천거제도를 병행해 재야인사를 등용할 것을 건의했다. 이익은 관직수를 줄여 행정의 효율성을 높이고 당쟁의 목표물을 없애자는 것이었다.

7) 오늘날에도 정당정치가 엽관제를 불러오고 당리당략에 한정된다면 이것은 조선시대에서 벗어나지 못하는 것이 된다. 사회가 개방적이고 투명하면 곧바로 부정이 눈에 띄게 된다. 그러나 폐쇄적이고 불투명한 조선사회는 쉽게 부패하게 되었다. 이 같은 사회에서는 지인들끼리만 상부상조하는 연고주의가 출현한다. 이것은 해방 이후 한국정치에 있어서도 유사한 형태로 나타났다. 보다 큰 대의명분으로 국가와 민족의 미래를 위한 논의보다 연고 또는 출신지역의 이익이나 정당차원의 집권논쟁이 주가 된다는 지적을 받아 온 것이다.

그리고 이런 과정에서 정당은 이익집단이 되고 일반 국민과 단절된 존재가 되기 쉽다.

4. 야마토다마시(大和魂), 인화의 일본

1) 1983년 칸 영화제 황금종려상을 수상한 〈나라야마 부시코(楢山節考)〉는 고려장과 비슷한 일본의 노인 유기관습을 주제로 했다. 식량부족 때문에 늙은 부모나 어린 아기를 버렸던 과거의 설화를 극화한 것이다. 과거 일본열도의 거주조건은 좋은 편이 아니었다. 지진과 태풍의 피해가 잦고 부족한 농토의 빈약한 식량생산은 음식 도둑을 사형으로 처벌하기도 했다. 이 때문에 섬으로서의 고립을 탈피하기 위해 대륙진출을 지속적으로 시도했다.

2) 근대에 있어서 일본의 국운은 일장기의 욱일승천처럼 상승하는 듯했으나 50년 정도의 단기간에 그쳤다. 더구나 국운은 수차례의 전쟁으로 일어선 것이었고 1945년 8월 원폭의 피해와 함께 패전으로 끝났다. 단기간 제국주의의 성공시기가 끝나고 남은 후과는 주변 국가들과의 악연을 만들고 부정적인 유산을 남겼다. 천시와 지리 모두에 있어서 한계에 봉착한 것이다. 임진왜란이나 근대 제국주의의 실천 경험도 조선통신사가 평한 대로 능력은 있으나 덕이 없는 사람들이 행한 대외정책의 소치였다.

3) 일본인들은 자연환경의 약점을 인간의 노력, 그중에서도 정신력

을 강조해 극복하려고 했다. 7세기 쇼토쿠 태자는 일본을 화(和)를 중시하는 공동체로 육성했다. 일본열도에 도래한 여러 계통의 세력 간의 충돌을 막고 조화를 이루기 위해 헌법 17개조를 반포했다. 완전한 인간은 없으며 모두가 잘못을 저지르기 쉬우니 화의 정신으로 개인의 독단을 삼가고 단체에 따르라는 것이다. 그리고 개인 능력의 조합을 통해 국가의 힘을 키우려고 했다. 일본인의 정신적 고향인 이세신궁(伊勢神宮)에 가 보면 혼자 방문한 사람들을 드물지 않게 볼 수 있다. 이들은 침묵 속에 손을 모으고 무언가 서원을 하고 돌아간다. 소란한 단체여행이 아닌 개인만의 신앙심 속에 침잠하는 모습이다. 일본은 정성과 노력을 핵심으로 하는 장인정신을 중시하고 국가공동체의 능력을 최대치로 올리기 위해 인화를 강조했다. 노력과 인화를 통해 강해질 수 있다는 것이다. 씨름의 천하장사격인 스모의 오제키를 차지한 선수는 우승 비결을 첫째도 둘째도 셋째도 노력이라고 했다.

4) 천재지변의 대비와 많은 전쟁을 수행한 경험으로 일본인의 전략적 사고방식은 생활에 배어 있다. 학교와 사회에는 지식정보의 습득을 위해 벤쿄카이(べんきょうかい, 勉強会)로 불리는 공부모임이 활성화되어 있고 안전과 규율 그리고 남에게 폐를 끼치지 않는 조심성과 배려의 문화가 발달했다. 《은하철도 999》의 원작자 미야자와 겐지의 동화 《주문이 많은 요리점》은 도쿄의 신사들이 시골에 사냥하러 가서 겪게 되는 이야기다. 이들은 조심성 없이 거만하게 행동하다가 예상치 못한 반전을 거듭하면서 위기에 빠졌다가 겨우 탈출하게 된다. 동화를 읽는 어린이들은 세상과 사람을 외면만을 보고 판

단하면 큰 낭패를 당하게 되니 주의하고 조심하라는 교훈을 받게 된다. 유치원의 소풍준비 안내문에는 다녀오는 길의 정확한 지도와 시간별 구간표를 그려 놓고 준비물로 과일과 사탕의 개수까지 알려 준다. 정확성을 가르치고 친구 간의 위화감을 피하기 위한 배려다. 그러나 적대적 관계가 될 경우에는 스모 경기처럼 상대의 움직임을 눈여겨보다가 전광석화처럼 공격하는 의표를 찌르는 면이 있다. 사무라이 승부와 같이 말 없는 눈싸움 끝에 빠르게 칼을 뽑아 급소를 베는 단기(短氣)다. 말싸움이 없는 대신 오해가 생기거나 자의적 판단을 할 수 있는 것이다. 정신력을 강조하는 결과가 극단적으로 발전해 하라키리(腹切り)나 셋푸쿠(切腹)와 같은 할복자살 그리고 신쥬(心中)와 같은 애인 동반자살처럼 세계적으로 독특한 '죽음과 복수의 미학'이 발생한 것도 주목할 점이다.

5) 전국시대에 생존을 위해서 그리고 대륙으로 진출하기 위해 우수한 무기와 장비를 만들 수 있는 장인들을 육성하는 것은 필수적이었을 것이다. 근대에 들어서는 중국식 장기를 일본식 장기로 변형하고 규칙을 보다 공격적으로 발전시켰다. 일본 장기는 상대 말을 잡은 후 자신의 말로 재사용할 수도 있는 것이다. 서양의 카드게임은 화투로 변형해 수용했다. 그리고 개인보다 집단으로 행동함으로써 최대한의 힘의 결집을 추구했다. 그러나 인화와 노력의 산물이라 할 수 있는 이러한 단결력은 제국주의로 외부에 발산되어 과유불급의 결과가 되었다. 대일본제국으로 성장하기 위한 집념은 전쟁에서 잔인성으로 발휘되어 역사에 오점을 남겼다. 은혜를 갚는 것처럼 원한 역시 반드시 갚고야 만다는 복수의 미학 역시 일본의 특색으로 볼 수

있다. 임진왜란 당시 논개에게 죽임을 당한 일본 장수와의 화해를 위해 두 사람의 영혼을 결혼시킨다고 사당에 함께 모시는 기이한 행위도 세계에 유례를 찾기 힘들 것이다.

6) 일본에 대해 극단적으로 평가하는 경향이 있음은 주의해야 할 점이다. 일본인 모두가 근면 성실하고 친절하며 정직하다는 긍정적인 것도 아니고, 모두가 과격하며 교활하고 애매한 것도 아니기 때문이다. 일반적으로 국제사회에서 정확하고 예의 바른 것으로 평가받는 일본인이지만 흉악범죄와 사기로 악명을 남긴 사례도 있다. 따라서 전체와 개인을 나누어 생각하고 시민사회의 분위기와 국가의 정책을 구분해 살펴볼 필요가 있다. 일본의 모든 것을 사실 이상으로 과대평가해서는 안 되지만 일본을 경시해서는 안 되는 것이다. 무엇보다도 양국의 문화적 차이점은 두 나라 교과서에 나타난다. 일본 초중등학교 국어 교과서에 수록된 글들은 아동과 소년들에게 실용적인 생활자세와 진취적 용기 그리고 긍지를 길러 주려는 교육 의도가 잘 나타나 있다.

2. 포괄적 정확성

1. 정확성으로 만든 대영제국

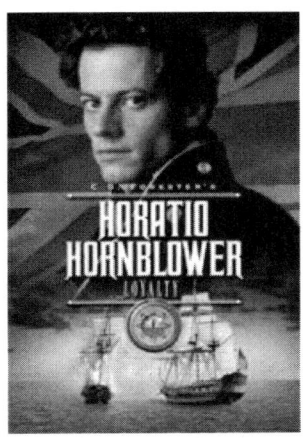

영국 TV Series 〈Horatio Hornblower〉, 정확한 해군장교가 강력한 영국해군을 건설했다.

1) 영국의 TV 방송사가 제작한 해양 드라마 〈호레이쇼 혼블로워〉는 넬슨 제독을 모델로 했다고 한다. 드라마는 영국해군 초급장교 혼블로워가 임관 후 첫 근무함인 빅토리아함에 도착하면서부터 시작되는 지휘관의 성장기다. 1789년 프랑스 혁명이 발발하고 유럽대륙에서는 거대한 세력전환이 일어나는 시기다. 영국은 강한 해군을 육성해 영국함대는 자메이카와 지브롤터 그리고 프랑스에서 전투를 벌이고 승리를 거둔다.

2) 《해저 2만 리》를 쓴 프랑스 작가 쥘 베른에 의하면 서양 최초의

장갑철갑선은 1860년 프랑스 해군이 만들었다. 1860년과 1867년에 개폐식 함포 4문을 장착한 글루아르호와 오세앙호를 각각 진수했다. 그리고 영국은 1868년에 회전식 포탑을 장착한 디베이스테이션호를 건조해 근대식 전함의 시대를 열었다. 증기기관으로 14노트의 속력을 내는 영국 전함은 회전식 포탑을 사용해 프랑스 전함의 고정식 포탑보다 신속하고 정확하게 적함을 타격할 수 있었다.[46] 그리고 여기에는 혼블로워와 같은 유능한 지휘관들이 필요했다. 영화는 초급장교가 난관을 극복하면서 성장하는 모습을 보여 준다. 그중 하나는 상관과 부하에게 신뢰받을 수 있는 정확성을 배양하는 것이다. 함장은 이 과정을 관찰하면서 시기적절한 지도로 유능한 지휘관으로 키운다. 결과적으로 영국 해군은 함포와 지휘관의 정확성으로 강한 함대가 되었다.

3) 우수한 포의 제조를 위해서는 주물제조 과정에서 강도와 연성을 위한 재료를 정확히 배합해야 한다. 그렇지 못하면 포탄은 발사되지 않고 오히려 대포를 부수게 된다. 이 같은 정확성은 모든 과학발전의 기본이고 전쟁에서는 생사를 결정한다. 외교전선에도 마찬가지로 해롤드 니콜슨은 영국 외교관의 자질로 7가지 덕목을 제시하고 그중에 정확성을 강조했다. 그리고 사실에서뿐만 아니라 도덕에서의 정확성이 함께해야 한다고 했다. 도덕적으로 정확하지 않으면 감정적 충돌이 생기기 때문이다. 이것은 이성과 논리에서의 부정확성보다 더 상대방을 자극하는 것이 된다. 사실과 도덕에서의 정확성이 있어야 상대에게 신뢰를 준다. 이는 사람의 능력과 인격에 대한 신뢰로, 이로써 그가 전달하는 말과 문서를 믿을 수 있게 된다.

4) 한 가지 예로서 국가원수가 외국(왕국)에 파견하는 대사의 신임장을 보면 여기에는 "본인은 대한민국 특명전권대사로 A 씨를 귀국에 파견하게 된 것을 무한한 영광으로 생각합니다. 본인은 A 대사가 높은 인격과 탁월한 능력을 갖추고 양국 간의 우의와 공동이익을 더욱 증진시키기 위하여 언제나 최선을 다할 것으로 믿습니다. 따라서 폐하께서 A 대사를 기꺼이 받아 주시고 A 대사가 대한민국을 대표하여 말씀드리는 바를 전적으로 신임하여 주시기 바랍니다."라고 적혀 있어서 소개하는 사람의 인격을 능력보다 앞세우고 있다.

5) 국가 간의 관계에서 정확한 언어의 사용은 중요하다. 문장은 점하나로 의미가 바뀔 수 있고 숫자 하나로 막대한 금액이 변한다. 부정확한 의사전달은 외교분쟁의 원인이 된다. 걸프전 발발 전 이라크에 주재한 에이프릴 미국 대사의 애매한 발언은 1990년 8월 이라크의 쿠웨이트 침공으로 이어졌다. 미국은 이라크와 쿠웨이트 간의 분쟁에 개입하지 않을 것이라고 후세인 이라크 대통령이 잘못 판단한 것이다. 한국전쟁 직전 애치슨 미 국무장관의 발언 역시 문제가 되었다. 한반도가 미국의 태평양 방위선에서 제외된 것으로 인식하도록 해 북한에 남침 기회를 준 것이다. 그러나 보다 중요한 것은 당시 한국정부가 자주적으로 정세를 보고 올바른 판단을 하지 못한 것이다. 정전협정에 참여하지 않은 채 전쟁을 끝마친 것 역시 참모들과 최고 통수권자의 정확한 판단이 아니었다. 이 때문에 정전협정은 전쟁 당사국인 한국이 서명권자가 아닌 부정확한 것이 되었다. 그리고 한국은 이후 70여 년 한반도 문제를 주도적으로 이끌지 못한 채 국제법적으로도 불분명한 입장에 서게 되었다.

6) 과거의 한국은 '대충' 그리고 '적당히'라는 말이 일상적이었다. 약속시간에 늦는 애매한 시간관념을 의미하는 코리안 타임이라는 단어가 유행하기도 했다. 그러나 이제는 옛날이야기가 되었다. 버스정류장마다 설치된 계기판은 분과 초 단위로 도착시간을 알려 주어 도시의 교통흐름을 원활하게 해 주고 있다. 중동의 두바이 건설현장에서는 높이 830미터, 163층의 세계 최고층 빌딩인 부르즈 할리파(Burj Khalifa)를 건축했다. 인공위성 여러 대를 사용해 수직상태를 확인하면서 쌓아 올린 건물로 각도가 극미한 정도라도 틀리면 무너지는 초고층 건물이다. 한국건설회사는 초정확성과 초정밀도를 유지해 세계기록을 세웠다. 이 같은 한국인의 정확한 공기준수와 고품질은 신뢰성이 되어 국제 건설시장에 널리 알려져 있다. 이제는 한국의 새로운 도약을 위해 이러한 정확성을 사회 각 부문에서 같이하지 않으면 안 된다.

2. 조선이 빠진 임진왜란 종전협상

1) 서울 북한산이 멀리 보이는 고양시에는 왜란의 조짐이 있던 1590년 4월 선조가 파견한 통신사 정사로 일본정세를 보고 돌아온 황윤길의 묘가 있다. 황윤길은 일본이 침략할 것을 정확히 보고했음에도 조정은 받아들이지 않았다. 그 때문에 2년 후 1592년 4월 임진왜란이 발발해 7년간의 전란을 고통스럽게 겪었다. 더구나 조선은 왜란의 종전교섭에서 빠지고 명나라의 심유경이 조선을 대신해 왜장 고니시 유키나가와 만나 협상을 했다. 대일외교 활동을 했던 황윤길의

심정은 더욱 착잡했을 것이다. 고구려의 역사를 평범한 고구려인들의 생활에 비춰 쓴 《요하》의 김성한 작가는 소설 《임진왜란》에서 기초사료를 취합해 현장감 있는 글을 남겼다.

2) 전쟁발발 3개월 후 심유경과 고니시는 회담을 갖고 조선을 배제한 채로 자신들 임의로 종전에 합의했다. 열강에 의한 한반도 분할 시도의 초판이었다. 8월 25일 심유경은 평양에 주둔한 왜군에 서찰을 보냈다. 내용은 "조선이 왜에 대해 무슨 잘못이 있기에 이처럼 군사 침략을 하느냐?"라는 명나라 황제 만력제의 문책이었다. 그리고 고니시가 논의를 청하는 답서를 보내 최초의 양자회담이 열렸다. 고니시는 9월 1일 회담에서 심유경에게 대동강 동편의 땅은 일본에 그리고 서편의 땅은 조선에 귀속시키는 안을 제시했다. 심유경은 황제의 명령이 없으면 강화에 합의할 수 없다고 하고 황제에게 보고한 후에 회답을 받을 때까지 2개월간 휴전할 것을 제의했다. 휴전회담이 진행되는 동안 왜군은 진격을 멈췄고 의주로 피신했던 선조는 잠시 안전할 수 있었다.[47]

3) 한반도 북쪽까지 도착한 왜군은 만주의 여진족에게 저지당하고 함경도의 의병에도 공격을 받았다. 더구나 조선 수군에게 연패를 당해 보급로가 차단되어 식량과 물자보급에 고통을 겪었다. 조선군에 투항한 항왜의 숫자도 1만여 명이 되었다. 명나라와 조선 군대의 공격으로 평양성이 탈환되고 압박을 받자 일본은 다시 명나라와 강화회담에 들어갔다. 심유경은 1593년 5월 8일 고니시와 함께 부산포를 출발해 일본으로 향해 5월 15일 나고야에 도착한 후 도요토미 히

데요시를 접견했다. 일본은 명나라 사절 도착 후 1달 반 정도 융숭한 대접을 했고 6월 28일 한반도 분할안을 명나라 사절단에 전달했다. 도요토미는 강화조건으로 7개 조항을 제시하면서 조선 8도 중 남부 4개도를 일본에 할양해 줄 것을 요구했다. 한반도의 중간을 잘라 남북으로 분할해 명나라와 나눌 것이며 한양과 4개도는 조선 국왕에게 돌려보낸다는 것이다. 일본은 조선 국왕에게 반환할 땅을 조선의 종주국인 명나라에 돌려주는 것으로 간주했다. 그리고 나머지 영토의 귀속에 대해서는 언급하지 않으면서 결과적으로 일본이 영유하는 식으로 처리하려고 한 것이다.

4) 심유경과 고니시의 한반도 분할계획과 종전협상은 결국 명나라 만력제와 일본 도요토미 관백에 대한 부정확한 보고와 엉뚱한 지시가 반복되면서 실패로 끝났다. 그리고 전쟁은 교착상태가 되었고 조선수군이 패주하는 왜군을 쫓아 격파한 노량해전은 충무공의 장렬한 전사로 역사에 남았다. 조정은 시종일관 전쟁에 피동적으로 참여했지만 충무공은 백의종군하면서 자주적인 전쟁을 수행했다. 그대로 회군할 수도 있었던 명나라 수군 도독 진린이 마지막 전투에 합세해 부도독 등자룡이 전사할 만큼 분전한 것도 충무공의 애국충절에 감동했기 때문이었다.

3. 정확한 지도자와 관료

1) 지도자와 관료가 정확하지 않으면 국가의 정책은 국민에게 신뢰

받지 못한다. 외교학의 고전 중 하나인 《외교론》은 영국의 외교관 해롤드 니콜슨이 쓴 책이다. 그는 외무관료의 자질로 진실, 정확, 침착, 성실, 인내, 겸손 그리고 충성(Truthfulness, Precision, Calm, Good Temper, Patience, Modesty, Loyalty)을 들었다.[48] 니콜슨은 이 일곱뿐만 아니라 독자들의 머리에 떠오르는 다른 조건들도 역시 당연히 필요한 것들이라고 부언한다. 그러나 이것은 특별히 강조한다는 것이다. 니콜슨이 다른 조건보다도 앞서 제시한 7가지는 모두가 인성에 관한 것이다. 지식은 배울 수 있지만 인성은 타고나는 부분이 크다. 그리고 인성은 쉽게 바꿀 수 있는 것이 아니기 때문에 배운 후에도 항상 마음에 담아 두어야 한다.

2) 마치 스탕달의 소설 《적(赤)과 흑(黑)》의 주인공처럼 가톨릭 성직자에서 정부관료로 변신해 활동한 프랑스의 외교관 탈레랑도 인성에 관한 경구를 남겼다. 탈레랑은 프랑스 혁명 후 나폴레옹 정부에서 외무장관이었고 워털루의 패전 후 유럽의 전후처리를 위해 1814년 9월부터 1815년 6월까지 개최된 빈 회의에서 프랑스를 대표했다. 그리고 영국, 프로이센, 오스트리아, 러시아 등 전승국 사이에서 패전국 프랑스의 국토분할 위기를 모면하는 중요한 역할을 해 프랑스 외교관의 사표가 되었다. 그는 외교관이 가장 조심해야 하는 것은 자신의 언변에 스스로 도취하는 것이라고 했다. 이것은 균형감각을 잃고 부정확한 언행을 하게 되는 것으로 이 때문에 과도하게 행동하지 말 것과 본론에서 지나치지 않도록 주의를 주었다. 실제로 빈 회의는 각국의 이해가 얽혀 있어서 회의 진행이 어려웠고 연회가 주가 되어 "회의는 춤춘다. 그러나 진전되지는 않는다."라는 말을 남

졌다. 이 때문에 패전국 프랑스로서는 승전국 간의 알력과 이익다툼 중에 강대국의 세력균형을 이용해 최대한의 국익을 지킬 수 있었다.

3) 개인과 공동체의 역량은 벽돌과 설계도를 비교하는 것과 비슷하다. 잘 만든 설계도에 따라 건축한 훌륭한 건물이라도 벽돌에 균열이 있거나 약하면 견딜 수 없다. 어느 폴란드인은 제2차 세계대전에서 폴란드가 독일군의 공격에 쉽게 격파된 이유를 두 나라 벽돌의 차이 때문이었다고 말했다. 폴란드 건물은 불량품 벽돌이 많아 작은 충격에도 빠르게 무너졌다는 것이다. 결함 있는 벽돌로는 설계도에 따라 완벽하게 건축해도 붕괴한다. 조직도 마찬가지로 법령과 제도를 잘 갖추고 있어도 이를 적용하는 사람이 정직하고 정확하지 않다면 제대로 이행되지 않는다.

4) 공동체 구성원의 정확성 중에 가장 중요한 것은 지도자와 심판의 정확성이다. 지도자와 심판이 중요한 것은 이들이 공동체를 움직이는 윤활유 또는 접합제 역할을 하는 사람들이기 때문이다. 이들이 부정확하거나 편파적이면 오히려 공동체의 파열을 불러온다. 이들의 정확성이 있고 난 뒤에 비로소 국민의 정확성으로 그리고 공동체의 정확성이 된다. 그리고 이러한 정확성은 니콜슨이 말한 것처럼 사실과 도덕 모두의 가치를 지닌 것이라야 한다. 조선시대에는 나라에 가뭄이 심할 때 국왕이 비를 기원하는 기우제를 지냈다. 현대에도 중동의 일부 국가에서는 신이 비를 내려 주시도록 기도회를 갖는다. 국가지도자의 기우제는 이성이나 과학으로 볼 때 정확한 것은 아니다. 오히려 강우 약품을 공중에 살포하는 것이 합리적이다. 그

럼에도 불구하고 국왕의 기우제는 국민과의 관계에서 중요한 의미를 갖는다. 지도자가 몸소 무릎 꿇고 하늘에 겸허한 자세를 보이는 것이 국민에게 공감을 주기 때문이다. 지도자의 도덕적 정확성이라고 할 수 있다. 지성이면 감천이라는 말대로 때에 맞춰 비가 내리면 효과는 더할 것이다.

4. 문서의 정확성과 도덕적 정확성

1) 모든 문서는 사용되는 단어와 문맥이 정확해야 한다. 내용에 오해가 없어야 하는 것이다. 단순명료하고 예의를 갖추되 비굴한 느낌이 들면 안 된다. 따라서 이러한 문안을 작성하는 것은 전문가의 수준 높은 능력이 필요하다. 상대방의 요구에 대한 답신은 더욱 중요하다. 함부로 쉽게 긍정하거나 부정하는 것이 아니라 신중한 대답이 되어야 한다. 예스맨이 좋은 의미가 아닌 것으로 사용되는 것을 보면 알 수가 있다.

2) 외교적으로 경우에 따라서 유보적인 입장을 표명하는 것은 필요하다. 외교관의 Yes는 May be이며 May be는 No, 그리고 외교관이 No라고 말하면 외교관이 아니라는 말도 있다. 반대로 숙녀의 No는 May be, 그리고 May be는 Yes이며 Yes는 숙녀가 할 대답이 아니라는 말도 있다. 그러나 결정적인 순간에는 분명한 의사전달을 해야 할 때가 있다. 공적인 일에서는 마음이 약하거나 착한 사람이라도 Yes 또는 No라고 분명히 말해야 한다.

3) 공동체 내의 인간관계의 기본은 정확성이다. 책임이 따르는 중요한 일을 맡길 때 좋은 사람과 믿을 수 있는 사람 중에 선택해야 한다면 믿을 수 있는 사람이어야 한다. 일의 결말을 예측할 수 있기 때문이다. 국가 간의 관계에서는 더욱 철칙이 된다. 말보다는 문서가 정확하므로 모든 공적행위는 오해하거나 변경할 수 없도록 문서로 이루어진다. 문서에 강한 나라가 있고 문서에 약한 나라가 있다. 과거 서구제국주의 국가들은 이렇게 습득한 조약문안의 작성과 체결 그리고 집행 경험을 갖고 이 같은 지식과 경험이 없는 아시아와 아프리카 국가들을 침탈했다. 뒤늦게 제국주의의 대열에 뛰어든 일본이 1876년 2월 조선과 체결한 강화도 조약도 일본이 미국과 맺은 불평등 조약을 조선에 적용한 것이다. 자국민에 대한 영사재판권 같은 치외법권 조항이 대표적인 사례다.

4) 일제는 한일병합을 위해 세 개의 조약문서를 사용해 대한제국을 형식을 갖춰 가면서 단계적으로 식민화했다. 그리고 1910년 8월 22일 〈한일병합조약(일본명으로는 한국병합에 관한 조약)〉을 체결해 29일 발효되었다. 몇 명의 정부각료들과 이들을 이용하는 소수 조직이 거의 모든 백성의 의사와 무관하게 조약을 체결한 것이다. 이것은 합법성을 가장한 무력과 궤계로 이루어진 조약임에 당연히 무효인 것으로 영국의 이집트 식민화의 과정도 이와 비슷했다. 수에즈 운하 개통 이후 방만한 국정운영으로 이집트 정부가 영국에서 빌린 과도한 외채는 결국 불평등조약으로 이끌었고 식민화의 단초가 되었다. 그러나 영국은 이집트가 직접 조약에 서명했다는 점만을 강조했다. 1955년 2월 이든 영국 외무장관은 이집트를 방문했다. 카이로

의 영국 대사관저 만찬에서 나세르 대통령은 영국 대사관저가 과거에 이집트가 통치받았던 장소라고 말했고 이든은 통치한 것은 아니고 아마도 조언을 했을 것이라고 반박했다. 그리고 1936년 영국-이집트 조약에 파루크 국왕과 나하스 총리 본인이 서명한 사실을 상기시켰다. 이든은 환담 중에 아랍의 속담 중 하나를 나세르에게 말했다. 이것은 "엘리사닉 호스닉(Your Tongue is Your Horse)", 혀는 말과 같이 통제하지 않으면 난폭하게 된다는 것으로 나세르에게 발언을 조심하라는 경고였다.[49] 실제로 식민통치 기간 중에 영국군은 이집트인의 시위와 독립운동을 무력으로 강력하게 진압했다.

5) 제국주의 국가들의 식민주의 정책에 합법성을 부여한 것은 국가 간의 약속인 조약이었다. 그러나 제국주의 국가들이 만들어 놓은 국제 구도 속에서 약소국이 주동적으로 대응하기는 어려운 것이었다. 국제사회에서의 외교경험이 없이 국제법과 국제관계에 무지할 수밖에 없고 문안에 사용되는 용어나 의전의 생소함 때문이다. 따라서 온전하게 숙지하지 못한 상태에서 문서에 서명하고 수용하는 식이 되고 이후에는 회피할 수 없는 결과를 떠안게 된다. 〈한일병합조약〉은 일본군의 감시하에 강압적으로 체결된 것으로 당연히 무효가 된다. 불법적으로 이루어진 조약으로 문안의 정확성과 도덕적 정확성이 서로 맞지 않는 것이었다.

3. 신뢰의 구축

1. 공중그네 곡예사의 신뢰

1) 서커스에서 관객을 숨죽이게 하는 공중그네는 공연하는 두 사람의 손을 붙잡는 시간과 공간의 정확한 약속이 핵심이다. 허공에서 서로를 믿는 완전한 신뢰가 없으면 할 수 없는 일이다. 1991년 소련의 해체 후 《역사의 종언》을 써서 냉전 이후 세계의 이데올로기 향방을 예측해 주목받았던 프랜시스 후쿠야마는 이것을 주제로 《트러스트(TRUST)》를 발표했다.[50] 그리고 국가의 선진국 진입조건으로 신뢰를 들었다. 신뢰는 구성원들을 하나로 만들어 같은 방향으로 움직이게 한다. 교통 신호등 표시를 믿듯이 법과 제도 그리고 지도자의 말을 믿고 따라야 가능한 것으로 신뢰가 붕괴되는 것은 사회의 시스템이 무너지는 것과 같다.[51]

2) 동양의 전통에도 이러한 정치감각은 유사했다. 맹자는 나라에 위기가 닥쳤을 때 첫째로는 군병(兵)을 버릴 것, 그리고 둘째로 식량(食)을 버릴 것이라고 했다. 그러나 믿음(信)은 마지막까지 지켜야 한다고 했다. 지도자가 끝까지 해야 할 일은 국민에게 믿음을 주고 이를 지키라는 것이다. 나라가 침략을 당해도 국민이 의지와 믿음을 잃지 않으면 다시 회복하고 일어설 수 있다는 의미에서다. 그러나 동양이 서양에 뒤처져 있던 것은 군신 간의 충이나 부자간의 효에 관한 신뢰를 넘어서는 국가공동체로서 국민 간의 수평적 신뢰를 간과

했기 때문이다. 그리고 자신이 속한 집단의 신뢰만을 우선시하고 사회적 신뢰를 도외시한 결과였다.

3) 서양사회가 동양보다 앞서 신뢰구축에 성공한 것은 민주주의의 발달과 시민계급의 성장이 먼저 이루어졌기 때문이다. 개인의 인권을 존중하고 정부와 시민 간의 약속이 지켜졌기 때문에 사회적 신뢰가 배양된 것이다. 프랑스 혁명을 앞두고 1762년 루소가 발표한 《사회계약론》의 기본적인 사고방식은 이후 새로운 사회구상에 적극적으로 제시되었다. 이것은 '일반의지'와 '사회계약' 두 개를 기둥으로 하는 국가공동체 정신이다. '일반의지'란 자유와 평등을 지향하는 인간의 의지를 말한다. 루소는 인간의 '일반의지'야말로 주권의 기초이며 법이나 정부도 여기서 나온다고 보았다. 따라서 '일반의지'는 절대적이며 타인에게 양도나 분할도 불가능하다. 루소가 구상한 국가는 이러한 국민의 '일반의지'에 바탕을 둔 국가며 이것을 형성하는 절차를 제시한 것이 '사회계약'이다. 개인이 자유와 평등을 최대한으로 보장받으면서 공동이익을 얻기 위해 국가와 약속을 한다는 것이다. 그것은 통치자에 대한 국민의 일방적인 복종을 뜻하는 것이 아니라 주권자인 개인 서로 간의 약속과 신뢰로 맺어진 국가공동체를 말한다.[52]

4) 결과적으로 보면 동서양의 신뢰 중시는 동일하다. 그러나 방법론에 있어서 민주주의의 제도를 먼저 성취한 서양이 사회적 신뢰구축에 성공했다. 공동체의 신뢰를 만드는 방법은 전쟁을 통한 단결이 가장 위력을 발휘한다. 그러나 그보다는 평화 시에 건전한 이성에 바탕을 둔 합리적인 공동체 형성이 중요하다. 국가지도자와 국민

간의 합의는 마치 공중그네 곡예에서의 약속처럼 서양의 신뢰사회로의 길을 다져 주었다. 후쿠야마는 동서양 사회를 비교하면서 서양은 사회구성원 간의 신뢰라는 조건을 갖추고 있었다고 평가했다. 이에 비교해 사회적 신뢰가 결여되어 있거나 낙후된 동양이 서양에 뒤지게 되었다는 것이다. 그리고 이 때문에 19세기 들어서 서세동점의 식민화 과정을 걷게 되었고 이 같은 신뢰구축이 없다면 앞으로도 아시아는 서양보다 뒤처지게 될 것으로 전망했다. 후쿠야마가 조언하는 현대 아시아 국가들의 사회적 혁신은 한국에 있어서도 마찬가지로 경청해야 할 점이다. 그리고 이것은 국민이 지도자와 정부의 말과 정책을 신뢰할 수 있도록 하는 것으로부터 시작한다.

2. 양 무리가 사자를 따르는 이유

1) 군대에서 낙하산 점프 교육장인 막 타워(Mock Tower)는 인간이 가장 공포심을 갖는다는 11미터 높이에 설치된다. 교관들은 훈련병들이 공포심을 잊고 정신을 집중하도록 계속 운동을 시키고 격려한다. 300미터 상공에서 하강하는 낙하산부대 병사들 경우에도 첫 점프의 공포감은 클 것이다. 이때 점프 마스터는 용감하게 점프 시범을 보임으로 부하들의 신뢰를 받는다. 부대 지휘관이 가장 먼저 비행기에서 뛰어내리는 것은 이 때문이다.

2) 신뢰는 리더십의 가장 중요한 요건이다. 신뢰가 있어야 팀원들이 장래 전개될 일을 예상할 수 있어서다. 그 이후에 비로소 팀원들

이 전력을 다할 수 있다. 전투에서 함께 싸우는 도중에 리더나 동료가 도망친다면 팀워크는 있을 수 없다. 리더의 경력이나 자질을 미리 알려 주는 것도 신뢰를 얻기 위해서다.

3) 사자가 이끄는 양 떼가 양이 이끄는 사자 떼를 이긴다는 것은 유명한 말이다. 지도자에 대한 신뢰가 집단의 힘을 좌우한다는 것이다. 자기편 지도자의 힘보다 상대편 지도자의 힘이 더 강하다고 믿으면 경쟁은 이미 지고 시작하는 것과 같다. 로마군이 장엄한 복장의 지휘관을 앞세워 질서 있게 진군하는 것은 기선을 잡아 상대를 압도하고 심리적으로 패배시키려는 의도에서다. 강대국이 경축일이나 장례식 같은 계기마다 진행하는 엄숙한 의전행사 역시 이 같은 목적에서다. 2022년 9월 웨스트민스터 사원에서 거행된 엘리자베스 2세 영국 여왕의 장례식에서는 왕실인사들이 모두 정숙하게 대열을 지어 관을 실은 마차를 따라 걸어가고 왕실근위병은 경직되어 쓰러질 정도의 근엄함을 보여 주었다.

4) 사자와 양이 각각 지도자인 두 집단 간에는 다음과 같은 차이점이 있다. 첫째, 사자는 월등한 능력으로 양들의 신뢰를 받는다. 그 때문에 양들의 능력을 최대한 끌어낸다. 그러나 양은 사자들의 신뢰를 받지 못하기에 그들의 능력을 끌어낼 수 없다. 둘째, 사자는 상대편 집단의 지도자인 양을 일거에 제압할 수 있다. 그 때문에 상대집단은 혼돈상태에 빠진다. 그러나 양은 그럴 능력이 없다. 셋째, 양은 시력이 약해 길눈이 어둡다. 방향감각이 없는 양이 이끌고 가는 목적지를 뒤에서 쫓아가는 사자들은 알 수가 없다. 앞길에 함정이 있는

지 어떤 길인지도 모른 채로 달려가는 것이다. 그러나 사자의 눈은 정확히 목표를 보고 간다. 지도자의 분명한 비전이 있어야 하는 것이다. 결국, 두 집단의 차이는 단결력으로 나타난다. 양은 사자들을 조직하지 못한다. 사자들이 양의 지휘를 따르지 않기 때문이다. 그러나 사자는 양들을 조직할 수 있다. 양들이 사자의 말을 듣기 때문이다. 자신보다 강한 지도자를 믿는 데서 나오는 단결력이다. 따라서 사자의 지휘로 일사불란하게 조직된 양 떼는 양이 지휘하는 분열된 사자들을 제압할 수 있다.

5) 지도자로서 사자는 양 떼를 두려워하지 않고 자신 있게 지휘할 수 있다. 양들의 고충을 들어 주고 약점을 도와줄 수 있다. 그러나 양은 사자를 두려워하기 때문에 적보다도 오히려 부하를 경계하게 된다. 따라서 소극적이 되고 전진하지 않는다. 부하로서 양 떼는 지휘관인 사자의 모습을 보면서 용기를 얻는다. 당연히 집단의 사기는 높아지고 사자가 이끄는 길을 믿고 함께 갈 수 있게 된다. 이 지도자와 함께라면 이길 수 있다는 믿음을 갖게 되고 때로는 죽음까지도 같이할 수 있는 힘이 나온다.

6) 약한 양은 소심한 지휘와 전략으로 위험하거나 불리한 길로 인도한다. 전사에는 우세한 장비와 인원을 갖고도 전투에 패배한 사례가 자주 나온다. 방심한 추격으로 복병을 만나거나 진지의 위치를 잘못 선정하고 병력을 적재적소에 배치하지 못하는 것과 같다. 그리고 과감히 공격해야 할 순간에도 겁을 내 주저하게 된다. 트로이의 목마와 같이 결국 모든 책임은 결정권을 가진 지휘관에게 귀착된다. 공

동체의 성공은 사자 같은 지도자를 신뢰하는 양들이 창출하는 능력의 최대치가 발휘되는 데 있다.

3. 왜장 사야가가 흠모한 조선의 문화

1) 항왜는 임진왜란 당시 조선에 투항한 왜군을 말한다. 이들은 육전과 해전에서 조선군을 효율적으로 지원하면서 높은 전투 기여도를 보여 주었다. 전란 중에는 1만여 명의 왜병이 조선에 투항했고 그중 가장 유명한 인물은 사야가(沙也可)로 불리는 김충선이다. 김충선은 조선의 문화와 평화애호심을 신뢰하는 마음을 투항의 이유로 남겼다. 여기에는 일본에서의 정치적 투쟁 속에 겪은 본인 또는 가문의 불운한 역사가 있었을 가능성도 있다. 사야가가 자신의 본적을 기술하지 않은 것은 고향에 남은 가문의 안위를 염려했기 때문일 것이다. 사야가는 《모하당문집》에 고향을 생각하는 마음을 다음과 같이 남겼다. "남풍이 때로 불면 고국이 생각나고, 선조의 묘는 평온한지, 칠 형제는 무사한지… 국가에 불충하고 사문(私門)에 불효되니…."

2) 사야가는 일본 나고야성에서 조선으로 출정하여 부산에 도착한 후 곧바로 투항했다. 왜군이 파죽지세로 진격할 시기라서 패전으로 인한 항복이 아니라 일본에서부터 투항을 결심했다고 볼 수 있다. 사야가는 조선에 투항 후 조선군에 조총과 화약 제조기술을 전수했고 조총부대를 조직해 전투에 참가했다. 한국과 일본의 역사연구가들에 의하면 사야가의 고향은 전국시대 최강의 철포부대 와카야마

현의 '사이카(雜賀)'라 불리는 부대였다. 이 부대는 영주에게 예속되지 않은 독립집단으로 명사수들로 구성되었다. 사야가는 가토 기요마사의 좌선봉장으로 1592년 4월 11일 일본에서 출병해 4월 13일 부산에 상륙했다. 그리고 이틀 후 15일에 조선군에 항복을 전하는 효유서를 보내 다음과 같이 자신의 심정을 설명했다. "나는 비록 다른 나라 사람이고 선봉장이기는 하지만, 일본을 떠나기 전부터 벌써 마음으로 맹세한 바 있었으니, 그것은 나는 너희의 나라를 치지 않을 것과 너희들을 괴롭히지 않겠다고 맹세했다. 그 까닭은 내 일찍이 조선이 예의의 나라라는 것을 듣고 오랫동안 조선의 문물을 사모하면서 한번 와서 보기가 소원이었고, 이 나라의 교화에 젖고 싶은 한결같은 나의 사모와 동경의 정은 잠시도 내 마음을 떠나 본 적이 없었기 때문이다. 나는 차마 예의의 나라를 침노할 수 없으며 중하(中夏)와 같은 민족을 해칠 수가 없다."라고 한 것이다.

3) 그리고 4월 20일에는 다시 절도사에게 강화서(講和書)를 보내어 자신을 받아 줄 것을 청했다. 강화서는 자신의 투항 의지를 다음과 같이 밝혔다. "어려서부터 강개한 뜻이 있어서 오랑캐의 풍속과 습관을 싫어하였더니, 철이 들자 소문으로 듣기를 조선이란 나라는 모든 것이 중국의 제도를 닮아 의관문물은 삼대(三代)와 같고 예악형정은 당우(唐虞)와 다름이 없어서, 삼강(三綱) 오상(五常)과 팔정(八政) 구경(九經)이 성인의 경전과 어김이 없고, 인의예지(仁義禮智)와 효제충신(孝悌忠信)이 어진 이의 전통을 이어받았다 하더이다. 사람이 사나이로 태어난 것은 다행한 일이나 불행하게도 문화가 있는 땅에 태어나지 못하고 오랑캐 나라에서 태어나 끝내 오랑캐로 죽게 된

다면, 어찌 영웅의 한(限)이 되는 일이 아니랴 생각하고 때로는 눈물을 짓기도 하고, 때로는 침식을 잊고 번민하였습니다. / (중략) / 투항하려 함은 지혜가 모자라서도 아니요, 힘이 모자라서도 아니며, 용기가 없어서도 아니며, 무기가 날카롭지 않아서도 아닙니다. 저의 병사와 무기의 튼튼함은 백만의 군사를 당할 수 있고, 계획의 치밀함은 천 길의 성곽을 무너뜨릴 만합니다. 아직 한 번의 싸움도 없었고, 승부도 없었으니, 어찌 강약에 못 이겨서 화의(和議)를 청하는 것이겠습니까. 다만 저의 소원은 이 나라의 예의문물과 의관풍속을 아름답게 여겨서 예의의 나라에서 성인의 백성이 되고자 할 뿐입니다. 합하(閤下)께서 허락하시어서 휘하에 두신다면, 저는 마땅히 죽기를 맹세하고 충성을 다하겠습니다."라는 내용이다. 여기에서 당시 일본의 야만적 정치질서와 사회분위기 그리고 이를 거부하는 사야가의 문명화된 유교적 사고방식과 확고한 평화 사상을 확인할 수 있다.[53]

4) 사야가 김충선은 임진왜란이 끝난 후에 대구 우록동에 토지를 하사받고 그곳에 뿌리를 내렸다. 그 후에도 북방의 여진족 침략방비와 이괄의 난 그리고 병자호란에서 무공을 세우고 1642년 72세로 세상을 떠났다. 조선 문화를 흠모하는 김충선의 마음에 명료하게 나타나 있는 것과 같이 한민족의 평화애호심은 전통적인 것이다. 그리고 이러한 사상과 태도는 오늘날과 같은 물질문명의 폐해와 국가 간의 갈등이 고조된 시대에 있어서도 중요한 의미가 있다. 세계화의 시대에 있어서 이러한 인도주의적인 연대감은 더 중요해지고 있다. 한국의 전통적 가치가 구심력을 갖고 국제사회에 기여하게 될 때 한국을 중심으로 평화를 희구하는 상상의 공동체가 형성될 수 있을 것이

다. 임진왜란을 주제로 하는 소설이나 영화 제작에서도 사야가 김충선의 스토리는 세계에 전하는 메시지를 담은 훌륭한 작품이 될 수 있다.

4. 전통의 힘, 타이중 식당의 빈 의자

1) 타이중에 있는 훠궈 요리로 유명한 어느 식당에는 언제나 문 앞에 빈 의자가 하나 놓여 있었고 의자는 타이완 언론의 관심을 끌었다. 그리고 식당에 관한 이야기가 텔레비전 방송을 통해 알려졌다. 손잡이가 다 낡은 의자는 오래전 세상을 떠난 식당주인이 앉던 의자다. 이제는 아버지 대신 아들이 식당을 운영하지만 버리지 않고 놓아둔 것이다. 아버지는 몸을 움직이기 힘들게 되자 문 앞에 의자를 놓고 앉아 있었다고 한다. 아들은 의자를 보면서 힘을 얻는다고 했다. 힘만이 아닐 것으로 아버지가 훠궈 요리비법을 알려 줄 때의 표정과 몸짓까지도 생각날 것이다.

2) 전통은 후대에 힘을 전해 준다. 물리적인 힘이 아니라 정신적인 힘이다. 경험에서 나오는 확신과 같다. 고난을 이겨 낸 부모를 보고 자란 자녀들은 자신들의 고난도 극복하게 된다. 힘들고 어려운 시기도 지나간다는 것을 배웠기 때문이다. 이것은 부모의 삶을 통한 살아 있는 교육에서 얻는 확신이다. 보고 배운 사실이 있기에 자신도 그렇게 할 수 있다는 믿음을 얻은 것이다. 이와는 반대로 부모나 선배로부터 부정적인 경험을 전해 받은 자녀나 후배는 열등감과 패배주의에 빠지게 된다. 자신감을 상실하면 싸우기도 전에 지기 때문이

다. 이겨 본 자가 이긴다는 말대로 전통의 힘이다. 이렇게 개인의 작은 미시사(Microhistory)와 집단의 큰 거시사(Macrohistory)가 합해져 전통의 힘을 만든다.

3) 전통을 가장 강조하는 것은 군대다. 부대가 이룩한 승리의 전통을 부대원들에게 교육한다. 전통이 담긴 군기는 마치 혼을 담고 있는 것처럼 소중하게 취급된다. 운동단체도 마찬가지다. 전혀 이겨 보지 못한 팀을 만나면 선수들은 모두 새로운 선수들로 바뀌었어도 이기기 힘든 것이다. 실력에 앞서 정신적으로 패배감을 안고 경기에 임하기 때문이다. 우리는 이기는 단체라는 집단의식 속에 용감하게 나가야 이기게 된다. 이것은 집단최면과 같은 것이고 과거로부터 이어져 내려온 역사의 혼과도 같다. 선대가 이렇게 성공했다는 스토리가 전설처럼 남겨진 것이고 조상이 이룩한 업적이 전해 주는 용기와도 같다. 우리도 그들처럼 그렇게 하면 되겠다는 믿음이 생기는 것이다.

4) 이 때문에 정부와 언론은 국가공동체의 성공과 실패의 역사와 전통을 국민에게 알려 줄 책임이 있다. 그러한 과거가 있었다는 사실을 모르면 같은 시행착오를 다시 반복하게 되고 미래의 비전 역시 없어지기 때문이다. 현대 한국사회에도 훌륭한 전통을 가진 크고 작은 공동체들이 존재한다. 다양한 분야에서의 사회단체와 훌륭한 조상을 가진 가문의 역사도 적지 않다. 한국의 족보는 천 년 이상을 거슬러 올라가는 조상의 역사를 담고 있다. 조선말 노비들이 새롭게 족보를 얻거나 사기도 했지만 자신들의 근본까지 바꿔 새로운 성씨를

갖지는 않았을 것이다.

5) 한국의 사회단체 중에는 정치와 경제뿐만 아니라 종교와 문화, 예술, 학문 단체들의 역사와 역량은 오래되고 큰 것이다. 이 같은 사회적 역량과 개인과 가문의 축적된 역량을 합쳐 실을 짜 나가면 점차로 굵고 단단한 줄이 된다. 그리고 튼튼하게 엮으면 국가공동체라는 큰 배를 끌 수 있는 밧줄이 된다. 인심이 천심이라는 말처럼 이러한 마음들이 모이면 우리 할머니들이 들려주신 옛날이야기 속에 굵고 튼튼한 동아줄이 된다.

4. 공동체 유산

1. 유대인 공동체의 뿌리, 신앙

유대교는 이스라엘 민족이 디아스포라의 고난을 극복하고 성장한 힘의 근원이다.

1) 이스라엘 민족의 저력이 유대교에서 나온다는 것은 잘 알려진 사실이다. 신앙심이 유대인의 정신세계를 지배하고 일상생활을 규율하고 있다. 이를 통해 민족공동체를 유지하는 비결이다. 그리고 고난의 역사를 견디는 힘을 제공해 주었다. 베르디의 오페라 〈나부코〉의 히브리 포로들의 합창처럼 "날아라 꿈이여 황금빛 날개를 타고"라는 상상 속에서 고향의 품에 안기는 힘이다. 이 때문에 바빌론에서의 포로생활이나 수백만 명이 학살당한 나치 독일의 홀로코스트 죽음의 캠프에서도 살아남을 수 있었다.

2) 역사의 고난이 많았던 만큼 이스라엘의 평화를 희구하는 열망은

크다. 이츠하크 라빈 이스라엘 총리는 평화구현을 위해 군사와 외교를 적절히 구사한 인물이다. 그리고 1993년 9월 오슬로협정 체결로 중동평화를 진전시킨 성과로 팔레스타인 자치정부수반 야세르 아라파트, 이스라엘 외무장관 시몬 페레스와 함께 1994년 노벨평화상을 수상했다. 라빈의 수상식 연설에는 평화의 이상을 추구하면서 전쟁에 대응해야 하는 국가지도자의 고민이 나타나 있다.[54] 연설은 젊은 시절의 꿈과 현실로부터 이야기를 시작한다. 라빈은 대부분 젊은이가 수학의 비밀과 성경의 신비를 풀기 위해 씨름하고 있을 나이에 그리고 첫사랑을 꽃피울 16살에 자신은 그 대신에 총을 받았다고 말한다.

3) 그리고 중동의 하늘에서 내려다본 전몰자 묘지의 비석들과 이들의 희생을 기억하면서 아군과 적군 모든 전사자와 가족들에게 경례한다고 말한다. 모든 국가의 전쟁에서 전사자와 부상자들에게도 경의를 표하고 노벨평화상은 그들의 것이라고 말한다. 그리고 자신의 72년 인생의 기억 중에 사건 전후의 침묵을 소환한다고 하면서 작전명령을 내리는 순간의 침묵을 기억해 낸다. 라빈은 많은 사람을 꿈과 사랑을 상실하고 사지로 보내는 두려운 적막 속에도 이것은 필연적인가 대안은 없는가 질문할 시간은 있다고 말한다. 그러나 명령은 수행되고 불의 지옥이 시작된다고 하면서 수상식에 동행한 이스라엘 시인 예후다 아미카이의 〈신은 유치원생들에게 자비를 베푸신다〉라는 시를 인용해 전쟁의 참상을 전한다.[55]

4) 라빈은 중동에서 수십 년 동안 신의 자비는 없었다고 말한다. 그리고 과거의 기억 중에 '희망'을 소환하면서 이것이 전쟁과 평화 그리

고 기쁨과 슬픔을 결정한다고 말한다. 인간은 자기 뜻과는 상관없이 어디에선가 태어나고 자신들의 운명은 출생한 국가의 지도자 손에 달려 있다는 것이다. 그리고 이 때문에 서로 다른 문화와 인종임에도 불구하고 세계에는 하나의 공통된 메시지와 관념이 있다고 말한다. 이것은 성경 〈신명기〉에 나오는 "그러므로 너희는 삼가 너희 자신에게 조심하라."라는 말로 현대적 용어로 말한다면 '삶의 신성함'이 주는 메시지라는 것이다. 따라서 국가의 지도자들은 국민에게 양질의 사회기반시설을 제공해 주어야 하며 음식과 피난처, 언론과 행동의 자유 그리고 인생 그 자체를 보호하고 제공해 주어야 한다고 말한다. 그러나 전쟁으로 인해 우리는 아직도 시민들과 병사들의 삶을 보호하는 데 실패하고 있고 세계 곳곳에 있는 군사묘지들은 인간의 삶에 대해 실패한 국가지도자들의 침묵의 증언이라고 말한다. 그리고 라빈은 인간의 삶을 성화하는 유일한 방법은 무기와 요새가 아니라고 하면서 극적인 해결로서 평화를 제시한다.

5) 라빈은 전체주의 국가로서 파시즘과 나치즘이 현대의 참혹한 시대를 만들었고 전쟁에 희생당한 어린이와 여성들은 모든 지도자에 대한 경고라고 규정한다. 그리고 인간과 삶의 신성함을 세계관의 심장에 놓지 않은 모든 정권은 붕괴했다고 말한다. 라빈은 자신의 연설을 전통적인 유대식 축복으로 마치도록 허락해 주기 바란다고 하면서 "주께서 그의 민족에게 힘을 주실 것이요 주는 그의 민족을 그리고 우리 모두를 평화로 축복하실 것"이라는 기도로 끝마쳤다. 모든 국가지도자는 신과 인류 그리고 자연 앞에 경외심을 갖고 겸손해야 한다는 메시지였다. 이스라엘과의 평화수립으로 베긴 이스라

엘 총리와 함께 1978년 노벨평화상을 받은 이집트 대통령 사다트는 1981년 10월 그리고 라빈은 1995년 11월에 각각 자신의 국민에 의한 암살로 사망했다. 평화의 파괴는 국가의 외부에서뿐만 아니라 국내정치와 사회 분위기에서도 나온다. 이 때문에 라인홀드 니부어는 《도덕적 인간과 비도덕적 사회》를 쓰면서 지성인의 위대한 역할은 자신의 국가를 상대로 올바른 비판을 하는 것이라고 주장했다. 이것이 진정한 애국심이라는 것이다.[56]

2. 노비 없는 국가가 노비 있는 국가를 이긴다

예르미타시 박물관의 조각품 〈도망친 노예〉는 추적자에 대항하는
노예의 모습을 사실적으로 표현했다.

1) 워싱턴 링컨 기념관의 〈링컨 좌상〉은 1863년 1월 미국 노예해방의 상징과 같다. 러시아 상트페테르부르크의 예르미타시 박물관

에 전시된 〈도망친 노예(The Runaway Slave)〉도 관광객들의 눈길을 끈다. 블라디미르 베크레미세프의 작품으로 추격자에 대항하기 위해 한쪽 팔로 몽둥이를 들고 있는 노예를 묘사한 것이다. 다른 팔로는 어린 아들을 감싸안고 상대를 노려보는 아버지의 성난 눈빛과 겁에 질린 아들의 표정이 강렬한 인상을 준다. 자식이 노예냐 자유인이냐 기로에 섰을 때 발휘되는 부모의 본능적 저항이다.[57]

2) 러시아에서는 1861년 3월 알렉산드로 2세가 농노해방령을 공표했다. 그러나 이후에도 해방된 농노들의 생활은 과거와 다름없이 열악했다. 이 때문에 볼셰비키 혁명을 앞두고 있었고 1904년 러일전쟁에서의 패배는 이 같은 배경을 가진 러시아 병사들의 전투력이 메이지 유신 후 애국심으로 뭉친 일본군보다 열세였기 때문으로 평가된다. 러시아군의 귀족지휘관과 농노병사들 간에 명령의 시달과 이행이 제대로 이루어질 수 없었던 이유에서였다.

3) 조선시대 양반의 일상은 글 짓고 시를 읊는 것으로 소일했다. 조선말 외국인들이 운동경기를 하는 것을 보고 힘든 일을 왜 하인들에게 시키지 않느냐고 했다는 말도 전해 온다. 노동이나 손으로 무엇인가를 만드는 수작업은 중요한 경제활동이지만 하인이나 노비에게 시키면 된다는 생각을 했을 것이다. 동서양을 통해 노비 또는 노예는 지배층에는 도구와 같은 중요한 자산이지만 동시에 경계대상이기도 했다. 펠로폰네소스 전쟁에서 스파르타도 전투에 나가면서 자신들보다 7배의 인구를 가진 헤일로타이 노예들이 국내에서 반란을 일으킬 것을 가장 우려했다.[58] 투퀴디데스는 《펠로폰네소스 전쟁사》

에서 이들 노예의 증오심은 스파르타인들을 산 채로 씹어 먹어 버릴 만큼 컸다고 표현했다.[59]

4) 1886년 2월 6일 고종이 노비세습제 폐지를 공포하면서 조선의 봉건사회는 끝났고 1894년 7월 갑오개혁으로 노비제도는 공식적으로 폐지되었다. 그리고 1897년 10월 고종은 대한제국을 선포했다. 그러나 노비제가 폐지되었어도 근대 시민사회의 구성원이 될 수 있는 지원정책은 없는 한계가 있었다. 불평등 무산계급이 늘어난 것일 뿐으로 조선멸망의 원인 중 하나가 되었다. 신분상승의 기회가 봉쇄된 국민에게 국가에 대한 충성심을 기대할 수 없었기 때문이다. 따라서 일진회와 같은 극단적 성향의 친일단체를 지지할 가능성이 커진 것이다.

5) 펠레이스는 조선 인구의 삼분의 일 정도가 노비였다고 추정하고 조선사회를 노비사회라고 불렀다.[60] 그러나 조선의 노비가 매매와 상속의 대상이었지만 유럽이나 아메리카의 노예와는 매우 다른 존재였다고 평가했다. 무엇보다 노비 중 상당수는 양민들과 마찬가지로 재산권과 공민권 그리고 법 능력을 보유한 독립적 소경영자였다. 조선 후기에는 상당한 규모의 토지를 소유한 노비도 있었고 또 노비를 소유한 노비도 있었으며 양민과 노비 사이의 결혼도 있었다. 이 같은 차이는 조선시대 노비의 대부분이 침략이나 정복을 통해 획득된 이민족이 아니라 조선사회 내부에서 채무, 범죄 등 사건과 관련해서 생겨난 같은 민족이라는 사실 때문이다. 정치적 이유로 양반에서 천민이나 노비가 되거나 경제적 이유로 스스로 노비가 되기도 했다.

6) 조선시대의 노비제도와 서얼차별 제도는 청나라의 다민족서열화 제도 그리고 인도의 카스트 제도와 함께 아시아 국가들의 공동체 정신을 균열시킨 주요인이었다. 이러한 아시아의 보수성과 국왕의 전제정치 아래 백성의 힘은 빈약해지고 피동적으로 되어 개인의 역량은 길러질 수 없었다. 해방 후 대한민국의 발전은 이러한 노비제도가 사라지고 신분제도가 소멸된 이후에 비로소 개시되었다. 현대 한국사회에서 노비는 존재하지 않지만 우리 사회의 법과 제도는 공정한가에 대한 대답은 부정적이다. 이 때문에 미래 한국의 성공여부도 차별 없는 사회가 되고 국민 대다수가 평등사회로 느낄 수 있느냐에 달려 있다.

3. 신라 화백제도는 현대 대의민주주의의 모범

1) 모든 공동체는 내부의 민주적 합의가 있은 후에 결집력을 창출한다. 서로 다른 의견을 내어놓고 조율하는 과정을 거치면서 불만이나 결점을 없애고 공동의 이익을 찾을 수 있기 때문이다. 그리고 독재정치가 나타나지 않도록 견제할 수 있다. 이런 면에서 신라의 화백제도는 시사하는 점이 있다. 화백은 만장일치제의 귀족회의로 고구려의 제가회의나 백제의 정사암 회의의 다수결제도와는 다르지만 국왕이 단독으로 결정하는 것이 아니고 제신들의 의견을 경청하고 결정권까지 부여한 민주적 제도였다. 이것은 국왕의 독단을 방지하는 민주적 의사결정 과정이라는 점에서 1215년 6월 귀족들의 권리주장에 승복해 존 왕이 서명한 영국의 대헌장(Magna Carta)보다 앞

선 것이었다.

2) 화백회의는 국가에 중대한 안건이 있을 때 개최되는 귀족 제신들의 합의제도였다. 신라 초기에는 서라벌의 6부 족장들의 집회였고 국가의 기틀이 잡힌 후에는 진골인 상대등의 주관으로 대등들이 개최했다. 화백(和白)이라는 이름에서 알 수 있듯이 화합과 조화의 강점을 최대화한 제도였다. 《수서》〈신라전〉에는 화백에 대해 나라에 큰일이 있으면 여러 신하를 모아 상의했다고 하며 《당서》〈신라전〉에는 나랏일에는 반드시 여럿의 뜻을 모았으니 화백이라 하고 한 사람만 반대해도 중지했다고 한다.

3) 화백회의 개최 장소는 신라 국내에서 신령스러운 장소로 정해진 4개의 산을 차례대로 돌아가며 정했다. 사영지(四靈地)로 불린 산들로 서라벌 동쪽의 청송산, 서쪽의 피전, 남쪽의 오지산, 북쪽의 금강산이다. 경직된 회의실이나 궁정이 아닌 쾌청한 자연 속에서 자유로운 토의를 한 것이다. 《삼국유사》는 진덕왕 시대에 김유신을 비롯한 제신들이 경주 남산의 우지암에 모여 국정을 의논했다고 기록했다. 이 같은 민주적 의사결집을 통해 신라는 삼국을 통일하고 당나라와의 전쟁에 승리해 676년 통일신라를 세웠다. 화백회의는 935년 신라 천년왕조를 마감하는 마지막 국사도 결정했다. 안건은 고려에 대한 항복 여부였고 처음으로 만장일치가 아닌 다수결로 결정되었다. 신라는 민주적으로 국가의 운명을 결정했고 투항을 거부한 마의태자는 금강산으로 입산했다고 전해진다.

4) 현대에 들어와 경주시는 이 제도의 전통을 본받아 대형 회의전시장을 경주 화백 컨벤션센터로 이름 지었다. 화백은 현대의 대의민주주의 정치가 지도자의 독단이나 과도한 갈등과 대립으로 투쟁화한 것과 비교된다. 당파적이고 지엽적인 이해관계에 얽매인 것이 아니라 크고 넓은 사고의 공간이 되어야 한다는 것이다. 화백은 국론의 결정 과정에서 지도층이 갖는 민주주의 정신을 보여준다.

4. 구슬이 서 말이라도 꿰어야 보배

1) 조선이 세계에 자랑할 미술작품 중에는 목가구와 유기 그리고 조각보가 있다. 조선의 목가구는 단순하고 단아한 아름다움을 갖고 있고 과시하려는 일체의 시도를 배격하고 있으며 소박하면서도 편안한 느낌을 추구하는 한국적 미를 여기서 발견할 수 있다고 미술평론가는 말한다. 실제로 조선의 목가구를 보면 질박하고 건실한 아름다움을 보여 주며 은은한 녹빛을 담고 있는 유기는 담백하면서도 매혹적인 색을 띠고 있다. 그리고 조선의 규방 예술인 조각보는 원색의 기하학적 무늬가 세계에 내놓을 가치가 있다. 이들 작품은 해외에 있는 한국 대사관과 문화원에 전시되어 방문객들의 찬사를 받고 있다.

2) 조선의 목가구와 유기는 국내보다 해외에 더 잘 알려져 있고 조각보는 모딜리아니의 기하학적 조형과 견주는 미적 감각을 자랑한다. 옷감 한 조각 한 조각을 하나하나 이어 붙이면서 오히려 자연스러움

을 담고 있어서 더욱 높은 평가를 받는다. 조각보가 하나의 작품이 되기 위해서는 각각 떨어져 있는 옷감들이 모여 꿰매져야 한다. 구슬이 서 말이라도 꿰어야 보배라는 말과 같다. 산업현장에서 자재와 부품도 마찬가지다. 볼베어링도 하나의 개체로는 역할을 할 수 없고 함께 어울릴 때 비로소 거대한 엔진을 가동시키고 강하고 빠른 회전을 만들어 낸다.

3) 우리 역사에서 어려운 난세에는 영웅이 나타났다. 임진왜란의 충무공 이순신과 같은 인물이다. 그러나 충무공뿐만 아니라 더 넓게 많은 인물을 볼 필요가 있다. 이들이 함께 모여 민족의 총체적인 역량을 만들었기 때문이다. 해전의 선봉장이던 녹도만호 정운을 비롯해 많은 인물이 있었다. 왜란 중의 논개와 이매창과 같은 기개 있는 여인들의 삶과 사랑 그리고 죽음이 있었고 조선의 문화를 흠모해 고국 일본을 등지고 조선을 위해 싸운 정헌대부 사야가 김충선을 비롯한 항왜의 이야기도 누락할 수 없다. 이들이 합력하면서 국난을 극복한 것이다. 왜군이 남긴 침략군의 이야기는 세계에 아무런 감동을 주지 못하는 것이지만 이들 조선인의 삶은 한민족 역사에 귀중한 이야기로 남았다. 일본이 전쟁 이전부터 조선에 파견한 간자들은 뛰어난 정보력으로 조선군의 칼과 창 길이와 병장기 정보를 수집해 갔다. 그러나 왜군의 이 같은 세밀한 간첩활동으로도 미처 몰랐던 인물정보였, 의병과 승병의 활동은 더욱 예상하지 못했다. 이러한 조선의 인적자원 모두가 연결되어 파도처럼 큰 시너지 효과를 내면서 거대한 역사를 만들었다.

4) 조각보와 구슬을 잇는 실처럼 사회에도 인재와 인재 그리고 평범한 사람과 사람 사이를 이어 주는 실이 필요하다. 팀워크를 이룰 수 있는 연결매체가 필요한 것이다. 많은 인재가 있어도 중간에서 누군가 역할을 해 주어야 하고 마음 놓고 활동할 수 있도록 멍석을 깔아 주어야 한다. 그런 사람이 없거나 오히려 있는 멍석을 없애 버리면 인재를 활용할 수 없다. 이것은 한국인의 심성에 잠겨 있는 원초적 요소이기 때문에 어머니와 할머니의 마음과 같은 순전한 가치가 공동체를 잇는 실이 되어야 한다. 이 같은 전통이 현대사회에서의 규범과 공정성과 합쳐질 때 씨줄과 날줄이 엮이는 것처럼 국가공동체의 큰 틀을 짜게 된다. 일본의 애니메이션 〈너의 이름은(君の名は)〉은 이 같은 메시지를 담아서 일본의 부흥을 희망하고 있다. 작가는 사람과 사람을 잇는 공동체 의식을 전통의 힘으로 설명했다. 그리고 이들이 사는 상상의 마을 이름을 실 사(糸) 지킬 수(守) 이토모리(糸守)로 지었다. 그리고 주인공들의 관계를 이어 주는 매개로 전통이라는 실을 부각시킨다. 마을 전체의 공동선을 목적으로 하는 인화를 위한 것이다. 한국도 급속히 단절되어 가는 공동체 내의 인간관계를 회복하고 구성원 사이를 이어 주는 실을 짜 내려가야 할 때다.

IV
전략적 사고가 필요한 때

어느 나라나 외교관의 주요 임무는 주재하는 나라의 정세를 관찰하고 보고하는 것이다. 국가 간의 경쟁에서 뒤지지 않도록 국력을 비교하고 전략적 사고를 할 수 있도록 하는 일이다.

국력의 요인은 다양하기 때문에 국력의 일부만으로 전체를 판단할 수는 없다. 그리고 유리한 상황과 불리한 상황은 비슷하게 보인다.

어떤 전략적 사고를 갖고 어떻게 역량을 활용하느냐에 따라 상황은 결정된다. 물맷돌을 쓰는 다윗이 골리앗의 창과 갑옷을 사용할 수는 없다.

민족의 역사 속에 잠재된 DNA에서 자신의 역량을 찾으면 미래로 향하는 길이 열린다.

넓고 깊게 그리고 멀리 생각하는 것이 전략을 만드는 첩경이다.

1. 시스템적 사고
- 1. 비대칭 대형, 전략의 시작　　　　　　169
- 2. 전쟁경험에서 얻는 전략적 사고　　　172
- 3. 비행기는 날개로만 날지 못한다　　　174
- 4. 자기점검, 전략적 사고의 전제조건　　177

2. 현실적 실용주의
- 1. 국민성과 선입견　　　　　　　　　　180
- 2. 실학과 실사구시　　　　　　　　　　182
- 3. 조선, 땅을 주고 정신을 보존하다　　185
- 4. K 소총에서 나로호까지　　　　　　　187

3. 전략적 균형감각
- 1. 맥마흔 볼이 본 한국전쟁의 모순　　　191
- 2. 허세가 만드는 균형상실　　　　　　　193
- 3. 국력의 변화를 읽는 방법　　　　　　195
- 4. 전략적 사고는 이성과 논리　　　　　198

4. 유연한 창조력
- 1. 파천황의 창조력　　　　　　　　　　201
- 2. 한글의 힘　　　　　　　　　　　　　204
- 3. 국민교육헌장 세대의 증언　　　　　　208
- 4. 냉전한국이 얼려 버린 유연성　　　　211

1. 시스템적 사고

1. 비대칭 대형, 전략의 시작

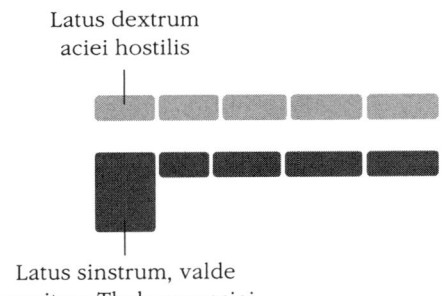

전략은 대치된 상태에서 정형화된 고정관념을 깨고
비대칭적인 새로운 방법을 찾아내는 것으로 시작한다.

1) 전략 'Strategy'의 어원은 기만이나 궤계라는 의미의 그리스어 'Strategia'에서 나왔다. 전략에는 심리적 요소가 크다는 뜻으로 키신저는 《헨리 키신저의 중국 이야기》에서 중국의 대외전략을 심리전에 비유했다. 제갈공명이 병력 없는 빈 성문 위에서 여유 있게 부채를 부치면서 상대방의 판단력을 흐리게 만드는 방식이라는 것이다. 실제로 클라우제비츠의 《전쟁론》에 비교하면 《손자병법》은 보다 더 심리전적인 요인에 관해 기술하고 있다.[61] 어느 경우나 전쟁의 승패는 전략에 달려 있고 이것은 철저한 준비와 정확한 분석에서 나온다.[62]

2) 소규모로 이루어진 고대전쟁에서의 전략은 현대전에서의 전술(Tactic)과 유사한 개념으로 볼 수 있다. 서양에서 전략적 사고의 시작은 기원전 371년 루크트라 전투에서 등장한 테베군의 변형 전투대형에서 찾을 수 있다. 《해저 2만 리》 네모 함장이 좌우명같이 벽에 붙여 놓은 노틸러스호의 〈Mobilis in Mobili(움직임 속의 움직임)〉처럼[63] 테베의 지휘관 에파미논다스는 전장의 움직임을 관찰하면서 단순 정면충돌과 접전이라는 기존의 틀을 깬 새로운 전략을 만들어 냈다. 전략은 대상을 자세히 관찰해 목적의 달성방법을 생각하는 것에서 시작한다.

3) 고대 그리스군대가 강했던 이유는 장창을 소지한 중갑병 병사들과 이들이 형성하는 두터운 방진(Phalanx) 때문이다. 당시 전쟁은 개인전투가 아닌 집단전투였고 병사들은 길이 3.6미터의 창과 두터운 방패로 무장해 12열의 집단대형을 구축했다. 방진은 단결력과 충격력이 핵심이었고 마치 현대전의 전차처럼 전진하면서 적진을 부수며 나갔다. 따라서 승패의 관건은 방진대형의 견고한 유지였다. 무너지면 중갑병 병사들은 흩어지고 각개격파되는 것이다. 기원전 431년부터 404년간 계속된 펠로폰네소스 전쟁에서 아테네가 패배하자 이후에 테베는 다시 스파르타와 전쟁을 벌였다. 이때 에파미논다스는 6,000명의 병력으로 스파르타의 11,000명 병력과 대결했다. 그리고 스파르타의 방진을 무너트리면서 승리했다. 루크트라 전투로 불리는 이 전투에서 사용된 전투대형이 사형대형(斜形隊形, Oblique Order)이다. 옆으로 똑바로 늘어선 횡렬대형이 아니라 마치 실로폰처럼 왼쪽에서 오른쪽으로 가면서 차츰 대열의 크기가 줄

어드는 비대칭 형태다.

4) 에파미논다스는 전투의 진행 과정을 보면서 두 집단이 맞붙어 싸우기 시작하면 대형은 차츰 시계 반대방향인 왼쪽으로 돌아가는 현상을 발견했다. 오른손잡이가 대부분이기 때문에 무기를 들고 가격하면 공격방향인 왼쪽으로 돌게 되는 것이다. 따라서 부대의 왼쪽을 뒤로 밀리지 않도록 병력을 강화하고 더욱 강력한 공격을 지시했고 중앙부분 병력은 약간 뒤로 물러서도록 했다. 결국, 스파르타군은 자루 안으로 들어가는 것처럼 되어 테베군은 스파르타군을 좌우 양편에서 휘감는 모양으로 포위하게 되었다. 테베는 사형대형으로 그때까지 그리스 최강으로 알려진 스파르타군에 승리했다. 힘만으로는 승리할 수 없고 오히려 패배할 수 있다는 것으로 "조절되지 않은 힘은 아무것도 아니다."라는 교훈이 증명되었다.

5) 무작정 돌격이 아닌 전략적 사고에 따른 병력배치로 전투는 적군 방진 대형의 붕괴를 불러왔다. 포위된 상태로 대열이 흐트러지면서 생기는 병사들의 심리적 공황이 조직적인 응전을 하지 못하고 지리멸렬하게 만든 것이다. 전투에서 군인의 진정한 용기는 포위당하거나 후퇴할 때 나타난다고 하지만 쉬운 일이 아니다. 승리의 기세를 몰아 힘차게 전진하는 것은 당연하다. 그러나 패배에서나 예상치 못한 공격에는 당황하게 된다. 따라서 가지고 있는 능력마저도 제대로 사용하지 못하게 된다. 《삼국지》에 자주 나오는 것처럼 무작정 적군을 쫓아가다가 갑자기 나타난 복병으로 인해 패하는 것과 같다. 승리의 비결은 예상치 못한 응전으로 상대방의 심리적 붕괴를 강요하

고 조직력을 파괴하는 것이다. 그리고 역으로는 우리 측의 붕괴를 막아야 하는 것이 전략적 숙제가 된다.

2. 전쟁경험에서 얻는 전략적 사고

1) 미국과 유럽국가들은 수많은 전쟁을 치른 나라들이다. 이들 국가 대부분은 전쟁의 시작과 진행 그리고 종전까지 일정한 목적과 계획을 갖고 주도적으로 수행했다. 그리고 이 같은 경험을 바탕으로 세계적인 전략가와 군사학자들을 배출했다. 정규군 장교를 육성하는 사관학교뿐만 아니라 사설 군사학교도 운영되고 있다. 이 같은 전쟁경험은 중국이나 일본도 비슷한 편이다. 《육도삼략》이나 《손자병법》을 비롯해 많은 전략서를 만든 중국이고 일본도 오랜 전국시대를 보내면서 대외전쟁 못지않게 많은 내전을 벌였다. 따라서 전쟁 기술과 전략적 사고가 발달했다. 근대 군국주의의 길을 걷기 시작하면서부터는 동서양 전략서를 취합해 《통수강령》을 발간해 간부교육자료로 사용했다. 여기에는 지휘관과 참모의 역할을 설명하고 일본과 세계 주요전쟁사에 나타난 전략전술을 정리·분석해 놓았다.[64]

2) 일본의 전략전술 마인드는 기원후 3세기경 인물로 추정되는 신공황후가 전투에서 적군을 속이는 장면에도 등장한다. 신공황후의 군대는 중애왕의 아들 형제왕자 군대와 대치 중일 때 기만전술을 썼다. 우리가 싸울 이유가 없으니 모두 활시위를 끊고 칼을 던져 버리고 화해하자고 종전을 제안한 것이다. 그리고 자신들이 먼저 활시위

를 끊고 나무로 만든 가짜 칼을 물에 던졌다. 그러자 형제왕자의 군대도 똑같이 무기를 던졌다. 이때 신공황후 군대는 모자 속에 감췄던 활시위를 매고 진검을 꺼내서 중애왕의 아들 형제왕자 군대를 전멸시켰다는 것이다. 이런 기록을 봤기 때문인지 한일 간의 고대 미술문화를 비교하는 논문을 여럿 발표한 미국인 학자 코벨은 자신은 일본인을 좋아하지만 신뢰하지는 않는다고 했다.[65]

3) 19세기 유럽의 체스 교본에는 영리해지는 방법은 자신보다 영리한 상대와 싸워 보는 것이라는 말이 있다고 한다. 운동경기에서도 강팀과 경기하고 싶어 하는 것에는 이런 이유가 있다. 전쟁과 같이 국가의 운명이 달린 상황에서는 전력을 다해 배워 이기려는 인간의 필사적인 의지가 나타난다. 자신뿐 아니라 가족과 후손의 생명이 달린 학습에 게으르거나 외면하는 것은 생존의 기회를 포기하는 것과 같다. 한국인의 경우에는 전통적으로 전쟁을 선호하지 않는다. 전쟁이 정치활동의 연장이라는 교과서적 정의에 대해서도 쉽게 수긍하지 않을 것이다. 가능한 살생을 피하는 것이 더 나은 선택이라는 것이다. 그리고 대체로 모략이나 기만에 대해 칭찬하지 않는 경향이 있다. 전투에서도 비교적 정직한 전투가 주를 이룬다. 고구려 을지문덕은 수나라 장수 우문술에게 전공이 이미 크니 족함을 알고 돌아가라는 정중하면서도 침략을 책망하는 글을 보냈다. 본래부터 전쟁은 하늘을 존중하고 자연을 좋아하며 심성이 선량한 민족에게 적합한 것은 아니다. 그러나 전쟁을 방지하기 위해서는 전략과 전술을 알아야 하고 전쟁 수행능력을 배양하지 않으면 안 된다.

4) 한반도에서 벌어진 전쟁은 대부분 피동적이며 방어적 성격이었다. 그리고 타국이 시작한 침략전쟁의 구심력에 흡수되어 간 것들이다. 따라서 독자적인 입장에서 전쟁계획을 수립하고 종전에 이르기까지 주도적으로 전략을 세우고 진행한 경우는 찾기 어렵다. 전쟁과 전략전술에 관한 서적 역시도 대부분 외국의 고전과 교범을 참고로 했다.

5) 우리가 겪은 대부분 전쟁이 수동적이었기 때문에 전략전술의 창출 능력에는 부족한 면이 있다. 그러나 국가적인 전략 마인드의 결핍은 다수의 의견이 제각각 고집스럽게 대립해 국론이 중심을 잡지 못하게 만든다. 내우외환이라는 말이 나오는 것은 승리와 패배를 결정하는 다양한 조건과 사례를 모르기 때문이다. 우리 사회에 사회적 갈등과 세대 간의 단층이 큰 배경에는 이러한 전략적 사고의 결핍이 있다. 그리고 합리적인 사고방식이 아닌 감정적인 고집에 얽매이는 경우가 발생한다. 이 때문에 과거 한국이 겪었던 전쟁들을 분석해 한반도에 적합한 전략과 전술을 마련할 필요가 크다. 전략적 사고는 전시에만 사용되는 것이 아니라 평화 시에 국가의 안전과 외국과의 경쟁력을 기르기 위해서도 필수적이기 때문이다.

3. 비행기는 날개로만 날지 못한다

1) 비행기는 날개에 바람의 양력을 받아 날아오른다. 국가의 발전에도 이와 같은 바람이 필요하다. 그러나 비행기는 날개로 날지만 날

개만으로는 계속해 날지 못한다. 항력을 만드는 엔진과 제대로 조립된 기체가 없으면 잠시 공중을 날다 땅으로 떨어진다.

2) 한국의 근대사는 조선의 쇠망과 일제의 침략으로 인해 기형적으로 왜곡된 채로 진행되었다. 그리고 해방 후 혼란기에 겪은 한국전쟁은 이후 한민족의 현대사에 깊은 상처를 입히고 후유증을 남겨 주었다. 1945년 냉전의 개시와 함께 한반도는 독일과 마찬가지로 미국과 소련의 대결 장소가 되었다. 이에 따라 전후 세계사의 급격한 조류 속에 정치경제 그리고 문화적 폭풍에 휩쓸리지 않을 수 없었다. 신생 대한민국호는 마치 초기단계의 비행기처럼 날개만으로 날아오른 것이라 할 수 있다.

3) 한국이 힘든 시기를 견디고 비행하도록 날개처럼 버텨 준 저력이 있다. 가장 큰 힘은 나라의 어려운 사정을 참고 노력해 준 국민에게서 나왔다. 한국전쟁에서 나라를 지키고 산화한 수많은 군인과 민간인의 희생이 있었다. 그리고 철강과 건설, 조선과 자동차 그리고 반도체 산업을 이끈 기업인들과 현장근로자와 같은 산업역군들이 있었다. 4.19 혁명과 5.18 민주화 운동처럼 독재정치를 무너트리고 자유민주주의의 수호를 위한 희생이 있었다. 한국의 근현대사는 갈등과 모색 그리고 모순이 섞인 도전과 응전으로 점철되었다.

4) 한국전쟁이 끝나고 박정희의 5.16 쿠데타 이후에는 군사조직이 국가발전의 날개가 되었다. 이후에는 전두환, 노태우 정부로 이어졌고 강한 추진력을 가진 군인들이 행정부 공무원으로 임관하기도 했

다. 문민정부가 시작된 김영삼, 김대중 정부에는 기업인들이 날개 역할을 했다. 기업인들은 무역수지를 흑자로 만들면서 자립경제의 기초를 다졌고 때로는 정부가 할 수 없는 수교교섭까지 했다. 노무현, 이명박 그리고 박근혜 정부 모두가 시기적절한 성장동력을 찾았다. 2016년에는 한국 현대사에 최초로 대통령 탄핵정국이 벌어지고 문재인 정부가 뒤를 이었다. 그리고 2022년 5월 윤석열 정부가 탄생했다. 그동안 한국 내에서 벌어진 시국의 변동은 압축성장이라는 표현대로 정치적으로나 경제적으로 그리고 문화적으로도 세계사에 유례를 찾기 힘든 것이었다. 다사다난하고 험난했던 과정을 지나 21세기 한국의 국가역량은 한반도를 벗어나 국제사회에서 중요한 G20 국가 대열에 참여하게 되었다.

5) 현대의 항공기는 과거와는 비교할 수 없을 만큼 복잡한 시스템으로 구성되어 있다. 그만큼 성능과 안전도 고도로 높아졌다. 동체와 날개 그리고 엔진과 컴퓨터 제어장치를 비롯해 만여 개에 달하는 부품들이 결합되어 모든 것이 연계된 시스템으로 비행한다. 21세기는 대한민국호가 한 차원 높은 비행을 하기 위한 결정적인 시기다. 다른 나라들과의 경쟁 역시 가열화하고 있다. 이에 따라 항공기의 모든 구성품을 점검해 정비하고 시스템의 정상가동을 유지해야 한다. 무엇보다도 조종사와 승무원들의 책임감과 기량이 필요한 것은 두말할 여지가 없다. 국민의 단결된 힘이 엔진이라면 비행기의 날개는 기체의 상승력을 유지하는 국정 담당자들이다. 날개에 균열이 있거나 구멍이 나면 엔진의 힘은 무력해진다. 그리고 비행기는 더 이상 날지 못한다.

4. 자기점검, 전략적 사고의 전제조건

내 손의 카드만을 보면 상대의 카드를 읽지 못한다.

1) 화투나 포커에서 중요한 것은 상대의 카드를 읽는 것이다. 자신이 들고 있는 카드에만 몰두하면 판의 흐름을 볼 수 없기 때문이다. 그뿐만 아니라 포커페이스라는 말처럼 연출된 상대의 표정에 속거나 또는 약한 카드를 갖고도 과감하게 밀어붙이는 블러핑(Bluffing)에 쉽게 굴복하게 된다. 이것은 바둑이나 장기 그리고 체스의 경우도 마찬가지다. 국제무대에도 다른 나라들 특히 경쟁국들의 국력변화와 대외관계를 면밀히 관찰하고 있어야 하는 것은 필수적이다. 자신의 국력이 늘어나는 것만을 보고 상대의 국력증강을 보지 못한다든가 인기를 의식해 여론 관리에만 몰입하면 정확한 판단을 하지 못하게 된다.

2) 2023년 8월 한국에서 개최된 세계 잼버리대회에 모인 보이스카우트의 표어는 '준비'로 국제적으로 'Ready' 또는 'Be Prepared'라고 한다. 그리고 준비는 자기점검과 같다. 이것은 학생들뿐만 아니

라 일반 사회인들에게도 마찬가지 교훈을 준다. 모든 일은 준비단계에서 이미 성패가 거의 결정되기 때문이다. 생사를 결정하는 전쟁을 전제로 하는 전략적 사고에서 가장 중요한 것도 준비다. 이겨 놓고 싸운다는 말처럼 전쟁은 발발 전에 국제정세와 국력을 점검하는 것이 중요하다. 《손자병법》이 말하는 지피지기면 백전불태라는 말도 안전을 강조한다. 백 번 승리한다는 것이 아니라 위태롭지 않다는 것으로 이후에 비로소 공격과 승리가 가능하기 때문이다.

3) 자신과 상대의 역량을 알고 있으면 전쟁의 위태로움을 피해 다음 기회를 찾을 수 있다. 그러나 모르면 전쟁과 평화 중에 무엇을 택할지 결정할 수 없는 무지한 상태가 된다. 고대전쟁의 경우에는 상대를 파악할 수단이 부족했지만 현대에는 대부분의 국력이 노출되어 있다. 그럼에도 불구하고 세계사 속에는 이 같은 사실을 경시하거나 외면하고 전쟁으로 돌입하는 경우가 많았다. 때로는 의로운 전쟁으로 또는 국가주권을 지키기 위해 전쟁을 수행하기도 했다. 그러나 대부분은 지도자의 독단이나 어리석음 또는 국론의 분열 때문에 국가의 시스템이 정상적으로 작동되지 않아서 벌어진 전쟁이었다. 따라서 결국은 패배나 휴전으로 끝나고 아무런 명분도 이익도 없는 파국을 초래했다.

4) 유비무환이라는 말은 미리 대비책을 마련해 놓으면 환란을 당하지 않는다는 역사의 교훈에서 나왔다. 몸과 마음 그리고 물자와 계획의 준비가 없이는 아무 일도 시작할 수 없다. 여기서 장비나 물자 그리고 계획은 여유를 갖고 준비할 수 있다. 그러나 심리적 준비는

그렇지 않다. 이것은 지도자와 국민 그리고 민간인과 군인 간에 처한 상황이 서로 다르기 때문이다.

5) 국가적 위기상황에서 국민의 심리가 나약하거나 공동체 의식이 없을 때 일어나는 문제는 크다. 사회적인 혼란과 식품의 약탈과 같은 일들이 정부와 군대의 작전 수행을 어렵게 한다. 규율 있고 질서 정연한 국민의식이 전쟁이나 자연재해와 같은 비상상황에 있어서 군과 관의 작전을 효과적으로 지원해 줄 수 있다. 패닉상태에 빠지면 사회전반에 마비가 발생하고 스스로 무너지는 결과가 된다. 총력전으로 전후방이 없는 현대전에서는 더욱 그렇다. 따라서 유사시 전쟁 피해를 최소화하기 위해서는 평시에 국민의 공동체 의식을 높이고 유지하는 자기점검과 준비가 필요하다.

2. 현실적 실용주의

1. 국민성과 선입견

1) 영국의 국가행사에 왕족남성들이 킬트로 불리는 스커트를 입은 모습을 이상하다고 거론하지는 않는다. 그러나 이런 복장이 다른 나라의 경우에는 이상하게 느껴질 수도 있다. 남성이 치마를 입는 것을 나라에 따라 다르게 인식하는 것은 선입견이 작용한 때문이다. 이러한 선입견이 학문적으로 발전되면 '오리엔탈리즘(Orientalism)'으로 불리는 국민성 또는 민족성 논란을 만든다.

2) 국제정치에서는 국가의 정책을 분석하면서 국민성이나 민족성을 원용하기도 한다. 이것은 과거에 강대국의 제국주의 정책에 명분을 주는 도구로도 이용되었다. 1905년 일본은 미국과 비밀리에 협상하면서 한반도 식민화의 필연성을 주장했다. 일본이 조선을 식민지로 만들지 않으면 이전과 같이 신뢰할 수 없는 갈 지(之) 자 외교로 돌아가 주변국에 피해를 줄 것이라는 억지였다. 일본의 식민사관 중에는 조선인은 채로 계속 쳐야만 제대로 돌아간다는 팽이론이나 엽전론과 같은 괴변도 있었다. 이것은 조선사회의 부정적인 면만을 확대해석하고 긍정적인 측면을 도외시했다는 오류를 지닌 것이었다. 그러면서 조선의 식민화로 일제가 이익을 구한 것이기 때문에 문제시된다.

3) 이러한 국민성 논쟁은 팔레스타인 출신 문화학자 에드워드 사이드가 《오리엔탈리즘》을 발표하면서 설득력 있게 반박되었다. 피식민 민족을 심리적으로 구속하기 위한 목적으로 학문을 이용한 것이라는 사실을 풍부한 근거자료를 들어 논리적으로 입증한 것이다. 식민지 오리엔탈리즘에는 일제강점기 조선인과 조선왕조에 대한 일본 어용학자들의 왜곡된 인식과 편중된 사료채택 그리고 의도적인 연구방법론이 있다. 이와 유사하게 인도가 영국의 식민지였을 당시 영국인 사회는 인도인을 믿지 못할 사람들로 규정하면서 산에서 호랑이와 인도인을 만나면 인도인을 먼저 쏘라는 농담까지 만들었다.

4) 국민성이라는 용어를 사용하지 않아도 모든 국가에는 전통이나 국민의식 또는 시대정신과 같은 사회적 분위기가 있음은 고려할 필요가 있다. 또는 역사적으로 민족 내에 남겨진 문화적 DNA가 있다. 이것은 모든 민족이 장단점을 가지고 있기 때문에 일부는 맞고 일부는 틀린 것이다. 그러나 어느 경우건 국민성이라는 단어는 식민지 경험을 가진 국가에는 반감을 갖게 하는 말이다. 국민의 특성 중에 일부 단점만을 부각시킨 것이기 때문이다.

5) 2022년 2월 러시아의 우크라이나 침공으로 전쟁이 발발했다. 그리고 전황이 러시아가 의도한 대로 진행되지 않자 푸틴 러시아 대통령은 핵무기 사용 가능성을 언급했다. 이렇게 중대한 정책결정에 있어서 지도자의 결심에는 국민성이 작용한다. 전투에서 궁지에 몰린 부대가 전원항복을 할 수도 있고 또는 어리석게나 과감하게 전원돌격으로 옥쇄할 수도 있는 것이다. 한편으로 러시아 민족은 알코올

중독이 많고 단순하며 우직하다는 인식도 있다. 국민성은 주로 소문이나 영화와 같은 대중문화를 통해 전해진다. 서부 영화에 등장하는 아메리카 인디언이나 멕시코인에 대한 전형적 이미지도 있다. 이 같은 선입견에 의하면 러시아가 경솔하게 핵전쟁을 일으킬지 모른다는 국제사회의 반감을 조성할 수도 있다. 압박여론을 만들어 내기 위한 심리전이 벌어지는 것이다.

6) 시대와 환경에 따라서 국민성이나 시대정신이 변하는 것은 당연한 일이다. 서양세계를 천 년 지배한 로마군의 강력함은 오늘날 이탈리아인의 부드러움으로 국가 이미지가 바뀐 것이다. 조선 말 폭정과 정치력 부재로 고통받던 백성이 개화기에 들어 인권이 보장되고 교육기회가 제공되면서 근대 시민의식이 각성된 것과 같다. 유항산유항심(有恒産有恒心)이라는 말처럼 생활이 풍요로워지면 국민의 생각과 행동에도 여유가 생긴다. 과거의 국민성 평가에만 의존해 선입견에 사로잡혀 현재의 국가와 국제정세를 판단하는 것은 잘못된 오관으로 이끈다.

2. 실학과 실사구시

1) 조선이 쇠퇴한 원인은 당쟁과 문약을 비롯해 여러 가지가 있겠지만 허례허식과 현실감각의 부족이 컸다. 이것은 조선의 국학인 유학 자체의 문제가 아니라 유학의 근본정신보다 양반의 체면이나 기득권에 전념했기 때문이다. 학문은 나라의 부강과 백성의 생활에 실질

적 도움을 주기보다 형식적인 의례논쟁이 주를 이루었다. 병자호란 이후 청나라와의 인적 물적 교류의 결과로 실질을 추구하는 실학이 등장한 것은 다행한 일이었다.

2) 17세기 중엽 명청 교체기는 화이질서(華夷秩序) 해체의 효시가 되어 조선과 중국과의 관계도 새롭게 인식되는 계기가 되었다. 성호 이익은 충실한 예의질서를 이룬다면 어느 나라나 중화가 될 수 있다고 주장했다. 조선의 자주성에 입각한 이익의 사고는 중국 중심에서 벗어난 조선 문화의 독자적 가치에 대한 자각이었다. 명나라는 문명국이며 청나라는 오랑캐라는 보수적 이분법을 부정하고 오히려 청나라를 선진문명국으로 인정하고 능동적으로 학습해야 한다는 것이다. 그러면 이후에는 조선 역시도 부강한 선진문명국이 될 수 있다고 주장했다. 담헌 홍대용도 화(華)와 이(夷)는 동일하다고 하면서 전통적 화이론을 부정했다. 실학은 이처럼 청나라를 통해 들어온 외국의 앞선 문물을 적극적으로 수용하면서 국력을 기르려는 자세를 보여 주었다.

3) 조선에 도입된 서양문물은 실학의 발전에 큰 영향을 주었다. 서학으로 불린 서양의 지식과 문물 그리고 천주교는 조선 선각자들의 주목을 받았다. 조정도 천주교는 부정적으로 취급했지만 선진 과학문물의 우수성은 인정했다. 예수회 선교사들의 주도로 청나라가 채택한 태양력인 시헌력은 1654년 조선에서 시행되었다. 이익은 《성호사설》에서 시헌력은 서양인이 만든 것이나 일식 월식이 하나도 틀리지 않으니 성인이 다시 나더라도 반드시 이를 따를 것이라고 실용성

을 높이 평가했다. 다산 정약용은 《경세유표》를 비롯해 국가의 발전과 백성의 생업에 실질적인 도움을 줄 수 있는 많은 저서를 남겼다. 다산의 경학에 등장하는 상제 개념도 천주교의 영향이었다.

4) 1913년 5월 미국 샌프란시스코에서 도산 안창호는 실학정신의 맥을 공유하는 흥사단을 창단했다. 그리고 동지들에게 보낸 공개서한에서 무실역행(務實力行)을 강조했다. 일에 성실하고 힘써 행하자는 것이다. 도산은 '얼렁얼렁'이 조선을 망하게 했다고 하고 착실히 힘을 기를 것을 당부하면서 힘은 건전한 인격과 공고한 단결에서 나온다는 것을 확실히 믿는다고 했다. 도산은 인격과 단결 두 가지를 훈련하도록 청년에게 요구하면서 너와 내 속에 있는 거짓을 버리고 참으로 채울 것을 거듭 맹세하자고 했다. 도산이 말한 힘이 다른 나라를 침략하려는 힘을 의미하는 것이 아님은 분명하다. 바르고 정의로운 능력으로 자력갱생한 후에 여력으로 다른 나라를 돕는다는 홍익인간의 정신을 이야기한 것이다. 일제의 압박을 벗어나기 위해서는 우선 국민 모두가 게으르고 거짓된 허례허식을 버려야 한다는 것이다. 그리고 남에게 보이기 위해 겉모습에 치중하는 것이나 과도한 소비를 하지 말자는 것이다. 조선이 일본에서 빌린 돈을 갚자는 국채보상운동이 성공하지 못한 채 망국의 길로 흘러간 사실을 잘 알고 있었기 때문이다. 이러한 허례허식의 위험성은 21세기 대한민국에서도 주목하고 경계해야 할 점이다.

3. 조선, 땅을 주고 정신을 보존하다

1) 1392년 7월 태조 이성계는 조선을 건국하고 명나라와 국교를 개통했다. 두 나라 모두가 이제 국가의 기틀을 세우고 다지기 시작한 신흥국가였으나 조선은 24년 먼저 건국한 명나라보다 열세한 국력이었다. 명군은 850년경 송나라가 화약을 발명하고 1044년에는 화염통을 사용해 몽골군을 패배시킨 선진군사력을 계승했다. 그리고 1370년대에는 세계 최초로 휴대용 총포로 무장한 부대를 보유했다. 따라서 조선으로서는 안보를 유지하면서 중장기적인 발전을 도모해야 하는 외교전략이 필요한 시기였다. 더욱이 조선의 건국에서 불과 4년 전인 1388년 6월 고려의 요동원정군이 위화도에서 회군했던 사실로 인해 조선이 명나라의 경계대상이었음은 당연하다.

2) 1368년 1월 명나라의 건국 당시 군사력은 조선보다 우위였다. 명나라는 중원의 풍부한 인적 물적 자원과 병력을 보유했다. 몽골족의 원나라를 멸망시키는 데 활약한 홍이포를 보유한 포병을 갖춘 군사력은 소규모 정변으로 고려왕실을 무너뜨린 조선과 비교할 수 없었다. 더구나 남쪽에서 일본 왜구의 잦은 침략은 조선이 당면한 위험이었다. 대규모 침략이 있을 때 명나라의 지원확보가 필요하고 남과 북 양면에 전선을 만드는 일은 최악의 선택일 수밖에 없다. 조선은 개국에 지원세력이었던 일부 여진족을 제외하면 북방민족과의 협력에도 한계가 있었다. 조선으로서 최선의 방책은 요동 땅을 포기하고 정신을 지키는 것이고 위신을 낮추고 안전을 확보하는 것이었다.

3) 명나라의 압박은 물리적으로뿐만 아니라 외교문서를 통해서도 이루어졌다. 1396년 3월 홍무제는 조선에 서한을 보냈다. 작년 11월 조선에서 국왕의 고명(誥命)과 인신(印信)을 요청하며 보낸 문서에 무례한 언사가 있다는 것이었다. 그리고 사신을 억류하고 문서 작성자 정도전의 압송을 요구했다. 명나라가 보낸 자문(咨文)은 "그 군왕으로 봉한 나라는 만약에 영이 한 번 나오면 삼가 따라서 지키며, 약속한 법은 감히 어김이 있어서는 안 되는 것이 중화의 안으로 귀화하게 하며 나라를 봉한 제도이다. 이제 조선이 왕국이 되었고, 본디 서로 좋아서 오게 했는데, 왕이 간악하고 간사하며 교활하고 사특하며, 그 마음대로 행동하며 그들이 가져온 문서에 인장과 제국의 고명을 청하니 경솔하게 줄 수 없다. 조선은 산으로 둘러싸이고 바다로 막혀, 하늘과 땅이 그곳을 동이족의 땅으로 만들었으며, 그곳은 풍습도 다르다. 짐이 만약에 인신과 고명을 주게 되면 혼령들 눈에 짐이 탐욕이 과하다 보이지 않겠는가. 그리되면 고대 성군들에 비해 나는 절제하지 못하는 사람이 될 것이 분명하다."라는 내용이다. 이것은 만일 조선이 명나라에 대해 군사적 동향을 보인다거나 불온한 내용으로 회신한다면 군대를 보내 조선을 치겠다는 협박과 다름없는 것이다. 태조 이성계를 직접적으로 위협하는 이 같은 문서를 접수한 조선왕실의 위기감은 충분히 짐작할 수 있다. 따라서 조선은 유학의 연구에 천착하면서 명나라와의 의전과 명분 논쟁에서 눌리지 않으려 했다.

4) 결과적으로 신생 조선이 선택한 것은 시간이었고 안보였다. 국력을 배양할 수 있는 시간을 얻으려는 것이다. 그리고 모색한 방안은

고유 문자의 창제와 자주적 문화를 만드는 것이었다. 중국과 차별되는 의롭고 평화로운 문명국가 건설의 기틀을 만들고자 한 것이다. 그 때문에 한글로 민족공동체의 뿌리를 기록해 자주독립의 정신을 세우고자 했다. 이로써 조선은 명나라에 비대칭적인 국가역량을 축적해 나갔다. 그리고 한자를 대신해 우리 문자로 역사를 기록했다. 한글로 〈용비어천가(龍飛御天歌)〉를 써서 민족의 장구한 미래를 희구하고 〈월인천강지곡(月印千江之曲)〉으로 불교의 영원한 내세관을 담은 종교적 메시지를 후세에 남겼다.[66][67]

4. K 소총에서 나로호까지

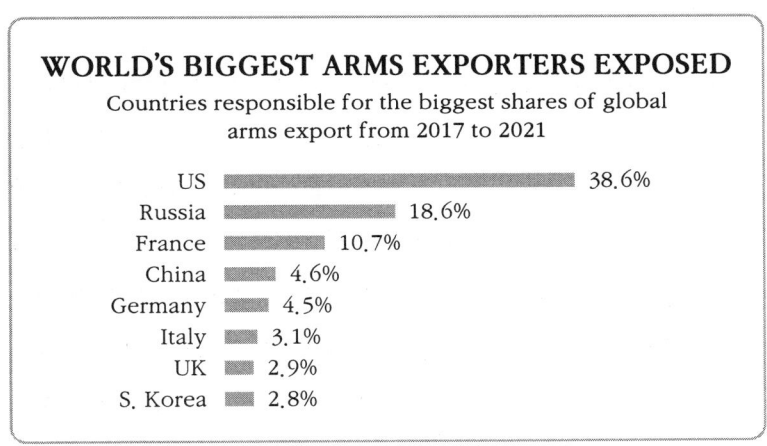

2017~2021년 한국의 방산제품 수출 규모는 세계 8위를 점유했다.

1) 한국전쟁 전후세대로 대한민국이 달에 로켓을 쏘아 보낼 줄 알았던 사람은 거의 없었을 것이다. 정월이나 추석에 보름달을 보면서

쥐불놀이를 하고 "달아 달아 밝은 달아 이태백이 놀던 달아"라고 달나라를 노래하던 동네 꼬마들이었다. 이것을 21세기 한국인들이 해내고 있는 것이다. 이것을 보면 그야말로 여한이 없는 일이라고 할 수 있다.

2) 2023년 스웨덴국제평화연구소(SIPRI)가 발표한 2018~2022년 한국의 방산물자 수출액은 세계 9위로 2.4퍼센트 그리고 2017~2021년 통계는 세계 8위로 2.8퍼센트의 시장 점유율을 보였다. 2021년 70억 불 규모였던 수출액은 2023년 8월 폴란드에 137억 불 규모의 대규모 방산물자 수출로 크게 증가했다. 전투기와 전차, 자주포와 같은 최신형 중무기와 첨단항공기의 주요 수출국이 된 것은 한국의 국력신장을 대변하는 증거임이 틀림없다.

3) FA50과 KF21과 같은 첨단항공기 개발을 비롯한 한국 방위산업의 발전에 미국의 도움이 컸던 것은 분명하다. 그러나 미국과의 협력 과정에서 핵심기술의 이전거부와 기술사용료 부담 그리고 제3국 수출제한과 같은 정치경제적 제한이 있었다는 사실도 간과할 수 없다. 그 때문에 전투기의 항공제어기술이나 AESA 레이다에 있어서 이스라엘을 비롯해 서구국가들과의 협력사업이 중요했다. 한국의 방산제품이 발전한 이유를 전적으로 미국의 지원 덕으로만 단정하는 것은 오해가 된다. 미국과 서구는 한국의 우방국이면서도 대외교역 면에서는 경쟁국의 입장이기도 하다. 방위산업뿐 아니라 미국의 주요회사들은 외국기업과 협력체를 구성해 사안에 따라서는 한국과 경쟁관계에 있다.

4) 1995년 시작되어 불곰사업으로 불린 러시아와의 전차와 중무기 도입 사업, 그리고 1982년 추진되어 1993년 최초로 장보고급 잠수함을 진수한 독일과의 잠수함 건조 협력사업은 한국의 방위산업 역사에 큰 획을 긋는 사건이었다. 서구와 동구의 기술을 융합해 새로운 한국형 기술을 개발하는 계기가 되었기 때문이다. 더구나 수출제한 조건에 구속받지 않는 효과를 얻었다. 한국은 미국과 서구 그리고 러시아의 기술을 접합한 하이브리드 방산물품을 창조했다. 또한 미국의 기술개발 제한조치에도 불구하고 이것을 뛰어넘는 독자적 능력을 발휘했다. 한국군 보병 기본화기인 K 소총은 미국의 M16과 러시아의 AK47 양 대국 주력소총의 장점을 취한 결과물이다. 독일과의 잠수함 협력사업은 이지스 전함과 더불어 한국 해군 전력강화의 도약대가 되었다. 그리고 이들 제품은 중요한 해외수출 방산제품으로 떠올랐다. 2008년에는 한국인 최초의 우주인이 러시아에서 훈련을 받고 발사체에 실려 11일 동안 우주에서 연구실험 활동을 하고 돌아왔다. 2009년에서 2010년간에 있었던 2차례의 나로호 발사 실패는 우리 우주기술의 결함을 고치고 진일보하는 기회가 되었다. 이와 같은 러시아와의 우주 기술협력 결과로 75톤급 엔진을 개발해 2023년 5월 한국형 우주발사체 누리호가 지구상공 700킬로미터 궤도 진입에 성공했다.

5) 한국이 미국과의 강고한 안보협력과 함께 실리적 국익에 입각해 때때로 자주적 입장을 고집한 것은 의미 있는 일이다. 한국전쟁 중에 이승만 대통령의 반공포로 석방은 민족주의에 입각한 용기 있는 결단이었다. 한국정부는 정전협정 체결을 한 달 앞둔 1953년 6월

18일 자정을 기해 미국의 반대에도 불구하고 27,000여 명의 반공포로를 일방적으로 석방시켰다. 이러한 결정은 북한과 중국을 상대로 정전협상 중인 미국에게 큰 부담이 되었고 외신은 꼬리가 몸통을 흔들었다고 표현했다. 박정희 대통령도 역시 경제발전과 안보에는 분명하게 자주적 결정을 내렸고 중요한 사안에 있어서 한국의 위신과 국익을 양보하지 않았다. 1970~1980년대 해외에 근로인력을 파견할 때도 청소부와 가정부 직종은 선택하지 않았다.

6) 이 같은 입장은 북한의 경우에도 유사하다. 김일성은 남침 전 스탈린과 회담하고 소련으로부터 무기와 장비를 공급받았다. 그러나 이후 전세가 악화되자 이번에는 중국으로부터 정치와 군사적 지원을 받았다. 1950년 6월 한국전쟁이 발발하고 4개월 후에 국군과 유엔군이 38선을 돌파해 북진하는 중에 중국군의 참전이 없었다면 북한은 소멸했을 것이다. 소련도 공군을 참전시켜 유엔군의 제공권을 견제했다. 그리고 한국전쟁은 지구전이 되어 거의 3년을 끌었고 1953년 7월 정전협정이 체결되었다. 이후로도 북한은 주체노선을 표방하면서도 실제로는 중국과 소련 양측으로부터 최대한의 지원을 얻기 위한 실리외교를 전개했다.

3. 전략적 균형감각

1. 맥마흔 볼이 본 한국전쟁의 모순

1) 외국인의 시각에서 한국전쟁을 보는 것은 정확한 상황평가에 도움이 된다. 맥마흔 볼은 제2차 세계대전 종전 후 일본에 주둔한 연합국 대표단의 호주대표였고 이후 주일대사로 근무했다. 그가 쓴《동아시아의 민족주의와 공산주의》는 1952년 한국전쟁의 와중에 출간한 책으로 여기에는 객관적인 시각으로 분석한 한국전쟁이 포함되어 있다. 맥마흔 볼은 한국전쟁을, 첫째로 남북한 사이의 전쟁이며, 둘째로 강대국 간 무력충돌의 전초전이고, 셋째로 국제사회에서 침략과 집단안전보장 원칙의 와중에 빚어지는 진영 간의 대립으로 정리했다.

2) 그리고 국제사회에는 미국과 소련 양대강국과 그 세력권만이 존재하고 어느 쪽도 남북한의 연결보다 분리에서 얻는 이익을 더 생각한다고 했다. 따라서 한국에서의 무력충돌은 근본적으로 강대국들의 권력정치에 속한다는 것이다. 또한, 한국전쟁은 미국과 중국, 소련 간의 갈등의 충돌지점이면서 대리전과 같다고 했다. 그리고 인접한 중국과 대만 간의 분쟁과도 밀접한 관계가 있으며 이러한 상황을 관리하는 미국의 역할이 중요하다고 평가했다.[68]

3) 맥마흔 볼은 한국은 미국보다 소련과 중국에게 더 큰 전략적 중요

성이 있다고 보았다. 대륙국가에 있어서 한반도는 마치 눈 위의 가시와 같은 위치로 그 때문에 소련과 중국은 한국에 대한 지배권 쟁취 유혹을 미국보다 더 갖는다는 것이다. 실제로 소련은 북한의 남침에 필요한 전차와 무기를 공급했고 1950년 11월부터 정전까지 북한을 지원해 미그 15 전투기와 조종사를 투입했다. 그리고 작전지역은 미그기 통로(MIG Alley)로 불리는 한반도 북부지역으로 제한하면서 전쟁이 확전되지 않도록 조심스럽게 미국과의 대결에 임했다.[69]

4) 한국전쟁에서 중요한 순간은 국군과 유엔군이 38선을 돌파해 북진을 시작한 시점과 중국군이 참전을 위해 압록강을 건너 한반도로 진입한 시점이다. 1950년 9월 28일 국군과 유엔군이 서울을 수복하고 38선에 도달하자 유엔은 새로운 문제에 봉착했다. 한국을 구출하고 영토를 수복했으나 북한 내로 진군하는 것은 새로운 차원의 문제가 되기 때문이다. 10월 7일 유엔은 맥아더 원수에게 38선 돌파권을 부여했다. 그리고 10월 12일에는 한국정부의 통치권은 38선 이남에 한정한다고 결의했다. 이와 아울러 중국은 계속해 북진에 항의했고 중국국경을 직접 위협하는 행동이라고 경고했다. 국군과 유엔군이 38선을 넘어 북진을 시작하자 중국군은 10월 16일 선발대가 압록강을 건너 한국전쟁에 참전했다.

5) 맥마흔 볼은 한반도의 지정학적 조건과 국제사회의 냉정함을 보면 한국인들의 자결의지에 따른 민족적 통합만이 그들의 문제를 해결할 수 있는 열쇠가 된다고 조언했다. 그러나 한국은 한국전쟁의 시작부터 끝까지 주도적 입장에 서지 못했다. 전쟁 전이나 후에도 북진통

일만을 고집했을 뿐 실질적인 국력의 뒷받침 없이 미국과 유엔에 전적으로 의존한 것이다. 한국전쟁 발발 전 38선상에서 벌어진 남북한 간의 일련의 무력충돌에 관한 정확한 사실 평가와 분석도 필요하다. 그리고 정전협정에 참여하지 않은 것은 현재까지 우리의 입장을 애매하게 하고 있다. 맥마흔 볼이 본 한국전쟁의 모순은 당시 한국정부의 왜곡된 상황인식과 정보부족 그리고 균형감각의 결여를 지적하고 있다.

2. 허세가 만드는 균형상실

1) 누군가를 웃기거나 울리려면 자신이 먼저 웃거나 울면 안 된다고 한다. 감정 속에 빠지면 의사를 전달하기 전에 맥이 풀리게 되기 때문이다. 가수가 눈물을 흘리면 노래를 계속할 수 없다. 자신이 하는 말에 과도하게 도취하면 들뜨게 되고 설득력이 떨어진다. 마음이 앞서고 허세가 더해지기 때문이다.

2) 커 보이기 위해 발끝으로 걸으면 오래 걸을 수 없다는 말처럼 허세의 위험성은 아무리 강조해도 지나치지 않는다. 외교학에서는 다음과 같이 주의를 준다. "외교관들은 어떤 문제에 대해 자기보다 오랜 경험을 가진 선배들의 충고나 의견을 무시하고 싶은 충동을 느낀다. 허세를 부리는 사람은 교섭 상대자가 던지는 아부나 공격에 쉽게 넘어간다. 허세는 자기 임무의 성격과 목적에 대해 지나친 사적 견해를 취하게 하며 심한 경우에는 눈에 띄지 않지만 좀 더 조심스러운 절충보다 화려하면서도 실속 없는 승리를 좋아하도록 만든다."라

는 것이다. 그리고 "허세는 대사로 하여금 어떤 중요한 계제에도 통역의 힘을 빌리지 않아도 좋을 만큼 자신이 튀르키예어, 이란어, 중국어, 그리고 러시아어에 능하지 않다는 것을 깨닫지 못하게 한다. 또한, 자신이 외교의 중심을 이루고 있으며 외교부는 맹목적이고 완고하여 자기의 충고를 무시한다는 무서운 착각을 일으키게 한다. 그리고 자신을 방문하는 정치가나 기자를 접대할 때 상사인 장관에 대해 불충하고 건방진 언급을 하게 한다."라는 것이다.[70] 실제로 중요한 대화를 전문통역인을 옆에 둔 채 자신이 직접 외국어로 대화하다가 잘못된 단어를 사용하는 실수를 하기도 한다.

3) 그리고 허세를 부리는 것에 익숙해지면 부정확과 성급 그리고 감정적이 되고 심지어는 허위와 같은 여러 악습을 불러온다고 지적한다. 외교의 실수는 흔히 있지만 그중에도 개인적 허세가 가장 공통적이고 불리하다는 것이다. 경고는 계속 이어진다. "외교관은 보통 인간적인 허세가 점차로 자신을 과대평가하는 경향으로 바뀌는 경향이 있다. 의전과 역할, 큰 저택, 시종 그리고 고급식사와 연회 등 외교계 생활과 제도는 모두가 인간성을 점차로 경화시킨다."라고 허세에 빠지게 되는 이유를 설명했다. 외교관은 누구나 하급 직원 시절로부터 시작해 승진하면서 고위직까지 직책과 연륜을 거친다. 그러나 직위가 올라갈수록 결점을 말해 주는 사람이 줄어든다. 이런 이유로 허세에 빠지지 않도록 누군가 옆에서 쓴 약이나 소금과 같은 역할을 해 주는 사람이 필요하다. 이것은 외무관료뿐만 아니라 공적인 위치에 있는 누구에게나 공통된 것일 수 있다.

4) 기관장을 희망하는 사람은 누구나 자신이 충분히 잘할 수 있을 것으로 생각한다. 그런 자신감과 사명감이 있으므로 직위공모에 응모하는 것이다. 그만큼 포부에 차 있고 국익에 기여하는 마지막 봉사라는 자부심도 크다. 외국어 소통이 가능하고 관련 업무를 숙지하고 있으며 그동안 일했던 실무경험도 있고 영향력 있는 인사들과 친분을 유지하고 있다는 배경도 자신감을 준다. 그 때문에 누구 못지않게 임무를 성공적으로 수행할 것이라는 확신을 갖게 된다. 그러나 실제로 근무지에 도착한 후에는 예상치 못한 변수들과 마주치게 된다. 이 같은 애로사항들은 직위가 주는 압박감과 책임을 더욱 배가시킨다. 그동안 해 왔던 업무들은 실무자 또는 중간관리자로서의 위치에서 수행한 일들이다. 그러나 최고책임자의 자리는 전혀 다른 성격의 것이다. 이같은 스트레스 속에 허세가 더해지면 벗어날 수 없이 자승자박하는 결과에 빠진다. 이 때문에 고위관료의 경우에는 특히 자기도취와 허세 때문에 균형감각을 잃고 넘어지지 않도록 항상 경각심을 가져야 한다.

3. 국력의 변화를 읽는 방법

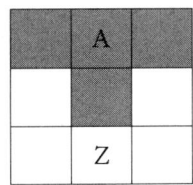

A와 Z의 형세는 똑같아 보인다. 이것은 서로가 유리할 수도 불리할 수도 있다.

> 정부와 정치의 리더십,
> 지리, 국토면적, 인구, 국민성, 사회와 정부 그리고 외교의 질,
> 경제력(국부펀드, 수출입액), 공업능력, 과학기술력, 문화예술력,
> 군사력(전략, 기술, 군대의 양과 질), 국가 이미지,
> 천연자원, 식량자원, 관광자원

국력의 요소는 다양하기 때문에 일부만으로 평가할 수 없다.

1) 위의 A와 Z는 서로에게 모두 유리할 수도 불리할 수도 있는 위치에 있다. 누가 어떤 움직임을 취하느냐에 따라 형세는 바뀐다. 이것은 국력요소를 적절히 사용하는 방법에 달려 있다. 그러나 국가가 가진 국력을 정확히 파악하는 것은 쉽지 않은 일이다.

2) 국력평가의 어려움은 제1, 2차 세계대전에서 독일과 일본의 전쟁 실패사례에서 잘 알 수 있다. 북한 역시 국력을 오판해 한국전쟁을 일으키면서 한민족의 역사에 과오를 저질렀다. 대부분 전쟁의 결과는 유사한 사실을 보여 준다. 국력평가의 어려움과 국력의 변화를 인식하지 못하기 때문이다. 더구나 다른 나라의 국력상승과 국제조류의 변화는 쉽게 깨닫고 인정하기 어렵다. 대신에 고정관념에 안주하거나 편향적 사고방식으로 자기 위주로 판단하기 쉽다. 정부와 정당은 여론의 비판을 우려하고 선거를 의식해 될 수 있으면 임기 중에 문제를 만들지 않으려 할 수도 있다.

3) 그러나 국력과 국제정세의 움직임을 파악하고 대응하는 것은 국가의 진로를 결정하고 때로는 운명을 좌우한다. 이 때문에 부단히

현실감각을 유지하지 않으면 안 된다. 쇄국정책과 같은 폐쇄적인 것이 아니라 전향적이고 진취적인 것이 되어야 한다. 모든 국가의 대사관이나 영사관의 중요한 임무가 주재하는 국가의 동향과 정보를 수집해 본국에 보고하는 것은 이 때문이다. 따라서 국가는 자신과 상대국의 국력을 정확하게 파악하고 있어야 하고 그렇지 않으면 국가 간에 문제가 발생할 때 협력이나 견제와 같은 적정한 대책을 마련할 수 없다.

4) 국제정치학에서는 일반적으로 국력의 요소로 리더십을 위시로 국토면적, 지리, 천연자원, 식량자원, 공업능력, 경제력, 군사력(기술, 리더십, 군대의 양과 질), 인구, 국민성, 국민의 사기, 사회와 정부 그리고 외교의 질과 같은 요소를 든다. 중요한 사실은 이 중에 어느 한두 가지 요인만으로 국력의 총량을 평가할 수는 없다는 점이다. 더구나 국가의 정치경제적 능력과 군사력 사이에는 함수 관계가 있으므로 이들 중에 무엇을 조합해 어떻게 사용하느냐가 중요하다. 또한, 부족한 국력을 보완하기 위해 결속하는 국가 간 동맹의 미래에 대한 확실한 예측도 어렵다는 점이다. 이것은 두 나라 사이의 이해관계가 다자관계가 되면 입장이 달라질 수 있기 때문이다.

5) 대한민국의 해방과 정부수립에 결정적으로 기여한 미국이 1950년 1월 애치슨 선언으로 방위선에서 제외해 충격을 준 것도 하나의 사례라고 볼 수 있다. 미국은 1980년 이란-이라크전에서 이란 이슬람 혁명정부에 TOW 대전차미사일을 공급했다. 이란-콘트라 공작을 통한 미국인 인질석방이 목적이었고 전쟁은 8년간의 지구전이 되

었다. 강력한 동맹국인 일본과도 경제력 경쟁에서 위협을 받자 환율 조정을 통해 견제를 실천했다. 21세기는 미국의 영향력 약화와 중국, 러시아와의 대립 그리고 브릭스와 같은 신흥세력의 부상으로 국제사회에서의 정치경제 그리고 문화적 이해관계가 과거에 유례가 없을 만큼 다중적으로 복잡해졌다. 이 때문에 국가의 최종적 안보에는 자주국방의 힘과 의지가 가장 중요하다는 사실을 실감시켜 준다.[71]

4. 전략적 사고는 이성과 논리

1) 국제사회에 한국인은 감정이 풍부하다고 알려져 있다. 정치적 집회나 운동경기에서 응원단의 열정적인 모습도 인상적으로 보인다. 그리고 한국은 정이 많고 친절한 나라며 외국인에게 조건 없이 인정을 베푼다고 칭찬한다. 2010년 주한 대사를 지낼 때 한국인의 인간미에 감격해 언론 인터뷰 중에 눈물을 보였지만 귀국 후에는 혐한인사가 되어 유명해진 인물도 있었다. 외교관으로서는 매우 이례적인 행동이었다. 한국의 정에 끌려서 장기간 국내에 사는 외국인들도 적지 않다. 이런 장점으로 한국의 위상이 높아지고 전통문화와 예술이 세계로 확산되고 있는 것도 환영할 일이다. 그러나 한국인이 이성적이고 논리적이라는 평가는 아직 부족한 편이다. 기분을 맞춰 주면 구체적으로 따질 부분에서도 마음 좋게 받아 준다는 생각을 하게 될 수도 있다. 이 때문에 감정적으로는 만족스럽지만 실제로는 손해를 보는 경우가 생기거나 풍부한 감정이 부담스럽게 여겨질 수도 있다.

국가 간에도 이 점은 마찬가지로 우호협력국가로서의 조건은 감정적으로 좋은 상대일 뿐만 아니라 서로의 논리주장과 이해관계가 맞는 상대여야 한다. 이 때문에 전략적 사고의 필요성이 대두된다.

2) 다른 나라의 행위를 감정적인 차원에서만 이해하고 응대하면 이것은 정확한 것이 아니고 위험한 것이 될 수도 있다. 따라서 외국에 대한 평가는 정확한 사실에 입각해 이성적으로 보아야 한다. 이스라엘의 건국을 예로 들면 기적적인 사건으로 신화화하기보다 건국 전에 이스라엘 민족이 국제사회에서 펼쳤던 주도면밀한 외교활동과 전쟁 준비 과정을 함께 보아야 한다. 한국전쟁에서 튀르키예의 참전 경우도 마찬가지다. 튀르키예는 북방 돌궐민족으로 한민족과의 역사적 연고가 있는 것이 사실이다. 그러나 당시 나토에 가입하기 위해 노력하던 튀르키예 정부의 서구에 대한 협력 차원에서 보아야 하는 것이 현실적이다. 튀르키예군 병력 14,936명은 1951년 10월 17일 한국에 도착했고 이후 10월 22일 나토는 튀르키예의 가입을 승낙했다. 한반도 주변의 중국과 일본 그리고 미국과 러시아도 모두가 자국의 이익을 위해 한국전쟁에 참전하고 종전에 합의했다. 국가 간의 관계는 전략적 사고에 따라 이루어지는 것이 당연하다. 이 때문에 우리의 대외정책 역시도 가려진 이유와 배경을 찾아보면서 이것을 기반으로 해야 한다.

3) 감정과 이성의 균형감각 부족은 어느 나라에서나 나타나기 때문에 특별히 한국인만의 특성이라고 말할 수는 없다. 침착하고 논리적인 태도로 알려진 영국인들도 다음과 같은 조언을 남겼다. "상대하

기에 불쾌할 만큼 어리석거나 부정직하고 잔인하거나 거만한 사람을 만났을 때도 초조함을 보여서는 안 된다. 그리고 개인적인 원한이나 열광, 편견과 허영심, 과장이나 도덕적 또는 법률적이라도 분노를 폭발해서는 안 된다." 감정에 사로잡히지 말고 침착해야 한다는 것이다. 그러나 실제로는 유럽사회에서도 때로는 공적 또는 사적 장소에서 감정에 휩쓸리는 경우가 생겼고 때로는 전쟁으로까지 이어졌다. 유럽 외교가에서 흥분한 외교관이 모자를 벗어 던지거나 문서를 찢어 버리는 일도 발생했다. 제1차 세계대전에서 독일 외무장관 치머만이 이성을 잃고 멕시코와의 비밀협상 내용을 언론에 폭탄선언해 미국의 참전을 초래한 것도 그런 사례 중 하나다.

4) 문제는 감정의 폭발은 강대국이나 약소국 모두에게 나타나지만 피해는 결국 약소국에 돌아가는 것이다. 근대에 들어서 제국주의가 횡행하는 시기에 강대국들은 이러한 약소국 정부나 국민의 감정적 대응을 침략의 명분으로 삼았다. 현대에도 이같이 국가 간의 감정충돌 때문에 일어난 전쟁의 사례는 드물지 않다. 2003년 3월 이라크전쟁 발발 전 바그다드의 호텔 로비에 깔린 미국 성조기를 밟고 지나다니는 이라크인들의 모습이 텔레비전 화면에 보도된 후 미국 내에서 개전 여론이 높아진 것은 당연한 결과였다.

4. 유연한 창조력

1. 파천황의 창조력

한국기업의 로고는 비정형적이며 자유로움과 창의성이 있다.

1) 현대는 이단아 또는 반골의 시대라는 말이 있다. 틀에 박힌 기존의 규범을 답습하지 않는 엉뚱함과 일탈의 용기를 가진 인물이 무엇인가 새로운 것을 창조한다는 것이다. 여기에는 실리콘 밸리의 인재들을 떠올리게 하는 남이 하지 못하는 생각과 질문을 하는 비범함이 있다. 그리고 이 같은 인물들을 사회가 받아 주고 활동할 수 있도록 기회를 줄 때 국가는 정치경제적으로 성장한다. 이런 면에서 천재는 태어나는 것이 아니라 만들어지는 것이라고 할 수도 있다.

2) 생각의 유연성은 창조력을 만드는 결정적인 역할을 한다. 비판

이 비판으로 끝나지 않고 새로운 대안을 만들어 내야 하는 것처럼 사고의 탄력성이 필요하다. 대나무나 버드나무처럼 흔들리되 부러지지 않고 원칙을 잃지 않는 것과 같다. 경직된 사고방식에서는 밀폐된 공간에 갇힌 것처럼 새로운 생각이 나올 수 없다. 자유민주주의가 전체주의보다 우수한 인재와 물품 그리고 사회환경을 만드는 것은 개인의 자유로부터 나오는 창조의 힘이 있기 때문이다.

3) 한국의 전통에는 창의성이 있다. 이것은 전통예술에서 나오는 정형성을 파괴하는 힘이다. 한국 전통예술은 자유로움을 선호하고 틀에 박힌 것을 좋아하지 않는다. 이 때문에 파천황(破天荒)이라는 표현과 같이 파격적인 능력이 있다. 종묘 제례악이나 궁중 아악과는 별도로 서민들의 춤과 음악은 흥겨운 가락과 장단이 서양의 왈츠나 정형화된 악기의 음율과 대조된다. 농악이나 강강술래와 같이 신바람 나는 자연스러움이다. 예술은 의무가 아니라 즐기는 것이기 때문에 나오는 그대로를 자연스럽게 표현하는 것이고 새로운 것을 창조하는 능력이다. 이 때문에 한국은 중국과 일본 양대 강국의 틈에서 유연한 움직임으로 돌파구를 열어 갈 수 있었다.

4) 한국 경제발전의 주인공 역할을 하는 한국기업들의 로고는 독특하다. 그러면서도 비슷한 특징을 갖고 있다. 삼성, 현대, 기아, LG, 두산, 한화, SK 대부분 정형화된 모습이 아닌 비대칭적 형상이다. 약속한 듯 창조적이고 상품의 디자인도 자유롭고 과감하다. 한국기업은 이 같은 혁신으로 국가경제의 발전을 이끌었다. 대기업 중 하나인 J 회장은 창조적 개척정신을 강조함으로 유명했다. 임직원들이 새로

운 기법을 적용하기를 주저할 때는 그것을 해보았느냐고 묻고 도전정신을 일깨웠다고 한다. 한국의 기업들은 세계 굴지의 기업들이 주저할 때 문제의 핵심을 긍정적 시각에서 꿰뚫어 보고 앞서갔다. 중공업과 조선 그리고 반도체에 도전해 세계적 기업으로 키우고 국가경제를 견인했다. 한국 남해에서 인도양을 건너 아라비아 바다까지 초대형 철제구조물을 배로 운반해 사우디아라비아 항구의 부두 건설을 했고 서해안 아산만에는 대형 유조선을 침몰시켜 빠른 물살을 잡고 방조제를 만들어 새로운 땅을 만드는 간척공사에 성공했다. 세계 건설역사에 없던 신공법이었다.

5) 한국기업의 창조적 디자인은 우연의 산물로만 여길 수는 없다. 여기에는 민족의 원형질과 전통이 담겨 있다. 이것은 중국이나 일본과 다른 한국의 자유로운 예술혼에 담긴 창조력과 무관하지 않을 것이다. 상대적으로 일본의 기업 로고는 틀과 격식에 맞춰진 규범적 대칭형이 주류다. 마치 중세 일본장수들의 투구나 가문 문장처럼 정형화된 형태다. 한국의 자동차와 가전제품의 다양한 디자인과 모델은 한민족의 진취성과 도전정신을 보여 준다. 기업인들이 품고 있는 기마 유목민족의 DNA라고 할 수 있다. 이들이 세계를 무대로 활약할 수 있도록 물길을 터 주는 역할을 정부가 해야 한다.

2. 한글의 힘

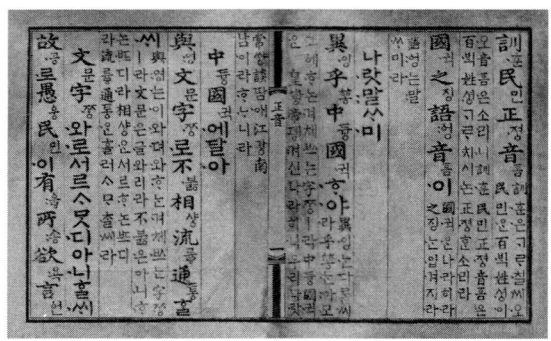

(출처: 훈민정음, 문화재청)

세종의 한글창제는 지식자본을 백성 모두에게 나누고 미래 한민족의 역량축적을 위해서였다.

1) 1446년 10월 9일 세종 28년 반포한 훈민정음은 백성이 전하고 싶은 뜻을 널리 펼 수 있게 하기 위해서라고 한글의 창제 이유를 밝혔다. 이것은 백성이 말로는 쉽게 사라질 뜻이나 생각을 멀리 그리고 오랫동안 전하기 위한 것이다. 모든 백성의 지식자본을 시공간을 초월해 알리고 남기기 위해서다. 보통사람들의 지적 역량을 모아 민주주의를 만드는 힘이라고 할 수 있다. 한글 반포 4년 후에 세종은 승하했다.

2) 1990년 유네스코는 세종대왕문해상(King Sejong Literacy Prize)을 제정했다. 문맹퇴치를 위한 배우기 쉽고 유용한 한글의 우수성이 국제사회에서 인정받은 것이다. 한글은 반포 당시 설명한 대로 세상 모든 소리를 표기해 전달할 수 있는 세계화에 가장 적합한 문자로 위력을 발휘하게 되었다. 시각적으로도 한글이 주는 감각이

현대적으로 변해 과거에 궁서체와 흘림체와 같이 단조롭던 글자체가 많고 다양해졌다. 한글 서체가 보여 주는 역동감은 한자 서체와는 다른 자연스러운 아름다움을 보여 준다. 한글의 힘을 찾자면 중국 한자와 비교하는 것이 우선적이다.

3) 한자가 가진 단점과 한계성 때문에 한자가 죽어야 중국이 산다는 주장도 나왔다. 우선 표의문자로서 한자의 규정성과 실제 의미 간의 차이와 편견 때문이다. 사내 남(男)은 현대는 남자만 힘쓰는 농업사회가 아니다. 시대관념에 어긋나고 남성과 여성을 일정한 개념으로 규정해 놓는 것이 문제시된다. 간사할 간(奸, 姦)은 모성과 여성에 대한 모욕이 된다. 법(法), 산(山), 천(川)의 경우에는 이해할 수는 있지만 고정관념에 얽매이게 된다. 물수 변에 갈 거의 법 개념을 서양의 법의식으로는 이해하기 어렵다. 상당수의 한자는 의미가 없거나 이해할 수 없고 오히려 오해를 불러올 수 있다. 한자 역시 경우에 따라서는 표음문자 역할을 하므로 새로운 물체나 의미화할 고유명사가 나올 때마다 그만큼 많은 새로운 한자가 만들어질 수밖에 없다. 그러나 한자의 장점도 무시할 수 없다. 의미의 함축성과 철학성 그리고 직관성이다. 자판 입력에 걸리는 시간과 노력은 한글의 효율성을 따를 수 없지만 일정한 수의 한자병기를 통해 한글과 한자의 장단점을 절충할 수 있다.

4) 한글의 장점은 거의 모든 외국어를 포용할 수 있는 표기와 발음 능력에 있다. 맥도날드를 중국 한자로는 마이당라오(麦当劳)로 일본 가나로는 마쿠도나루도(マクドナルド)로밖에는 표기할 수 없지만 한글은 가장 원어에 근접하게 표기할 수 있다. 따라서 원어민과

의 대화 중에 자신의 이름을 올바르게 불러 주는 한국인에게 호감을 갖게 된다. 그러나 한글을 단순히 발음기호로만 한정하면 한글의 가치를 찾지 못한다.

5) 한글의 아름다움은 소리와 형용사에서 찾을 수 있다. 한국말 소리의 아름다움이다. 한국어의 명사는 장구한 세월을 지나면서 상당수 한자를 사용했다. 그러나 형용사는 한자로 대체할 수 없는 다양하고 아름다운 힘을 갖고 있다. 마음과 감정을 나타내고 색채감을 보여 주는 것이다. 정서적인 면에서는 더욱 그렇다. '곱고 고운, 예쁜, 아름다운'같이 누구나 알고 있는 민요나 동요를 들으면 느낄 수 있는 감정이다. 이 때문에 한국의 시와 소설을 외국어로 번역하는 것은 매우 힘든 작업이라고 한다. 여기에는 영혼을 울리는 감동이 있다. 한국말의 음성 성조가 주는 느낌도 크다. 복잡하거나 날카롭지 않고 부드러움과 모성을 담은 소리이기 때문이다. 한국어의 감성은 비가 '보슬보슬'이나 '부슬부슬' 내린다. 또는, '시퍼렇다'거나 '새파랗다', 그리고 '노르스름한'이나 '누르스름한'처럼 미세하다. 나라마다 고유의 성조를 가지고 있지만 한글 발음처럼 담백한 말소리는 찾기 힘들다. 이것은 영어, 프랑스어, 독일어, 러시아어와 같은 서양어나 중국어, 일본어, 베트남어, 튀르키예어와 같은 동양어 말소리를 들어 보면 느낄 수 있다. K팝의 애호가들이 한국말은 들으면 편안하다고 하는 데는 이유가 있다.

6) 한글의 약점 역시 살펴보고 보완할 필요가 있다. 이것은 동음이의어가 많기 때문이다. 한자를 보면 시각적으로 즉시 인식할 수 있지만 한글은 이와는 다르다. 먹골이라는 지명을 들으면 식당가가 밀

집한 구역으로 생각할 수 있다. 그러나 한자로 표기하면 묵곡(墨谷, 먹고개)으로 과거에 먹과 관련된 산업이나 학자들이 살았던 곳이다. 전혀 다른 의미로 전통이 단절되거나 왜곡될 수 있다. 사자성어 또는 2자, 3자 글자를 조합해 경우에 맞게 사용할 수 있는 것은 한자의 유용한 점이다. 침범, 침탈, 침략, 침공 또는 결행, 실행, 단행, 감행, 시행, 집행 그리고 간(看), 견(見), 시(視), 관(觀), 람(覽)과 같이 비슷하지만 다른 차이를 가진 단어들의 의미망과 함축성도 마찬가지다.

7) 이런 점에서 한글의 창조성을 발휘하기 위해 훈민정음의 창제 초기 소실된 "ㆍ(아래 아)", "ㆁ(꼭지 이응, 옛이응)", "ㅿ(시옷은 반치음이라 해서 ㅈ 과 ㅅ의 중간 발음)", "ㆆ(여린히읗, 히읗의 약한 발음)"과 같은 4개의 문자를 부활해 사용하는 것을 고려할 수 있다. 이것으로 한글에 다양한 음성과 성조를 더해 동음이의어를 줄일 수 있을 것이다. 옛 문자의 사용은 외국어 표기나 또는 단어의 창조와 같이 한글에 새로운 가능성을 열어 줄 수 있다. 이런 점에서 표준한국어와 맞춤법의 엄격한 규정성은 개선을 검토해 볼 수도 있을 것이다. 한글창제 후 기록된 역사 속 한국어를 소환해 한자나 외국어 대신 사용하는 것도 중요한 일이다. 언어 속에 담긴 민족혼이 부활하는 것이 되기 때문이다. 우리 역사 속에는 깨어나기를 바라는 많은 글자가 있을 것이다. 한글에 '어제'와 '오늘'은 있지만 '내일(來日)'은 한자뿐이라던 오해는 우리 고서적 중 하나인《계림유사》속에 '올재'라는 단어를 되찾음으로 부활했다.

8) 외국어를 사용하면 이미 규정된 외국의 인식에 따르게 된다.

언어는 영혼의 틀이며 사고의 감옥으로 불리는 것과 같다. 한국의 교수(敎授)와 서양의 교수(Professor) 사이에는 의미상의 차이가 크다. 조리사와 셰프, 배달원과 라이더 같은 경우에도 마찬가지다. 공간의 경우에도 영어로 이름 붙은 장소에서는 영미식 관념을 일본어로 된 장소에서는 일본식 관념을 갖게 된다는 점은 중요하다. 한글의 확산 못지않게 보호가 필요한 것은 바퀴의자라는 쉬운 우리말보다 휠체어가 더 익숙해진 것과 같은 한글의 소멸 추세가 진행되고 있기 때문이다. 많은 국민의 거주 공간인 아파트 상당수가 외국어로 이름 지어지는 것은 신중하게 생각해 볼 필요가 있다.

3. 국민교육헌장 세대의 증언

1) 1960년대와 1970년대 학창시절을 보낸 세대는 국민교육헌장을 외우면서 자랐다. 이들은 한국전쟁의 후유증을 직접 겪은 세대다. 식량부족으로 영양실조를 얻었고 1960년대에는 월남전에 파병되었다. 1972년 유신반대 시위에 앞장섰다가 녹화사업이라는 이름으로 징집된 사람들도 적지 않다. 남파 무장공비들과의 전투에도 참전했고 군대 안에는 기합과 구타와 같은 일본군의 악습도 남아 있었다. 고엽제 질병이나 민주화투쟁 중에 받은 피해와 정신적 트라우마로 일생 고통받은 사람들도 있다. 한국전쟁이 끝난 후 사회 어두운 곳에서 살아간 이름 없는 약자들의 수는 통계에 잡히지도 않을 것이다. 이 같은 희생과 함께 21세기 대한민국은 정치와 경제적으로 세계 주요국가 중 하나로 서게 되었다.

2) 독재시대를 미화할 수는 없으나 당시 한국의 시대상황과 메시지를 평가해 볼 필요는 있다. 1968년 12월 5일 발표된 국민교육헌장은 석학으로 알려진 박종홍 철학박사를 위시로 정치 주도세력이 작성한 문안이다. "우리는 민족중흥의 역사적 사명을 띠고 이 땅에 태어났다. 조상의 빛난 얼을 오늘에 되살려 안으로 자주독립의 자세를 확립하고 밖으로 인류공영에 이바지할 때다."로 시작되는 글이다. 국민교육헌장을 암기하면 상 받는 시대였지만 힘들게 외우지만은 않았던 것은 그 안에 공감되는 내용이 있었기 때문이다. 어른들은 일제 가전제품을 최고로 알고 아이들은 우리나라에서 제일 부자가 미국에서 가장 가난한 사람이라고 말하던 때다. 뒷골목에는 미군부대 식당에서 남은 음식을 가져다 끓여 파는 꿀꿀이죽 장사가 좌판을 놓고 있고 양키시장에서는 미군물자가 팔렸다. 양공주들과 상이군인들이 거리에 나와 있을 때다. 그리고 그만큼 가난에서 벗어나고 국력을 길러 민족의 자존심을 살려 주기를 바라는 심정도 컸다. "길이 후손에 물려줄 영광된 통일조국의 앞날을 내다보며 신념과 긍지를 지닌 근면한 국민으로 민족의 슬기를 모아 줄기찬 노력으로 새 역사를 창조하자."라는 구절은 힘써 공부하고 일하자는 의지를 갖게 했다.

3) 그러나 헌장은 가능성과 한계를 함께 지니고 있었다. "우리의 창의와 협력을 바탕으로 나라가 발전"하는 것이지만 창의력을 발휘하지 못하도록 했다. 그리고 책임과 의무는 있었지만 자유와 권리는 희박했기 때문에 "나라의 융성이 나의 발전의 근본임을 깨닫기" 어렵게 했다. 그 결과로 "스스로 국가 건설에 참여하고 봉사하는 국민

정신을 드높이기"에는 한계가 있었다. 이 때문에 정치와 사회는 억압적으로 변했고 헌장선포 4년 후인 1972년에는 국민의 반대에도 불구하고 10월유신으로 독재화했다. 결국, 강력한 리더십으로 나라의 경제발전을 도모했으나 동시에 민주주의는 정체되었고 사상과 철학의 자유는 소거되었다. 이것은 폐쇄적 사회를 만들었고 가장 큰 폐단은 민주주의의 퇴보와 전제적 집단주의에 몰입한 것이다. 발전적 비판이나 창조적 인재의 성장은 나타나기 어려웠다. 장발과 미니스커트 같은 개성도 경제발전에는 불필요한 사치나 퇴폐로 해석한 것이다. 당시의 경제구조 자체가 노동집약적이었고 인건비 절감에 의한 자본축적이 중점이었기 때문에 가능했던 환경이었다. 그러나 현재는 세계 산업생태계와 경제구조 자체가 완전히 변했다. 새로운 IT 환경과 금융산업 그리고 문화자본의 확산으로 인해 과거와 같은 발전 패러다임으로는 더 이상의 성장이 불가능하게 되었다. 아시아와 아프리카의 후발 국가에 단순경제 구조를 물려주는 것이 세계의 흐름이다.

4) 따라서 오늘날에는 자유로운 사고에 기반한 국민 개인의 역량을 최대한 발휘하도록 하는 것이 필요하다. 젊은 세대의 창의성을 적극적으로 계발하고 발휘할 수 있는 사회환경을 만들어 주는 것이다. "나라의 융성이 나의 발전의 근본이 되는 것"일 뿐만 아니라 "나의 융성이 나라 발전의 근본이 되는 것"이라는 인식이 수반되어야 한다. 이 때문에 기업에 대한 정치적 압박은 반복되어서는 안 되고 불필요한 행정규제는 삭제되거나 최소화되어야 한다. 더구나 획일적인 교육과 통제적 입시제도, 그리고 단순한 암기위주의 선다형 시험으로는 창조형 인재의 육성이 불가능하다. 세계 각국이 배출하고 있는

뛰어난 인재들과 경쟁할 수 있는 인물을 키울 수 없는 것이다. 창조적 교육환경에서 자라난 한국의 젊은 인재들이 세계를 무대로 자유롭게 활약할 때 비로소 한국에 새로운 도약의 기회가 오게 된다.

5) 이런 점에서 한국의 교육제도가 개선될 수 있도록 미국과 일본 그리고 유럽 선진국들이 어떤 교육목적을 갖고 입시제도 정책을 어떻게 시행하고 있는가를 자세히 비교해 보아야 한다.

4. 냉전한국이 얼려 버린 유연성

외국 석학들은 대한민국의 장점과 결점을 솔직하게 말해 준다.

1) 사교행사에서 초면의 참석자들을 서로 소개하고 알리는 시간을 '아이스 브레이킹(Ice Breaking)'이라고 표현한다. 얼음처럼 얼어붙어 경직되면 대인관계가 연결되지 않고 자신의 능력도 발휘할 수 없다.

2) 2014년부터 2017년까지 3년 가깝게 한국 축구 국가대표팀 지도

를 맡은 독일인 감독 슈틸리케는 2023년 2월 독일 언론과의 인터뷰에서 한국 축구선수들이 우수하다고 평가하면서 몇 가지 단점도 지적했다. 이 중에는 창의성이 부족하다는 언급이 있다. 경기의 다양한 국면전개 중에 주도적으로 기회를 만들어 내는 능력에서의 아쉬움이다. 그리고 그 이유로 한반도의 분단상황을 들었다. 분단국 국민에게 나타나는 사고의 경직성 때문으로 생각한 것이다. "한국은 분단국가라 줄곧 경계태세를 취하고 있다. 그것이 축구에도 이어진다. 수비 측면에서 규율, 의지, 강인함 등은 잘 갖추어져 있지만 공격 측면에서 창의성 등은 매우 부족하다."라는 언급이었다. 기회를 만들어 내는 능력에서의 아쉬움을 말하는 것으로 이것은 운동경기뿐만 아니라 우리 사회의 모든 분야에 걸친 문제라는 시각에서 경청할 필요가 있다.

3) 이러한 경직성은 한반도와 같이 대륙세력과 해양세력 사이에 위치한 경계국가의 경우에 일반적으로 나타난다. 유럽의 발칸반도가 대표적이다. 유고슬라비아연방은 1991년 소련의 해체 이후 분열되었고 민족 간의 분쟁이 계속되는 중에 1999년 코소보 내전이 발발했다. 냉전 중에 쌓여 있던 연방 내의 민족과 종교 그리고 문화적 갈등이 폭발한 것이다. 전쟁은 잔인했고 인종청소와 민간인에 대한 무차별 저격이 벌어졌다. 어제까지 학교 동창생들이던 친구들이 적군으로 만나 벌어지는 비극적 상황을 안젤리나 졸리는 영화 〈피와 꿀의 땅에서(In the Land of Blood and Honey)〉에서 감독 겸 배우로 사실적으로 표현했다.

4) 냉전이 만드는 단순성과 폭력성은 상대 진영뿐만 아니라 진영 내부로도 가해진다. 정치와 경제 그리고 문화를 왜곡시키고 국가의 정체성도 기형적으로 형성된다. 신체와 정신 그리고 언어의 압박과 폭력이 개인에게 전해지고 사상과 의견의 자유로운 교환이 억제된다. 이 때문에 개인의 자율성과 창의성은 소거되거나 파편화된다. 그리고 국민은 단순한 사고로 쉽게 선동에 휩쓸려 사회를 극단적 대결로 유도한다. 냉전사회는 권력의 중앙집중화와 반민주적 구조를 만들고 이러한 과정에서 발생하는 국민의 피동성은 관료제도를 강화시킨다. 이런 점에서 1980년 8월 주한미군사령관 위컴이 외신 인터뷰에서 언급한 한국인에게는 레밍(Lemmings)의 성향이 있다는 말은 이 같은 냉전의 환경에서 이해할 수 있다. 한국인들은 레밍처럼 그들이 가진 어떤 지도자라도 따르려고 한다는 것이었다.[72] 이러한 평가는 이후 1980년대 학생과 시민사회의 민주화운동 그리고 2016년 촛불시위와 대통령 탄핵과 같은 정치적 변동으로 수정되지만 상당 부분 숙고할 필요가 있다.

5) 냉전은 사고의 기능이 얼어붙은 상태와 같다는 점에서 차가운 평화라고 부를 수 있다. 그리고 진영과 국가 간의 단절뿐만 아니라 개인 사이의 경계선 구축 작업을 의미한다. 그 때문에 자유롭고 창조적인 민주주의를 육성하기 위해서는 냉전의 부작용을 극복할 수 있는 정부의 굿 거버넌스가 중요하다. 그리고 이것을 추동하는 학자와 사상가의 역할이 필요하다. 따라서 사회 안에서 건강한 비판과 담론이 자유롭게 교환될 수 있도록 다양한 아고라(Agora)가 활성화되어야 한다. 이후에 한국사회에서는 더 많은 창조형 인재들이 나오고

세계무대에서 경쟁할 수 있는 역량이 발휘될 것이다.

6) 대한민국의 미래 진로를 파악하기 위해 2010년 정부는 세계 석학들로부터 자문을 구했다. 스티브 발머, 기 소르망, 스티븐 로치를 비롯한 세계적 명사 30명이 대한민국의 현재와 미래를 다양한 시각에서 조망한 내용이다. 이들은 대부분 한국의 저력을 신뢰하면서도 세계로 전진하는 것을 가로막는 장애물과 한계를 지적했다. 이것은 한국과 한국인의 폐쇄성으로 요약된다. 개방성과 수용성이 부족해서 폭넓은 가능성을 열지 못하고 다양성 있는 매력국가로 한 차원 더 도약하지 못하고 있다는 것이다. 이들은 한국이 창의적이고 적극적으로 21세기의 한국을 창조해 갈 수 있다고 전망했다. 캐나다 토론토 대학 리처드 플로리다 교수는 〈인재전쟁〉이라는 제목으로 창의력 계발교육의 필요성을 강조했다. 이것은 성인이 된 후에는 바뀌기 어렵기에 더 중요하며 향후 세계경제를 이끌어 가는 것은 바로 창의 자본이기 때문이다. 그리고 인재의 창의력을 활용할 수 있는 국가능력이 앞으로 한국이 풀어야 할 가장 큰 과제라는 것이다. 또한 이 때문에 한국이 가진 정보통신과 첨단기술에서의 역량을 발휘할 수 있도록 창조성을 강조했다.[73] 하드웨어 제조국으로서만이 아닌 소프트웨어의 제조국이 되어야 한다는 조언이다.

7) 냉전한국의 경직성은 문화예술가들에 의해 점차로 해체되는 모습을 보여 준다. 2019년 12월 국립합창단 공연은 헨델의 메시아 중 〈우리를 위해 나셨다(For unto us a Child is born)〉를 뛰어난 가창력으로 부르면서 자연스러운 표정과 율동 그리고 유연하게 자리

를 이동해 움직이면서 원곡의 의미를 새롭게 표현해 전달했다. 합창단원들은 기존의 엄숙하고 경직된 메시아 공연의 고정관념을 깨면서 청중들에게 새로운 감동을 주었다. 외국인들의 관람평도 "Korea rules!" "Outstanding!!!" "So moving, thanks."와 같이 호평이었다. 대한민국의 창의성이 문화예술을 통해 발휘되고 있다고 볼 수 있다.

V
역량배양의 길

전략이 훌륭해도 실행하는 사람의 역량이 부족하면 성사될 수 없다.

대한민국은 국가발전을 위해 한 세대 동안을 매진해 왔다. 따라서 국력은 불균형적으로 성장했고 국민은 많은 부분을 희생하면서 역량을 배양하기 어려운 환경이었다.

이제는 과거의 발전 패러다임으로는 대응할 수 없는 시대가 되었고 개인의 활력과 창의성이 필요한 때다.

이것은 리더십의 비전에서 나오고 리더와 펠로워의 사기가 합쳐 시너지 효과를 만들어야 한다.

이 때문에 리더의 역할에는 펠로워의 역량을 키우고 독재나 우민 정치가 되지 않도록 하는 굿 거버넌스(Good Governance)가 필수적이다.

국가의 힘을 만드는 국민의 수준은 정부가 만들기 때문이다.

1. 섬김의 리더십
1. 새천년 리더십의 조건   219
2. 세월호가 보여 준 리더십   221
3. 소장대병(小將大兵), 리더십 역량교육의 필요성   225
4. 아기장수 살리기   227

2. 수평적 펠로우십
1. 국민의 수준은 정부가 만든다   231
2. 소수자의 힘, 10명이 10억 명이 될 수도 있다   233
3. 꿩 잡는 게 매   236
4. 싱가포르 스타일 역량배양   238

3. 꾸준한 역량배양
1. 자만과 교만은 역량배양의 대적   241
2. 지피지기는 역량강화의 길   243
3. 다양성에서 질이 나온다   247
4. 문화자본의 전성시대   250

4. 통합적 사기진작
1. 벡터 함수, 협력이 아닌 합력이다   254
2. 사기의 원동력은 믿음과 신념   257
3. 지식이 아닌 용기가 결정한다   260
4. 비대칭 역량이 승리의 비결   262

1. 섬김의 리더십

1. 새천년 리더십의 조건

1) 공동체는 구성원 모두의 역량에 의해 보호되고 발전한다. 그러나 가장 중요한 것은 리더십이다. 지도자의 결심에 따라 공동체의 방향과 속도가 정해지기 때문이다. 그리고 때로는 이에 의해 모두의 운명이 결정되기도 한다. 리더의 역할은 수학 공식에서 괄호 밖의 부호와 같다. 괄호 안에 많은 플러스가 있어도 밖에 있는 하나의 0이나 마이너스가 전부를 바꿀 수 있다. 리더십이 무능하거나 제대로 역할을 하지 못하면 리더십을 빼앗기고 하극상이 일어날 수도 있다. 거의 모든 백성의 저항에도 불구하고 소수의 대신과 친일조직 지도자에 의해 대한제국의 주권이 일본에 넘어가는 과정을 보아도 알 수 있는 일이다.

2) 영국 왕실은 "군림하되 통치하지 않는다.(The King reigns, but he does not govern.)"라고 말해진다. 중국 베이징 자금성의 교태전에는 무위(無爲)라는 현판이 걸려 있다. 이것은 황제가 아무 일도 하지 않는다는 것이 아니라 구성원들의 역량이 제대로 발휘되도록 하고 방해하지 않는다는 의미로 보아야 한다. 《도덕경》의 29번째 주제인 〈무위(無爲)〉는 최선의 리더십을 자연과 민심을 따르는 것으로 "심함을 떠나고(去甚, 거심) 사치를 떠나며(去奢, 거사) 오만함을 떠나도록(去泰, 거태)" 조언한다. 더욱이 2000년대에는 새롭게 바뀐

국내외 환경조건을 더한 리더십이 필요하다. 리더로서 알아야 할 일들이 100년 전과는 비교할 수 없을 만큼 많고 다양해졌기 때문이다. 따라서 리더로서의 독단은 위험한 것이 되고 구성원의 역량을 민주적으로 끌어내 취합하는 역할이 중요하게 되었다. 그리고 정치적으로는 상대방을 '멍청이!(Stupid!)'라고 공격하는 일이 빈번해졌다.

3) 전사학자 크로올은 미국 해군대학 강의에서 제1차 세계대전에 독일이 참전을 결정한 것은 단순히 지도자의 우둔함 때문이라고 분석했다. 독일의 빌헬름 황제와 참모들이 상황을 제대로 파악하지 못했고 안일한 판단을 했기 때문이라는 것이다. 1914년 6월 28일 사라예보에서 오스트리아-헝가리제국 프란츠 페르디난트 황태자 부부가 암살당했다. 빌헬름 황제는 세르비아 왕국에 대한 전쟁선포에 대한 전권을 오스트리아 황제에게 위임하고 유유히 북해 선박유람을 떠났다. 한 달 후 7월 28일 오스트리아군이 세르비아를 침공했고 1918년 11월 11일 종전까지 4년 3개월간 독일을 비롯한 유럽과 세계는 미증유의 고난시기로 들어갔다. 전쟁이 끝나고 독일제국은 붕괴했고 전쟁의 후유증은 불과 20년 후 제2차 세계대전 발발의 원인이 되었다.

4) 미국 육군사관학교의 리더십 교육에는 리더가 해야 할 일을 다음 11가지로 정리했다.[74] ① 당신 자신을 알 것, 그리고 자기발전을 추구할 것 ② 기술적으로 그리고 전술적으로 능숙할 것 ③ 자신의 행동에 책임감을 가질 것 ④ 시기에 맞는 적정한 결정을 내릴 것 ⑤ 모범을 세울 것 ⑥ 팀원들을 알고 그들의 복지에 유의할 것 ⑦ 지속적으

로 정보를 제공해 줄 것 ⑧ 임무가 이해되고 감독되고 수행되었는지 확인할 것 ⑨ 책임감을 개발해 줄 것 ⑩ 한 팀으로 훈련할 것 ⑪ 능력에 따라 팀을 구성할 것. 이것을 요약하면 리더는 모든 구성원이 한 팀이 되어 목적을 달성할 수 있도록 만드는 사람이라는 것이다. 따라서 사관학교 입학조건에도 개인경기 보다 단체경기 참가경력에 높은 점수를 준다.

5) 결과적으로 리더에게 요구되는 것은 공동체 구성원 전부의 역량을 끌어내고 결집해 발산될 수 있도록 해 주는 능력이다. 구성원들이 능력을 발휘할 수 있도록 도와주고 같은 목표를 향해 가도록 인도하는 역할이다. 잘못된 리더십은 오히려 구성원들의 능력을 소거하거나 서로 충돌하게 만든다. 과거 한국의 경우에 리더십에는 '강력한'이라는 수식어가 빠지지 않고 붙었던 적이 있었다. 그러나 이제는 리더만의 강력함이 아니라 국민 개개인의 능력이 자발적으로 분출되어 합쳐진 강력함이 되어야 한다. 그리고 이를 위해서는 공동체에 자생력과 활기를 주어야 한다. 이것이 사회 각 부문에서 지도자의 역할이다.

2. 세월호가 보여 준 리더십

1) 개인이나 국가에 있어서 성공 못지않게 중요한 것은 실패에서 배우는 것이다. 2014년 세월호 침몰은 실패한 리더십의 중요한 사례가 된다. 4월 16일 아침 8시 50분 진도 울돌목 해상에서 제주도를

향해 가던 세월호가 전복되었다. 배수량 6,835톤의 대형 여객선에 탑승한 476명의 승객 중에 학생 250명과 교사 11명 사망을 포함한 총 304명이 목숨을 잃었다. 오전 8시 58분 선체에 이상을 느낀 학생이 최초로 119에 전화신고를 했다. 그리고 배가 기울며 침몰해 가는 과정은 텔레비전 뉴스를 통해 전국에 생생히 방송되었다. 국민들의 초조감과 애타는 심정은 부모를 위시로 모두가 같았을 것이다. 9시 17분 진도관제센터와의 교신에서 세월호 선원은 배가 50도 이상 기울어져 있다고 보고했다. 9시 25분 해경 헬기와 선박이 도착했으나 세월호 선체 주변을 돌고 있는 해경의 뚜렷한 구조 활동은 보이지 않아 답답함을 더했다.[75]

2) 세월호 침몰은 다른 정치적 요인들과 합해져 한국 현대사의 주요 사건으로 이어졌다. 촛불집회와 대중시위가 벌어지고 정치권의 분열로 대통령 탄핵안은 2016년 12월 국회를 통과했다. 그리고 2017년 3월 헌법재판소는 헌정사상 최초로 박근혜 대통령에 대한 파면을 선고했다. 국가의 최고 리더십에 대한 심판이었다. 따라서 세월호 침몰을 여러 측면에서 조명해 교훈을 얻을 필요가 있다.

3) 첫째로, 선장과 선원들의 리더십이다. 이들은 자신들이 탈출하면서도 선내방송으로 승객과 학생들에게 움직이지 말고 있으라고 지시했다. 이 같은 안내방송을 듣고 배의 안전을 위해 모두 제자리에 있을 수밖에 없었을 것이다. 둘째로, 구조활동을 하지 못한 해경의 리더십이다. 현장에서의 이러한 리더십 부재의 이유를 설명할 수 있어야 한다. 대형선박의 좌초나 침몰에 대한 구조 작업 매뉴얼과 장

비의 보유여부 그리고 유사한 대책훈련이 실시되고 있는가 여부다. 셋째로, 침몰사고 이후 정부의 리더십이다. 이것은 정확한 사고원인 규명과 추후 유사한 사고가 재발했을 때 실행 가능한 구조대책을 찾는 일이다. 기울어진 배에서 탈출할 수 있는 특수장비의 선실 내 비치 의무화와 같은 것부터 대형선박에서의 인명구조를 위한 전반적인 해양구조 방법이다.

4) 변화가 심한 해상환경과 강한 조류와 같은 어려운 여건을 감안해야 하지만 보유 중인 기술을 활용하거나 새로운 방법을 창출하는 시도는 있어야 한다. 수심 50미터 정도의 깊이에서는 기술개발의 여지도 있을 수 있다. 재난사고에서 구조의 성공 또는 실패는 국민의 사기를 크게 높이거나 떨어트린다. 이 같은 대형 인명사고가 재발하지 않도록 방지대책을 마련하는 것이 중요하고 보상금 산정과 같은 사안이 주된 관심사가 될 수는 없을 것이다. 그러나 이 같은 문제에 있어서 석연치 않거나 또는 소통하지 못함으로 인해 오해와 불신이 커졌다. 피해자 가족에 대한 동향파악을 하는 것은 과민한 조치였다. 총체적으로 보아 당시 상황에 대응하고 국민과 소통하는 정부의 리더십은 성공적이었다고 보기 어렵다.

5) 불시에 닥치는 재난에 있어서 가장 중요한 것은 현장에서의 빠른 판단과 조치다. 사전에 전혀 준비되지 않은 상황에는 유연한 사고와 임기응변이 필요하다. 그러나 우리 학생들의 경우에는 이것보다는 말을 잘 듣거나 모범적인 것에 익숙하다. 이 때문에 학생들의 자주적 리더십을 기르도록 해 줄 필요가 있다. 리더십의 핵심은 자신의

행동을 리더십의 요건에 맞게 능동적으로 실천할 수 있는 사람이 되라는 것이다. 그러나 선배와 연장자 우선의 경직된 조직문화와 억제적인 사회환경 속에서는 학생들의 리더십 배양을 기대하기 어렵다. 더구나 아직도 유교적 권위주의 분위기가 지배적인 우리 사회에서 학생들과 젊은 층이 스스로 판단하고 행동할 수 있는 여지는 부족하다. 이 때문에 세월호 침몰 이후에는 이들의 기성세대에 대한 불신 풍조와 세대 간의 간극이 더욱 깊어졌고 국가공동체 의식의 해이로 이어졌다.

6) 영재교육으로 유명한 이스라엘의 학교수업은 의무적으로 토론대결을 시킨다. 회의에서 만장일치는 존중받지 못하며 구성원들의 사고력을 최대로 끌어내려는 집단의 지혜며 노력이다. 일본의 무도장에서는 선후배 간의 대련이 일상적으로 오직 실력증진에 중점을 둔다. 해외 유명대학은 교내 사교행사를 자주 개최한다. 여기에는 저명한 기업인이나 정부관료들이 초청되어 학생들에게 만남의 기회를 제공한다. 유명인사들과 처음 접할 때 주눅이 들지 않도록 대면역량을 키워 주는 노력의 일환이다. 우리 학생들에게 민주사회의 창조적 리더십을 배우도록 자유롭게 토론하고 사회적 공간을 자주 경험할 수 있도록 해 줄 필요가 있다.

3. 소장대병(小將大兵), 리더십 역량교육의 필요성

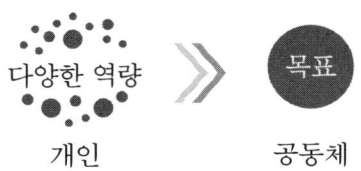

각각의 개인들의 다양한 역량이 모여 공동체 전체의 목표를 이룬다.

1) 리더는 자기 스스로 만들어 가는 것이라고 한다. 자신은 생각한 대로 되어 간다는 말도 있다. 그러나 자신이 맡게 되는 모든 직위에는 이에 걸맞은 역량교육이 필요하다. 리더의 역량을 점검하고 평가하는 것도 중요하다. 그렇지 않으면 소장대병(小將大兵)이라는 말처럼 병사보다 못한 장수와 장수보다 나은 병사가 나올 수 있다. 리더 흉내를 낼 수는 있지만 리더가 되기는 어렵다. 또는 드물지만 리더 흉내를 내다 보면 실제로 리더로 변하는 경우도 있을 것이다. 리더의 위치는 2인자나 하급자와는 전혀 다른 차원의 자리이기 때문이다. 그만큼 책임감이 주는 중압감은 크다.

2) 공직자의 리더십에 대한 한국인의 인식은 대체로 부정적인 경향이 있다. 이 같은 인식의 배경에는 개인적으로 공권력에 의해 입은 억울한 손해가 있었거나 근현대사에 남아 있는 정부의 실정에 대한 집단경험 때문일 것이다. 수많은 외침에 국가가 효율적으로 방어하지 못하고 국민의 피해를 초래한 후과라고도 할 수 있다. 조선말에는 정약용이 《목민심서》에 쓴 〈애절양(哀絶陽)〉에 나온 것같이 폭정으로 인한 백성의 고초가 컸다. 이것은 관청의 삼정의 문란에 따라

발생한 것으로 권력에 대한 부정적 인식을 더했다. 리더십 역량교육에는 이러한 역사인식을 배경으로 책임감 있는 역할을 할 수 있는 과정이 필요하다. 한국의 미래는 이 같은 역사를 불식하고 정부의 리더십이 국민으로부터 받는 신뢰 여하에 달려 있다.

3) 연예계에서는 〈나는 가수다〉와 같은 다수의 오디션 프로그램이 활성화되어 있다. 이렇게 치열한 경쟁을 거치면서 실력 있는 우수한 가수와 연예인들이 배출된다. 심사위원들은 참가자들의 장단점과 잠재적 역량을 냉철하게 평가한다. 그리고 합격한 출연자들은 정상급 연예인으로 부상한 이후에도 공적이나 사적으로 역량부족이나 부정이 발견되면 곧바로 언론과 팬덤의 비난을 받고 대중의 인기를 상실하게 된다. 이런 검증 과정과 후속적인 관리가 있기에 K팝이 세계 정상수준에 올라서 있다고 할 수 있다. 사회 모든 분야에서 리더 후보자들이 이만큼의 검증과 관리 과정을 거친다면 어느 분야에서도 뛰어난 인물들이 나올 것이다.

4) 탁상공론(卓上空論)이나 백면서생(白面書生)이라는 말처럼 현장에서의 경험이 없이 만드는 계획은 미흡할 수 있고 실패할 수 있다. 더구나 리더에게 현장감각은 중요하다. 이 때문에 공직과 기업 간의 교차 파견근무나 연수원 교육 참여 그리고 현장실습과 같은 역량배양은 실시할 필요가 있다. 전문성과 기업가정신은 공직에 시사하는 점이 크기 때문이다. 가진 능력과 일한 만큼 높아지는 보수와 대우 그리고 직장의 생존이 걸린 간절함에서 나오는 경쟁력이다.

5) 국가공동체 내에서는 정부와 민간부문의 많은 기관이 리더십 교육을 실시한다. 굿 거버넌스의 관점에서 보면 교육과정은 업무능력뿐 아니라 자유민주주의의 가치를 포함하고 있어야 한다. 이러한 리더십 역량배양 과정은 정치적 발전이 뒤져 있는 국가의 경우에는 더 중요하다. 토니 블레어 총리 당시 영국 BBC 방송은 샌드허스트에서의 외국인 유학생 교육과정이 민주적 가치를 담고 있지 못하기 때문에 이곳에서 군사기술을 공부한 학생들이 귀국 후 고국의 정치발전을 돕지 못하고 독재화한다고 우려했다.[76] 세계 어느 국가에서나 권력을 가진 분야에서의 리더십 교육에는 자유민주주의의 가치를 교육과정에 포함해야 한다는 것을 시사하는 사례다.

4. 아기장수 살리기

1) 한국의 역사에는 인물이 없었다고 한다. 오늘날에도 한국은 지도자 복이 없는 나라라는 말이 나온다. 그렇다면 왜 없었느냐는 이유를 알아보아야 한다. 이후에 비로소 한국사회에 인물이 나올 수 있는 방안을 찾을 수 있다. 더구나 일제는 이것을 조선을 멸망으로 이끈 병폐로 선전하고 침략을 합리화하려고 했다. 한국인의 민족성을 지도층과 일반계층이 분리되어 있고 내부분열이 상습화한 상태로 규정하면서 이것이 국제문제를 일으킨다고 주장한 것이다.

2) 한국 역사 속 영웅들의 상당수는 패배로 끝난 경우가 많다. 이 때문에 이 같은 비극적 결말을 걱정한 부모가 어릴 때부터 큰 인물로의

성장을 좌절시키기도 했다. 최인훈은《옛날 옛적에 훠어이 훠이》희곡을 통해 조선의 전래동화인 아기장수 설화를 무대로 보여 준다.[77] 여기에는 부모가 갓 태어난 아기장수를 죽이는 이유가 나타난다. 아기장수 이야기는 우리나라 전국에서 비슷한 내용으로 전승되어 왔다. 이야기를 채록한 기록물은 16세기부터 시작해 유몽인의《어우야담》을 비롯해 300여 편이 넘는다. 시기적으로 조선의 당쟁이 심했던 때였다.

3) 아기장수 이야기의 줄거리는 두 가지로 나뉜다. 첫째 유형은 아기장수가 태어난 지 3일 만에 신기한 이적을 보인다. 말도 하고 겨드랑이에 나온 날개로 방 안을 날아다닌다. 놀란 부모는 아기가 자라 역적이 될 것이라고 생각한다. 두려움에 사로잡힌 부모는 돌이나 쌀가마니로 아기를 눌러 죽인다는 내용이다. 둘째 유형은 아기장수가 보여 주는 신비로운 능력 때문에 사회에서 배제되고 분리되는 내용이다. 지역에 따라 다르지만 어머니가 아기장수를 연못에 직접 던져 버리기도 하고 바위로 눌러 죽인다. 그러나 아기장수는 새가 되어 하늘로 날아오른다는 각색된 이야기도 있다. 아기장수 설화는 신흥세력의 부상을 두려워하는 지배권력의 정치적 폭력의 희생양 이야기라고 볼 수 있다. 생명의 탄생은 누구에게나 환영받을 만한 일이지만 아기장수 탄생은 거부감과 두려움의 대상이 된다. 역성혁명이 가능할 만큼 신기하고 큰 능력을 갖고 태어나기 때문이다. 이 때문에 아기장수는 죽임을 당하게 된다.[78]

4) 조선시대뿐만 아니라 우리의 근현대사에 인물이 없었던 것은 아

니다. 많은 인물이 있었으나 알려지지 않았고 해석되지 않았을 뿐이다. 임시정부의 결성과 독립운동에는 다수의 인물들이 참여했다. 한일병합 이전에는 민족자강운동을 이끈 선각자들이 있었다. 이들은 민족단체와 광복군을 결성하고 국채보상운동을 전개했다.[79] 고국을 떠나 중국이나 미국 같은 이역만리에서 독립운동에 투신한 긴 여정이 있었다. 해방 후 교육자로 헌신한 김준엽은 학병 출신으로 중국 대륙에서 마오쩌둥의 장정보다 더 어려운 장정을 떠났다. 그리고 장준하와 노능서 두 명의 학병출신 동지와 함께 광복군에 입대했고 미군 OSS 부대와 함께 대일 군사작전을 준비했다. 일본의 조기항복으로 작전은 실행되지 않았지만 이러한 사실은 다음 세대에 역사의 기록으로 남았다.[80] 우리 사회에는 이같이 수많은 유명·무명의 인물과 단체들이 끊이지 않고 애국애족의 길에 참여해 왔다.

5) 한국의 근현대사에 억울한 사람들이 많았던 것은 안타까운 일이다. 해방 후 고하 송진우를 시작으로 몽양 여운형이나 백범 김구를 비롯해 다수의 민족지도자들이 암살되었다. 의문사한 정치인도 있었고 사회는 백색과 적색 테러로 경직되고 정치가 표류할 수밖에 없었다. 정치깡패라는 관제 폭력조직과 부정선거가 나타나고 결국 장기집권은 4.19 혁명으로 이어졌다. 잘못된 재판으로 판정되어 2000년대에 복권한 죽산 조봉암 사건과 같은 사법살인도 있었다. 시위대와 진압경찰의 충돌 중에 양측에서 모두 사상자가 나오거나 또는 인격을 파괴하는 고문 수사로 폐인이 된 사례도 있었다. 이것은 민주주의 절차가 아닌 폭력과 불법적인 문제해결을 추구해 오히려 문제를 복잡하게 만들고 국가와 국민의 역량배양을 막은 것이다. 이제는

여기서 교훈을 얻고 아기장수들이 건강히 자랄 수 있는 사회 분위기를 만들어야 한다.

6) 오늘날에도 한국사회에는 신문과 방송에 나오지 않았을 뿐 드러나지 않은 많은 인물이 있다. 어느 지방도시 도서관에는 평범한 시민들의 인생회고록 시리즈가 있다. 이제는 노년이 된 책 속 주인공들의 인생길은 보통의 삶이지만 다음 세대에 귀감이 되는 내용이다. 그들이 중요한 사회적 위치를 맡았다면 훌륭한 성과를 거두고 존경받는 퇴임을 했을 것이다. 이런 사람들의 존재를 널리 세상에 알릴 필요가 있다. 공동체의 역량이 세대에서 세대로 이어 전해지도록 하기 위한 것이다. 이것을 피히테는 《독일 국민에게 고함》에서 역사의 연속성으로 불렀다. 희망이 있는 민족의 발전은 선대가 길을 개척하고 후대에 전달함으로 이어져 간다는 사실을 말한 것이다.

2. 수평적 펠로우십

1. 국민의 수준은 정부가 만든다

1) 국민은 그 정도 수준의 정부를 갖는다는 말이 있다. 맞는 것처럼 들리지만 사실은 틀린 말이다. 정치경제적으로 낙후된 나라는 그 정도 수준의 정부를 만든 정치인들을 뽑아 준 국민의 민도가 낮기 때문이라는 것이다. 국민의 수준을 짐승에 비유해 정치적 곤란을 겪었던 정치인의 사례도 있다. 그러나 여기에는 오류가 있다. 국민의 역량이 자라도록 여건을 만들어 주고 민도를 높이는 것은 정부의 책임이기 때문이다. 좋은 씨앗이라도 토양과 자연환경이 나쁘면 잘 자랄 수 없고 좋은 과실을 맺지 못한다. 유엔이 말하는 굿 거버넌스의 중요성이다.

2) 아는 만큼 보인다는 말대로 국민이 안목을 갖도록 필요한 지식과 정보를 제공해 주는 것이 정부와 언론의 할 일이다. 권력과 인력을 가진 기관의 책임이기도 하다. 1980년대 초까지도 한국의 여권은 수출을 위한 해외여행 필요성이 인정되는 기업을 구분해 백색여권과 청색여권으로 나뉘었다. 그리고 일회용 여권인 단수여권과 수시용 여권인 복수여권으로 분류해 발급했다. 여권에는 목적지와 경유지가 명기되어 그 밖의 국가는 여행이 금지되었다. 해외여행이 자유롭지 않았던 시절이다. 이것은 불필요한 해외여행으로 유출되는 달러를 절감하고 해외에서 북한공작원 접촉을 방지하기 위해서였다. 여권을 신청할 때는 이러한 주의사항을 교육받은 후에 받은 소양

교육필증을 여권발급신청서와 함께 제출했다. 1991년 북방외교로 공산권과 수교하기 이전까지 한국인은 절반의 세계에서만 살았다. 그러나 현재 한국은 전 세계를 상대로 활동하고 북한을 제외한 모든 국가와 자유로운 접촉이 가능하다. 세계 각국을 상대하면서 취득한 정보와 지식을 바탕으로 국민의 역량은 과거와 비교할 수 없게 풍부해졌다.

3) 국민을 믿고 지원하는 정부가 국민의 신뢰를 받는다. 국민을 믿지 못하고 정부가 권한을 과도하게 갖게 되면 국민과 민간부문의 권한은 작아진다. 그만큼 역할과 책임감도 줄어든다. 기업과 단체의 활동이나 학교의 입학과 운영까지 정부가 과도하게 개입하는 것은 민간부문의 역량을 축소하거나 의욕을 떨어트리는 일이다. 기업과 민간단체는 뛰어난 수준의 인력과 기술을 보유하고 있다. 당사자만큼 자신의 일을 잘 알고 있고 책임과 애착을 느끼는 사람은 없다. 이들이 한정된 시야와 경험을 가진 행정기관의 규제에 과도하게 예속되는 것은 국제사회에서 경쟁력을 약화시킨다. 중앙정부에 권한이 집중되면 지방자치가 활성화될 수도 없다. 국민의 민주적 시민의식이나 역량을 강화하기 위해서 필수적인 지방자치가 이름뿐인 것이 된다. 자유민주주의 세계 주요국가들이 기업과 민간단체 그리고 지방정부의 역할을 중시하는 것을 참고로 할 필요가 있다.

4) 이제는 우리 정부와 기업의 수준이 세계 주요 국가들과 겨룰 정도가 되었다. 국민의 수준 역시 과거와 비교할 수 없을 만큼 높아진 것이 사실이다. 그러나 아직도 국민의 수준을 과거처럼 인식하고 있는 정부가 되면 국가가 발전할 수 없다. 정부가 주도하는 하향식 발

전방식의 한계인 것이다. 국민의 역량을 활용하지 못하고 억제하는 국가들은 모두가 국제경쟁에서 뒤떨어지는 자승자박의 결과를 맞았다. 국가의 발전은 국민의 지적 물리적 역량이 자유롭게 발휘되도록 여건을 만들어 주는 데서 나온다. 세종대왕의 한글창제는 지배계층이 독점한 지식자본을 백성에게 나누어 주려는 것이었다. 백성의 역량을 신뢰한 것이었고 한민족의 미래를 키우기 위한 준비였다. 이러한 세종의 뜻과 한국인들의 저력을 이해했던 미국인 호머 헐버트는 고종의 외교 고문으로 독립운동에 진력했다. 그리고 한민족의 역사를 발전론적 측면에서 긍정적으로 기술해 1905년《한국사(The History of Korea)》를 발간했다.[81] 호머 헐버트는 "나는 웨스트민스터 사원에 묻히기보다 한국에 묻히기를 원한다."라고 한 소원대로 1949년 한국에 돌아온 후 사망해 서울 양화진에 묻혔다.

2. 소수자의 힘, 10명이 10억 명이 될 수도 있다

한류문화는 창조적 콘텐츠와 오디션의 경쟁력을 바탕으로 성장하고 있다.

1) 1970년대 텔레비전 쇼 프로그램 사회자가 출연 가수를 소개하는 인사말 중 하나는 "방금 동남아 순회공연을 다녀온 A입니다!"라는

것이었다. 한국의 경제가 동남아시아보다 못했던 시절이었다. 현재 한국에서 활동하는 동남아 가수들의 귀국인사와 비슷할 것이다. 당시 우리나라는 연예계를 높이 평가하는 오늘날과는 다른 분위기였다. 그러나 이제 한국 연예인은 보수나 대우 면에서 어려웠던 환경을 극복하고 세계적 인기를 누리고 있다. K팝은 한류의 선봉으로 해외 음악시장에서 중요한 역할을 하고 있다. 영화와 TV 드라마는 아카데미상을 비롯해 주요 국제영화제에서 수상하고 작품 수준을 인정받고 있다.

2) 한국의 현대사에는 몇 가지 특별한 사례가 있다. 이 중 하나는 당시에는 우리 사회의 소수자였거나 낮은 평가를 받은 사람들이 이후에 국가에 크게 기여하고 높은 평가를 받게 된 것이다. 이들은 보통 사람들보다 힘든 삶을 산 사람들이다. 이들의 미시사가 현대 한국의 거시사를 장식하고 있다. 여기에는 가수와 연예인, 건설과 공장근로자, 소설가와 만화가 같은 인물들이 있다. 공돌이, 딴따라, 노가다, 글쟁이, 만화쟁이로 불리기도 했다. 문학을 하면 밥 굶는다고 자녀의 직업선택을 막기도 했다. 국방의 최전선에서 나라를 지키는 군인을 폄하하던 시대도 있었다. 이제 국군은 국내뿐 아니라 유엔평화유지군으로 해외에서 국위를 선양하고 있다.

3) 낮은 보수와 열악한 대우로 힘들었던 이들 직업군은 이후 세계로 뻗어 나가 국력신장에 선도적 역할을 했다. 텔레비전이 귀하던 시절 초등학교 근처 만화가게에서는 만화를 몇 권 보면 가게 텔레비전을 볼 수 있는 표를 주었다. 한겨울 만화가게 난로 옆에서 만화를 보면서 꿈을 키운 세대가 있던 시절이었다. 공부하지 않고 만화만 본다

고 부모에게 야단맞던 만화쟁이는 이제 우리 웹툰산업의 주인공이 되어 세계적으로 인기를 얻고 새로운 문화 장르로 자리매김했다. 그리고 드라마나 영화로 제작되고 해외에 번역본으로 수출되어 팬덤을 형성하고 있다. 글쟁이가 쓴 영화와 드라마 작품들이 세계적으로 인기를 누리고 이것이 연성국력이 되어 세계문화를 주도할 새로운 성장동력이 되었다.

4) 당시에는 우리 사회가 가치를 몰라주었지만 이들의 노력은 후배들에게 희망으로 이어져 세계로 도약할 자신감과 역량을 기르게 해주었다. 건설업은 해외에서 단순 토목공사 위주로 공사를 시작해 현재는 고난도 기술의 대형 프로젝트를 수행하고 있다. 만화는 일본 애니메이션 회사의 그림 하청업으로 출발했다. 그리고 생산활동의 최전선에 있던 공장근로자들이 흘린 땀 위에 우리 기업의 세계화가 이루어졌다. 기업 중에는 기업 내 부설학교를 만들어 교육의 기회를 제공하기도 했다. 그러나 일반적으로 현장근로자들에 대한 대우와 평가는 인색했다. 열악한 근로환경 속에 분신자살과 같은 비극적인 사건도 일어났다. 기업 그리고 정부와 사회가 더 관심을 갖고 좋은 환경을 제공해 주고 존중했어야 할 일이었다.

5) 이들은 리더가 없어도 또는 응원하는 관중이 적어도 자신의 길을 개척해 나간 사람들이다. 하고 싶은 일을 한 것이고 힘든 환경에서는 이것을 극복하기 위해 스스로가 리더십을 발휘한 것이라고 할 수 있다. 이런 과거를 돌아보면서 현재 한국에는 어떤 소수자들이 존재하는지 우리는 이들에게 정당한 대우를 하고 있는지 찾아볼 필요가

있다. 다음 세대에는 그들이 우리 사회에 중요한 역할을 하고 세계에 한국을 알리고 국익에 기여하는 주인공이 될 수 있기 때문이다. 우리 사회는 이들이 하고 싶은 일을 하고 새로운 것을 창조할 수 있도록 뒷받침해 주어야 한다. 이제는 상품이나 건축물의 디자인도 그리고 한류문화도 콘텐츠를 만드는 사람들의 독창적인 아이디어 창조력에서 나오기 때문이다.

6) 천재성을 가진 소수 인원의 역량은 경우에 따라서 수백만이나 수천만 명에 해당할 수 있다. 역으로는 이들을 활용하지 못하고 억제하는 것은 10억 명의 인구를 10명의 역량밖에 안 되게 하는 결과가 될 수도 있다. 이것은 국가의 발전을 이루어지지 못하게 만드는 것으로 전체주의 독재국가의 한계다.

3. 꿩 잡는 게 매

1) 매는 능숙한 꿩 사냥으로 잘 알려져 있다. 현재도 중앙아시아와 중동에서는 전통 매를 정책적으로 육성하고 사냥 대회가 열린다. 한 마리의 매가 숙달된 사냥매가 될 때까지는 오랜 시간 훈련과 시행착오가 거듭된다. 사회에서도 전문가는 모든 분야에서 필요로 하는 인물이지만 한 사람의 전문가로 자라고 능력을 발휘하기까지는 몇 년이나 십 년 이상의 긴 시간이 소요된다.

2) 명량 해전에서 충무공은 군령기와 초요기를 세워 130여 척의 왜

선을 겁내 뒤로 물러나는 선봉장 김억추와 안위를 질책하면서 전진하도록 불렀다. 지휘관들의 솔선수범을 독려해 휘하 장졸들의 용기를 끌어내려고 한 것이다. 장수로서 실제 전쟁터에서 발휘될 수 있는 담력과 지략을 갖추기에는 거의 일평생을 바치는 노력이 필요했을 것이다. 이순신은《난중일기》속에 이러한 장수들의 모습을 있는 그대로 기록했다.[82] 호레이쇼 넬슨 제독은 트라팔가르 해전이 시작되기 전 기함 빅토리호에 영국은 제군 모두가 자신의 의무를 다할 것을 기대한다는 신호기를 올렸다. 러일전쟁 쓰시마 해전에서 일본 연합함대 도고 사령관은 황국의 흥폐가 이 일전에 있으니 각인은 일층 분발 노력하라는 지시를 내렸다. 전투에서 뿐만 아니라 리더의 역할은 적재적소에 최적의 인재를 배치하는 것이고 꿩을 잡는 매가 활약할 수 있도록 해 주는 것이다.

3) 미국 육군사관학교의 지휘관 교육프로그램은 지휘관이 부하들과 밀접한 관계를 가짐으로 그들의 능력을 최고로 끌어낼 수 있다고 설명한다.[83] 팀원들과 많이 소통함으로 인해 실패한 팀은 없다는 것이다. 그리고 팀원들은 목표와 수행방법을 잘 알고 있을 때 임무를 가장 잘 수행할 수 있다고 강조한다. 이 때문에 지휘관은 목표한 계획을 완수하기 위해서 이들에게 계속적으로 정보를 제공해 주어야 한다는 것이다. 그러나 반대로 과도한 감독은 방해가 되어 역효과를 내게 된다고 주의를 준다. 리더와 팀원이 자연스럽게 혼연일체가 되어야만 비로소 시너지 효과를 만들 수 있다는 것이다.

4) 조선시대 탐관오리의 폭정으로부터 사돈이 땅을 사면 배가 아프다

또는 구관이 명관이라는 속담이 나왔다. 나와 가까운 사람으로부터 피해를 받고 국민을 보호해야 할 관리로부터 억울한 일을 당했기 때문이다. 윗물이 맑아야 아랫물도 맑다는 속담도 이와 같다. 이것은 한국인의 영웅기피증의 이유가 되었고 이러한 환경에서 서로의 능력을 키워주기보다는 견제하는 것이 되었다. 따라서 국민의 힘이 분산되지 않고 결집되기 위해서는 사회 모든 분야에서 지도자들의 역할이 중요하다.

5) 매가 사냥하지 않을 때는 조용한 것처럼 평상시에 국민은 조용한 다수라고 할 수 있다. 그러나 물이 배를 띄우지만 배를 전복시키기도 하는 것처럼 선거나 대중시위를 통해 정권의 향방에 결정적인 역할을 한다. 작은 파도가 모여 큰 파도를 이루는 것과 같다. 따라서 이들의 역량이 극단적으로 표출되지 않고 조화롭게 절충될 수 있도록 민주적 리더십이 이루어질 필요가 있다. 공동의 목표를 이루어 가도록 하는 것이다. 이것은 선수가 공정한 경기를 하기 위한 운동장을 마련하고 정직한 심판관 역할을 하는 것이다. 사람 위에 사람 없고 사람 아래 사람 없다는 법언처럼 법 집행의 공정성을 국민이 믿을 수 있고 상대적 박탈감이나 불공평한 처우가 없어야 한다. 꿩 잡는 게 매지만 그렇지 못하면 매는 꿩을 잡을 수 없게 된다.

4. 싱가포르 스타일 역량배양

1) 대부분 국가는 자기 나라에 대한 좋은 점만을 듣고 싶어 한다. 칭찬과 달콤한 말에 스스로 만족감을 느끼기 쉽다. 그러나 이것은 자

화자찬이 될 수 있고 오히려 단점을 키울 수 있다. 더 이상의 발전이 이루어지지 않도록 하는 올무가 되기도 한다. 따라서 외국인의 눈에 보이는 솔직한 자기 나라의 모습을 듣는 것은 국가의 지속적인 발전에 유익하다. 싱가포르는 이러한 충고를 기대하는 나라 중 하나다.

2) 《작은 붉은 점 – 외국 대사들의 싱가포르 회상》은 리콴유행정학교와 공공연구소가 공동 발간한 책이다. 출판사 이름은 World Scientific으로 되어 있어 민간출판물 같지만 실제로는 정부발간물이다.[84] 책은 서울 정도 크기의 국토면적을 가진 싱가포르를 붉은 점으로 묘사했다. 그리고 싱가포르에 주재하는 외국 대사나 총영사들이 본 싱가포르 정부와 일반사회에 대한 소감과 충고를 전한다. 그 중에 한국의 K 대사가 기고한 내용을 찾아본다. "나는 싱가포르를 작은 거인으로 부른다. 신흥 독립국가들 중에 가장 성공적으로 정치적 안정과 경제적 부요 그리고 사회적 조화를 이룩했다는 점에서다. 싱가포르는 불운을 행운으로 변화시켰다. 그것은 세 가지 대전략과 교육 그리고 청렴하고 헌신적인 정치 리더십에 의한 것이다. 정부행정은 고도로 효율적이고 부패하지 않았다. 싱가포르의 장래에 있어서는 세 가지 약점이 있다. 민주성의 결여와 경제적 불균형 그리고 유사 비동맹 외교정책이다. 일당 지배시스템은 장기간 지속될 것같이 보이지 않지만 싱가포르 국민은 지혜롭게 극복해 나갈 것으로 확신한다." 다른 외국 대사들도 자기 나라의 시각에서 싱가포르의 장단점에 관해 언급하고 있다.

3) 싱가포르 정부가 책을 발간한 의도는 자기 스스로는 보지 못하는

결점을 외국인으로부터 찾으려는 것이다. 그중에서도 관찰과 보고를 중요한 업무로 하는 외교관들의 눈을 통해 보려는 목적이다. 싱가포르 외교관의 자질은 상당히 우수하다. 리콴유 총리의 높은 식견과 영국식 교육방식에 따라 육성된 관료들의 리더십 덕분이다. 키신저는 리 총리를 지도자일 뿐만 아니라 사상가라고 하고 달리 비교할 사람이 없을 정도의 지능과 판단력을 갖춘 사람으로 평가했다. 이 책을 선물해 준 싱가포르 친구 역시도 많은 경험과 지식으로 숙련된 외교관(Seasoned Diplomat)이었다. 그는 여담으로 리 총리의 장수비결을 말해 주었다. 그것은 식사할 때 위장의 70 내지는 80퍼센트 정도만 채운다는 것이었다. 찬물보다는 따뜻한 물, 그리고 소식하는 것이 좋고 과식은 금물이라는 조언은 식생활과 사회활동에서의 절제를 말하는 것과 같아서 공감할 수 있었다.

4) 리 총리는 우리나라에 금융위기가 발생하고 2년 후인 1999년에 방한해 전국경영자연합회에서 강연했다. 그리고 한국인들은 이번 위기를 극복할 저력이 있다고 평가하면서 한국이 좋은 지도자들을 많이 배출한다면 장래는 밝을 것이라고 조언했다. 그리고 2013년 발간한 《리콴유의 눈으로 본 세계》에서 한국이 지속적으로 성장하기 위해서는 사회적 문제를 극복할 필요가 있다고 하면서 두 가지를 지적했다. 이것은 첫째로 인구감소 문제를 해결할 것으로 낮은 출산율을 메울 방법을 찾으라는 것과, 둘째로 사회적 갈등을 극복할 사회적 합의의 필요성이다. 갈등과 대결이 한국사회의 에너지와 자원을 고갈하고 있으므로 단결이 필요하다는 것이다.[85] 리 총리의 이 같은 충고는 10년 후인 2024년에 들어서도 우리 사회에 선명하게 다가온다.

3. 꾸준한 역량배양

1. 자만과 교만은 역량배양의 대적

1) 배우려는 의지가 없는 학생의 실력증진은 기대하기 어렵다. 역량배양을 근본적으로 가로막는 장벽이기 때문이다. 자만은 대적이라는 말대로 향상의 의지가 없이는 경쟁자보다 뒤처지게 된다. 더구나 자존심을 앞세우면 배움은 물론 일을 성사시킬 수도 없다. 농사일은 머슴에게 물어보라는 말과 같고 적으로부터도 배울 점은 배워야 이길 수 있는 것이다. 교만은 패배의 선봉이라는 격언처럼 패전은 적을 경시하는 데서 시작한다. 지휘관의 자만심으로 전투를 망친 경우는 전쟁사에 자주 등장한다. 따라서 적군의 지휘관을 연구하는 것은 필수적이다.

2) 1950년 11월 26일부터 12월 13일까지 계속된 장진호 전투는 한국전쟁에서 가장 복기해 볼 필요가 있는 전투다. 중국군을 단순히 인해전술만으로 평가하면 안 되는 사실을 알 수 있기 때문이다. 국군과 유엔군은 북한을 지형적으로 나누는 낭림산맥과 개마고원을 전진하면서 병력이 분산되었다. 그리고 산 위에 매복한 중국군을 맞아 용감하게 응전했으나 손실은 컸다. 적군의 입장에서 보면 《한국전쟁》에서 중국군 전술을 기록한 전쟁역사가 왕수쩡은 다음과 같이 설명했다. 세상만사를 결정짓는 요소들 가운데 첫째는 바로 사람으로 마오쩌둥의 핵심사상이자 중국의 가장 중요한 전쟁철학이라는

것이다. 그리고 이것을 한국전쟁에서도 실행했다고 한다. 왕수쩡은 전쟁에 과학기술을 많이 투입할 필요가 있는가라는 문제에 대해 논쟁을 벌일 사람은 없고 우수한 무기로 군대를 정비해야 한다는 것을 부인할 사람도 없지만 전쟁에서 결정적 역할을 하는 요소는 결국 사람이라고 했다. 그리고 이것이 한국전쟁 초기에 중국군이 우위를 점할 수 있었던 이유라고 주장했다.[86]

3) 왕수쩡은 유엔군 사령관 맥아더 장군의 성격을 주목했다. 사람들로부터 존경받기를 원하고 자신이 돋보이기를 갈망했다는 것이다. 그래서 자기만족감이 강한 여타 인물들과 마찬가지로 사실보다 과장해서 말을 할 때가 많았고 비난을 용납하지 못했다고 보았다. 맥아더가 언론보도에 관심이 많고 영화배우처럼 연기재능이 뛰어났으며 자신의 매순간이 모두 역사책에 기록될 것으로 생각한 것 같다고 평가했다. 말과 행동에는 무대에서 리허설하듯 과장이 섞여 있었으며 집무실 안을 걸으며 달변으로 말하면서 사진사가 만족할 만한 포즈를 자주 취했다는 것이다. 1950년 10월 15일 웨이크섬 면담에서 맥아더는 트루먼 대통령에게 중국의 참전전망은 거의 없다고 보고했다. 그러나 다음 날인 10월 16일 중국군 선발대가 압록강을 넘었고 19일에는 본대가 도하했다. 중국군 사령관 펑더화이는 북한 내에 진입한 후 11월 8일 작전회의에서 "맥아더는 오만하고 남을 업신여기는 사람이 아닌가. 그는 우리 대규모 부대가 이미 강을 건넌 것도 믿지 않고 있다. 그의 판단착오를 이용해 적에게 약하게 보여 깊숙이 유인한 다음에 기회를 잡아 섬멸한다."라고 하면서 유인작전 계획을 짰다. 그리고 산등성이에 매복한 중국군 병력을 미처 모르고

계곡 사이로 깊이 전진해 있던 유엔군의 약점을 포착했다. 국군과 유엔군이 진격하는 전선 사이에는 1,494미터 높이의 낭림산맥이 있었고 결과적으로 장진호 전투와 흥남 철수에 영향을 주었다.

4) 중국의 관점에서 보는 평가가 모두 정확하다고 할 수는 없다. 미 해병 1사단은 10배 이상 우세한 중국군 12개 사단 병력의 공격을 성공적으로 방어하면서 후퇴했다. 영하 30도의 맹추위 속에서 초인적인 저력을 발휘한 것으로 전쟁에서 진정한 용기는 후퇴에서 나타난다는 실증을 보여 주었다. 아울러 적에게서도 배울 것이 있으면 배워야 하는 것이 승리를 위한 전략 마련의 첩경인 것도 잊어서는 안 된다. 작은 부분이라도 고칠 점이 있어 개선한다면 우리의 역량을 강화하는 길이 되기 때문이다.

2. 지피지기는 역량강화의 길

외국의 역사문화를 습득해 자신의 것으로 활용할 수 있으면 이미 그 나라를 극복한 것이다.

1) 물리적 그리고 심리적 역량이 상대보다 강하면 전쟁은 이미 이긴 것과 다름없다. 이 격차가 커지면 거의 일방적인 살육전이 된다. 2003년 걸프전과 같은 현대전에서 드물지 않게 경험한 일이다. 따라서 지피지기가 필수적이고 경제와 문화에서는 상대방의 자원을 활용해 자신의 자원으로 만들어 새로운 것을 창조해 낼 수도 있다. 일본이 중국의 《서유기》를 활용해 《드래곤볼》을 만들어 세계적 베스트셀러로 재창조하면서 부가가치를 얻은 저력도 이와 비슷하다. 손오공을 새로운 이미지와 정체성으로 표현한 것으로 상대방에 대한 열등감에 눌려 있으면 할 수 없는 일이다. 중국의 손오공을 일본의 손오공으로 만들어 가져간 것이라 할 수 있다.

2) 지피지기는 상대에 대한 자신감이 있을 때 실천할 수 있다. 두려움이 있거나 전략목표가 불분명하면 할 수 없는 일이다. 상대를 알아 가는 과정에서 미처 몰랐던 강점을 만나게 되면 심리적으로 위축되거나 혼란을 받게 되기 때문이다. 면역력이 없는 상태에서 접하는 세균과 같은 감염증상이 생긴다. 이 때문에 적군진영 속에 침투하는 특수부대는 적군의 복장이나 언어 그리고 군가까지 습득해 미리 상대에 적응하는 방법을 쓴다. 일본의 속담대로 도깨비 오니가 두려우면 오니가 되라는 것과 비슷하다. 전염병을 막기 위해 미리 예방백신을 맞는 것과도 같다. 상대에 대해 알고 있고 자신이 가진 정신적 가치와 물리적 힘의 우월성을 신뢰하는 것이 승리의 첩경이다.

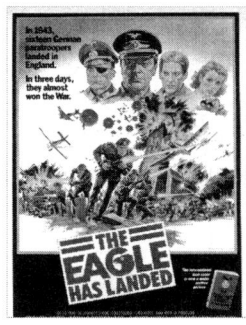 

3) 독일이 만든 제2차 세계대전을 다룬 영화 〈특전 U보트(Das Boot)〉에는 나치를 거부하는 양심적인 독일 해군들이 나온다. 이들은 영국군에 대한 공포감을 극복하기 위해 잠수함 내에서 영국 군가 'It's a long long way to Tipperary'를 부른다. 아일랜드 출신 영국군 신병이 고향 티퍼레리에 있는 애인을 그리는 노래다. 함장은 부하들과 함께 노래를 부르면서 히틀러의 광폭한 연설을 조롱하지만 결국 자신들의 조국을 위해 싸우고 전사했다. 바다로 나간 4만 명의 U 보트 승조원 중에 3만 명이 돌아오지 못했다. "티퍼레리는 아직 멀리 있네 / 티퍼레리까지는 / 내가 아는 가장 귀여운 소녀에게 / 안녕 피카딜리 안녕 레스터 광장 / 티퍼레리는 멀지만 내 마음은 거기 있어"라는 가사다. 일본 군가의 비장감도 없고 소련 군가의 장엄함과는 다른 순진한 시골 청년의 마음이 담긴 밝고 경쾌한 곡이다. 히틀러의 독재 아래 경직된 나치 독일군을 패배시킨 영국군의 자유와 민주주의의 부드러운 힘을 담고 있다.[87]

4) 영국이 제작한 〈독수리 착륙하다〉나 미국이 제작한 〈철십자 훈장〉도 이러한 관점에서 살펴볼 수 있다. 주인공이 독일군들이기 때

문이다. 작품은 처음부터 끝까지 독일군의 시각에서 스토리를 전개해 간다. 전투에 참가한 독일군의 용기와 인간미도 숨기지 않고 보여 준다. 나치 독일을 증오하면서도 어쩔 수 없이 전쟁에 투입된 사람들이기 때문이다. 따라서 이들의 이중적 입장을 이해하면서 나치 독일의 국가범죄 행위를 고발한다. 러시아 군악대는 국제군악대 축제에서 미국 국가와 'God Bless America'를 부르기도 했다.[88] 이것은 자신감의 표현이기도 하고 또는 상대의 마음과 정신을 읽음으로써 그들과의 대치에서 밀리지 않겠다는 의지의 과시이기도 하다. 이 때문에 상대방으로서는 당황할 수도 있는 행동으로 자국군에 대한 정훈교육의 일환으로 보아도 좋을 것이다. 상대방을 알고 있고 겁내지 않고 있다고 하면서 기선을 제압할 수 있기 때문이다.

5) 상대의 장단점을 모두 파악하고 있는 국가가 한 수 높은 전략을 발휘하게 된다. 이런 측면에서 북한과의 다양한 분야에서의 교류를 적극적으로 확대하는 방안은 전향적으로 검토할 필요가 있다. 이것은 우리의 역량이 충분히 강화된 현재 시점에서 결과적으로 유익한 것이 되기 때문이다. 첫째로, 북한의 일상생활 속의 정보를 취득할 수 있다. 일급비밀은 공개되어 있다는 말처럼 실생활 정보처럼 상대를 파악하기에 도움이 되는 것은 없다. 둘째로, 전문가가 못 보는 것이 있기 때문이다. 이것을 일반 국민이 발견할 수 있고 이후에 최적의 대북정책이 도출될 수 있다. 셋째로, 북한이 한국을 어떻게 왜곡시켜 기만적으로 북한사회에 알리고 있는가를 볼 수 있다. 이로써 해외에서나 인터넷상에서 북한인들과 만남에 있어서 적정한 대응을 할 수 있게 된다. 넷째로, 인터넷을 통해 많은 북한정보가 세계로 유

포되고 있는 시대에 완전한 봉쇄상태로 있을 수는 없다. 오히려 북한의 다양한 모습을 보면서 대외선전용 언론매체의 허위정보를 지적할 수가 있다. 다섯째로, 북한에 대한 막연한 허상을 없앨 수 있다는 점이다. 상대의 공개된 언론정보를 외면하는 것은 오히려 불필요한 호기심이나 두려움을 조성해 우리 사회 내의 갈등을 만드는 것이 될 수 있다.

3. 다양성에서 질이 나온다

1) 월드컵에서 여러 차례 우승한 프랑스 축구 국가대표팀의 주전선수 중에는 외국계가 여러 명 있다. 아랍계 지단이나 아프리카계 음바페 외에도 흑인 선수들이 다수 눈에 띈다. 과거 아랍과 아프리카 일부 국가를 식민지로 했기 때문이지만 톨레랑스로 불리는 프랑스의 관용과 포용성이 중요한 역할을 한다. 프랑스는 아랍과 아프리카의 인종적 특징을 조화시키면서 '예술축구'로 불리는 이상적 팀을 구성했다. 음식문화에서도 프랑스나 이탈리아, 중국과 같은 나라의 요리가 인기 있는 것은 다양한 재료를 사용하는 요리법 때문이다. 여러 가지 종류의 음식재료와 향신료가 없는 나라에서 맛있는 요리를 만들 수 없는 것은 당연하다. 주택의 건축이나 산업의 발달 역시도 자재의 취득과 환경조건에 따라 달라진다.

2) 미국이 강대국이 된 것은 백인 앵글로색슨 프로테스탄트(WASP)를 중심으로 멜팅 포트(Melting Pot, 용광로)로 불리는 다양한 민족

으로 구성된 사회구조 때문이다. 사회적 다양성과 개인의 자유를 허용하지 않는 공산주의나 나치 독일의 국가사회주의는 자기쇄신과 발전이 이루어질 수 없는 한계를 갖는다. 순혈주의의 우월성을 고집하는 오만한 공동체의 결과라 할 수 있다. 현대 중국 역시 과거 유목민족들과의 전쟁과 교류를 통해 새로운 피를 수혈받아 강대국이 되었다고 자신들 스스로가 인정한다. 2001년 아카데미상 4개 부문에서 수상한 중국 영화 〈와호장룡〉은 무협을 소재로 하지만 내용은 한족 여성과 북방 유목민 족장과의 사랑을 통해 중화민족주의의 확장성을 보여 준다. 국내 소수민족들과의 역사문화적 융합을 시도하는 것이다. 중국의 고대 진나라와 한나라 그리고 당나라는 성장 과정에서 상당 부분을 이러한 이민족의 도움을 받았다.

3) 영국인 추리소설 작가 애거사 크리스티가 자신의 소설 속 주인공 에르퀼 푸아로를 벨기에 출신으로 택한 것은 의미가 있다. 언어와 문화적 다양성을 가진 푸아로가 가장 추리력이 높다고 본 것이다. 독일어와 프랑스어 그리고 영어까지 사용하는 벨기에의 다문화 성향을 배경으로 하는 것이다. 실제로 영어에만 익숙한 사람은 스페인어의 J나 그리스와 러시아어의 P는 영어와 다르게 H와 R로 발음하는 것을 알 수 없다. 소비에트사회주의공화국연방 USSR을 CCCP로 표기해도 무슨 이유인지 짐작할 수가 없다. 입력된 자료정보의 한계다. 이 때문에 두뇌에서 창조력이 나오기 위해서는 고정관념에 변화를 주어야 한다. 우수한 혈통의 종마를 개량할 때에도 원거리 지역의 차별성 있는 말을 교배한다. 우생학적으로도 새로운 혈통을 받아들이는 것이 중요하다. 근친혼이 성했던 왕실 내에 유전성 질환자가

다수 발생한 사실에는 과학적 근거가 있고 결혼상대를 친인척에서 멀리 떨어진 가문에서 찾는 것은 타당한 이유가 있다.

4) 이것은 사회의 발전에서도 중요한 사실이다. 변증법적 발전 과정과도 같이 양에서 질이 나온다는 경험적 논리다. 여기서 양이란 같은 종류의 많은 분량이라기보다는 질적인 다양성을 말하는 것이다. 많은 사람에게서 각각의 장점을 모두 합치면 집단의 역량이 된다. 그러나 여기에는 전제가 있고 공동체에 자유의지가 있을 때 비로소 가능하다. 자유민주주의 사회가 전체주의 사회보다 창조적 발전이 가능한 이유다. 소비에트 시기 공산당 일당독재체제의 공포정치 속에 솔제니친과 자먀찐이 《수용소군도》와 《우리들》을 쓰면서 충분히 경고한 사실이다. 개인에 있어서는 온고지신이나 다양한 경험이 사람을 크게 만든다는 것과 같다. 일평생 겪은 사건과 지식의 축적을 통해 노년의 지혜가 얻어지는 것도 마찬가지다. 우리 사회도 다문화 가족과 2세, 3세들의 다양한 역량이 발휘될 필요성이 커지는 시기에 와 있다. 폐쇄적 보수성에 갇히면 세계 여러 나라와의 경쟁에 효과적으로 대응할 수 없기 때문이다.

4. 문화자본의 전성시대

일본은 외국의 문화자본을 활용한 테마파크와 상품을 만들어
관광객을 유치하고 국가 이미지를 높인다.

1) 21세기 과학기술문명이 고도로 발달했지만 사람들은 아직도 꿈을 필요로 한다. 어린이뿐 아니라 키덜트(Kidult)로 불리는 어른들도 동심을 잊지 않으려 한다. 이 때문에 백설공주와 미키마우스 그리고 슈퍼맨과 배트맨을 만든 할리우드 영화사와 테마파크는 미국의 중요한 문화자본이 되었다. 영국 작가가 쓴 《반지의 제왕》과 《해리 포터》 역시 마찬가지다. 2023년 개장한 도쿄의 해리 포터 스튜디오와 나고야 지브리 테마파크는 일본의 외국인 관광객 유치와 국가 이미지를 높이는 중요한 역할을 하고 있다.

2) 프랑스의 문화학자 부르디외는 문화의 경제적 효과를 설명하면서 이것을 문화자본이라고 불렀다. 그리고 역사적 흐름에 따라서 문화는 경쟁자본주의 사회를 더욱 계급화했다고 보았다. 예술의 창조와 소비는 일상생활보다 우월한 것이 되고 다시 이데올로기가 되어 새로운 시장을 만들었다는 것이다. 그리고 경제자본과 문화자본 간

의 전환은 희소자원인 시간의 사용을 통해서 이루어진다고 했다.[89]

3) 미술관은 사회적 계급관계가 명확하게 나타나는 곳으로 누군가에 속한다는 느낌과 다른 사람들을 배제한다는 느낌을 강화시킨다. 이곳은 자본주의 사회가 과거에서 전승된 가장 신성한 소유물을 맡겨 놓은 도시의 사원이며 일상의 도피처가 되었다. 그리고 문화자본을 소유한 사람들은 더욱 여유 있는 시간을 갖는 차이가 있고 구매력이 있다. 부르디외는 소비패턴에 대한 연구를 바탕으로 사회의 부는 점차 경제자본에서 문화자본으로 전환해 왔다고 하면서 이 때문에 문화자본은 경제적 부를 창출하는 중요한 요소가 되었다고 했다. 이 같은 문화이론학자들의 조언대로 프랑스 정부는 요리와 패션 그리고 그림을 비롯한 예술을 경제와 산업에 적용하는 정책을 육성했다. 루브르 박물관이 프랑스의 국가 이미지와 관광문화산업에 기여하는 정도를 보면 알 수 있다.

4) 한국은 전쟁의 폐허를 극복하면서 경제발전 우선 정책에 매진했고 성공했다. 우리 경제의 발전을 견인한 것은 중화학 공업에 기반한 철강과 조선 그리고 자동차 산업이었다. 그리고 월남과 중동 건설시장에서 기반을 굳혔고 이후에 축적된 자본을 바탕으로 전자산업과 정보통신 그리고 반도체와 같은 첨단산업으로 이행했다. 그리고 이제는 4차 산업혁명으로 불리는 지식기반 정보산업을 기간으로 새로운 경제동력을 마련해야 하는 시기에 접어들었다. 문화자본의 축적을 위한 콘텐츠 마련과 문화의 상품화가 필요한 때가 온 것이다. 이 같은 시점에 2000년대 들어와 빠르게 부상한 한류 문화상

품은 드라마와 영화 그리고 음악과 춤, 문학작품과 웹툰으로 이어졌고 이제는 한식과 막걸리 그리고 진돗개의 우수성까지 해외에 알려지는 단계에 와 있다. 미국에서 활약하는 한국계 작가들은 역사에서 영감을 받은 작품으로 영어권 문학계에서 베스트셀러를 만들어 내고 있다. 이러한 성공의 배경에는 우리 역사에 축적되어 있는 문화자본이 있다. 문화민족의 DNA를 재발견한 때문에 창조적인 콘텐츠를 만들 수 있었다.

5) 프랑스가 화랑과 미술산업을 육성할 때나 일본과 태국이 전통음식을 세계화하기 위해서는 한 세기 이상을 투자했다. 한국도 한 세기 앞을 내다보면서 전래의 문화자본을 발굴해 재창조하고 육성해야 한다. 세계가 디지털화하고 기계문명에 몰입할 때 이어령이 한국적 문화의 힘으로 디지로그(Digilog)와 정을 말한 것과 같다. 양주동은 이두로 표기된 신라 향가를 우리말로 풀어내면서 그동안 일본인 한국학 학자들이 억지로 해석한 오류를 바로잡았다. 이 같은 국내 학자들의 연구활동 덕분에 〈제망매가〉와 〈찬기파랑가〉와 같은 전통시가들이 되살아날 수 있었다. 이어령과 양주동 두 사람 모두는 향가(鄕歌)에 담긴 소박하고 따뜻한 정서가 가진 한국의 매력을 주목했다. 제국이 아닌 변방국가 고향의 힘이다. 고향의 힘은 미국 웨스트포인트 육군사관학교의 표어인 〈의무(Duty)·명예(Honor)·조국(Country)〉 속에도 담겨 있다. '조국' 미합중국을 'State'나 'Nation'이 아닌 'Country'로 표현하는 것으로 미국가요 〈Take Me Home Country Road〉 속의 고향을 연상케 한다. 한류 속에는 이와 같은 한국의 정이 담겨 있기 때문에 세계에서 환영받고 있다. 아

날로그와 디지털이 결합한 새로운 문화는 한국 전통문화의 세계성을 알리는 신호탄이 될 수 있다.

6) 1970년대와 1980년대 아시아를 제패했던 홍콩 영화는 1997년 7월 1일 홍콩이 중국에 반환된 후 쇠퇴의 길을 걸었다. 공산당의 획일주의 아래 예술가의 창의성이 소거되고 의욕 상실로 이어진 것은 당연한 귀결이다. 한국문화의 세계화가 이루어지는 시기에 젊은 예술가들의 창조성을 보호하고 발휘하도록 하는 것은 정부가 할 일이다. 예술시장이 지속적으로 성장하도록 지원하고 이들을 억압하는 환경을 만드는 일은 없어야 한다. 21세기는 이제 싹을 내어 세계에 뿌리내리기 시작한 한국의 문화자본을 육성하고 성장할 수 있도록 해야 하는 중요한 시기다.

4. 통합적 사기진작

1. 벡터 함수, 협력이 아닌 합력이다

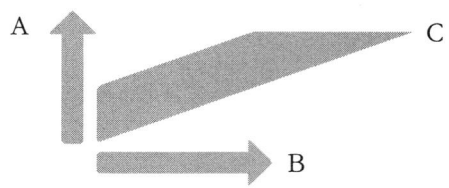

A와 B 힘의 합력이 C를 향해 가는 것

A와 B가 분리되어 있으면 힘은 나뉘지만
연결되면 두 힘의 합력은 C 방향으로 향해 간다.

1) 격동의 근현대사를 보낸 대한민국의 미래를 예측하는 것은 속도와 방향을 포함하는 질량의 움직임을 가리키는 벡터(Vector) 함수를 읽는 것과 같다. 벡터 함수는 협력이 아니라 합력으로 공학에서 말하는 힘의 합력공식이다. A와 B 그리고 C와 D와 같은 각각의 힘들이 진행하는 방향과 속도가 만나면서 이루어지는 결과물이다. 여기에는 진행하는 움직임들이 충돌하지 않고 조화를 이루면서 결과적으로는 목표한 방향으로 향해 가야 한다. 한국의 근현대사는 우리 사회의 이 같은 다양한 역량주체들의 운동량이 만들어 낸 갈등과 모색의 역사였다.

2) 1945년 해방둥이가 겪은 삶의 역정은 다사다난했다. 한국 현대사의 가장 중요한 사건인 한국전쟁을 겪었다. 이 기간에 출생한 영

아는 빈곤한 영양공급으로 허약 체질을 갖고 태어났고 성장기의 보건환경도 열악했다. 전쟁의 트라우마도 컸을 것은 두말할 나위가 없다. 1960년 4.19 혁명으로 민주정부가 수립되었고 1961년에는 5.16 쿠데타로 장기 군부독재의 시대가 시작되었다. '한 손에는 총, 한 손에는 삽'이라는 표어로 대변되는 국가건설의 대명제 아래 모든 것을 희생하고 인내한 시대였다. 월남전에는 1964년부터 1973년까지 연인원 32만 명의 젊은이들이 참전했다. 이 중에 5,099명이 전사했고 이 밖에도 부상자들과 고엽제 피해자들은 이후로 장기간 보훈대상자가 되었다. 파병은 안보와 경제에 이득을 주었지만 전쟁의 참상은 파병군인뿐 아니라 가족들에게도 상처로 남았다. 1979년 10.26 시해사건으로 18년 7개월에 걸친 박정희 대통령 시대가 끝났다. 한민족의 역사에 있어서 1900년대는 다사다난한 사건 속에 보낸 가장 중요한 100년이었다. 더구나 해방 후 70여 년은 숨 쉴 틈 없이 바쁘게 지나간 격동의 시대였다.

3) 세계사에 유례가 없는 압축성장으로 불리는 한국의 정치경제적 발전 과정은 불과 한 세대 만에 벌어진 일이다. 그 때문에 우리 사회 안의 장점과 단점이 서로 충돌하는 과정이었다. 여기에는 한국이 품은 내재적 요인과 국제정치로부터 가해지는 외재적 요인이 함께 있었다. 따라서 역대 정부의 성과와 과오를 가감 없이 후대에 전달하는 역사의 연속성이 있어야 한다. 이렇게 축적한 국가역량을 미래 세대가 수렴해 정리하고 확대 재생산할 수 있도록 해야 하기 때문이다. 한국의 현대사에는 국가의 거시사뿐만 아니라 개인의 미시사에 있어서도 성공과 실패의 많은 스토리가 얽혀 있다. 전쟁과 파병 그

리고 정치경제적 발전과정 중에 숨겨진 사연은 많을 것이다. 건강하고 생산적인 토론으로 국가공동체 내의 힘의 합력이 온전히 이루어질 수 있어야 한다.

4) 21세기가 시작하는 문턱에서 미래학자 앨빈 토플러는 앞으로 펼쳐질 세계적 변화 과정에서 한국정부는 국가전반에 걸친 막대하고도 새로운 책임에 직면하게 될 것이라고 예견했다. 그리고 이러한 새로운 환경변화에 적극적으로 응전하도록 주문했다.[90] 또한, 새로운 시대의 지식기반경제는 빠르게 변화하는 경제이므로 느리고 비효율적인 행정과 교육제도로는 제대로 대처할 수 없다고 했다. 기업과 시민사회 조직이 국가의 의사결정에 정당한 참여자로서 동참하지 못하면 한국은 경제적으로나 민주적으로 도약을 이루기가 어렵다는 것이다. 이 때문에 관료적 조직과 권위적 구조를 제거하도록 조언했다.

5) 국가의 역량을 키우기 위해서는 정부와 민간부문이 함께 노력해야 한다. 그리고 국가의 진행방향과 속도에 대한 사회적 합의가 갖춰질 때 총체적인 에너지가 발산된다. 이 때문에 정부는 여러 개의 힘이 각각 이끄는 방향과 속도가 서로 충돌하거나 역행하는 것이 아니라 목적한 방향으로 향해 가도록 조율하는 역할을 해야 한다. 과유불급이라는 말을 거론할 정도로 대한민국의 현대사는 과감한 속도로 발전해 왔다. 자칫 중심을 잃을 수도 있을 만큼 **빠르게 직선과 곡선 코스를 주행해 온 것이다.** 이제는 숨을 고르고 현재의 좌표를 확인해 국가공동체의 속도와 방향성을 조정할 때다.

2. 사기의 원동력은 믿음과 신념

호주 영화 《Gallipoli》는 제1차 세계대전 갈리폴리 상륙작전에 참전한
젊은 호주군 병사들의 순수한 영혼을 표현했다.

1) 운동경기에서 승리의 최우선 요건은 선수의 사기다. 모든 군대는 무기와 장비에 앞서 사기와 정신력을 중시한다. 톨스토이는 크리미아 전쟁에 포병 장교로 참전했던 전쟁경험을 바탕으로 《전쟁과 평화》를 썼다. 그리고 국민과 군대의 사기에 관해 다음과 같이 설명했다. 톨스토이는 군대의 숫자가 많을수록 그 국가의 힘은 강하고 대군은 언제나 이긴다는 주장은 기계학과 같다고 했다. 병사의 심리를 고려하지 않은 잘못된 생각이라는 것으로 인간 내면의 종교적 믿음과 정치적 신념을 중시해야 한다는 것이다.

2) 톨스토이는 전쟁에서 군대의 힘은 병사의 수에 어떤 미지의 X를 곱해서 나온 결과라고 보았다. 이 X는 군대의 사기로 병사 개개인의 싸우려는 의지며 자발적으로 자신을 위험에 내맡기려는 열망의 정도를 표시하는 지수라는 것이다. 그리고 전쟁의 역사를 이런 방정식

으로 보면 일정한 법칙이 존재한다고 했다. 이것은 사기에서 나오는 단체의 힘이다. 톨스토이의 견해는 전략가들과 일치한다. 현대전에서 승패를 좌우하는 것은 공군력이다. 미국과 러시아의 6세대 항공기 개발경쟁도 치열하다. 그러나 미국과 러시아 모두 조종사의 사기를 가장 중요시한다. 미군은 첨단기술로 만든 최고 성능의 항공기와 무장 그리고 군인에 대한 우수한 복지와 대우를 근거로 높은 사기를 과시한다. 러시아 공군도 코브라 기동으로 불리는 묘기를 시연하면서 스텔스 기능을 줄이는 대신 기동력을 높여 공중전 능력을 강화시켰다고 기체성능과 사기를 선전한다.

3) 무스타파 케말 아타튀르크는 튀르키예의 국부로 불리는 인물이다. 제1차 세계대전의 패배로 오스만제국이 붕괴하고 튀르키예는 국가 존망의 위기를 맞았다. 연합군 부대가 수도 이스탄불에서 280킬로미터 떨어진 갈리폴리 반도에 상륙한 것이다. 1915년 4월 25일부터 1916년 1월 9일까지 영국과 프랑스 그리고 호주와 뉴질랜드 ANZAC 연합군의 상륙작전이 전개되었다. 이에 맞서 싸운 갈리폴리 전투에서 케말은 튀르키예군 병사들에게 "나는 제군들에게 공격하라고 명령하는 것이 아니다. 죽어 줄 것을 부탁하고 있는 것이다."라는 유명한 연설을 했다. 용장 밑에 약졸이 없다는 말대로 튀르키예군은 이 전투에서 승리해 튀르키예를 국가존망의 위기에서 구했다. 약 8개월에 걸친 전투에서 연합군 병력 약 25만 명이 부상하고 56,707명이 전사했다. 그리고 튀르키예군 약 20만 명이 부상하고 56,643명이 전사했다. 전쟁터에서 쓰러진 병사들이 흘린 붉은 핏물에 비친 밤하늘의 초승달과 별을 그린 튀르키예 국기가 유명해진 것

도 이즈음이다. 단합된 사기가 만드는 시너지 효과는 줄다리기할 때 전원이 호흡을 맞추는 것이나 출렁다리에서 동시에 발을 구를 때 생기는 힘의 상승작용과 같다. 개개인의 마음이 합쳐서 나타나는 결과다. 물결이 합치면 삼각파도의 큰 위력을 내고 작은 바람도 모이면 거대한 나비효과를 만들어 낸다.

4) 한민족의 역사에는 역경 속에서 저력이 발휘된 사례를 자주 볼 수 있다. 수많은 외침과 어려운 환경에서도 굴복하지 않고 다시 일어선 것이다. 임진왜란에서 관군이 패배한 후에도 사기를 잃지 않고 의병과 승병이 줄기찬 항전으로 왜군을 물리쳤다. 1636년 병자호란에서도 이것을 경계한 청군은 곧바로 한양의 국왕을 목표로 진격했다. 청군은 12월 2일 압록강을 넘어 500여 킬로미터를 열흘 만에 달려 한양에 도착했다. 그리고 홍이포로 남한산성 내의 인조를 위협해 항복을 받아 냈다. 장기전이 되면 곳곳에 나타날 의병 때문에 고전할 것을 알았기 때문이다. 한국의 발전은 이러한 한국인의 사기의 원동력은 무엇인가, 어떻게 사기를 올리고 유지할 수 있는가를 찾아내는 데 달려 있다. 오히려 사기를 저하하거나 훼손하는 요인들은 없는가를 살펴보아야 한다.

3. 지식이 아닌 용기가 결정한다

난파선에 표류한 선원들의 죽음을 넘어서는 용기는 마지막 순간에 나온다.

1) 〈아홉 번째 파도〉는 이반 아이바좁스키가 난파선에 붙어 있는 표류자들의 모습을 그린 그림이다. 바다 위에 구름 사이로 새벽 여명이 붉게 비춰 오는 중에 높이 솟은 파도가 다가오고 있다. 그림은 절망적 순간에 자연의 위력에 굴하지 않는 인간의 마지막 투쟁을 묘사한다. 항해자들이 말하는 아홉 번째 파도는 배를 침몰시키는 최후의 타격으로 전해진다. 진정한 용기는 위기에서 나타난다는 말대로 결집된 용기는 죽음을 초월하는 힘을 발휘해 때로는 기적과 같은 결과를 만든다.

2) 용기는 지식이나 지혜에서 나오지 않는다. 용기는 이성적인 계산이 아니라 감정에 속하는 것이기 때문이다. 용기는 마지막 순간에 나오는 힘이다. 마지막 순간에는 천사도 돕지 않는다는 말처럼 운명은 마지막 장소까지 데려오지만 결국 최후에는 본인이 해야 할 몫이 있다는 것이다. 의와 불의 사이에서 양심의 소리를 듣고 선택하는

것도 용기에서 나온다. 그리고 공동체의 용기는 가족애, 형제애, 부부애와 같은 구성원 간의 결집력에서 나온다. 자신뿐 아니라 함께하는 사람들의 운명까지 맡고 있다는 심리가 몇 배의 힘을 발휘하게 만드는 것이다.

3) 개인의 용기가 모여 집단의 사기가 되고 사기가 높은 집단이 팀워크에 성공한다. 반대로 사기가 무너지면 팀워크도 무너지게 된다. 사기가 충만하면 산을 무너트릴 만한 용감성을 보이지만 사기가 무너지면 가지고 있는 능력마저 온전히 발휘하지 못하고 무너지게 된다. 개인의 욕심이나 공명심에서 나오는 사기는 만용이 되어 팀워크를 해치지만 진정한 용기는 때로는 죽음을 넘어서는 사기를 만들어 낸다.

4) 1980년 발발한 이란-이라크전쟁은 군대의 사기가 만드는 전쟁의 결과를 보여 주었다. 1980년 9월 22일 이라크군은 국경을 넘어 이란을 침공했다. 그리고 전격적인 기습공격으로 샤틀 알 아랍 수로 입구의 섬들을 점령했다. 이라크는 개전 1주일 만에 전쟁목적을 달성했고 9월 28일 후세인 대통령은 이란에 휴전협상을 제의했다. 개전 당시 양국 군의 전력은 이라크군이 20만 명으로 우위였다. 1년 전 발생한 이슬람 혁명으로 이란군 병력은 종전의 28만 5천 명에서 15만 명 수준으로 줄었다. 이전 팔레비 왕조에 충성했던 군인들에 대한 대규모 숙청 작업 때문이었다. 그러나 전쟁이 발발하자 이란군은 애국심으로 무장해 강한 전투력을 발휘했다. 퇴역군인들도 자발적으로 부대에 복귀했다. 시아파의 종주국으로서 이슬람 신앙과 가족을 지킨다는 애정으로 결집한 것이다.

5) 이라크는 이러한 이란군의 사기를 과소평가했다. 전황은 이후 1981년 9월부터 1982년 6월까지 이란군의 적극적인 반격작전으로 이라크군을 이란영토로부터 축출하는 데 성공한다. 이라크군은 20개월에 걸친 아바단 유전지대 공격에 실패했고 1982년 5월에는 국경을 넘어 퇴각해 1988년 8월 종전까지 지구전이 되었다. 이란군이 거둔 성공적인 전과는 작전이나 지휘능력의 향상이 아닌 이슬람 혁명민병대에 속한 소년병들의 희생 때문이었다. 고향의 가족을 지키려는 어린 소년병들이 지뢰지대를 개의치 않고 쿠란 구절을 외치며 돌격한 것이다. 이라크군은 죽음을 두려워 않는 이러한 자살공격에 공포심을 가졌고 심리적 패닉을 불러와 전선이 붕괴하는 계기가 되었다.

4. 비대칭 역량이 승리의 비결

1) 국가 간의 경쟁은 국력의 요소를 모두 합친 국가역량 간의 경쟁이다. 어느 한 요소만을 강조하는 것은 국력을 평가할 때 생기는 흔한 오류다. 국력 중에는 개별국가가 얻을 수 있는 것이 있고 얻을 수 없는 것이 있다. 국토의 위치나 자연조건은 주어진 것으로 바꿀 수 없다. 따라서 상대에게는 없는 자신의 역량을 찾아 키우는 것이 중요하다. 지렛대와 같이 작은 것이 큰 것을 제압할 수 있는 경우도 있다. 기원전 1,000년경 이스라엘과 팔레스타인과의 전쟁에서 다윗이 골리앗을 이긴 것은 자신만의 무기인 물맷돌을 사용한 때문이다. 무게 70킬로그램의 놋 갑옷과 10킬로그램의 강철 창을 가진 골리앗을 같

은 방식으로 상대하면 이길 수 없다.

2) 이 때문에 국가에는 비대칭 국력이 중요하고 이것은 고슴도치의 침과 같이 약자가 가진 비장의 무기가 된다. 약자의 승리는 자신에게만 있는 비대칭적 역량을 제대로 사용할 수 있을 때 비로소 가능하다. 자신에게 유리한 장소와 시간을 정확하게 찾는 것이기도 하다. 씨름에서는 상대의 힘을 역이용하거나 자신의 강점으로 상대의 약점을 공략한다. 한국은 군사적으로 이러한 비대칭 전력을 강화했다. 경제에서도 발전의 단계마다 우리가 잘할 수 있는 분야를 선택해 집중하면서 성공을 이뤘다. 이제는 문화와 예술에서도 한국적 가치로 세계의 호응을 얻고 있다.

3) 21세기 국제무대에서 한국은 이러한 비대칭 국력이 될 수 있는 독자적 역량을 찾아 활용하는 노력이 필요하다. 국가 간 경쟁에서 압도당하지 않고 새로운 도약을 위한 것이다. 한국은 근현대사를 통해 경성국력에서 상당한 역량을 축적했다. 이제는 이와 아울러 연성국력에 주목할 시기다. 경쟁력이 있는 독자적인 문화역량을 가지고 있기 때문이다. 한국의 장점과 역량은 역사적 사실에서 발견할 수 있다. 가장 잘할 수 있는 것 민족 고유의 특성에 부합하는 요소들이 역사 속에 DNA로 남아 있다. 국력요소 중에 한국이 보유한 중요한 것은 지하자원이나 물질자원보다 정신자원이 더 중요하다. 이것은 정신문화와 물질문명의 한계를 보이는 21세기에 있어서 세계가 주목할 인류공영의 가치다.

4) 많은 학자들이 말하는 대로 현시대를 위협하는 가장 큰 문제는 인간 정신문명의 황폐화다. 경제적 욕망과 공포심의 결과로 인간성을 상실하게 되는 것을 우려한다. 그리고 이 때문에 인류가 위험에 빠지게 되는 것을 경고한다. 제2차 세계대전이 끝난 후 생태학자 콘라트 로렌츠는 《현대 문명이 범한 여덟 가지 죄악》를 쓰면서 현대세계의 문제를 다음과 같이 요약했다.[91] 이것은 ① 인구과잉으로 인간 사랑이 결핍된 것 ② 생명공간의 황폐화로 생태환경이 파괴된 것 ③ 서로 간의 또는 자신과의 경쟁이 과열된 것 ④ 감정과 인내력의 상실로 순간적인 쾌락만을 추구하는 것 ⑤ 인공부화 된 물고기가 유전적 쇠퇴를 불러와 자신의 새끼를 돌보려 하지 않게 된 것처럼 인간도 변하고 있다는 것 ⑥ 과학적으로 입증이 가능한 것만을 확고한 지식으로 믿고 전통문화와 종교의 지식과 지혜를 퇴출시키는 것 ⑦ 과학주의에 대한 잘못된 믿음으로 자연과 인간성에 대해 잘못 세뇌시키고 있고 도덕적 문화적 몰락을 가져왔다는 것 ⑧ 핵무기 사용으로 인류가 멸절할 가능성이다. 냉철하고 이성적인 게르만 지식인의 이와 같은 충고는 의미 있는 것이다. 한국의 전통적 가치관은 인간성의 황폐화가 결국 인류문명을 쇠퇴로 이끌 것이라는 경고에 대한 대안이 될 수 있다. 노년의 이어령이 《이어령의 마지막 수업》에서 후대 한국인들에게 부탁한 인간 생명자본의 맥을 잇는 것이기도 하다.

5) 한국의 연성국력은 한국 고유의 가치관과 감성에서 나온다. 의로운 대의명분과 공정을 지향하고 인간성을 공동체의 우선적 가치로 앞세우는 것이다. 차가운 기계문명이 아닌 따뜻하고 인정이 교류되는 인간문명이다. 이것은 오늘날 국제사회에서 공감을 얻을 수 있는

요소다. 세계 여러 나라에서는 특히 젊은 세대를 중심으로 정치경제적 정의구현을 요구하는 목소리가 높아지고 있다. 정치적 소외와 경제적 불균형 그리고 미래에 대한 불안감 때문이다. 물질문명의 폐단에 대한 반발로 인간성의 회복요구도 부각되고 있다. 한류 드라마와 음악의 특징은 인정과 정서를 언어와 멜로디에 담아 표현한 것이다. 한국이 세계에 제시할 수 있는 국력은 물질이 아닌 정신적인 가치다. 무력이 아닌 평화며 그리고 디지털 문화를 포용하는 아날로그 문화 그리고 자본주의의 냉정한 계산방식에 인간의 정을 더한 것이다. 이것은 홍익인간의 건국철학으로부터 어머니와 할머니의 자식 사랑까지 이어져 오는 전통적 가치관으로 인류가 서로 상생하기 위한 것이다. 21세기 신냉전에서 핵전쟁의 위협과 물질문명의 한계에 대한 대안으로 한국의 정신문화를 제시하는 것이다.

VI
시간(時間)이 문제다

시, 분, 초의 침이 움직이는 아날로그시계는 숫자로 표시되는 디지털시계와 다르게 보인다.

흘러내리면서 점점 줄어드는 모래시계를 보면 시간의 흐름에 더 실감이 느껴진다.

시간이 문제인 것은 모든 일에는 타이밍(Timing, 時機, 시기)이 중요하지만 보이지 않는 시간을 쉽게 느끼기는 어렵기 때문이다.

이 때문에 서서히 데워지는 물속의 개구리처럼 또는 투퀴디데스의 함정과 같이 점차 위기로 끌려가게 된다.

역량의 배양과 전략의 운용에도 시간이 필요하다. 이것은 서두르거나 게으르지 않고 늦지도 빠르지도 않은 적시(適時)에 이루어져야 한다.

자유민주주의를 위협하는 전체주의 독재정치와 급속한 경제발전을 추진하다가 야기되는 경제위기도 시간과 과정을 무시하기 때문이다.

따라서 지속가능하고 건강한 국가발전을 위해서는 시간의 관리가 중요하다.

1. 베이직 원칙
1. 합금의 원칙   269
2. 한·중·일의 원칙 차이, 서법·서도·서예   271
3. 꿈보다 해몽   273
4. 다이아몬드, 진실은 변하지 않는 것   275

2. 인내의 과정
1. 압축성장은 없다   279
2. 차 향기는 찻잎을 여러번 볶은 후에 나온다   282
3. 숯과 코크스, 인내의 결과   285
4. 과정은 결과보다 중요하다   287

3. 조절된 속도
1. 정치의 과속과 지식인의 아편   290
2. 투퀴디데스의 함정은 서서히 빠져 간다   292
3. 로마는 하루아침에 세워지지 않았다   296
4. 조절되지 않은 힘은 아무것도 아니다   298

4. 굿 거버넌스
1. 유엔의 새천년 아젠다   301
2. 외채는 속박으로 가는 길   304
3. 시간과 공간의 착시현상   307
4. 성흥산의 '젊은 느티나무'   310

1. 베이직 원칙

1. 합금의 원칙

1) 서기 771년 신라 혜공왕 7년 완성된 성덕대왕 신종은 여러 차례 주조 작업에도 종에 균열이 가고 맑은 소리가 나오지 않았기에 결국 어린 자식을 쇳물에 넣어 만들었다는 전설이 있어 에밀레종으로 불린다. 이 이야기는 과학적 조사결과 사실이 아님을 알게 되었지만 범종을 비롯해 합금을 만드는 제조에는 원칙이 있다. 철광석에서 철(鐵)을 찾아 제련해 강(鋼)으로 바꾸고 합금을 만들어 내는 배합비율이다. 첨가하는 원소의 정확한 함량을 계산해 융합시킨 이후에 비로소 목적한 합금이 만들어지고 착오가 있으면 실패하거나 다른 성질을 지닌 합금이 된다. 소재가 잘못 배합된 합금은 대포의 포신을 부수거나 고성능 엔진의 고열을 견디지 못하고 녹아내린다. 따라서 이런 배합비율의 원칙은 반드시 지켜져야 한다. 청자나 백자를 빚는 재료배합의 기술과 같이 외부에 알려 주지 않는 도공만의 비법이며 국가의 비밀이다.

2) 이 같은 융합의 원칙은 사회의 운영에도 적용된다. 공동체를 구성하는 개인들의 마음을 합치기 위한 조건이다. 시대와 상황은 바뀌어도 인간성은 변함이 없고 심리에는 일정한 법칙이 있기 때문이다. 고전이 전해 주는 수천 년 전의 인간사는 모두가 현대인과 별다름이 없음을 알려 준다. 심리학과 경제학에서 말하는 심리법칙과 같고 광

고와 홍보는 이것을 활용한다. 사회적 통합을 위해서는 이러한 법칙을 이해하고 이후에 효과적인 설득이 이루어질 수 있다.

3) 구성의 모순(Fallacy of Composition)은 각각 다른 성질을 가진 화학요소들이 합치면 새로운 성질을 갖게 된다는 화학법칙이다. 인간의 심리에도 화학적 성격이 있다. 같은 생각을 하는 사람끼리 코드(Code) 또는 케미스트리(Chemistry)가 맞는다는 의미도 그런 것이다. 공동체 내의 약속과 상식을 존중하고 정의와 공정을 바라는 심정이다. 그리고 강자를 경계하고 약자를 동정하는 공동체의 윤리가 된다.

4) 이 같은 원칙이 법과 제도가 되어 투명하게 공개되고 지켜져야 하는 것은 국가가 유지되고 발전하기 위한 전제조건이다. 유럽이 발흥하는 기반이 된 인권보장과 자유민주주의의 발전역사와 같다. 영국에서는 1215년 〈대헌장〉을 위시로 이후에는 〈국민청원〉 그리고 〈권리장전〉과 같은 개인의 권리보호가 문서화하고 현실화했다. 이후에 비로소 국가공동체의 실질적인 통합이 이루어졌다. 국내정치뿐만 아니라 국제관계에서도 이러한 원칙은 동일하다. 유엔이나 유네스코헌장을 비롯해 국제법과 레짐이 만들어졌고 이를 어길 경우는 국제사회의 제재가 뒤따르고 위반한 국가의 정책은 실패하게 된다.

5) 한국의 경우에도 국가공동체가 융합되고 튼튼해질 수 있도록 합금과 같은 원칙을 지켜야 하는 것은 필수적이다. 합금의 목적을 무시하고 일부 요소만을 더 넣거나 뺄 수는 없다. 머리가 되는 지도층

과 허리가 되는 중산층 그리고 손과 발이 되는 모든 분야의 구성비율이 맞아 유기적으로 기능해야 한다. 어느 한 분야도 억울하거나 부당한 대우를 받으면 사회의 시스템은 제대로 작동하지 못하고 균열이 생기게 된다.

2. 한·중·일의 원칙 차이, 서법·서도·서예

1) 한·중·일 삼국의 문화는 비슷하면서도 다르다. 세 나라의 공통된 전통문화 중 하나인 붓글씨 쓰기를 이해하는 방식을 보면 그 일례를 알 수 있다. 한국은 서예(書藝), 중국은 서법(書法), 일본은 서도(書道)로 이름 붙였다. 중국은 대가가 이루어 놓은 필법에 맞춰 씀을 통해 최고의 전례를 따르는 보수성을 보여 준다. 일본은 글씨 쓰기를 통한 정신수양이라는 목적으로 도(道)를 완성하려는 노력을 강조한다. 반면에 한국의 경우에는 글의 예술적 아름다움이나 자연스러움과 함께하려는 것으로 욕심이나 격식에 얽매이지 않는 글쓰기를 따른다. 즐기는 자를 능가할 자 없다는 말대로 여기에서 전례를 뛰어넘는 천재적 인물이 나올 수 있다. 목적의식에 얽매인 의무감이 없고 우상이 주는 긴장에 눌리지 않는 창조성이 나오기 때문이다.

2) 이것은 삶과 죽음이 달려 있는 전투기술에서도 나타난다. 중국의 권법과 일본의 무도가 한국에서는 무예가 된다. 미국인 동양고미술학자 코벨은 이러한 차이를 한·중·일의 서로 다른 세 개의 C로 구분했다. 중국의 통제(Control) 일본의 작위(Contrieved) 그리고 한국

의 무위(Casual)라는 것으로 코벨은 가장 친화력 있고 자연스러우며 솔직한 한국에 애정을 보였다.[92] 현대에도 일본에서는 검도와 유도, 가라테 도장이 한국에서는 태권도 체육관이라는 도와 생활이 혼합된 형태가 된다. 이러한 인식의 차이는 실제 교육내용에도 반영되어 일본에서의 정신과 규율을 강조하는 도장문화가 한국에서는 놀이와 생일파티가 포함되는 체육관 문화가 된다.

3) 한민족의 DNA 속에는 하늘과 땅 그리고 자연과 인간이 함께하려는 심성이 있다. 고구려의 영고나 동맹 그리고 신라와 백제의 제천의식이나 절기 축제는 사람과 자연이 하나가 되는 가무가 곁든 놀이 마당이었다. 인간의 의식주 중 사고방식에 가장 큰 영향을 주는 건물의 디자인과 조경에 있어서도 차이가 있다. 한옥 건축에서 나타나는 올림처마 지붕처럼 하늘을 향해 사뿐하게 솟아오른 자연스러움이 있는 것이다. 이것은 중국과 일본 지붕의 직선적인 끝마감과 다른 예술미를 보여 준다. 궁전의 배치와 조경에서도 서울의 경복궁과 창덕궁을 베이징의 자금성, 그리고 도쿄의 황거나 오사카성과 비교해 보면 확연하게 차이가 나타난다. 한국의 경우는 자연을 위압하거나 훼손하지 않는다. 인위적인 것이 아니고 사람과 건물 그리고 자연이 공존하고 있다.

4) 한국의 이러한 문화형태는 은연중에 이곳에서 생활하는 사람들의 의식구조에 영향을 주었다. 유연하며 얽매이지 않는 자연스러움을 추구하는 것이고 자존심을 존중받으려는 마음이다. 따라서 압박하지 않고 자유로운 활동을 보장받으면 공동체의 발전에 자발적으

로 참여하고 이바지할 의욕을 갖게 된다. 이 때문에 한국인의 특성을 살리기 위해서는 신바람 나는 멍석을 깔아 줄 필요가 있다.

3. 꿈보다 해몽

1) 영화 〈인터스텔라〉의 마지막 장면은 과거와 현재 그리고 미래가 함께 연계되면서 일어나는 동조작용을 보여 준다. 아버지인 쿠퍼 조종사와 딸 머피 박사의 마음과 마음, 그리고 의지와 의지가 연결되면서 과거와 미래가 통하는 순간이다. 그리고 이들 부녀가 주고받는 메시지는 인류를 구하는 역사가 된다. 조상이 남긴 편지나 일기 또는 유품을 오랜 시간이 흐른 후에 자손이 발견하는 것과 같은 순간이다. 역사의 재발견이고 이로써 욥의 고난을 통해 얻어지는 것과 같은 새로운 식견이 얻어진다. 역사적 경험을 거친 후에 보는 눈은 이전에 볼 수 없던 것을 볼 수 있게 된다.

2) 아무리 메시지를 보내도 수신자가 받아들이지 못하면 소용이 없다. 누군가 러브콜을 보내도 이심전심이 안 되면 받을 수 없고 꿈을 꾸어도 해몽할 수 없으면 의미가 없다. 메시지를 받아도 해석하지 못하는 것은 두 사람 간의 관계가 연결되어 있지 않기 때문이다. 물리적 공간이 아닌 심리적 공간에서의 연결이다. 이것은 자신과 대상과의 관계의 차이 때문이다. 냉담한 관계는 서로 소통할 수 없다. 마르틴 부버는 《나와 너》에서 상대를 그것(it)이라는 타자로 보고 비인간적으로 대하면 그때 자신 역시도 그것(it)이 되어 소외된 타자가

된다고 했다. 그러나 상대를 당신(You)이라는 인격으로 대할 때 자신 역시 나(I)라는 인격체가 된다고 했다. 인간은 서로를 이해함으로 인해 서로의 관계가 이어진다. 자신이 속한 나라와 조상의 역사 속 과거를 보는 것 역시 마찬가지다. 애정이 담긴 눈으로 볼 때 비로소 조상의 마음을 이해할 수 있다. 장점은 크게 보이고 단점은 그럴 수밖에 없었던 이유를 찾게 된다.

3) 역사를 보는 개인의 눈이 중요한 것은 역사를 평가하는 개인은 조직과 다른 존재이기 때문이다. 아날학파 역사학자 조지 이거스는 근대 실증사학의 정확성 주장에 의문을 제기하고 과학적 역사검증의 한계를 인정했다. 그리고 고대로부터 이어져 내려온 역사서술 방식인 이야기체 역사에 의미를 부여했다. 확인된 사실에서 출발하더라도 역사서술은 필연적으로 상상의 단계를 거치게 된다는 것이다. 이것은 역사에 있어서 눈에 보이는 사실(Fact)과 숨겨진 진실(Truth) 그리고 여기에 꿈과 의지가 담긴 전설(Legend)이라는 세 개의 가능성이 합쳐지는 교집합 부분이다. 따라서 여기에는 미래를 꿈꾸는 민족의 의지와 비전이 중요하다.

4) 이스라엘 민족은 꿈꾸는 민족이다. 기원전 2천 년경 이스라엘의 시조 야곱은 한밤중 베델 광야에서 돌베개를 베고 자다가 하늘에 오르는 사다리와 천사가 오르내리는 꿈을 꾸었다. 그리고 잠에서 깨어난 뒤에 돌베개를 세워 신에게 경배하는 작은 제단을 만들었다. 그의 아들 요셉은 자신의 미래에 대한 꿈을 꾸었고 이집트로 팔려 간 후에는 파라오의 꿈을 해몽해 주었다. 파라오가 본 일곱 마리의 마

른 암소와 일곱 개의 마른 밀 이삭에서 이집트의 기근을 예언했고 7년분의 식량을 비축해 이집트와 이스라엘의 많은 사람을 구했다. 이스라엘 민족은 기원전 587년 이스라엘이 멸망한 후 바빌론 제국에 포로로 끌려갔다. 그리고 고난의 시간 속에 잠시 유프라테스 강변에 앉아 쉴 때면 금빛 날개를 타고 고향 시온으로 돌아가는 꿈을 꾸었다. 조상이 책에 기록한 약속의 말을 믿은 것이다. 그리고 2천 년 고난의 유랑 끝에 1948년 5월 다시 나라를 세웠다. 이 같은 역사 속에는 인간과 인간 그리고 인간과 신과의 관계가 서로 연결되어 있다. 포로가 해방의 꿈을 꾸면서 신의 시간을 인간의 시간으로 바꾸어 해석할 수 있었다. 이것은 과거와 현재의 동조작용이며 새로운 미래를 창조하는 과정이었다.

4. 다이아몬드, 진실은 변하지 않는 것

1) 전쟁은 정(正)으로 대치하고 기(奇)로 승부를 결정한다는 것이 동서양 모든 전략의 핵심이다. 여기서 기에 해당하는 비밀공작 작전은 기본원칙을 지키는 것이 성공의 첩경이다. 중동전에서 이스라엘 정보부 모사드는 아랍 공군의 최신형전투기 탈취계획을 세웠다. 작전은 기본에 충실한 공작으로 성공했고 이것은 목표 인물에 관한 철저한 연구와 정보수집 그리고 이후에 단계적인 접근으로 구축한 신뢰의 결과였다. 작전명은 불변의 상징과 같은 다이아몬드로 이름 붙였다.

2) 1967년 6일전쟁을 앞두고 이스라엘은 공군의 기습공격을 활용한

속전속결 전략을 수립했다. 그 성패는 아랍군의 전력 그중에서도 방공망과 공군력의 신속한 파괴에 달렸기 때문에 모사드는 아랍 공군을 집중적으로 연구했다. 그리고 적군의 주력기 미그21과 조종사를 획득하기 위한 비밀작전을 준비했다. 이스라엘 공군의 교리는 적이 가진 모든 병기에 관해 아는 것이 승리의 비결이라고 주장해 왔다.

3) 작전은 해외에 파견된 아랍 공군 조종사들의 훈련기록을 입수하는 것으로 시작했다. 출신배경과 성향을 분석해 매수 가능한 인물을 선택하려는 것이다. 그리고 이라크, 이집트, 시리아 공군기지 주변에서는 모사드 첩자들이 비행기 이착륙 시 조종사와 기지 간의 통신을 비밀리에 도청하면서 조종사의 특징과 성격을 파악했다. 비행조종술보다도 외향성과 내향성 또는 진지함이나 농담 그리고 유머 감각과 같은 성격이 중요했다. 이 결과로 이라크 공군의 무니르 레드파가 대상인물로 선택되었다. 그리고 바그다드에서 미국인 특파원 신분으로 활동 중인 모사드 여성요원이 이라크군이 주최하는 사교행사에 참석하면서 레드파에게 접근했다. 이라크 기독교도로서 소수민족 쿠르드족 마을을 폭격할 때 느낀 연민을 토로한 레드파에게 자신도 미국의 아메리카 인디언 학살에 대한 죄책감을 갖고 있다고 하면서 두 사람의 공감대가 형성되었다. 몇 개월 후 두 사람은 유럽여행을 했고 파리에서 정체를 밝힌 모사드 요원은 이스라엘 방문을 제안했다. 두 사람은 위조여권으로 이스라엘에 입국했고 이스라엘 공군사령관은 레드파를 직접 환영하면서 탈출계획을 설명했다. 레드파는 가족의 동반탈출을 약속받은 후에 아랍의 공군 레이다 기지를 피해 이스라엘로 날아올 수 있는 탈출비행 지도를 전달받았다.

4) 이라크로 돌아온 후 레드파의 아들은 특수한 심신장애로 병원진찰을 받았고 의사는 특별치료가 런던에서 가능하다는 진단서를 내주었다. 두 아이와 부인은 이란으로 갔다가 런던행 비행기를 탑승한 후에 중간 경유지에서 이스라엘행 비행기로 환승했다. 같은 시간 레드파가 조종하는 미그21도 이라크 공군기지를 이륙해 추격기를 뿌리치고 이스라엘로 비행했다. 1966년 8월 이스라엘 방문 후 27일 만의 탈출이었다. 외신은 이라크 미그21의 이스라엘 공군기지 착륙을 대대적으로 보도했다. 마하 2의 속도를 갖는 소련의 최신 모델로 미국과 서구진영이 주목해 온 전투기였다. 이스라엘은 평형감각이 결여된 미숙한 이라크 공군사관후보생이 비행한 것으로 발표하고 소련의 반환요구를 거부했다. 정밀분석을 통해 입수한 기체 정보는 1년 후 6일전쟁에서 이스라엘 공군의 승리에 중요한 참고가 되었다. 그리고 지상에서는 첩보전 사상 최고의 스파이로 불린 모사드 정보원 엘리 코헨이 시리아 내에서 활동하면서 골란고원의 시리아군 병력배치에 대한 정확한 정보를 보내 주었다. 철저한 준비로 인해 이스라엘은 전쟁에서 이미 이겨 놓고 싸운 것이다. 이후에 이스라엘은 미그21 기체를 미국에 제공하고 최신형 팬텀기를 공급받았다.

5) 모사드의 작전은 공작원칙에 충실한 것이었다. 무엇보다도 조종사의 마음을 사로잡는 인간적인 신뢰관계를 만들었다. 이라크 조종사가 모사드 요원을 믿게 된 것은 그녀가 목숨을 걸었기 때문이다. 파리에서 자신을 이용하고 있다고 비난하는 레드파에게 스파이에게도 인간의 감정은 있다고 대답한 그녀는 레드파와 함께 바그다드로 돌아갔다. 만일 배신당한다면 체포될 위험을 감수한 것이다.[93] 평범

한 것 같지만 중요한 것은 보통의 상식으로 모사드의 작전은 공작원과 대상자와의 인간관계와 신뢰를 바탕으로 성공했다.

2. 인내의 과정

1. 압축성장은 없다

1) 한 가지 분야에서 전문가가 되기 위해서는 시간이 소요된다. 적어도 몇 년이나 십 년 때로는 일생이 걸릴 수도 있다. 배운 것을 익히고 자신의 것으로 소화시켜 재창조해야 하기 때문이다. 이 때문에 스승은 젊은 제자들에게 수파리(守破離)의 세 단계를 당부한다. 배워 지키고(守) 이것을 깨고(破) 떠나(離) 자신의 것을 창조해 비로소 선생을 능가하는 청출어람(靑出於藍)이 되라는 의미다. 인간의 정신적 육체적 조건 때문에 이런 과정을 거치지 않고 시간을 뛰어넘을 수는 없다. 이것은 국가에 있어서도 마찬가지다.

2) 무리를 감수하면서 단기간에 국가발전을 이룰 수는 있다. 그러나 중간 과정을 건너뛰고 지나간 것은 후유증이 되어 미래에 발목을 잡게 된다. 이것은 정치적으로는 민주주의가 파괴되고 독재화하는 것이고 경제적으로는 과도한 외채의 도입으로 빚과 이자가 증가하는 것이다. 이자 부담이 커지기 때문에 결과적으로 국가자본은 외국자본에 종속되게 된다. 그리고 정치와 문화적으로 국민의 사고의 폭과 깊이를 제한해 정신적 토양을 척박하게 만든다. 외적성장에 치중해 외화내빈이 될 수 있고 경제적으로 빈부차가 심하게 될 수가 있다.

3) 시간이 지나면서 이것은 압축발전 과정에서 만들어지는 불순물

처럼 내부에 문제를 일으키게 된다. 이 때문에 압축성장 이후에는 확인점검이 필요하다. 그동안 쌓인 폐해가 커지지 않게 하고 새로운 정치와 경제구조로 변화할 수 있도록 자유로운 사회분위기를 만들어 주어야 한다. 그리고 발전 과정에서 정치적 경제적으로 피해를 입은 사람들과 무리한 개발로 쫓겨난 사람들의 억울함을 해소시켜 주어야 한다. 언젠가 이들과 자녀 그리고 친지들에 의해 국가에 대한 불만으로 나타나기 때문이다.

4) 사람의 생각이 변하는 데는 시간과 경험이 소요된다. 배움에는 왕도가 없다는 말과 같이 경험을 거치면서 몸과 마음에 각인되는 것이기 때문이다. 모든 사람에게 공평한 것은 시간이라는 것처럼 필요한 순서가 있다. 씹지 않고 삼키면 소화되지 않는 것처럼 국가의 역량 축적에도 시간과 과정이 필요하다. 사회의 제도가 안착하고 사고방식이 일반화되기까지는 한 세대 이상이 걸린다. 보통사람들의 경험에서 얻은 고정관념이 사라지고 생활습관이 바뀌는 것은 일생에 걸쳐 이루어지기 때문이다.

5) 이러한 과정을 무시하는 것은 한 사람이 모든 것을 혼자 한다는 것과 같다. 때로는 전문가의 의견을 무시하고 지도자가 모든 것을 지도하는 어리석음을 범할 수도 있다. 일인 독재국가에서 자주 일어나는 일이다. 지도자가 자신을 과대평가하고 임기 내에 모든 성과를 거두려고 하는 것으로 이 때문에 무리하게 되고 단견에 빠지게 된다. 지미 카터 전 미국 대통령의 자서전 《왜 최선을 다하지 않았는가?(Why not the best?)》에는 자신의 해군 근무 당시 핵잠수함 건

조경험이 나온다.[94] 카터는 자신의 해사 졸업성적이 총 820명 중에 59등으로 최상위급이 아닌 이유를 묻는 사령관의 질문에 최선을 다하지 않았기 때문이라고 대답했다. 그리고 "왜 최선을 다하지 않았는가?"라고 되물은 사령관의 말을 오랫동안 마음에 두고 자서전 제목으로 삼았다. 카터는 여기에서 당시 핵잠수함 건조계획에 맞춘 PERT(Project Evaluation and Review Technique)라는 일정 진도표를 소개했다. 진행 과정에 필요한 소요시간과 인력에 맞춘 성과달성도표다. 진도에 맞춘 과정을 무리하게 앞당겨 건조를 강행하면 잠수함 어디선가 결함이 생긴다.

6) 따라서 과정을 무시하고 서두를 때 생기는 문제는 투퀴디데스의 함정에 빠지는 것과 같다. 후퇴하는 적군을 뒤쫓아가다가 복병에 기습을 받는 것이기도 하다. 과욕이 앞서고 눈앞에 보이는 적만을 보기 때문에 일어나는 일이다. 목적은 수단을 정당화한다는 말이 잘못된 것은 나쁜 수단은 목적을 달성한 이후에 문제를 만들어 내기 때문이다. 집을 새로 짓기보다 지은 집을 고치는 것이 어렵다는 것처럼 때로는 더 큰 비용과 희생이 따른다. 이런 사례는 국제정치의 전후처리에 있어서도 자주 나타났다. 제1차 세계대전의 종전 처리 과정으로 1919년 6월 체결한 베르사유조약은 20년 후 제2차 세계대전의 원인이 되었다. 연합국이 서둘러 일방적으로 체결하면서 독소 조항을 다수 남겼고 독일은 이후 국력을 기르면서 이것을 기정사실화하기를 거부했기 때문이다. 조약문안에는 전승국들이 패전국의 소유물을 전리품으로 빼앗고 식민주의를 강화하려는 의도가 그대로 반영되어 있다. 전쟁 전 독일 식민지들을 해방시키지 않고 연합국들

이 그대로 인계받은 것이 대표적인 예가 된다. 과도한 전쟁배상금과 제재는 이후 독일 나치당과 히틀러의 부상을 초래했다.

2. 차 향기는 찻잎을 여러번 볶은 후에 나온다

찻잎을 따서 차를 만들기까지는 시간과 과정이 필요하다.

1) 한반도의 남도 보성의 차밭 풍경은 마치 외국 같은 분위기를 보여준다. 산 하나를 차지하는 넓은 면적과 녹색 산자락 넘어 멀리 남해 바다가 보이는 곳으로 아름다운 자연을 보려는 국내외 관광객들의 유명 방문지가 되었다. 이곳의 100년 가까운 역사를 가진 다원에는 차를 만드는 과정이 있고 다도의 분위기와 차 향기가 풍긴다.

2) 차를 만들기 위해서는 찻잎을 아무 때나 딸 수 없다. 시기가 있고 당일의 날씨와 시간이 맞아야 한다. 두보의 시 〈춘야희우(春夜喜雨)〉에 나오는 말처럼 좋은 비는 시기를 알고 내린다는 호우지시절(好雨知時節)과 같다. 좋은 찻잎을 따는 것은 적절한 시기에 기회를 잃지 않고 수확하는 것으로 불교에서 말하는 시절인연과도 같다. 전

통차협회에서 설명하는 차의 성질은 세심하다. 찻잎은 수확시기와 생육단계별로 아미노산 함량에 차이가 나기 때문이다. 채엽시기에 따라 우전차(곡우전차)는 곡우 전후 5일 정도에 딴 어린잎으로 만든다. 입하차는 입하 5월 5일경에 딴 찻잎으로 하고 하차는 여름철 찻잎으로 그리고 추차는 가을철 딴 찻잎으로 만든다. 이것을 시기별로 첫물차와 두물차 그리고 끝물차로 부른다. 찻잎의 크기로 나누면 세작은 4월 말부터 5월 초에 나오는 차로 참새의 혀와 같은 어린 새순으로 만든 차이며 중작은 5월 5일에서 20일 사이에 따는 보통 차를 말한다. 대작은 5월 15일 이후에 따는 차로 호지차나 현미차의 원료가 된다.

3) 차의 맛 역시 만드는 방법에 따라 예민하게 달라져 다도의 깊고 은은한 맛을 느낄 수 있다. 차의 단맛과 감칠맛을 담당하는 아미노산 함량은 첫물차가 두물차, 끝물차에 비해 두서너 배 정도 높고, 쓴맛과 떫은맛을 내는 카테킨 함량은 두물차와 끝물차가 첫물차보다 두 배 정도 높다. 따라서 잎차와 가루녹차와 같은 녹차용 찻잎은 첫물차로 수확하고 홍차와 후발효차 등 발효차용 찻잎은 두물차에서 네물차로 활용한다. 녹차의 품질은 이른 봄에 딴 작고 어린 새순으로 만든 제품일수록 등급이 높고 가격도 비싸게 정해진다. 뜨거운 한여름에 따는 찻잎은 그만큼 견디는 힘이 강하지만 억세고 봄날 햇볕에 쬔 찻잎은 부드러움과 향기를 품고 있어서다. 24절기 중 4월 곡우 전 5일 정도가 제일 좋은 때고 곡우가 지난 5일간이 다음으로 좋은 때로 본다.

4) 전통 다도(茶道)의 의미는 찻잎을 딸 때부터 시작된다고 한다. 말리고 볶으며 간수하는 동안의 정성과 노력 그리고 순서를 따라 겸손함과 인내심이 길러진다는 설명이다. 여덟 번에서 열두 번 정도를 덖고 수분을 증발시킨 후에 마지막으로 한 차례 볶으면서 맛을 만든다. 열이 강해도 약해도 안 되는 중간 불에 달군 철판에서 볶아야 한다. 한국의 다도협회는 이 같은 정신을 부드러운 마음과 예절 그리고 검소한 생활과 진실한 품성을 배양하는 것이라고 설명한다. 사심 없이 맑고 깨끗한 마음으로 봉사하고 일하는 실천력을 기르며 이를 통해 기쁨 속에 깨달음을 얻기 위해서다.

5) 찻잎을 따고 다리는 과정은 한국사회의 역량 발휘에도 시사하는 점이 있다. 역사 속에 과거로부터 내려와 축적된 역량이 한데 어울려 조화를 이루어야 하기 때문이다. 공간적으로는 각기 다른 지역적 다양성이고 시간적으로는 구세대와 신세대의 이질성이다. 이것을 갈등요인이 아니라 접합요인으로 만들고 융합시키는 것이 자유민주주의 국가의 역량이다. 그리고 이러한 과정 중에 회의와 토론은 일방적인 강제가 아니라 인내심과 포용력을 필요로 한다. 오늘날 한국의 새로운 도약을 준비하기 위해서는 이 같은 찻잎을 따고 볶으며 이루어지는 다도의 전통을 음미할 필요가 있다.

3. 숯과 코크스, 인내의 결과

코크스는 오랜 시간 열을 품고 있음으로써 철을 만든다.

1) 숯과 코크스의 공통점은 열을 오랫동안 품고 있으면서 긴 연소시간을 만들어 주는 것이다. 숯은 참나무를 7일에서 10일쯤 태워 만들고 이것을 가공해 백탄과 흑탄으로 나눈다. 백탄은 거의 다 구운 숯가마에 공기를 넣어 가마 속 온도를 약 800도 이상 올려서 만든다. 그리고 빨갛게 변한 숯 위에 탄 재와 흙을 섞어 불을 끄고 급히 냉각시킨다. 표면에 흰 재가 남기 때문에 백탄으로 부른다. 백탄은 화력이 좋고 불이 오래가며 미세한 구멍이 많고 흡착력이 강하다. 흑탄은 나무토막을 숯가마에 넣고 400도에서 700도 정도에 굽는다. 이 과정에서 가마 문과 굴뚝을 돌이나 진흙으로 막고 공기가 통하지 않게 밀봉한 후에 불을 끄고 냉각시킨다. 재가 묻지 않아 검은 상태가 되어 검탄 또는 흑탄으로 부른다. 흑탄은 백탄에 비해 탄질이 부드러워 불이 잘 붙고 중간에 꺼지는 일이 적어 대장간에서 철을 녹이는 작업에 유용하다.[95]

2) 코크스는 용광로 안에서 철광석을 녹이는 연료로 거대한 열량을

담은 석탄이라고 할 수 있다. 제철소 용광로 안의 온도는 1,500도 정도의 고온이다. 이 속에서 코크스는 열을 내뿜는 연료 역할을 한다. 코크스는 용광로에 넣은 철을 가열해 녹은 쇳물을 내리부으면서 불순물을 제거하고 강철로 변화시킨다. 코크스를 만들기 위해서는 석탄을 코크스로에 넣고 밀폐한 후 가열해야 한다. 파쇄된 석탄은 특성에 따라 적정비율로 배합되어 석탄 창고에 저장된다. 그 후 코크스 오븐에 넣어 하루 정도 건조하는 과정을 거친다.

3) 석탄은 1,000도 이상의 고온에서 수분이나 휘발분이 가스로 방출되고 이 상태로 더 높은 열을 받으면 점차 굳어지면서 코크스가 된다. 이후에 고로에 투입되어 철 용해 연료로 쓰이게 된다. 만일 고로 안에 석탄 그대로 넣으면 열풍으로 가루 형태의 탄이 날리면서 철광석이 녹는 것을 방해하고 엉겨 붙게 된다. 이 때문에 덩어리 형태의 코크스로 만들어 찌는 것이다. 세계 최초로 코크스를 이용해 철을 제련한 곳은 1709년 영국의 제철소로 이것은 영국의 산업혁명에 추동력을 주었고 양질의 강철을 대량생산해 철강강국이 되었다.

4) 숯과 코크스 모두는 뜨거운 열과 바람을 견딘 인내력의 결실이다. 그 때문에 자신이 품은 열을 장시간 유지하면서 방출할 수 있게 된다. 꾸준히 지속적인 열을 낸다는 점에서 숯과 코크스는 일회성으로 짧게 연소하는 나무토막이나 석탄 부스러기와 다르다. 그리고 만들어지는 과정 중의 인내는 마치 진을 짜고 상대와 대진하는 럭비선수들이 힘껏 견뎌 내는 것과 비슷하다. 개인의 경우에나 단체도 중요한 것은 이기는 것에 앞서 견디는 것이다. 그 후에 이길 기회가 나타

나고 견디지 못하면 무너지게 된다. 고난은 싸워 이기는 것이 아니라 참고 견디는 것이라는 말과 같이 민족의 정신과 물질의 역량이 배양되는 과정도 이와 같다.

4. 과정은 결과보다 중요하다

1) 목적은 수단을 정당화한다는 말이 있다. 그러나 이것이 비판받는 이유는 첫째, 당위의 문제로서 비윤리적 수단을 사용할 수 있고 둘째, 필연의 문제로서 성공과 실패 이후에도 남게 되는 과정상의 부작용 때문이다. 잘못된 과정은 목적을 이룬 다음에도 오랫동안 후과를 남기게 된다. 이처럼 과정을 무시하면 개인의 자유와 권리가 희생되기 때문에 민주주의는 과정이 중요하다고 한다. 전체주의는 발전이나 안보를 명분으로 과대포장하면서 이 같은 민주주의의 절차나 과정을 파괴한다.

2) 사회가 목적달성을 위해 효율성만을 중요시하면 약자들이 보호받지 못한다. 사회는 계속해 효율성 있는 사람들만을 중심으로 움직이게 되고 한때 효율성을 가졌고 사회에 기여했던 사람들도 효율성을 잃으면 외면받을 수 있다. 따라서 민주주의의 기본인 모든 인간의 자유와 권리가 효율성에 따라 차별되고 퇴출당할 위험에 빠진다.

3) 과정을 무시하는 결과중심의 정치는 극단주의적 형태로 발전할 수 있다. 이후에는 기만과 거짓 선동 그리고 위협이나 폭력과 같이

수단과 방법을 가리지 않는 행동으로 나타난다. 이 때문에 극단주의는 자유와 인권이라는 민주적 원칙을 무시하는 민주주의의 적으로 불린다. 역사는 폭력을 정당화하는 극단주의 정치세력 모두가 결국은 실패하고 역사의 단죄를 당한 사실을 기록하고 있다. 인간은 그 자체가 목적이며 수단이 되지 않는 것이기 때문이다.

4) 책이나 영화 그리고 음악도 맥락이 제대로 연결되지 않으면 작품이 되지 않는다. 전개되는 중간 과정과 결론이 서로 이어지지 않으면 감동을 끌어내지 못한다. 결국, 과정과 결과는 동전의 앞뒤와 같이 유기적으로 연계되어야 한다. 운동경기에서도 승리만을 목적으로 반칙을 저질러 얻은 점수를 득점으로 치지 않는다. 심판을 매수하는 것과 같은 부정이나 체벌 또는 강요로 선수의 건강을 희생시키면서 얻는 승리는 무의미한 것이다. 과거에는 국제시합에서 금메달을 딴 선수가 이후 얼마 되지 않아 중병으로 사망한 사례도 있다. 철저한 선수관리가 있었는지 또는 중상을 무시하고 메달 획득에만 열중하도록 하는 분위기가 있었는지 문제시할 수밖에 없다. 그러나 정당한 경기는 선수들의 자긍심을 높이고 정신력을 강하게 한다. 패배역시도 역량축적의 기회가 되고 승리의 준비가 된다.

5) 과거와 현재 그리고 현재와 미래를 잇는 가교로서 과정은 중요하다. 자신이 살아 있는 시대만을 보는 것은 역사에 대한 단견으로 잘못된 인식이다. 미래세대에 전해 줄 지속가능한 발전을 위해서 매 세대는 링커 역할을 하기 때문이다. 따라서 국가의 발전 과정에는 다음 세대를 염두에 둔 자원의 소비와 공간의 활용으로 속도를 조절

해야 한다. 자신이 속한 시대만을 생각하는 것은 세대와 세대를 단절시키는 결과를 초래한다.

3. 조절된 속도

1. 정치의 과속과 지식인의 아편

절망적 상황에 처한 사람이 볼 때 세 개의 시계는 각각 다른 느낌일 것이다.

1) 마약에 취한 사람은 방향감각을 상실하고 제대로 걷지 못한다. 맑은 정신에 정상적인 발걸음으로 걸어야 목적한 방향으로 오래 걸을 수 있지만 그렇지 못한 것이다. 국가의 발전 과정에서 지도층의 비틀걸음과 과속은 자칫 자멸의 함정에 빠지는 것이 된다. 프랑스의 정치학자 레몽 아롱은 발전이라는 정치적 신화를 추종하는 지식인들을 비평한《지식인의 아편》을 썼다. 아롱은 혁명의 신화나 프롤레타리아의 천국과 같은 유토피아적인 과격한 주장을 하는 이들을 마약에 취한 것에 비유했다.

2) 이것은 지식자본을 가진 지도층 인사들의 선동을 따르는 대중들이 만드는 집단적 분위기가 사회를 휩쓸게 되기 때문이다. 그 결과로 국가는 이성이 마비되고 감정이 지배하는 전체주의로 이끈다. 미필적 고의로 인한 결과라고 할 수도 있을 것이다. 지식인이 자신의 사상에 몰입하는 것은 아편에 취하는 것과 같다. 자신의 선동에 스

스로 빠지는 것이고 우선은 자기 자신을 그리고 다음은 다른 사람들 모두를 과속의 길로 나가게 한다. 홀로코스트의 참극을 겪은 유대인의 입장에서 자유주의 사상을 전개한 한나 아렌트가 《전체주의의 기원》에서 경고하는 내용과 유사하다. 자유는 민주주의의 힘이며 동시에 취약점으로 우민화 정치가 될 수도 있는 양면성을 갖고 있다. 여기에 지식인들의 무분별한 선동이 더해지면 국가공동체는 분열하고 투퀴디데스가 경고한 것 같은 내우외환으로 이끌려 간다.

3) 아롱은 아마도 지식인은 정치의 한계를 발견하자마자 곧바로 정치에 흥미를 잃게 될 것이라고 했다. 그리고 이 같은 불확실한 약속을 즐겁게 받아들이자고 했다. 인간은 불행하게도 아직까지는 서로 살인하지 않을 정도의 수준에 도달하지 못했다는 것으로 차라리 무관심이 낫다는 것이다. 그리고 정치인들이 주장하는 모든 정치모델과 유토피아를 의심하도록 주문했다. 그리고 모든 구원의 예언자들과 재앙의 전달자들에게 도전하도록 젊은 세대를 가르치고 만일 회의론자가 극단주의를 제거할 수 있다면 이들이 승리하기를 바라자고 했다. 극단주의가 만드는 폭력과 전체주의보다는 회의론자의 주저함이나 게으름이 더 바람직하다는 주장이다.[96]

4) 이것은 국가지도자를 절대화하고 비판세력을 절대악으로 규정하는 나치즘이나 파시즘과 같은 극단주의의 배격이라 할 수 있다. 민주주의는 가치의 상대성을 인정하고 대화와 타협 그리고 선거와 같은 제도적 장치에 의해 절차적으로 진행하는 것이기 때문이다. 그리고 공동체 구성원들의 역량에 맞춰 속도를 조정하는 것으로 상대의 부족한

역량을 보충해 주면서 역량축적이 된 후에 같이 갈 수 있다는 것이다.

5) 결과적으로 이것은 시간의 조율을 말한다. 시간이 지나면 나뿐만 아니라 상대방이나 그들의 조건이 갖춰지기 때문에 나의 시간만을 강요하지 않는 것이다. 구성원들의 준비되지 않은 시간을 억지로 나의 시간에 맞출 때 일어나는 충돌은 공동체에 오히려 역효과를 가져오기 때문이다. 시간이 지나면 저절로 이루어지게 되어 있다는 것은 상대방의 역량조건이 충족될 때까지 도와주고 기다린다는 의미다. 그리고 이렇게 공동체의 역량이 합쳐진 이후에 비로소 민심에 의한 천시의 기회가 성숙한다. 구성원들의 시간을 무시하는 것은 그들의 자유와 권리를 훼손하는 것으로 민주적 기본질서를 파괴하는 전체주의에 빠지는 것이 된다. 사회통계가 알려 주는 국민 행복지수의 하강 그리고 범죄율이나 자살률의 상승과 같은 부정적인 지표지수는 이러한 과속을 조절하라는 경고와 같다.

2. 투퀴디데스의 함정은 서서히 빠져 간다

투퀴디데스의 함정은 마치 도미노 게임처럼 첫 번째 작은 움직임으로 시작해 점진적으로 모든 것을 빠져들게 한다.

1) 펠로폰네소스 전쟁은 기원전 431년부터 404년까지 진행된 그리스의 내전이다. 이 전쟁의 의미는 외부의 적이 소멸된 이후에 내부의 투쟁이 벌어졌고 그 결과로 그리스가 다시 외부의 적에 복속당했다는 것이다. 기원전 492년부터 479년간 계속된 페르시아 제국의 3차례 침략에 맞서 싸운 그리스 도시국가연합은 승리해 자유와 민주주의를 보존했다. 그러나 48년 후 431년 스파르타와 아테네가 각각 주도하는 펠로폰네소스와 델로스 양대 동맹 간의 전쟁이 일어났다. 국가의 안보위협은 외적이 사라진 이후에 오히려 더 큰 모습으로 나타났다. 자유를 얻은 그리스 도시국가 간에 주도권을 잡기 위한 충돌로 이어진 것이다. 그리고 소규모의 잦은 분쟁으로 시작해 전면적인 내전으로 발전해 갔다.

2) 투퀴디데스는 《펠로폰네소스 전쟁사》에서 전쟁에 휩싸인 그리스 사회의 집단 심리를 다음과 같이 표현했다. 분별없는 대담함이 충성스러운 동맹자의 용기로 간주되었고 사려 깊은 망설임은 허울 좋은 비겁함이 되었다. 온건함은 남자답지 못함의 외투로 여겨졌다. 종교는 그 억제력을 잃었고 사악한 목표를 위해 화려한 미사여구를 구사하는 것이 높은 평판을 얻었다. 진실과 명예는 사라지고 그리스 사회는 모두가 자기 동료를 믿지 못하고 분열되었다고 했다. 그리고 투퀴디데스는 이 전쟁을 사람들 대부분의 인격을 그들의 주변 상황과 같은 수준으로 떨어트린 야만적인 교사라고 표현했다.[97] 집단주의의 광기에 휩싸인 시대였다는 것이다. 고대 그리스에서나 현대 세계에서도 민주주의 사회에서는 자유를 빌미로 대중을 현혹해 거짓 주장이나 부정확한 정보를 사실인 것처럼 미화하고 확신 있게 전

하고 선동하는 사람들이 있다. 이것은 정치적 신념에서 뿐만 아니라 상업적 목적에서도 나오고 현대사회에서는 뉴스가 상품화되었기 때문에 더 문제가 된다.

3) 아테네의 세력강화를 저지하고 그리스인에게 자유를 주기 위한다는 명분을 내세운 펠로폰네소스 전쟁은 공식적인 선전포고도 없었다. 전쟁의 시작은 그리스 문명의 중심에서 멀리 떨어진 변방에서 벌어졌다. 아테네 본토에 대한 스파르타 군대의 공개적인 대규모 돌격이 아니라 스파르타의 동맹국이 자기보다 훨씬 작은 이웃 국가를 비밀리에 공격하면서 시작했다. 스파르타가 주도하는 펠로폰네소스 동맹에 가담한 테베군 수백 명이 야밤에 델로스 동맹의 변경도시 플라타이아에 잠입했다. 그리고 내부 배반자의 안내에 따라 기습공격해 도시를 약탈했다. 그리고 델로스 동맹국을 지원하기 위한 아테네의 참전으로 이어졌다. 전쟁은 이렇게 시작되어 30년간의 장기전이 되었다. 전쟁사학자 도널드 케이건은 그리스 세계의 변방에 있는 이 먼 지역에서 벌어진 소규모 전투가 장기간 펠로폰네소스 전쟁을 초래할 것으로는 아무도 예측할 수 없었을 것이라고 썼다.[98]

4) 현시대에도 투퀴디데스의 함정이라는 국제정치상의 교훈이 등장했다. 따라서 함정을 피할 수는 없는 것인지 살펴볼 필요가 있다. 신흥세력의 부상이 반드시 기존세력과의 군사적 충돌로 이어지는 것인지 외교적 협상으로 해결될 수 없는 것인지가 중요한 연구과제가 된 것이다. 양측의 평화적 해결을 가로막는 것은 세력평가의 어려움 때문이다. 국가 간의 정확한 국력평가가 힘든 가운데 안보경쟁이 이

루어지기 때문이다. 이것은 2022년 발발한 우크라이나 전쟁의 양상을 보면 알 수 있다. 국가 간의 세력균형과 국력비교 그리고 동맹국의 구성과 지원에 있어서 그 범위와 한계에 대한 정확한 예측이 어려운 것이다. 따라서 개별국가의 안보를 위한 조치가 오히려 세계의 안보를 위협하는 딜레마에 빠지게 된다.

5) 투퀴디데스의 함정이 21세기 한국에 주는 교훈은 크다. 한국의 국력이 급격히 상승하면서 한반도가 지렛대나 저울의 추와 같이 중요한 위치에 서게 된 것이다. 따라서 국제사회에서 진영 간의 유혹과 압박도 커졌다. 이 때문에 서둘러 앞서 나가지 않고 어느 한 진영의 창끝으로 이용되는 것을 경계해야 한다. 그리고 외교의 지평을 넓히고 활동공간을 확대할 필요가 있다. 투퀴디데스의 함정에 빠져들어 가지 않도록 명분과 실리에서 중심을 잃지 않고 우방국가를 확보해야 하기 때문이다. 21세기 세계의 정치와 경제 환경은 일대 전환기에 들어섰다. 더구나 한반도를 둘러싼 정세변화는 동북아 패러독스로 불릴 만큼 다중적이며 복합적으로 전개되고 있다. 한국은 과거와 비교할 수 없이 강해진 국력과 높은 위상을 성취했지만 자만심에 빠질 수 없는 근본적인 취약점을 가지고 있다. 이 때문에 전쟁과 평화에 대한 신중한 고민과 성찰이 있어야 한다. 그리고 여기에는 유엔을 비롯한 국제사회의 법적 제도적 기준과 양립할 수 있어야 하고 국민적 합의에 의한 국익과 부합해야 한다.

3. 로마는 하루아침에 세워지지 않았다

1) 로마는 기원전 27년 건국되었다. 그리고 기원후 395년에 동로마제국과 서로마 비잔틴제국으로 나뉘어 대제국으로 성장하면서 각각 476년과 1453년까지 존속했다. 군사력과 로마법 그리고 기독교로 세 차례 세계를 제패했다는 로마제국의 건설에는 장기간이 소요되었다. 역사를 B.C.(Before Christ, 그리스도 이전)와 A.D.(Anno Domini, 주님의 시대)로 나누면서 서양 세계관의 기초가 된 기독교의 국교화에는 300년 이상이 걸려 392년 국교가 되었고 네로 황제를 비롯한 박해 기간에는 수많은 기독교도가 학살되었다.

2) 로마역사의 명군 중 하나인 유스티니아누스 황제와 위대한 황후로 전해지는 테오도라 황후도 등장했다.[99] 테오도라는 532년 내란에 휩싸인 제국을 떠나 도피하려는 유스티니아누스 황제에게 "만약 지금 폐하께서 목숨을 부지하시기 원하신다면 폐하시여, 곤란할 것은 어디에도 없습니다. 우리에게는 돈도 있고 눈앞에는 바다가 있고 배도 있습니다. 하지만 생각해 주소서. 그렇게까지 해서 살아남은 뒤 과연, 죽는 것보다야 나았다고 말할 수 있겠습니까? 언젠가 죽음은 옵니다. 저는 황실의 자주색 옷은 가장 고귀한 수의라는 옛말을 옳다고 생각합니다."라는 말로 황제를 설득해 반란군을 퇴치시켰다. 콘스탄티노플의 서커스 광대의 딸로 태어나 어린 나이에 무희 겸 창기였던 테오도라는 황후의 재위기간에 여성과 약자의 보호를 위해 노력해 동방정교회는 그녀를 유스티니아누스 황제와 함께 성인으로 추대했다. 그녀는 황제인 남편의 훌륭한 조력자이자 동반자가 되었

고 로마역사에서 가장 훌륭했던 여성 중 한 사람으로 평가된다. 강한 의지로 정적을 제거하고 곤경에 처한 여성들의 구제를 위해 노력해 이혼법을 여성에게 유리한 방향으로 개정하도록 했다. 어린 소녀들의 인신매매를 금지하고 강간을 사형으로 처벌하는 법을 제정하도록 했고 도피한 매춘 여성을 위한 안식의 집을 만들어 주었다. 이 같은 여성의 권익 보호와 육성이 로마제국의 역량을 강화했음은 분명하다.

3) 현대의 로마로 불리는 미국도 시대별로 국제정세에 맞춘 적절한 정책을 사용하면서 꾸준히 국력을 배양해 제국으로 발전했다. 방대한 영토와 자원을 가진 미국은 태평양과 대서양 천혜의 해양방어선을 좌우에 두고 서두르지 않고 세계로 나가는 신중한 자세를 보였다. 초대 대통령 조지 워싱턴은 퇴임 고별사에서 중립주의를 표방하면서 국력을 키우라고 조언했다. 그리고 멕시코와 스페인과의 전쟁 그리고 제1, 2차 세계대전을 거치면서 점차로 적극적인 개입정책으로 옮겨갔다. 대한민국 초대 대통령 이승만의 프린스턴대학 박사학위 논문「미국의 영향을 받은 중립」도 미국 중립주의의 역사와 의미를 평가한 내용이다. 이 글에서 이승만은 미국의 저력을 지도자 한 사람이나 정당의 이익이 아닌 국가전체의 이익을 앞세우는 정책의 힘으로 보았다.[100] 로마와 같이 제국을 건설하는 국가는 넓고 긴 안목으로 세계전략을 만들고 시스템을 구축해 장기적으로 추진해 간다.

4) 갑자기 부자가 되어 과거를 잊은 개인이나 단기간에 국력상승을 경험한 나라는 교만이나 단견에 빠지기 쉽다. 이 때문에 오히려 국력의 강화가 재앙이 되기도 한다. 역사에는 이러한 함정에 빠진 나

라들의 사례가 적지 않다. 이 때문에 국가 내에는 건전한 비판세력과 민주주의의 기본원칙인 견제와 균형이 지켜져야 한다.

5) 이러한 측면에서 인도계 미국 언론인 파리드 자카리아는 《포스트 아메리칸 월드》에서 미국의 장래에 낙관적이다. 미국은 자유로운 비판과 도전정신을 민주주의 제도의 기반으로 하고 있기 때문이라는 것이다. 그리고 군사력과 과학 그리고 금융과 학문 교육과 같은 분야에서의 우월성을 유지하면서 세계에 영향력을 잃지 않을 것으로 평가했다. 국력의 다양성과 자유민주주의가 미국이 제국으로서 유지되는 힘이 될 것이라는 해석이다. 조지프 나이도 《미국의 세기는 끝났는가》에서 이 같은 다양한 국력요소의 활용을 통해 국제사회에서 미국의 지도적 위치는 앞으로도 계속될 것이라는 같은 의견을 제시했다.[101]

4. 조절되지 않은 힘은 아무것도 아니다

(출처: Image by EDUARDO EDU012 from Pixabay)

빠르게 움직이는 흐름 속에서 거리와 속도를 조절하지 못하면 차는 전복된다.

1) F1 포뮬러 원과 같은 자동차 경주에서 승부의 관건은 코너링이다. 회전 구간에서 상대를 추월하거나 추월당하지 않도록 견제하는 속도와 거리유지가 중요하다. 가속도가 붙는 만큼 더욱 능숙하게 운전하지 않으면 차는 전복되고 만다. 경기장에서 엔진소음은 고막을 울릴 만큼 크다. 입구에서는 관람객들의 손목에 입장권을 채워 주면서 청각보호용 귀마개를 나눠 준다. 경주차는 도로 끝에 나타났나 싶으면 어느새 굉음과 함께 쏜살같이 눈앞을 가로질러 반대쪽 도로 끝으로 가 버린다. 그 때문에 오히려 텔레비전으로 중계방송을 보는 것이 나은 편이다.

2) 자동차의 속도조절은 운동에서도 마찬가지로, 골프를 할 땐 어깨에 힘을 빼라는 말을 수없이 듣게 된다. 권투선수의 펀치는 강약조절이 안 되면 자신의 손목을 꺾는다. 힘을 뺀 타격이 더 강하고 속력을 실으면 작은 힘으로도 큰 위력을 낼 수 있다. 힘의 조절이란 시간과 공간에 완급을 두는 것이다. 서예가들이 말하는 운필처럼 붓의 움직임을 조절할 수 있게 된 후에 비로소 살아 있는 글자를 쓰게 된다는 것이다. 연주자가 세심히 음률을 조절하면서 연주하는 것도 청중의 감정을 고려하기 때문이다. 항상 강하고 급하기만 한 소리는 청중에게 감동을 주지 못한다.

3) 절제되지 않은 말은 상대방에게 제대로 전달되지 않는다. 마이동풍(馬耳東風)과 같이 혼잣말에 빠지는 것이기도 하다. 자신의 의사를 전하는 사람에게 가장 중요한 것은 상대의 수준에 맞추는 것이다. 진심이 전해지지 않는 것은 전하자는 욕심이 앞서 상대와 교감

하지 못하기 때문이고 오히려 반감을 사게 될 수도 있다.

4) 자유민주주의 국가의 가장 큰 장점은 국가의 권력이 법과 제도에 의해 제한되면서 시행되는 데 있다. 견제와 균형이라는 권력의 분배로 개인의 인권이 보장되는 것이다. 이것은 전체주의와 독재정치가 개인에게 강요하는 국가권력과 다르다. 따라서 국가공동체의 안전과 세계의 평화유지에 기여하게 된다. 고전에서 조정의 일은 마치 생선을 굽는 것과 같다고 한 것처럼 정책이 시행되는 과정을 주의 깊게 보면서 백성의 반응을 세심히 살펴보아야 가능한 일이다.

5) 폴 케네디는 강대국의 흥망원인을 분석하면서 국가가 경제력과 군사력, 그리고 소프트 파워라는 3대 국력을 확보하고 있어도 그 힘을 효과적인 힘으로 전환하는 능력(Power Conversion Capability)이 떨어진다면 강대국이 될 수 없다고 했다. 이것은 패권주의에 빠지는 것을 경계하라는 말과 같고 대외정책이 전개되는 과정을 세심히 살펴보라는 것이다. 국력을 임의로 사용하는 것이 아니라 국제사회의 합의 과정에 맞춰 사용해야 한다는 것과 같다. 그리고 이 과정에서 동맹국과 국내외 여론을 설득할 수 있는 스토리텔링이 중요하다는 것이다.

4. 굿 거버넌스

1. 유엔의 새천년 아젠다

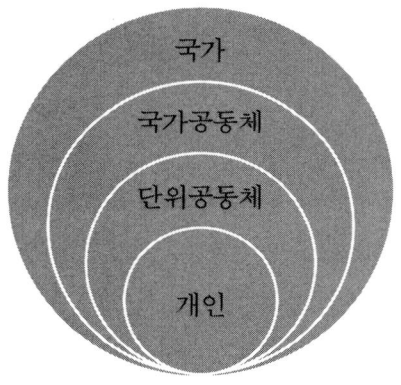

굿 거버넌스는 개인과 공동체의 역량을 모아 살기 좋은 나라, 평화로운 세계를 만드는 것이다.

1) 자유민주주의를 외면한 정치는 독일의 나치(NAZI), 국가사회주의 독일 노동자당(Nationalsozialistische Deutsche Arbeiterpartei)이나 이탈리아의 공화파시스트당(Partito Fascista Repubblicano) 독재가 되었다. 이것은 국민의 인권이 보장되지 않고 국가의 부품으로만 존재하는 결과를 만들었다. 그리고 국가지도자는 국가를 형성하는 단위공동체를 무시하면서 국가를 나락으로 이끌었고 세계는 전쟁터가 되었다.

2) 이 때문에 어느 국가나 정치와 경제의 균형 잡힌 발전을 위해서는 정부의 올바른 역할인 굿 거버넌스(Good Governance)가 중요하

다. 유엔에서 굿 거버넌스를 강조하는 이유는 발전을 명분으로 하는 독재정치의 등장과 같은 부작용을 우려하기 때문이다.[102] 좋은 정부와 좋은 나라를 만들기 위해서며 개발독재와 배타적 국수주의로 인해 발생하는 민주주의의 파괴와 국제사회의 분쟁을 방지하려는 것이다. 2013년 9월 유엔은 '모두를 위한 존엄한 삶'이라는 제목의 〈새천년 개발목표(MDGs)〉를 발표했다. 목적은 빈곤, 기아, 질병, 적절한 피난처의 부족을 줄이고 안전과 건강 그리고 교육 및 환경과 같은 세계 모든 나라 국민의 기본적인 인권보장을 위한 것이다. 그리고 이에 따라 정부와 민간부문의 공동노력을 요청했다.

3) 21세기 세계 주요국가 중 하나로 자리매김한 한국의 발전에도 유엔의 지원에 힘입은 굿 거버넌스는 중요한 역할을 했다. 일제의 통치와 한국전쟁의 폐허를 딛고 일어선 한국의 성공이 온 국민의 피땀어린 노력의 결과인 것은 분명하다. 그러나 완전히 무에서 유를 창조한 것으로만 이해하면 부정확한 것이 된다. 한국의 근현대사는 분명히 고난의 시간이었으나 동시에 이 기간을 통해 축적된 민족의 정신적 물질적 역량은 부지불식간에 이 땅에 남았다. 근대식 인프라와 제도가 구축되었고 이를 통해 습득한 물자와 기술 그리고 경험은 해방 이후의 경제발전에 밑거름이 되었다. 한국전쟁으로 많은 산업시설이 파괴되었으나 기술과 경험은 남았다. 이 같은 사실 위에 민족의 저력이 발휘된 결과로 보아야 자만에 빠지지 않는다.

4) 국가의 성장에는 과거에 거쳐 온 과정을 통해 얻어진 내재적인 그리고 외재적인 발전요인들이 있다. 이것을 민족의 우수성이나 애국

심만으로 호도하거나 지도자의 공으로만 돌리면 오류가 된다. 정부가 선거를 의식해 임기 중의 성과만을 홍보하면서 과도한 자신감을 불어넣을 수도 있다. 한국의 발전에는 유엔한국재건단(UNKRA)과 미국국제개발처(USAID)를 비롯한 국제기구의 한국부흥을 위한 지원과 미국을 위시로 하는 우방국들로부터의 경제적 기술적 지원이 큰 역할을 했음을 부인할 수 없다. 평화봉사단(Peace Corps)과 국제 NGO들이 열악한 환경 속에서 한국의 재건을 도왔다. 기독교 선교사들의 인적 물적 지원도 상당한 역할을 했다. 한국과 미국 두 개의 손이 맞잡은 악수 마크가 찍힌 식량부대에 담겨 온 옥수수빵과 분유를 찐 빵을 먹으면서 영양 관리를 하고 몸에 맞지 않는 구호물품을 입고 사용한 세대로서는 잊히지 않는 일들이다.

5) 굿 거버넌스가 되지 않으면 압축성장의 성과를 자랑하면서 독재를 미화하거나 국수주의적 전체주의를 찬양하는 정치가 유혹할 가능성이 있다. 발전 과정에서 민주적 질서와 기본 원칙을 외면할 수도 있다. 도입된 유·무상 원조 그리고 외채 역시 무시할 수 없는 성장의 동력이었다. 그러나 대량의 외채는 신속한 발전을 가능하게 했지만 성장률과 비례해 이자와 채무도 증가했다. 지도자와 정부가 단기간 임기 내에 성과를 거두고 집권 연장에 집착할 때 생기게 되는 폐단이다. 위험성과 부정적인 사실은 외면하고 국민에게 알리려고 하지 않기 때문에 생기는 일로 정치와 경제의 지속가능한 발전을 위해서는 굿 거버넌스가 필요하다.

2. 외채는 속박으로 가는 길

1) 서구제국주의의 동양 침탈 과정은 무력과 금력의 합작품이었다. 약소국이 지고 있는 채무의 상환을 독촉하는 과정에서 외교와 군사력이 동원되어 함포외교라는 용어가 탄생했다. 그리고 조약이라는 합법적 수단으로 침략이 정당화되었다. 약소국은 외채도입을 통해 신속한 국가발전을 달성하려고 했지만 이것은 오히려 굴레가 되어 식민지로 전락하는 단초가 되었다. 부패한 정부와 왜곡된 경제구조를 가진 나라의 경우에는 효율적인 외채운용을 할 능력이 없고 단기간에 만성적인 재정적자를 해소할 방법은 없는 것이다. 따라서 금융과 경제적 영향력에 의해 점차적으로 유연한 지배가 이루어졌다.

2) 근대 이집트의 식민화 원인도 외채 때문이었다. 1869년 11월 17일 수에즈 운하가 완공되었다. 이집트 정부의 요청으로 작곡한 베르디의 오페라 〈아이다〉 공연을 겸한 화려한 운하 개막식은 식민화로 향한 여정의 시작과 같았다. 이집트는 외국차관의 도입으로 1858년 국제수에즈해양운하회사를 설립했다. 그리고 프랑스가 운하 건설 특허권을 취득해 공사를 시작했다. 이집트는 필요한 노동력의 5분의 4를 담당했고 회사주식 40만 주 중에 17만 7천 주를 이집트 정부가 소유했다. 이후에 재정악화로 운하개통 4년 만인 1873년에 이집트의 외채는 6,850만 파운드로 증가했다. 1875년 이집트 정부는 보유한 운하주식 전부를 4백만 파운드에 영국에 매각했지만 해결책이 되지 못했고 부채는 거의 1억 파운드로 늘어났다. 결과적으로 이집트의 재무부, 세관, 철도, 우체국, 항구는 영국과 프랑스의 통제 아래

들어갔다.[103] 그리고 정부예산은 영국과 프랑스 양국이 감독관을 파견해 영국이 수입을 프랑스가 지출을 담당하게 되었다. 1878년 8월 이집트 정부가 영국인 재정감독관을 재무장관으로 등용하면서 국왕은 명목상의 존재로 남고 이후에는 영국 여왕이 임명하는 총독이 이집트의 국사를 결정하게 되었다.

3) 대한제국의 멸망 전에도 국채상환 운동이 있었다. 1907년 2월 대구에서 시작된 국채보상운동은 전국으로 파급되어 약 1년간 계속되었다. 일본에서 차입한 국채는 당시 금액 1,300만 원에 달했다. 들여온 차관은 임오군란의 피해 배상금과 개화정책 추진비로 사용했다. 대한제국의 외채도입은 1905년 11월에 을사늑약이 체결되고 이듬해 통감부가 설치되면서 가속화되었다. 초대 통감 이토 히로부미는 시정개선에 필요한 자금조달 명목으로 대규모 차관을 들여왔다. 우선 1905년 1월 화폐정리사업을 추진하는 과정에서 일본 다이이치은행으로부터 300만 원을 들여왔다. 6월에는 대한제국의 각종 부채를 정리한다는 명목으로 다시 200만 원을 그리고 12월에는 화폐정리사업 때문에 일어난 금융경색을 완화하기 위해 150만 원을 추가로 들여왔다.

4) 1905년 1년 동안 도입된 국채는 1년 치 정부예산에 맞먹는 650만 원에 달했고 이자는 불어났다. 중장기 개발계획에 따라 점진적으로 시행하는 것이 아닌 것으로 개발속도와 효율성에 있어서 서두른 외채도입과 사용이었다고 볼 수 있다. 근대식 회계나 행정경험이 전혀 없는 대한제국의 실상을 이용해 일제가 경제적으로 예속하기 위한 목적으로 진행한 것이라고 할 수도 있다. 결국, 일본에게 빌린 돈

으로 정비한 사회기반시설은 당장의 편리함과 발전을 주었지만 정치와 경제의 예속으로 바뀌었고 한일병합으로 이어졌다. 여우가 원숭이에게 처음에는 무료로 짚신을 나누어 주다가 차츰 원숭이의 발이 부드러워져 짚신 없이 걸을 수 없게 되자 점점 값을 올리면서 짚신을 팔았다는 이야기와 비슷하다.

5) 1906년 2월 이토 히로부미는 교육제도 개선, 금융기관 확장, 도로와 항구 등 기반시설 개보수 확충, 궁방전의 정리, 일본인 관리의 고용 등 시정을 개선한다는 명목으로 1,000만 원의 기업자금채를 들여올 것을 결정했다. 국채보상운동이 시작되기 바로 직전 해인 1906년 당시 대한제국의 세출예산은 790만 원이었다. 따라서 당시 나라의 빚 1,300만 원은 1년 치 정부예산을 훨씬 뛰어넘는 액수였고 빠르게 늘어나는 이자로 인해 상환이 어려운 악성채무였다. 도로정비와 같은 한반도의 인프라 건설은 만주진출을 위한 일본의 전쟁 준비 과정의 하나였다. 이 같은 목적을 위해 외채를 도입하고 결국 나라의 주권을 일본에 넘기게 된다는 것은 있을 수 없는 일이다. 교육제도를 보면 대한제국은 갑오개혁 2년 후인 1886년 서울의 육영공원을 개원해 미국인 교사들에 의한 서양식 근대교육을 시작하고 있던 시기였다. 1883년에 최초의 사립학교 원산학사가 문을 열었고 이후에 근대식 학교들이 차례로 개교했다. 따라서 일본에 의한 근대화 교육의 수혜만을 주장하는 것은 부정확하고 과도한 평가가 된다. 결과적으로 국채보상운동은 실패로 끝났지만 독립정신의 고취에 크게 기여했다.[104]

6) 21세기에도 세계 대부분 나라의 외채문제는 심각하다. 그러나 강대국의 채무와 약소국의 채무는 그 성격을 비교할 수 없다. 더구나 기축통화 발권국가들 경우의 계산법과는 전혀 다른 것이다. 어느 나라에서나 정당과 정부는 여론과 선거를 의식하기 때문에 외채문제를 자세히 다루지 않는 경향이 있다. 외국으로부터의 과도한 차입의 위험성은 정확하게 분석하고 평가해야 할 일이지만 아직도 세계에는 많은 국가가 굿 거버넌스를 하지 못하고 있다. 정치적으로 부정부패가 심하고 계속 늘어나는 외채로 국가부도가 임박한 나라도 많기 때문이다.

3. 시간과 공간의 착시현상

1) 한낮 온도가 50도가 넘는 무더위 속에 사막도로를 달리는 도중에는 공중에 아지랑이처럼 솟아오르는 허상이 보인다. 멀리 있는 산이나 바다 또는 도시 풍경 같은 모습이 비치는 신기루다. 사막에서 갈증에 시달리는 여행자들을 잘못된 길로 이끌어 가는 헛된 희망을 주는 망상이다.

2) 자동차 백미러에는 실물은 거울에 비치는 물체보다 더 가깝게 있으니 주의하라는 글이 새겨져 있다. 이처럼 렌즈나 요지경 또는 색안경을 통해 보는 사물은 눈에 착각을 준다. 현미경이나 망원경으로 보는 것 역시 마찬가지다. 이 때문에 눈에 보이는 것이 전부가 아니라는 말이 나온다. 이것은 국제관계의 인식에도 참고가 된다. 짧은

여행에서 본 것이나 영화 또는 뉴스로만 알고 있는 것과 실제 현실은 다르기 때문이다. 전해 들은 이야기나 책에서 얻은 지식도 서로의 관점이 다른 차이가 있다. 때로는 몇 년을 그 나라에 살았어도 접촉하는 현지인의 범위는 한계가 있을 수밖에 없다. 오래전에 경험한 사실이라면 더욱 그렇고 더구나 최근의 흐름은 10년뿐 아니라 불과 1년 사이에도 많은 변화가 생긴다. 따라서 시간적으로나 공간적으로 착시현상이 나타나고 외국의 실체를 알기가 어렵게 된다.

3) 외국에 대한 착각은 과거의 그 나라와 현재의 그 나라는 다르다는 사실을 깨닫지 못하게 한다. 더욱 중요한 것은 한국 역시 과거의 한국과 다르게 변했다는 사실이다. 착각은 본인의 심신이 허약할 때 또는 허세가 있을 때 나타난다. 이 때문에 생기는 피동성과 의존성은 외국의 하급관리나 실권자가 아닌 인사의 부정확한 언급도 마치 그 나라 정부의 공식적인 의견이나 사실처럼 믿게 만든다. 또는 외교관의 의례적인 칭찬인 립 서비스를 진심으로 생각하거나 '아마도(Maybe)'를 '그렇다(Yes)'로 받아들이게 만든다. 학문적으로는 편향적 의도로 작성되었거나 불완전한 논문이 기관이나 학교의 권위에 힘입어 신뢰를 받고 그대로 인용되기도 한다. 언론사의 뉴스 오보도 이와 마찬가지다. 2003년 이라크전쟁 당시 미국정부가 침공명분으로 발표한 대량살상무기(WMD)는 실제 조사결과 발견되지 않았던 것과 같다. 이와 유사한 사례는 근현대 역사에 드물지 않다.

4) 제2차 세계대전 후 냉전기에는 서로가 상대진영의 결점과 악한 면만을 부각했다. 미국과 소련은 이러한 착시현상을 조성하는 장치를

만들어 심리전에 운용했다. 국경에는 상대진영으로부터 넘어오는 전파를 막는 방지시설을 건설했고 냉전이 끝날 때까지 가동되었다. 이러한 조작된 착각이나 허상에 기만되지 않고 국익을 위한 정확한 방향으로 가기 위해서는 확실한 정보취득과 명료한 판단이 필요하다.

5) 모든 국가의 외교정책이 국제정세에 따라 시기적으로 변화하는 것은 당연하다. 그리고 이러한 국제사회의 현실을 무시하는 고집스러운 정책은 마치 각주구검(刻舟求劍)처럼 시대착오에 빠지는 부정확한 것이 된다. 이 때문에 조지 워싱턴이 미국의 후대 정치인들에게 말한 공평무사와 정직이라는 가치는 어느 시기에나 외교의 기조가 될 필요가 있다. 국제법에 기초해 국제사회의 규범에 맞는 명분으로 내세울 수 있는 가치이기 때문이다. 그리고 국가가 국제관계에서 정직하고 공평무사하지 않으면 오히려 국가가 내세우는 가치 주창이 외세의 개입을 불러들이는 명분으로 작용하게 된다.

4. 성흥산의 '젊은 느티나무'

(출처: 부여 가림성 느티나무, 문화재청 국가유산포털)

성흥산 느티나무. 수백 년의 시간을 보냈음에도 젊은 잎을 내보여 준다.

1) 멀리 서해 바다가 보이는 부여 성흥산에는 501년 백제 동성왕이 축조한 가림성이 있다. 고즈넉한 산사의 분위기로 유명한 천년고찰 대조사(大鳥寺) 부근이다. 성곽 터에 높이 솟아 있는 느티나무는 어른 두세 명이 맞잡은 둘레 정도가 되어 마치 옛날에 있었던 이야기를 후세에 전해 주려는 것처럼 보인다. 나무줄기와 뿌리는 할머니 손등같이 핏줄과 뼈가 작은 산맥들처럼 드러나 있다. 오랜 세월의 풍상에 씻겨 매끄럽게 되어 만지고 있으면 포근함을 느끼게 한다. 아픈 배를 쓰다듬어 주시고 가려운 등을 긁어 주시던 할머니의 메마른 손길 같은 것이다. 예전부터 우리나라에는 어느 마을에나 이런 느티나무가 있어서 그늘에서 쉬거나 뛰어놀게 해 주었다.

2) 여류작가 강신재의 단편소설 〈젊은 느티나무〉의 주인공들처럼 어릴 때는 몰랐지만 어른이 된 후에 비로소 깨닫게 되는 것들이 있

다. 시간의 흐름에 따라 경험하는 인식의 변화다. 나라와 민족의 경우에도 이와 같다. 이것은 과거의 이야기들을 알게 되면서 생기는 일이다. 자신의 역사를 모르면 자기비하에 빠지거나 교만하게 되고 뿌리를 모르면 방황하게 된다. 자신의 역량을 과소평가나 과대평가 함으로 인해 갖게 되는 우월감이나 열등감 때문이다. 엘리야 카잔 감독이 영화로 만든 존 스타인벡의 소설 《에덴의 동쪽》 속의 두 형제와 같다. 모범생이던 형 아론은 부모의 고난을 몰랐기 때문에 갑자기 알게 된 가족의 과거를 이해하지 못하고 좌절한다. 그 결과로 자신의 문제도 해결하지 못하고 입대해 전쟁터로 향한다. 부모의 고난의 시간을 알고 있는 동생 칼은 이것을 이해함으로써 자신의 인생의 목적을 찾고 부모의 상처도 용납한다. 가족의 과거 속에 숨겨진 의미를 발견했기 때문에 가능한 일이다. 민족에 있어서도 조상이 살았던 시대의 환경 속에서 그들을 이해해야 하고 결점보다는 장점을 보아야 한다. 조상을 평가하는 것은 자손이고 어떤 눈으로 보느냐에 따라서 미래의 방향이 결정되기 때문이다. 〈젊은 느티나무〉 속의 젊은 남녀도 부모의 시간을 이해한 후에 자신들의 사랑을 찾을 수 있었다.

3) 독일이 통일되기 전 1807년 12월 프랑스 점령군이 감시하는 강연장에서 피히테는 《독일 국민에게 고함》을 연설했다. 그리고 독일 젊은이들에게 순수한 의욕을 가지라고 요청했다.[105] 청춘은 순진하며 자연과 친하기 때문에 세속적이지 않은 생각을 할 수 있다는 것이다. 따라서 선한 일과 위대한 사업에 있어서 감격하고 분발할 것이며 육신은 노쇠해 무릎이 떨리더라도 정신은 언제나 신선하고 성품은 굳세게 흔들리지 말라고 당부했다. 또한, 기성세대에게는 과거의

지식과 염려 그리고 의심으로 새로운 세대의 앞길을 막지 말고 진심으로 도와주도록 당부했다. 어느 민족에게나 미래는 순수한 젊은이들에 달려 있다는 것이다.

4) 나라와 민족에게는 과거에 걸어온 과정을 정직하게 증언하고 일깨워 주는 역할자가 필요하다. 이것은 그 시대를 먼저 경험한 사람들이 해야 하는 일이다. 노년기에 얻게 되는 온고지신(溫故知新)과 같은 경험과 지혜를 넘겨주는 것이다. 지도하는 것이 아닌 알려 주는 전령의 역할이고 할머니와 할아버지가 아무 조건 없이 손자들을 안아 주고 옛날이야기를 해 주는 것과 같은 일이다. 오래된 느티나무처럼 지친 이들이 다시 일어설 힘을 주는 그늘을 만들어 주는 것이다. 국가공동체는 법과 권력만으로 유지되는 것이 아니라 세대와 세대를 연결하는 마음과 마음으로 이어져 흘러가는 것이기 때문이다.

VII
세계의 흐름

21세기 급변하는 국제환경 속에 한반도의 주변 정세도 과거와는 비교할 수 없을 정도로 크게 변화했다.

이 때문에 흐르는 물 위에 뜬 배가 앞으로 나가지 않으면 물러서게 되는 것처럼 적극적인 외교가 필요하게 되었다.

지구의 기후변화로 북극항로가 열리고 경제패권과 자원확보를 위한 국가 간의 분쟁 가능성도 증가했다.

그리고 국가 간에는 군사력의 잦은 사용과 비인도적 전쟁으로 인류를 파멸로 이끌 핵전쟁의 위협도 커졌다.

더구나 국제사회는 정치, 경제, 문화적으로 다양한 트랙이 제각각 가동되면서 복합적인 패러독스를 만들어 냈다.

따라서 영원한 우방도 적도 없다는 국제정치의 교훈처럼 대한민국의 안보와 발전 그리고 통일을 위해서는 더 많은 우호국가들과의 협력이 필요한 시대가 되었다.

1. 갈등의 동북아

- 1. 북한, 형제의 칼이 깊이 박힌다 ... 315
- 2. 중국, 대국굴기의 허실 ... 319
- 3. 일본, 적극적 평화주의의 두 얼굴 ... 323
- 4. 러시아, 북극항로의 위기와 기회 ... 325

2. 신흥세력 아시아

- 1. 동남아, 아세안의 다양성 ... 329
- 2. 인도, 제3의 길 ... 331
- 3. 튀르키예, 오스만제국의 유산 ... 334
- 4. 중동, 오리의 자식은 익사하지 않는다 ... 337

3. 기득권 미국, 유럽, 호주

- 1. 미국, 신세계질서의 주인공 ... 341
- 2. 유럽, 나토의 동진과 러시아의 응전 ... 343
- 3. 호주, 해양세력의 확장 ... 345
- 4. 서양이 동양을 추월한 배경 ... 348

4. 태동의 중남미, 아프리카

- 1. 체 게바라와 에비타의 그림자 ... 352
- 2. 중남미의 정체성과 자원주권 ... 354
- 3. 브릭스(BRICs) 시대의 개막 ... 357
- 4. 아프리카, 미래의 대륙 ... 360

1. 갈등의 동북아

1. 북한, 형제의 칼이 깊이 박힌다

대한민국은 세계 193개 유엔회원국 중 하나의 국가로 유엔헌장을 준수한다.

1) 비스마르크는 모든 국가가 자신들이 만들 수도 방향을 돌릴 수도 없는 시대의 흐름을 타고 항해하고 있다고 했다. 그리고 숙련된 경험으로만 방향을 잡아 갈 수 있다고 했다. 이것은 21세기 세계사적 전환기에 있는 모든 국가에 해당되는 말이다. 한국에 있어서 이러한 시대의 조류를 읽는 것은 한반도 주변 4강 국가 그리고 같은 민족이면서 동시에 적대관계를 해결하지 못하고 있는 북한을 읽는 것부터 시작해야 한다.

2) 해방 후 근 80년 가까운 시간의 흐름으로 인해 현재의 남북한 관계는 과거의 관계와 전혀 다른 것이 되었음을 이해해야 한다. 그리고 두 가지를 주목할 필요가 있다. 첫째로, 우리는 북한을 부분적으

로만 알고 이해하고 있다는 사실이다. 남북정상 간 회담에서의 의례적 의전이나 몇십 명 문화예술인 방문공연과 경직된 동원관중 그리고 체육응원단의 모습이 북한의 모든 것이라고 할 수는 없다. 따라서 북한을 전적으로 미화하거나 또는 전적으로 악마화하는 두 개의 극단적인 주장이 자리를 잡게 되었다. 그리고 이런 연장선에서 황순원의 단편소설 《학》의 두 주인공처럼 한국전쟁 중에도 마을 친구로서의 우정이나 민족적 동질성 또는 생명의 존중과 인도주의를 일깨우기는 어려운 환경이 되었다. 둘째로는 한국이 변화하듯 북한도 변화하고 있다는 것이다. 이것은 북한의 사회적 변화뿐 아니라 국력의 변화를 말한다. 이러한 관점을 분명하게 인식하지 못하면 과거의 잣대로 오늘의 문제를 해결하려는 오류가 된다. 중국은 1979년 미국과 수교할 당시만 해도 미약한 후진국이었지만 21세기 들어 G2의 하나가 되었다. 러시아는 1991년 소련 붕괴시기 비누와 휴지 같은 생필품이 모자랄 정도의 생활이었다. 그러나 다시 강한 러시아가 되어 중국과 연대해 미국과 대치하고 있다. 북한 역시 해방 후 강한 국력을 바탕으로 6.25 남침을 했고 1970년대까지 한국보다 국력이 높았다. 현재 한국의 국력은 북한과 비교할 수 없을 만큼 높다. 그러나 국제정세는 항상 유동적이라는 사실과 국력의 요소가 다양하다는 점으로 인해 북한이 앞으로도 항상 약할 것으로 볼 수도 없음을 잊어서는 안 된다.

3) 남북한 간에는 정치경제 그리고 역사와 문화를 비롯해 다양하고 중첩된 문제가 있다. 그러나 복잡할수록 기본적인 문제에 충실해야 해결책을 찾을 수 있다. 이것은 첫째, 남북한이 서로를 제대로 알지 못하고 있다는 것이다. 교통과 통신 그리고 인적 교류의 단절로 인

해 세계 어느 나라보다 모르고 있다. 남북한 모두 봉쇄정책을 고수하고 있기 때문이다. 둘째, 그러한 이유에 대한 논의가 우리 사회 안에서 제대로 이루어지지 못하고 있다는 것이다. 안보의 불안과 경제적 발전 욕망에서 생기는 갈등 때문이다. 그리고 셋째, 정권의 교체시기마다 발생하는 극단적인 정책과 인식의 변화다. 그 때문에 남북한 관계에 대한 진지한 성찰과 담론이 배제된 채로 비정상적인 상황은 위험한 것이 되었다. 간헐적으로 남북 간의 무력충돌도 발생했다. 남파 간첩과 공비들과의 교전이 있었고 북파공작원들의 북한 내에서의 활동은 공적 또는 사적 자료에 의해 알려졌지만 아직도 불투명한 상태로 남아 있다. 이것은 우발적 전쟁으로까지 이어질 수 있는 중요한 사안이지만 법적으로나 정치적으로 제대로 정리되어 있지 않고 있다.

4) 남북한 간의 충돌이 지속되는 근본적 이유는 서로를 믿지 못하는 것으로 상호신뢰가 결여되었기 때문이다. 따라서 전쟁을 방지하고 평화유지를 위해서는 신뢰구축이 우선적으로 필요하다. 남북한 문제는 한민족의 5천 년 역사의 연속성 속에서 정책이 마련되어야 하고 여기에 선열의 유지를 이어 가는 것은 두말할 나위가 없다. 그러나 북한은 우리가 잘 아는 듯하지만 모르는 나라로 탈북자들의 증언과 탈북 이후 한국 내에서의 행동에도 차이를 보인다.[106] 탈북자들의 증언 모두를 액면그대로 완전히 믿을 수도 없을 것이다. 탈북 후 국내에 정착한 대학생이 증언한 《당신들이 그렇게 잘났어요》에서도 이러한 분열된 인식이 나타난다. 따라서 북한에 대한 분명한 파악을 한 후에 정확한 전략을 구사할 수 있다. 자유민주국가의 힘이 여기에서 나온다. 통일이전 서독이 동독과의 인적·물적 관계를 개방하면

서 점진적인 통독 분위기를 조성한 것처럼 우월한 국력을 바탕으로 전향적인 통일정책을 주도적으로 추진할 필요가 있다.

5) 이런 점에서 2023년 11월 서울대학교 통일평화연구원 제96차 통일학 포럼에서 토의된 북한관련 국내외 언론의 오보 내용을 참고로 할 수 있다. 〈국제 미디어〉라는 주제의 연구는 국내외의 정확한 북한보도가 필요하다고 분석했다. 이것은 북한에 관한 왜곡 또는 가짜 정보를 검증함으로 비로소 정확한 대책을 마련할 수가 있다는 점을 시사한다. 탈북자나 탈북조력자들이 생계형 또는 대남정책에 따라 전술적으로 제공하는 허위정보를 검증할 수 있는 것이다. 그리고 과거에 있었던 사례와 같이 국내외 언론이 북한 내에서 발생한 주요 사건이나 김일성, 김정일 사망 뉴스와 같은 오보에 휩쓸리지 않을 수 있다. 이러한 오보가 다시 일본을 비롯해 해외를 통해 입수되어 재생산되기 때문이다. 더구나 뉴스가 사실 보도를 넘어 상품화된 현시대에서는 사회를 혼란시키고 오도할 가능성이 더 커진다. 이러한 허위정보나 오보의 전파는 결과적으로 우리의 시간과 노력의 낭비를 불러오고 정확한 대북정책 마련에 지장을 준다. 2019년 11월 송환된 탈북선원 2명이 실제로 귀순자인지 또는 흉악범죄를 저지른 탈주범인지 여부도 북한의 공영방송을 통해 교차 검증할 수 있다. 워싱턴 주재 북한 전문매체 기자는 자신들은 공개된 정보, 특히 사진 등의 정보를 중요하게 생각한다고 했다. 그리고 이것은 검증이 가능하기 때문으로 공개된 정보는 오보와 조작이 많은 북한취재에 있어서 가짜 뉴스와 싸울 수 있는 힘이 있다는 언급은 주목할 점이다.

6) 당사자보다 옆에서 훈수 두는 사람이 더 잘 본다는 말은 국제정치에서도 유사하다. 따라서 이해관계가 없이 객관적인 조언을 하는 외국 전문가들의 의견을 경청할 필요가 있다. 이들의 의견은 거의 동일하다. 북한과의 소통은 큰 것보다 작은 것으로부터 시작해 상식적인 선에서 할 수 있는 것부터 차근차근히 추진하라는 것으로 요약된다. 2014년 박근혜 정부가 발표한 남북한 간의 〈작은 통로〉 정책과 같다. 한국에 있어서 북한은 국가며 동시에 국가가 아니다. 1991년 유엔에 동시가입한 이후에도 우리의 모순된 인식은 별다름이 없다. 이것은 북한 역시 마찬가지로 남북한 모두가 국제법과 국제사회의 일반적 인식과 부합하지 않는 관계를 갖고 있다. 국제적인 기준에서 볼 때 남북한 관계는 애매한 상태에 놓여 있는 것이다.

2. 중국, 대국굴기의 허실

1) 키신저는 《헨리 키신저의 중국 이야기》에서 중국의 대외전략을 심리전에 비유했다. 제갈공명이 병력 없는 빈 성문 위에서 여유 있게 부채를 부치면서 상대방을 기만하는 방식이라는 것이다. 실제로 클라우제비츠의 《전쟁론》에 비교하면 《손자병법》은 좀 더 심리전적인 기만전략에 관해 기술하고 있는 편이다.[107] 그러나 중국의 저력은 전략전술에 관한 병법서보다도 제자백가를 비롯한 지식인들이 남긴 고전의 지적자산에 있다.

2) 중국은 1980년 덩샤오핑이 개혁개방을 시작해 은인자중 국력을

기르면서 때를 기다리자는 의미의 도광양회(韜光養晦)를 선언했다. 그리고 21세기 들어서는 대국굴기(大國崛起)를 지향하면서 점차 적극성을 띠었다. 고대 한나라가 하서회랑으로 중앙아시아를 연결해 강대국이 되었던 것처럼 현시대에 비슷한 구상을 하는 것으로 2001년 상하이협력기구(SCO) 창설로 구체화했다. 2013년 9월 시진핑 주석은 일대일로(一帶一路) 정책을 발표했다. 유라시아 대륙 국가들을 경제협력을 통해 연결하면서 정치와 외교, 안보까지 포함하는 친중 국가연대를 형성하려고 시도하고 있다.

3) 중국의 이러한 계획은 미국의 세계패권에 도전하는 양상이 되어 미중 간의 정치경제적 투쟁이 되었다. 중국은 2008년 미국 금융위기 이후 달러의 가치하락으로 입은 손실을 이유로 미국경제가 도덕성이 없다고 비판한다. 중국이 보유한 미국 달러화 국채 때문이다. 그러나 위안화의 직접 결제와 비달러화 결제로 미국의 달러패권에 도전하는 것은 미국이 용납할 수 없는 부분으로 양국의 충돌지점이 된다. 도광(韜光)이란 노자《도덕경》의 제7장의 주제로 시기가 올 때까지 빛을 싸서 감춘다는 뜻이지만 실제 대외정책에 서둘러 적용한 것이 문제가 된 것이라 할 수 있다. 이런 점에서 중국은 국제사회에서 패권주의적인 양회(養晦)보다 오히려 제51장의 주제인 민주주의적인 양덕(養德)이 필요하다고 할 수 있다. 더욱이 키신저를 비롯한 미국 전략가들이 중국의 역량과 정세를 과거와 비교할 수 없이 정확하고 세밀하게 파악해 분석하고 있다는 사실은 중요하다.

4) 21세기에 들어 나타난 중국의 과감한 행보는 아편전쟁 이후 서구

열강의 침탈로 피해를 입은 근대사에 기인하는 부분이 있다. 중국대륙의 분열을 두려워하는 것으로 이것을 중화민족주의로 과대포장해 대국굴기를 추진하는 것이다. 이 같은 중국의 팽창주의는 2023년 3월 중국 국가주석직을 3차 연임하면서 힘을 얻은 시진핑의 집권기간 동안 지속될 전망이다. 그러나 정치적 민주화 움직임과 경제적 난관을 어떻게 해결할 것인가가 문제다. 여기에는 과거 역사를 통해 과다하게 취득한 영토와 인구가 부담으로 작용한다. 따라서 만물은 합하면 흩어지고 흩어지면 다시 합한다는 《삼국지》의 고사가 재현될 가능성이 있다.

5) 《황화(黃禍)》는 1989년 6월 발생한 천안문 사태 주모자 중 한 사람인 중국 반체제인사 바오미가 쓴 정치소설이다.[108] 여기서는 중국의 대형 자연재해 발생으로 인한 농민폭동이 발단이 된다. 그리고 경제적 격차가 큰 북부 베이징과 남부 지방성 간의 물리적 충돌 중에 대만의 군사개입이 제3차 세계대전의 핵전쟁으로 이어지는 상황을 예견한다. 중국이 당면한 문제는 첫째, 경제위기의 발생 가능성. 둘째, 소수민족의 분리독립 움직임. 셋째, 대만의 독립정책 그리고 넷째, 중국과 주변국 일본, 필리핀, 베트남 간 해역에서의 해양주권 충돌이다. 여기에 미국과 서구진영의 강한 정치경제적 압박은 중국의 입지를 협소하게 한다. 중국에서 경제공황이 발생하면 지방정부의 반발과 국민의 반공산당 시위가 가시화될 가능성이 큰 것이다. 민중시위 상황이 확대되고 군대를 동원한 무력진압으로 대규모 인명피해가 발생할 경우에는 유엔을 위시로 국제사회의 개입 가능성이 높다. 1999년 코소보전쟁은 유엔과 나토의 인도적 명분의 개입으로 내전에서 국제전으로 비화했다. 당시 코소보의 중국 대사관이 나토

군의 폭격으로 피격당한 것은 상징적인 일이었다.

6) 중국정부가 적극적으로 추진하는 중화민족주의는 허상을 갖는다. 55개 소수민족의 역사문화적 전통을 무시하는 것이기 때문이다. 이것은 민족주의로 부르지만 결과적으로 제국주의적인 확장성을 갖는 것이 문제다. 중화민족주의는 고유의 민족종교와 문화를 가진 1억 2천만 명의 소수민족과 국경선 너머로 14개국과 마주하고 있기에 더욱 관리하기 어렵다. 고도로 발달한 과학기술이 소수민족을 통합하고 중화민족주의의 하부구조로서 위치시키는 수단이 될 가능성도 있을 것이다. 그러나 진시황이 중국대륙의 언어와 도량형을 통일시킴으로써 하나의 민족으로 통합의 기틀을 잡았던 것처럼 과학기술이 같은 역할을 할 것인가의 문제다. 이와 동시에 과학기술이 소수민족의 정체성을 강화하고 독립을 위해 연대할 수 있는 수단이 될 수도 있다. 이 때문에 중국정부가 추진하는 관제민족주의가 정치적 민족주의가 될 것인가 또는 문화적 민족주의가 될 것인가의 기로에 선 것이다.

7) 중국대륙이 주기적으로 이합과 집산을 거듭해 왔다는 것이 지금까지 알려진 역사다. 그러나 과거와 달리 과학기술이 고도화된 현시대에도 이러한 순환법칙이 적용될 것인가에는 확답하기 어렵다. 이 같은 과학기술이 중국의 통합에 기여할 것인가 또는 분열로 작용할 것인가는 미지수다. 모든 문명과 제국은 내부로부터의 붕괴로 쇠퇴가 시작된다. 이 같은 관점에서 중국의 최인접국가인 한국은 중국의 향방을 예의 주시하지 않으면 안 된다. 한반도의 미래가 깊이 연동되어 있기 때문이다.

3. 일본, 적극적 평화주의의 두 얼굴

1) 군국주의로 근대를 맞은 일본은 제2차 세계대전 후 극적인 평화주의로 전환했다. 근현대에 들어서 중국과 러시아 그리고 미국과의 계속된 전쟁으로 수많은 인명피해를 야기한 후과를 소거하기 위한 노력이다. 국운의 상승만을 믿고 주변 모든 국가와 전쟁을 벌이고 한반도와 만주를 식민지로 획득한 오명을 씻는 숙제가 남아 있기 때문이다. 일본은 이처럼 미래의 발목을 잡고 있는 전범국가의 굴레를 벗기 위해 평화애호 국가를 표방하고 나섰다. 일본 외무성은 적극적 평화주의를 내걸고 국제무대에서 새로운 외교동력을 창출하기 위해 개도국 원조와 문화예술을 통한 공공외교를 강화하고 있다.

2) 패전 후 일본은 경제부흥을 통한 국력강화를 위해 노력했다. 전방위 외교를 표방하고 정경분리를 원칙으로 앞세워 통상외교를 전개했다. 그리고 이코노믹 애니멀이라는 말까지 들을 정도로 자유진영이나 공산진영를 가리지 않고 일제상품의 수출증진에 주력했다. 1970~1980년대 경이적인 부의 축적으로 차기 세계경제의 패권국이 될 것이라는 예상은 미국의 견제로 좌절되었지만 새로운 성장동력을 준비하고 있다. 잃어버린 20년으로 불린 경기침체를 살리기 위해 첨단기술산업을 육성하고 실물경제에서의 한계를 금융산업으로 대체하려고 노력하고 있다. 금융후진국들에 저리의 엔화 차관을 내주면서 엔화의 국제화를 추진 중이다.

3) 여기에는 일본에 대한 국제사회의 신뢰가 전제되어야 하고 우방

국의 확보와 군사력이 필요하다. 그리고 일본외교를 지원받을 수 있는 연성국력이 수반되어야 한다. 이에 따라 일본은 국가 이미지를 높이고 관광객 유치활동을 활발히 하는 한편 해외 지식인과 학자들의 초청강연이나 세미나를 빈번하게 개최하고 있다. 일본과 세계의 미래를 평화롭고 아름답게 만들도록 어린이들과 젊은이들의 용기와 꿈을 키워 주는 애니메이션도 만들고 있다. 과거의 과오를 답습하지 말자는 양심적인 시민단체와 국수주의 단체 간의 대립도 진행 중이다.

4) 안보를 위한 일본의 방위비 증가와 군사력 강화는 계속되고 있다. 따라서 평화지향 국가로서의 일본의 입장과 함께 규율을 중시하는 일본의 전통적인 집단문화와 무사도 정신에도 주목할 필요가 있다. 친절한 모습과 평화로운 풍경의 일본에만 익숙하다가 갑작스럽게 접하게 되는 일본의 군사력과 사무라이 문화에서 받는 충격은 그만큼 크고 심리적 위협도 강하게 느껴질 것이기 때문이다.

5) 이어령은 《축소지향의 일본인》에서 일본은 거인이 되지 말고 일촌법사가 되라고 충고해 일본사회로부터도 공감을 얻었다. 일본인의 DNA 속에는 거인의 요소가 없다는 것을 지적한 것이다. 타고르 역시 중일전쟁을 앞두고 일본을 방문했을 때 제국주의의 거보를 내딛지 말고 교토의 조용한 불탑과 같은 평화를 유지하도록 권고했다. 타고르의 고언에도 불구하고 근대 제국주의의 막차를 탄 일본은 만주와 시베리아에 출병하면서 대륙진출 실패의 역사를 만들었다. 미국과의 태평양전쟁은 그 정점이었고 이 때문에 동북아에는 아직 청산되지 않은 정치와 역사의 문제들이 남아있게 되었다. 열도국가로

서 일본은 확대지향성을 갖고 있고 대륙으로 연결되는 한반도에 대한 관심도 이에 기인한다.

6) 지정학적으로 한반도는 일본의 대외전략에 불가결한 지점이다. 한국에게도 일본은 중요한 우방국가다. 마찬가지로 한국을 우방국가로 확보하는 것은 일본외교의 중요한 한 축으로 한국외교는 이에 대한 적절한 대응이 필요하다. 그러나 여기에는 일본의 외교 스펙트럼이 한국보다 넓고 관련 역량이 갖춰져 있음에 비해 한국은 국력의 불충분과 안보상 취약점 그리고 한반도 주변 4강을 위시로 편향된 외교성향이 있음을 염두에 두어야 한다. 이런 배경하에 일본의 행보를 주의 깊게 관찰하면서 국력을 배양할 필요가 충분하다.

4. 러시아, 북극항로의 위기와 기회

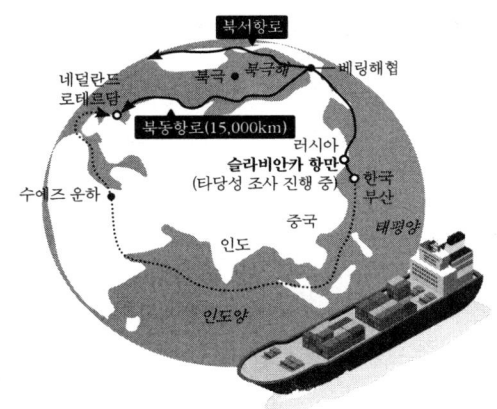

21세기에는 북극해가 녹아 선박 항로가 개통되었다.
이것은 상업적으로뿐만 아니라 군사적으로도 중요하다.

1) 유라시아 대륙의 상당 부분을 차지하면서 1,710만 평방킬로미터의 세계 최대 국토면적을 보유한 러시아는 영토보존에 불안감을 갖고 있다. 더욱이 1991년 소련 해체 후 나토의 확장과 북극해의 해빙은 러시아의 안보전략에 전환을 불러왔다. 21세기는 기후변화로 인해 사상 처음으로 북극항로가 열렸다. 러시아의 배후인 북극해에서 미국과 나토 해군력이 활발하게 활동하게 된 것은 러시아의 안보 불안감을 자극했다.

2) 푸틴은 2007년 2월 뮌헨 안보회의에서 러시아의 안보인식과 대응전략을 설명했다. 그리고 냉전 종식 후에 러시아는 바르샤바 조약군을 해체했지만 나토 사무총장은 나토군을 독일 영토밖에 배치하지 않겠다는 약속을 어겼다고 비난했다.[109] 그리고 유럽에서 나토 미군기지들이 러시아 국경인근 수 개 지역에 배치되었고 이것은 상호신뢰를 없애는 도발을 의미한다는 것이다. 푸틴은 유엔을 나토나 유럽연합으로 대체할 필요는 없고 다양한 사건에 국제법을 존중하면 상황은 바뀔 수 있다고 했다. 국제법 규범은 개념과 적용에 있어서 보편적 성격을 가져야 한다는 것이다. 2022년 2월 푸틴은 우크라이나 침공 이유를 국경지역에서의 무력충돌과 아울러 나토의 확대로 돌렸다. 그러나 이러한 푸틴의 주장은 예방전쟁을 부정하는 국제법을 위반하는 것이다. 푸틴 자신도 뮌헨 연설에서 군사력의 사용을 결정하는 유일한 메커니즘은 유엔헌장이고 이것은 유엔의 승인을 받아야 합법적이라고 말한 것과 모순되는 것이다.

3) 푸틴은 민주적인 정치행동은 토론과 의사결정 과정이 수반된다

고 하고 국제사회에서 이러한 다자외교의 역할이 증가하고 있다고 주장했다. 그리고 세계경제의 새로운 중심지들이 부상 중이며 브릭스 국가들의 GDP는 유럽연합을 능가한다고 했다. 앞으로 격차는 더 증가할 것이며 이러한 경제적 잠재력이 정치적 영향력으로 발전해 다극성을 강화할 것이라는 예측이다.

4) 러시아가 동북아에서 한미일 삼국의 연합군사훈련을 경계하는 입장은 중국과 같다. 이것을 나토의 동진으로 보고 동서 양방향에서의 전선구축을 용납하지 않겠다는 것이다. 2019년 7월에는 동해 독도상공을 침범한 러시아 공군기를 맞아 우리 공군전투기가 경고사격을 했고 이후 러시아는 한국군이 프로페셔널답지 않은 응대를 했다는 독특한 논평을 했다. 이후 10월에는 러시아 공중조기경보통제기의 뒤를 따라 전략폭격기 TU95 2대가 SU35S 전투기의 호위를 받으면서 KADIZ를 횡단했다. 7월의 경고사격을 염두에 둔 것이다. 동북아의 긴장이 고조되는 와중에 TU95의 동해항로 비행은 정례화하고 있다. 2023년 7월에는 러시아군과 중국군과의 연합군사연습에 양국군 항공기와 대잠구축함과 초계함이 참가했다. 러시아와 중국 간의 동해군사연습은 7월 나토 정상회의에 한국과 일본이 참가하고 한국과 미국이 서울에서 핵협의그룹(NCG) 첫 회의를 시작한 시기에 맞춘 것으로 분명한 견제 의도를 표명하고 있다.

5) 2014년 박근혜 정부의 〈통일대박론〉은 시베리아 에너지 자원개발과 유라시아 철도연결과 같은 러시아와의 협력사업이 중요한 부분을 차지한다. 이 때문에 북극항로의 중요성이 부각된다. 이것은

기존에 부산항을 출발해 동남아와 인도양을 거쳐 수에즈 운하를 통과해 유럽 암스테르담까지 17,300킬로미터 항로보다 약 5,000킬로미터 단축된 12,300킬로미터로 경제적이다. 그러나 한반도에서의 안보위기와 러시아와 서구 간의 안보위기가 결합하면 이것은 한국의 북극항로 접근에 직접적인 영향을 미치게 된다. 그리고 한미 간의 안보협력이 북한뿐만 아니라 중국과 러시아를 상대하게 되면 이것은 세계대전으로 확대될 수 있다는 점을 염두에 두지 않으면 안 된다.

2. 신흥세력 아시아

1. 동남아, 아세안의 다양성

1) 동남아를 여행할 때 처음 느끼는 기분은 부드러움이다. 태국 항공사의 선전문구 '비단처럼 부드러운(Smooth as Silk)'이라는 말처럼 사람들의 표정이나 행동에서 딱딱한 모습을 찾기는 어렵다. 인도차이나반도의 사철 더운 날씨와 풍부한 식량생산이 주는 의식주의 호조건 때문일 수도 있다. 그러나 이곳 국가들에는 부드러운 비단 속에 감춰진 크리스털 칼날 같은 매서운 점이 있다. 수천 년 이어 온 민족국가의 자존심을 건드리면 강한 반감을 얻게 된다. 동남아에 살아본 사람들은 약한 듯 강한 이들 사회의 감춰진 외유내강의 힘에 공감한다.

2) 태국 전통무술인 킥복싱처럼 강인한 저력을 알게 되었다는 것이다. 태국은 강대국과의 투쟁과 외교를 통해 한 번도 외국의 지배를 겪지 않았다는 자부심을 갖고 있다. 수십 년에 걸친 베트남의 독립전쟁이나 수백만 명이 학살당한 킬링필드를 경험한 캄보디아를 보면 더욱 이러한 강고함을 알 수 있다. 인도네시아에서 장기간에 걸친 정부군과 공산당반군 간의 투쟁도 마찬가지다. 한편으로 중국 화교세력이 건국한 싱가포르는 우수한 외교력과 서구와의 밀접한 협력을 통해 선진국가로 자리매김한 특별한 경우다.

3) 동남아 10개국으로 구성된 동남아국가연합(ASEAN)은 단일 공동체를 표방하지만 회원국 간의 국력 차이와 문화적 차별성은 무시할 수 없다. 베트남 전쟁 당시와 전쟁 이후에 베트남과 인접 국가들이 겪었던 정치와 군사적 분쟁도 그중 하나다. 미얀마와 태국 간의 역사적 갈등도 존재한다. 따라서 이들 아세안 국가 간에는 협력과 견제가 함께 있다. 동남아에는 전통세력인 중국과 경제력을 바탕으로 교두보를 마련한 일본 간의 영향력 다툼이 있고 21세기에 들어서는 한국이 새롭게 주요 협력파트너로 등장했다.

4) 한국인과 동남아 국민 간의 국제결혼도 증가하는 추세다. 근로자로 한국에 온 후 코리안 드림을 이루고 고국의 발전에 기여한 인물도 적지 않다. 통계에는 2021년 한국인과 동남아인 3,608쌍이 부부가 되었다. 이것은 전체 국제결혼 13,102쌍 중 28퍼센트에 해당한다. 이들의 한국사회 내의 진출이 늘어나고 2, 3세의 출생과 고향 친척들과의 교류를 감안하면 장기적으로 한국의 대내외정책에 적지 않은 영향을 줄 것이다.

5) 한국과 동남아국가들과의 정치경제와 군사적 협력도 지속적으로 발전되고 있다. 2011년 인도네시아에 T50 고등훈련기 수출을 위시로 방산협력은 전투기와 잠수함을 비롯해 급속도로 진전되고 있다. 2014년 FA50 전투기의 필리핀 수출이 성사되었고 이후로도 태국과 말레이시아에 수출이 이어졌다. 차기 전투기 KF21의 개발협력도 중요한 분야다. 한국은 강대국과의 직접경쟁보다 문화와 기술협력 면에서 비교우위를 가진 틈새시장을 확보하고 있다. 인도양 해양교통

로의 요충지를 차지하는 동남아국가들과의 협력은 한국의 경제와 안보를 위해 중요하다. 그리고 협력은 상호존중을 기반으로 이들 국가 간의 이해관계를 고려하면서 추진할 필요가 있다.

2. 인도, 제3의 길

1) 인도는 중국의 전체주의 성향과 대조되는 민주적 다양성과 포용력을 갖고 있다. 그리고 2000년대에 들어서는 브릭스(BRICs)의 중요국가로 자리매김했다. 14억 인구 중에 빈부격차도 크고 빈민도 많지만 국제적으로 큰 부를 이룬 기업과 대형자본가들을 배출했다. 2023년 8월에는 세계 최초로 달 남극에 착륙선을 보내는 데 성공해 과학기술력을 과시했고 철학과 사상계에서 뛰어난 인재도 많은 나라다. 근대 아시아의 지성으로 서구에 알려진 타고르나 간디가 대표적이다. 2022년 10월에는 인도계 기업인 리시 수낵이 영국 총리로 선출될 만큼 영국과 영연방 내에 중요한 위치에 있다.

2) 국제사회에서 차지하는 정치적 위상도 특별하다. 제2차 세계대전 후 네루 총리는 처음으로 비동맹이라는 용어를 사용했다. 1948년에는 인도의 쿠마라 메논이 유엔한국임시위원단(UNTCOK) 대표를 맡았고 1950년 한국전쟁 발발 후에는 중국과 연대해 한반도 문제에 관여했다. 1961년 9월에는 유고슬라비아의 티토, 이집트의 나세르와 함께 비동맹운동 창설을 주도하면서 미국의 자본주의나 소련의 공산주의와 다른 제3의 정치사상을 세계에 제시했다. 정치와 경제

문제로 혼돈을 겪는 현시대에 인도의 철학과 사상은 현대문명에 대한 대안을 제시한다. 타고르는 1916년 일본을 방문했을 때 〈일본의 민족주의〉라는 제목으로 강연했다. 그리고 점차 군국주의로 향하는 일본을 경고하면서 국가 간에 문화적 관계를 회복할 것을 권고했다. 그리고 고대 지혜를 찾아 인도에 모였던 구법승들의 예를 들면서 아시아 국가 간의 갈등 해결과 협력을 요청했다. 인도의 독립 후 초대 총리를 지낸 네루는 자서전 《인도의 발견》에서 미국과 소련 양 강대국의 장단점을 비교하고 세계를 이분법적으로 나누는 진영화 논리에 반대했다. 여기에는 정신적 가치를 중시하는 인도의 전통적인 철학 사상이 깃들어 있다.

3) 인도의 생명운동가 반다나 시바가 서구 주도의 물질문명에 대한 반대운동을 이끌고 있는 것도 주목할 부분이다. 시바는 경제발전에 집중하는 일방적인 세계화 추세로 인해 지구생태계의 다양성이 위협받고 건강한 식량생산이 위기에 처한 상황을 설명했다.[110] 산업화된 농업과 녹색혁명의 명분으로 진행되는 상업주의의 부작용 문제를 제기한 것이다. 결과적으로 화학비료를 대규모로 사용하기 때문에 강과 토지가 오염되고 토질을 악화시켜 농부는 빚에 몰리게 되었다는 것이다. 또한, 유전자변형 GMO 식품 종자의 등장을 지적했다. 제초제에 내성이 있는 종자를 실험실에서 만들었고 농약은 더 강한 내성을 가진 잡초와 해충을 만들었다. 이 때문에 새로운 살충제와 종자를 사기 위해 빚을 지는 악순환이 계속된다는 것이다. 그리고 외국기업들이 보유한 종자의 지적재산권 문제는 국가가 해결하지 못한다고 식량주권의 상실을 우려한다. 1984년 2만 명 이상 사망하

고 약 60만 명이 후유증으로 병을 얻은 보팔시 유니온 카바이드 공장 가스누출사건을 경험한 인도로서는 민감할 수밖에 없는 문제다. 2011년 한국에서 발생한 가습기 살균제사건과 유사한 것으로 윤리경영을 도외시한 이윤추구 기업을 문제시하는 것이다.

4) 한반도와 인도의 관계는 기원후 48년 가야의 김수로왕과 허황옥과의 결혼까지 올라간다. 학자들의 견해는 수로부인의 도래처로 해양루트를 따라 인도 남부에서 연고를 찾는다. 한국어의 농사와 생활 단어는 상당수가 인도 타밀어에서 유래한다는 연구결과도 있다. 한반도에서 가장 앞서 있던 가야의 제철 기법이 고대 인도의 우츠철 제련법에서 왔을 가능성도 있다. 현대 인도 상인들은 인도양 지역을 비롯해 국제무대에서 중개무역으로 활약하고 있다. 실리콘밸리 인력의 상당수가 인도계라는 사실과 미국이 인도와의 전략적 협력관계를 중시하는 것도 발전에 유리한 점이다. 인도는 한국의 국제정치와 경제에 중요한 협력대상국이다. 브릭스 그리고 비동맹과 한국 간의 연결 역할을 해 줄 수 있는 나라로 기대할 수 있다.

3. 튀르키예, 오스만제국의 유산

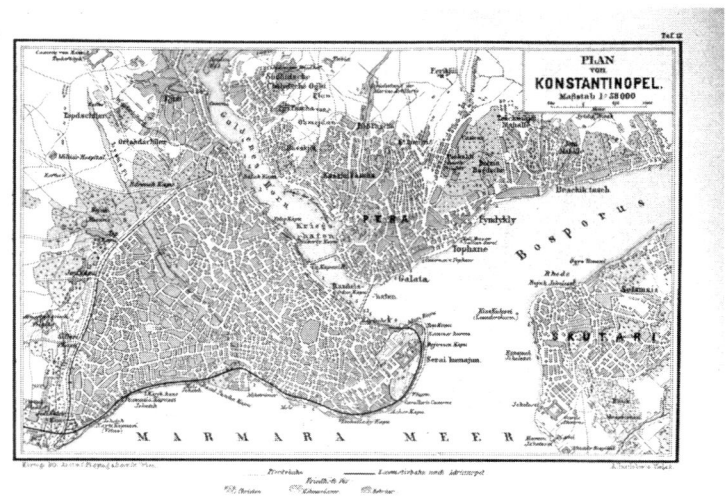

오스만 군대는 배를 끌고 밤새 16킬로미터 언덕을 넘어
80여 척의 함대를 보스포루스 해협의 금각만 안으로 옮겼다.

1) 1453년 5월 비잔틴제국의 수도 콘스탄티노플 점령을 위해 술탄 메메트 2세는 사공이 많으면 배가 산으로 간다는 속담을 실천했다. 콘스탄티노플을 형성하는 삼각형의 세 변 가운데 보스포루스 해협에 접한 두 변에서 도시를 공략하는 것은 거의 불가능한 일이었다. 바다는 천연의 방어막이었고 비잔틴군은 폭 750미터 길이 8킬로미터의 금각만 입구를 철 그물로 차단했다.[111] 삼각형의 밑변에 해당하는 육지도 이중성벽과 깊이 30미터의 해자로 보호되고 있었고 길이는 거의 10킬로미터가 되었다. 육지와 바다에서의 양면공격이 없는 한 성의 함락은 불가능해 보였다.[112] 오스만군은 30~50개의 노가 달린 갤리선과 쌍돛대 중형범선 80여 척을 인력과 도르래를 사용해 보

스포루스해협에서 육지로 끌어 올렸다. 그리고 지면을 고른 후 튼튼한 판자를 깔고 동물기름을 윤활유로 하면서 배의 돛을 펼쳐 바람을 이용해 배를 끌어 갔다. 함대는 높이 80미터 정도의 구릉을 넘어 하룻밤 사이에 16킬로미터를 행군해 금각만 안쪽에 배를 띄웠다. 결국 작전은 성공해 오스만 육군과 해군의 합동공격으로 5월 29일 난공불락이었던 콘스탄티노플을 함락시켰다. 동방의 유목민족이 만든 세계역사에 남는 사건이었다.

2) 본격적인 오스만제국의 발흥은 이후 시작되어 튀르키예민족은 근 500년간 아시아와 유럽 그리고 중동 일대를 지배했다. 여기에는 지중해와 흑해를 연결하는 이스탄불의 보스포루스해협이 관건이었다. 1833년 7월 오스만제국과 러시아제국 간에 체결된 방위협정에는 러시아 군함 이외 기타 국가 군함은 이스탄불 항구에 기항할 수 없도록 규정되었다. 그리고 1936년 7월 체결한 몽트뢰 협약은 외국 군함의 해협통과에 대한 제한권한을 튀르키예 정부에 부여하고 있다. 튀르키예가 이러한 국제조약에 의해 흑해와 보스포루스해협의 통제권을 가진 것은 국제사회에서 영향력을 행사하는 중요한 외교자본의 하나가 되었다. 제국을 경영해 본 나라는 경험에서 나오는 저력이 있다. 통치국으로서의 자신감이 있고 흥망이 거듭된 역사 중에 사용했던 다양한 전략전술을 이어받았기 때문이다. 오스만제국의 뒤를 이어 1923년 공화국으로 탄생한 튀르키예 역시 유럽과 아시아를 잇는 지정학적으로 중요한 위치를 적극적으로 활용하면서 국제무대에서 영향력을 행사한다.

3) 튀르키예는 나토 가맹국으로 강한 군사력을 갖추고 있어 러시아와 중동을 감제하는 중요한 위치에서 나토(NATO)에 기여하고 있다. 그러나 유럽연합(EU) 가입 신청은 장기간 보류되어 사실상 거부 상태가 되어 있다. 2022년에는 국호를 '터키'에서 '튀르키예'로 바꾸고 과거에 식민통치했던 아랍과의 우호정책으로 복귀했다. 아랍민족과의 관계는 오스만제국 당시에 튀르키예-아랍 형제협회가 창설되어 종주국이면서도 신앙적으로는 이슬람 형제 관계에 있었다. 그리고 제1차 세계대전 중인 1916년 6월에는 영국의 지원으로 아랍민족이 독립전쟁을 시작해 절반의 성공으로 영국의 식민통치 아래 아랍국가를 건설했다. 다른 한편으로 튀르키예에게는 과거에 지배했던 국가들과의 관계가 역사문제로 남았다. 예니체리로 불리는 돌격선봉대 병력을 충원하기 위한 식민지 소년들의 징발은 그중 하나다. 그리스와 아르메니아에서의 학살과 혹독한 통치 역시 상처를 남겼다. 이 중에서도 독립국가 수립을 요구하는 쿠르드 민족과의 무력투쟁은 중요한 변수가 된다.

4) 튀르키예는 고대로부터 여러 문명이 거쳐 간 땅 위에 건국된 국가로 국토 여러 곳에 다양한 역사유적들이 남아 있다. 아나톨리아지역 대부분에는 오스만제국 이전에 존재한 히타이트와 트로이 그리고 그리스와 페르시아, 비잔틴 문명이 있었다. 따라서 튀르키예의 역사인식은 자국 내에 존재하는 모든 문화유산을 포용하는 것이 되었다. 그리고 이 때문에 튀르키예민족의 도래 이전에 이곳에 국가를 건설했던 민족들과 역사전쟁이 발생할 수 있다. 이것은 중국과 주변 국가들과의 경우와 유사하다.

5) 튀르키예와 한국은 고구려시대 돌궐과의 관계로 시작해 형제의 나라로 일컬어진다. 현재에도 양국 간에는 특별한 유대감이 있다. 그러나 역사적으로 한국보다 많고 다양한 대외관계가 있는 튀르키예와의 관계는 다중적일 수밖에 없음을 유념해야 한다. 천 년 이상의 시간이 지나는 동안 양국 간에는 새로운 이웃들과의 복합적인 관계가 생겼기 때문이다. 한국전쟁에서의 지원도 이와 같다. 제2차 세계대전 후 미국과 소련 간의 냉전이 시작되면서 튀르키예는 1950년 5월 나토에 가입을 신청했다. 그리고 미국과 영국은 튀르키예가 중동방위를 위한 바그다드조약의 기둥 역할을 해 줄 것을 요구했다. 이후에 에르킨 미국주재 튀르키예 대사는 애치슨 미 국무장관에게 유엔의 한국 지원결정에 튀르키예가 동참할 것을 약속했다. 그리고 7월 바야르 대통령은 4,500명 규모의 여단병력을 선발대로 한국의 유엔군 사령부에 합류시킬 것이라고 발표했다. 이에 따라 10월에 튀르키예군 제1여단이 부산에 도착했고 1952년 2월 나토가입이 수락되었다. 그리스도 동일한 이유로 1950년 11월 한국전쟁에 참전해 1952년 2월 나토가입이 성사되었다. 튀르키예와 그리스와의 관계는 비우호적이지만 한국전쟁에서는 같은 연합군이 되었다. 이 때문에 튀르키예와의 역사적 유대관계를 이해하면서 동시에 튀르키예의 대외관계에 유의해야 할 필요가 있다.

4. 중동, 오리의 자식은 익사하지 않는다

1) 중동에는 "오리의 자식은 물에 빠져 죽지 않는다.(The son of a

duck does not sink in water.)"라는 속담이 있다. 민족의 역사를 통해 내려오는 유전적 역량을 믿는 자신감을 표현한 말이다. 이 같은 민족의식은 사회에 깊이 뿌리를 내리고 있어서 현대에 와서도 전통을 고수하려는 보수성으로 작용하고 있다. 이 때문에 중동에서는 사회적 변혁이 쉽게 이루어지지 못하고 평화 건설이 어려운 배경이 된다.

2) 중동은 1948년 5월 제1차 중동전쟁과 이후 수차례 발발한 전쟁으로 세계에 불안정한 지역으로 인식되어 왔다. 이스라엘과 팔레스타인 간의 테러와 보복이 반복되었고 뮌헨 올림픽 테러와 이스라엘 로드 공항 테러와 같이 세계로 확산되었다. 2000년대에 들어서도 9.11 테러와 이라크전쟁으로 위험은 다시 부각되었다. 2023년 10월에는 가자지구의 하마스가 수천 발의 로켓포탄을 이스라엘로 발사해 국경을 넘어 공격했고 이스라엘의 대규모 보복전으로 가자전쟁이 발발했다.

3) 중동에는 대화와 협상을 통해 점진적으로 평화로 나가려는 시도가 있어 왔다. 그리고 그 반대편에는 평화는 불가능한 것으로 오직 무력 외에는 해결방법이 없다는 강경파가 있다. 1978년 이집트와 이스라엘 간의 캠프 데이비드 평화협정 체결 이후에도 유엔을 위시로 주요국가들은 중동평화를 위한 로드맵을 작성하고 수차례 평화협상 노력을 기울였다. 2020년 8월에는 트럼프 미국 대통령의 중재로 아랍에미리트가 이스라엘과 수교문서에 서명해 이집트와 요르단에 이어 이스라엘과 외교관계를 맺었다. 그리고 9월에는 이스라엘

과 아랍에미리트 그리고 바레인 간의 아브라함협약 서명식이 백악관에서 열렸다.

4) 중동평화협상의 요점은 아랍 측의 요구인 팔레스타인민족의 독립국가 수립과 1967년 6일전쟁에서 이스라엘이 점령한 아랍 영토로부터의 철수다. 1967년 11월 유엔안보리 결의안 242호의 이행을 요구하는 것으로 레바논의 헤르몬산 시바 지역과 시리아의 골란고원에 대한 반환요구다. 이스라엘은 확보한 영토를 양보하지 않고 시간의 흐름에 따라 점진적인 기정사실화를 추진할 것이라는 시각도 있다. 그리고 현재 팔레스타인을 양분해 지배하고 있는 서안지구의 PLO 아라파트계 자치정부와 가자지구의 야신계 하마스 양대세력이 단결할 수 있는가도 문제다. 따라서 향후 중동평화 문제는 그 중심에 있는 팔레스타인민족의 선택에 달려 있다고 볼 수 있다.

5) 이와 아울러 이스라엘은 예루살렘 이외에도 조상의 묘가 있는 헤브론을 비롯한 성지를 회복하고 싶어 한다. 특별히 기원전 959년 솔로몬이 건축한 예루살렘 성전의 재건은 유대인들의 소원이다. 세계 주요종교 중에 뿌리가 되는 역사적 장소인 중앙성전을 갖지 못한 것은 유대교뿐이다. 그러나 이 자리는 이슬람 제3의 성지인 악사 모스크와 바위의 돔(Dome of Rock)이 자리 잡고 있어서 파괴되지 않는 한 솔로몬의 성전재건은 불가능하다. 예루살렘의 솔로몬 성전건축을 둘러싼 종교전쟁이라 할 수 있다. 황금 빛 지붕을 가진 바위의 돔 역시 양보할 수 없는 성지로 아브라함이 아들을 신에게 번제로 바친 바위 위에 건축된 건물로 전해진다. 이 때문에 만약 파괴될 때는 아

랍과 이슬람 국가들의 반발로 새로운 중동전이 발발하는 뇌관이 된다. 더구나 무슬림들은 아브라함의 번제물이 이스라엘의 조상 이삭이 아닌 자신들의 조상 이스마엘이었다고 주장하기 때문에 논쟁이 끝을 맺을 수가 없다.

6) 중동에서의 전쟁은 아랍국가뿐만 아니라 세계 주요국들이 참전하는 국제전으로 진화할 가능성을 지니고 있다. 한국은 레바논에 유엔레바논잠정군(UNIFIL)으로 참여하고 있고 아랍에미리트와 사우디아라비아와의 방산협력도 진행 중이다. 이와 동시에 이스라엘과 이란과도 밀접한 이해관계가 있다. 이 때문에 어느 한쪽에 치우친 군사협력은 장기적으로 국익에 손실이라는 사실을 유념해 신중한 외교를 펼칠 필요가 있다. 아울러 유엔에서의 평화논의와 함께 중개외교를 펼치고 있는 카타르나 튀르키예와 같은 나라들과 공동보조로 중동평화를 위한 노력에 동참하는 것은 한국의 외교지평을 넓히는 일이다.

3. 기득권 미국, 유럽, 호주

1. 미국, 신세계질서의 주인공

2014년 키신저는 미국 주도의 새로운 세계질서 구상을 발표했다.

1) 냉전의 종식과 소련해체 후 21세기의 문턱에서 세계는 미국 달러화에 새겨진 문자 'nobus ordo seclorum(new order of the age)' 그대로 미국이 주도하는 새로운 세계질서가 가시화하는 듯 보였다.

2) 카터 대통령의 외교안보수석이었던 브레진스키는 1997년 《그랜드 체스보드》를 발표해 나토의 동구권 확장을 주장했다. 이것은 냉전종식 이후 세계의 새로운 질서구축을 위한 것으로 러시아는 이러한 현실을 용인하는 것이 바람직하다는 충고였다.[113] 이 같은 구상은 이후에 키신저의 《월드 오더 비전》으로 이어졌다. 세계 지도국으로서 미국의 확고한 위상을 추진하는 것이다. 과거의 지정학적 조건과는 전혀 다른 21세기의 신지정학은 자유민주주의의 명분과 최고의

첨단 과학기술을 가진 미국의 비전 실현에 유리하다는 계산이다.

3) 이에 따라 21세기는 미국과 서구가 주도하는 신자유주의 체제와 이에 반발하는 러시아와 중국의 다극주의가 충돌하는 시대가 되었다. 여기에는 과거 제삼세계로 불린 비동맹국가들 그중에서도 국력축적이 되어 있는 브릭스 국가들의 입장이 중요한 변수가 된다. 한편으로 세계 최강국 미국의 지위에 변화 조짐도 나타나고 있다. 2001년 9.11 테러 이후 벌어진 수차례 대테러전쟁은 미국 대외정책의 경직성을 보여 준다. 2003년 이라크전쟁에서는 독일과 프랑스를 비롯한 상당수의 국가가 미국의 침공에 반대했다.

4) 폴 케네디는 《강대국의 흥망》에서 군사력과 경제력 간에 균형을 갖도록 강조하고 과도하게 전쟁을 벌이는 것은 경제력을 약화시켜 국가의 쇠퇴를 불러온다고 경고했다. 미국의 과도한 군사력 사용을 주의하라는 것이다. 경제력의 약화로 도덕적 해이가 발생하고 정치 리더십이 불안정해질 가능성을 우려하는 것이다. 2008년 금융위기에 대한 반발로 2011년 9월부터 수 개월간 뉴욕에서 벌어진 월가 점령시위나 2021년 트럼프 전 대통령의 유도로 벌어진 워싱턴 의사당 점거농성과 같이 전례 없던 상황은 세계에 충격을 주었다. 여기에 경제 인플레와 주택가격의 상승으로 무주택자가 증가하고 중산층의 붕괴 추세가 커지게 되면 국제사회에서 미국의 지도력에 타격이 된다.

5) 미국 해군연구소의 로버트 바이필드는 과거 냉전기 소련의 두 가지 기본 전략목표를 서구진영에 대한 '절단'과 '자기마비'로 분

석했다.[114] 미국 동맹국들의 불만을 야기하고 대외교역과 재정약화를 유도한다는 것이다. 그리고 미국의 국내문제에 유해요인들을 조성하는 것으로 국가채무의 증가와 고율의 세금유도와 같이 국가시스템에 균열을 내는 것이다. 이러한 전략목표는 어느 것이나 미국과 동맹국가 간의 관계를 분리시켜 미국의 세계전략을 훼손하려는 목적이다. 역으로 이에 응전하는 미국의 경우에도 소련에 대한 유사한 전략이 전개되었다. 이러한 미국과 소련의 냉전전략은 21세기에도 다름없이 재가동되고 있음은 충분히 짐작할 수 있다.

6) 미국은 역사상 최초로 지구적 규모의 일극체제 또는 세계정부의 지도자로 운위되는 시대를 맞았다. 기후위기와 환경오염 그리고 테러와 같은 문제들은 더는 개별국가만의 문제가 아니라는 사실이 미국의 지도력을 용인해야 한다는 이유로 등장했다. 이와 동시에 이러한 협력은 민주적 절차와 상호존중이라는 국제사회의 법규범에 의해야 한다는 반론도 제기되었다. 유엔을 위시로 국제사회의 견제 역할이 작동하지 않으면 세계정부는 세계독재가 될 것이라는 주장이다. 따라서 이에 대한 담론이 활발하게 이루어질 필요가 있다. 설득과 합의가 없으면 세계는 다시 한번 대결과 전쟁으로 향해 인류전체에 피해를 주기 때문이다.

2. 유럽, 나토의 동진과 러시아의 응전

1) 21세기 유럽은 러시아와 나토 간의 대결 무대처럼 보인다. 2023

년 4월 핀란드의 뒤를 이어 2024년 3월 스웨덴의 32번째 나토 회원국 가입으로 나토 군사력은 한 단계 더 강화되었다. 러시아의 북극해 위협지수가 높아진 것이다. 우크라이나 전쟁 발발 3개월 후인 2022년 5월 라브로프 러시아 외교장관은 언론 인터뷰에서 1917년과 1991년에 그랬던 것처럼 러시아는 다시 역사적인 길을 선택해야 하는 전환점에 서 있다고 하면서 냉전시대를 소환했다. 그리고 나토의 동방 확장은 미국의 세계패권 장악을 위한 핵심적 요소 중 하나라고 주장했다.[115] 라브로프는 냉전기간 중에 두 진영 사이의 경계선은 베를린 장벽을 따라 설치되었지만 이후로 동쪽으로 다섯 번을 전진했다고 했다. 그리고 이제는 인도-태평양 지역의 안보문제를 명분으로 남중국해로 이동할 것이라고 예상했고[116] 여기에는 한반도와 일본이 포함된다.

2) 2022년 2월 발발한 우크라이나 전쟁은 폴란드의 한국산 무기구매 요청으로 이어졌다. 그리고 2023년 K2 전차와 K9 자주포 그리고 FA50 전투기로 구성된 대규모 방산물자 판매는 한국과 폴란드뿐 아니라 나토와의 협력관계를 급속히 강화했다. 이것은 동시에 한국과 러시아와의 기존 협력관계를 재조정하는 계기가 되었다. 그리고 러시아와 북한과의 관계강화를 불러왔다. 2023년 7월 북한의 전승절 70주년 기념식에는 러시아 국방장관을 단장으로 하는 고위급 대표단이 참석했다. 9월에는 김정은 국무위원장이 러시아를 방문해 푸틴 대통령과 회담하고 최신 군사시설을 견학했고 2024년 6월에는 푸틴이 24년 만에 북한을 방문해 포괄적 전략적 동반자관계를 선언하면서 급속한 관계강화 움직임을 보여 주었다.

3) 2022년 6월 스페인 개최 나토 정상회의에 윤석열 대통령은 한국 정상으로 최초로 참석했다. 2023년 7월 리투아니아 나토 정상회의에도 참석해 사이버 안보 등에서의 협력을 확인했다. 나토의 인도-태평양 확대 의도와 부합되는 이러한 흐름은 한반도를 넘어서는 안보장치의 확대가 된다.

4) 한국과 나토와의 관계가 밀접해질수록 북한의 중국, 러시아와의 관계도 강화될 것이다. 유럽과 한반도와의 안보문제가 연계된 때문으로 동북아에서의 안보 딜레마가 고조되기 때문이다. 따라서 유럽에서의 전쟁이 한반도에서의 전쟁으로 연계되지 않도록 주의해야 하고 군사적 대외협력에 있어서 진중한 성찰이 요구된다. 일시적인 방산물자의 수출로 인한 경제적 이익추구에만 집중할 수는 없는 것이다. 분명한 명분과 원칙이 있어야 하고 유엔과 국제법의 규범 그리고 국제사회의 일반적 통념을 위반하지 않아야 한다. 무엇보다도 중장기적으로 한국의 안보가 위협받는 일이 되지 말아야 하는 것은 당연하다.

3. 호주, 해양세력의 확장

1) 조지 오웰은 《1984》에서 미래세계를 유라시아와 유럽 그리고 오세아니아 세 개의 권역으로 삼등분된 모습으로 예견했다. 21세기 호주는 미국과 서구와 연대하면서 오세아니아의 중심 해양세력으로 부상 중이다. 유럽과 아시아 그리고 인도양과 태평양에서의 진영

화 편제 추세는 마치 전후 냉전기 미국과 소련 간의 안보경쟁 상황과 유사하다. 미국은 1949년 유럽에서 나토를 출범시켰고 극동에서는 1952년의 미일안보조약과 1953년의 한미상호방위조약으로 연계시켰다.

2) 1955년에는 중동의 바그다드조약을 연결해 동서양에 걸친 자유진영의 방어선을 구축했다. 소련 역시 1947년 공산주의자정보기구(COMINFORM)를 발족시키고 공산주의 진영 내의 민주화운동을 무력으로 탄압하면서 서구진영과의 대결구도를 굳혔다. 소련은 1947년 개시된 미국의 마셜 플랜에 맞서 1949년에 경제상호원조회의(COMECON)를 발족시켰다. 그 결과 동구권의 새로운 교역지대를 형성하면서 경제적으로도 양대진영은 분리되었다. 그리고 1955년 바르샤바 조약기구를 창설함으로 나토와의 군사적 대결구도가 구체화되었다.

3) 1991년 12월 26일 소비에트 연방의 해체로 냉전체제는 붕괴했고 바르사바 조약기구도 소멸되었다. 그러나 2000년대에 들어 러시아의 재기와 중국의 부상으로 국제정세는 과거의 진영화 편제로 돌아가는 추세다. 미국은 중국과 러시아의 해양진출을 저지하기 위해 나토와 해양세력 간의 연합진영을 구축하기 위해 노력하고 있다. 이에 따라 세계는 과거 냉전기의 서구 대 동구의 대결 구도에 호주와 일본을 중심으로 하는 태평양 해양세력이 추가되는 모습으로 진화 중이다.

4) 국가 간 협력의 최상위에 있는 것은 정보협력이다. 국가안보에 가

장 중요한 비밀을 공유하는 관계야말로 가장 신뢰할 수 있는 우방국이기 때문이다. '파이브 아이즈(FVEY, Five Eyes)' 협정국은 미국과 영국, 캐나다, 호주, 뉴질랜드가 참가하는 정보기관 공동체다. 반면에 '오커스(AUKUS)'는 파이브 아이즈 5개국 간 군사 및 정보동맹보다 물리적인 측면에서 강화된 군사기술의 동맹 성격을 갖는다. 이것은 미국, 영국, 호주가 결성한 인도-태평양 지역 안보협의체로 2021년 9월 3개국 정상의 공동성명 발표로 설립되었다. 미국과 영국은 파이브 아이즈 정보동맹을 확대해 한국, 일본, 독일, 프랑스, 이탈리아, 스페인, 네덜란드와 같은 우방국가의 가입을 추진하고 있다. 중국의 인도-태평양 지역으로의 진출을 저지하려는 목적이다.

5) 4개국 안보회담 '쿼드(QUAD)'는 미국의 인도-태평양 지역 핵심 동맹국인 일본과 호주, 인도를 포함하는 안보협의체다. 2020년 10월 4개국 외무장관 회담으로 시작해 자유롭고 열린 인도-태평양 실현과 같은 의제로 추진하고 있다. 자유, 개방, 포용이라는 자유민주적 가치에 따라 억압받지 않는 지역을 구축하기 위한 목적으로 북한의 완전한 비핵화와 일본인 납북자 문제의 즉각적인 해결 그리고 백신 관련 협조를 논의한다. 21세기 태평양 지역에서는 다수의 국제안보레짐이 출현했다. 그리고 이에따라 한반도 주변에서는 정치와 군사 그리고 경제와 문화 관계가 복합적으로 중첩된 형태로 진행되고 있다.

6) 이 같은 움직임은 오웰이 예견한 세계의 모습과 유사하다. 해양에서는 미국과 유럽 사이의 대서양보다 한국과 일본 그리고 호주가 있

는 태평양에서 활발한 외교와 군사적 대결이 전개되고 있다. 그리고 한반도는 중요한 축(Linchpin)이 되어 있다. 오웰은 3개 세력권 사이의 끊임없는 국지적 분쟁이 계속되지만 강대국 간의 전면적인 충돌은 일어나지 않는 긴장상태로 묘사했다. 해양세력은 거대한 태평양과 대서양 두 개의 대양이 천혜의 방패막이 되어 준다. 따라서 대륙세력과의 대결에서 유리한 입장이다. 그리고 여기에 한반도와 같은 대륙 주변 변경국가는 마치 원정군의 상륙작전에서 제1선의 교두보와 같이 될 가능성이 크다. 가능성과 한계성이 동시에 존재하는 이 같은 상황에서 한국의 선택에는 분명한 국가의지와 목표가 있어야 하고 국민의 지지가 전제되어야 하는 것은 당연하다.

4. 서양이 동양을 추월한 배경

1) 빛은 동방에서라는 말처럼 고대로부터 동양은 서양보다 앞선 문명과 국력을 보유했다. 그러나 중세 이후부터 서양은 동양을 추월해 제압하기 시작했다. 동양의 학문과 사상은 높은 정신적 이상과 가치를 지닌 것이지만 과학과 문화 그리고 실용성에서 비교우위를 가진 서양에 뒤처지게 되었다. 서양의 흥기는 문예부흥과 종교개혁 그리고 산업혁명을 계기로 한다. 이 세 가지 사건의 배경은 개인의 자유와 권리의 보장으로 이루어진 자의식의 해방이다. 신을 대신한 교황 그리고 지상의 권력자인 왕의 권위에서 벗어난 시민계급의 탄생 때문이다. 이로부터 개인은 사고와 행동의 자유를 얻었다. 그리고 문화예술과 과학기술의 창조력을 발휘할 수 있었고 성경의 해석마저

도 교회로부터 자유롭게 되었다. 그리고 1492년 8월 콜럼버스의 항해를 위시로 시작된 대항해시대는 서양의 발흥에 날개를 달아 준 격이 되었다.

2) 개인의 자유의지를 기반으로 하는 민주주의는 그리스에서 시작했다. 아테네는 기원전 5세기 역사상 처음으로 민주정치를 구현했다. 아테네는 시민 중에 추첨으로 500인을 뽑아 구성한 협의회가 정부의 역할을 했고 모든 정책을 결정하는 민회는 1년에 최소 40회 이상 열렸다. 아크로폴리스 언덕에서 열린 회의에는 성인남성 모두가 참석해 토론에 참여하고 투표했다. 전쟁을 지휘하는 10인의 장군도 선거로 선출되었다. 장군은 전쟁에서는 지휘관이었지만 평상시에는 권한이 없었다.[117] 이러한 민주주의의 힘을 바탕으로 아테네는 국력을 키웠다. 그러나 동양의 중심국 격인 중국은 개인의 권리를 중시하는 민주주의가 존재하지 않았다. 헤겔은 중국의 1인 전제군주의 비민주성을 지적하면서 그리스에서 시작된 민주주의와 개인의 자유를 들어 서양의 우월성을 설명했다. 그리스가 민주주의의 씨앗이 되었다면 영국은 이것이 자랄 수 있는 토양을 만들었다.

3) 영국의 민주주의는 1215년의 대헌장과 1628년의 권리청원 그리고 1679년의 인신보호령과 1689년의 권리장전으로 대변되는 긴 역사를 갖는다. 이로써 귀족과 시민계급의 권리는 신장되었고 사유재산의 보호로 국왕의 권력은 제한되었다. 1517년 루터의 종교개혁을 전후한 시기 종교개혁가들은 평신도들에게 신앙의 자기결정권을 제공했고 가톨릭의 절대교리를 대신해 프로테스탄트의 실용적 윤리

가 출현했다. 개인을 억압했던 굴레가 제거된 후에는 자유로운 문화 예술의 표현으로 창조적 사회분위기가 만들어졌다. 그리고 과학기계의 발명과 상공업의 발전은 상품시장을 키우고 상인계급을 성장시켰다. 국가는 이들의 해외진출을 지원하면서 국부를 축적해 서세동점의 기반이 마련되었다. 17세기 들어서는 편지공화국(Republic of Letters)이라는 표현이 나올 만큼 유럽 여러 나라 과학자와 계몽주의자들 간에 국경을 초월한 편지 토론이 활발해졌다. 정치적으로 루소는 1762년 《사회계약론》으로 근대적 민족국가 건설의 이론적 바탕을 제시했고 1789년 프랑스혁명은 왕권을 붕괴시키고 만인이 보편적 권리를 갖는 자유민주주의를 실현시켰다.

4) 서양의 이러한 문화와 과학의 발전 그리고 종교개혁가와 상인계급의 등장은 모두가 개인의 창조적 역량이 자유롭게 발휘된 결과물이다. 그리고 이것이 모여 시민계급을 형성하고 국가공동체의 시너지 효과로 이어졌다. 서양 문화의 양대 원류는 헬레니즘의 인본주의와 민주주의 그리고 히브리즘이 전하는 신의 의지로서 억눌린 자의 해방과 정의다. 이 두 가지 요인이 결합해 개인의 자유가 되었다. 이것은 동양의 유학과 불교가 인간의 자유와 권리의 제한을 학문화하고 제도화시킨 것과는 다른 것이다. 따라서 동양에서 개인의 창조성은 억제되고 개성은 발휘될 수 없었으며 보수적 전통사회가 유지되었다.

5) 더구나 중화주의의 패권적 질서 안에 놓인 한반도에서는 조정은 물론 개인은 더욱 활기를 얻을 수 없었다. 용기와 창의성이 있어도

진취성은 기대할 수 없는 상황이었다. 1487년 제주해협에서 난파해 명나라를 거쳐 돌아와 《표해록》을 쓴 최부와 같은 조선인 표류자들은 의지와 자신감을 갖고 돌아왔지만 조정은 이러한 개인의 능력을 발휘하지 못하게 했다. 최부가 가져온 해외정보도 사장되었고 백성의 역량강화는 이루어지지 못했다. 중국 중심의 동양은 폐쇄적이고 보수적으로 되어 역동성을 상실할 수밖에 없었다. 그러나 유럽에서는 비슷한 국력의 국가 간에 견제와 균형이 이루어졌고 이러한 경쟁의 와중에 개별국가의 역동성 발휘가 가능했다. 그리고 대항해시대의 개막으로 시작된 서양의 공세적인 동양 접근은 이러한 역동성을 고조시켰고 19세기에 들어서는 본격적으로 동양의 전근대성을 부수고 새로운 질서형성을 추동했다. 따라서 중국의 화이질서(華夷秩序)는 가장 큰 충격을 받고 해체되었으며 주변 국가들에게는 자신들이 갖고 있는 능력에 눈 뜰 기회가 되었다.

4. 태동의 중남미, 아프리카

1. 체 게바라와 에비타의 그림자

1) 별이 달린 검은 베레모를 쓴 체 게바라의 사진은 중남미를 비롯해 제삼세계 국가에서 자주 볼 수 있다. 국내 정치와 경제가 낙후된 원인을 미국과 서구에 돌리기 때문에 혁명투쟁에 나선 체 게바라를 영웅시하는 것이다. 뉴욕 브로드웨이 뮤지컬 〈에비타(Evita)〉로 알려진 아르헨티나의 에바 페론 역시 빈민의 여왕으로 기억에 남아 있다. 중남미 국가들의 낙후성에는 내재적 요인 역시 크지만 체 게바라나 에바 페론 같은 극단적 행동의 정치인이 인기를 얻은 데에는 그만큼 외세에 대한 반감이 크기 때문이다. 체 게바라가 여전히 젊은 이들과 혁명가들에게 우상으로 남아 있는 것은 자본주의의 폐해가 수정되지 않는 한 변함없을 것이다. 그러나 극단적 무장투쟁이나 무계획적인 자선정책으로 민주주의의 발전과 경제부흥을 성취할 수는 없다.

2) 냉전기 미국과 소련은 중남미에서 치열한 헤게모니 투쟁을 벌였다. 그리고 이것은 중남미의 내재적 요인과 어울려 정치불안정의 원인이 되었다. 양대진영이 적극적으로 사상심리전을 전개했고 정치와 군사적으로 개입한 결과다. 지리적으로 인접해 있고 1962년 쿠바 미사일위기로 충격을 받은 미국의 안보위협 인식은 더욱 컸다. 미국의 개입사례를 보면 첫째, 1973년 칠레에서 미국의 지원으로 발

생한 쿠데타다. 이 때문에 민주적 선거로 선출된 아옌데 대통령이 실각하고 피노체트 장군이 17년간 집권했다. 그의 무단통치 기간에 자행된 잔혹한 처형과 탄압은 칠레사회에 깊은 균열을 만들었다. 둘째, 1982년 과테말라 군사정부의 집권 지원이다. 셋째, 1983년 그라나다에 대한 군사개입이다. 넷째, 1984년 니카라과 반정부 무장단체에 대한 자금 지원이다. 이것은 이란-콘트라 사건으로 세계에 폭로되었고 1986년 6월 헤이그 국제사법재판소(ICJ)는 니카라과에서의 미국의 군사적 및 준군사적 활동이 국제법 위반이라고 판결했다. 여섯째, 1989년 파나마에 대한 군사개입이다. 소련 역시 카스트로의 쿠바 혁명 지원을 위시로 중남미의 공산화를 위해 인적 물적 지원으로 개입했고 체 게바라의 무장혁명 투쟁을 지원했다.

3) 중남미의 질곡의 현대사를 통해 체 게바라와 에바 페론은 억압받는 자의 친구며 빈민의 어머니로 추앙받았다. 그러나 유혈혁명이나 방만한 예산사용 이외에 국가발전의 중장기 계획에는 실패했고 경제의 퇴락을 초래했다. 과다한 복지지원보다는 미래를 위한 역량축적에 힘써야 했지만 그렇지 못했기 때문이다. 에비타와 체 게바라는 노래로 남았고 추모하는 열기도 식지 않았다. 그러나 현실주의를 외면하면 경제적 혼란과 혁명의 악순환으로 끝날 것이기 때문에 이상주의와 현실주의 간의 조화가 요구된다.

4) 미국과의 극단적 정치대결 중에 베네수엘라는 경제적으로 파탄 상황을 맞았다. 세계 상위권인 3천억 배럴의 석유자원을 보유한 자원부국 임에도 경제발전에 실패한 것이다. 아르헨티나는 예산지출

의 무분별한 확대로 인해 전후 세계 2위였던 경제력이 급락했다. 일자리 창출이 안 되는 상태에서 지속적인 지출확대가 원인이다. 남미는 한때 아르헨티나를 위시로 브라질과 칠레 또는 베네수엘라와 같은 ABC 또는 ABV 삼국으로 불린 경제부국들을 자랑했다. 그러나 현재는 정치지도자의 무능과 정당의 부패 그리고 높은 실업률과 인플레로 곤경에 처해 있다. 중남미의 정치경제적 문제의 배경에는 국가의 정체성 문제가 있다. 1990년 페루에서 일본계 대통령 후지모리의 당선이 가능했던 이유에는 국가 정체성의 부족과 외국의 경제지원을 바라는 기대심리가 있다. 기술과 자본이 부족한 중남미 국가들은 보유한 천연자원을 활용하는 자원민족주의로 나갈 것을 주장한다. 이 때문에 자원부족 국가인 한국은 이들 국가와의 자원 공동개발과 같은 협력관계를 유지하는 것이 필요하다.

2. 중남미의 정체성과 자원주권

1) 남미 원주민들이 건설한 잉카와 아스테카 문명은 대항해시대에 이루어진 유럽인들의 정복전쟁으로 모두 소멸했다. 중미 멕시코의 마야 문명도 마찬가지다. 총과 대포로 무장한 스페인 정복군은 중남미 대부분을 손쉽게 정복했다. 남미는 토르데시야스조약이 체결된 1494년을 기점으로 역사적 전환기를 맞았다. 그리고 이후에 유럽인의 도래로 인해 원주민과의 인종적 혼합이 이루어졌다. 그러나 중남미는 아직도 자신만의 정체성을 만들지 못했고 갈등과 모색이 진행 중이다.

2) 1494년 6월 스페인과 포르투갈은 조약을 맺고 대서양 위에 분계선을 나누고 자신들의 영역을 확정했다. 카보베르데섬 서쪽 서경 46도를 기점으로 나누어 동쪽은 포르투갈 서쪽은 스페인이 차지하기로 한 것이다. 그리고 포르투갈의 바스쿠 다가마는 1497년 11월 리스본항을 출항해 아프리카 희망봉을 지나 1498년 5월 인도에 도착해 동방경략의 문을 열었다. 스페인은 1533년 피사로 원정군이 대서양을 건너 페루의 잉카왕국을 점령해 남미를 식민지로 만들고 언어와 종교 그리고 문화적으로 라틴화했다. 그러나 유럽인과 현지인과의 혼혈인 메스티소로 구성된 상류층은 유럽식 생활양식을 따르고 원주민은 토착 문화 속에 남아 국가의 정체성은 이원적인 것이 되었다.

3) 남미해방전쟁을 이끌어 스페인 통치를 종식시킨 시몬 볼리바르는 1811년 베네수엘라 초대 대통령이 되었다. 그는 "남미여 그대는 정녕 통치하기 어려운 존재로다."라고 탄식했다고 한다. 볼리바르 자신도 남미는 과거의 유산을 거의 지니고 있지 못하며 원주민도 유럽인도 아닌 존재라고 했다. 그리고 혼혈인 메스티소는 역사적 정통성을 놓고 원주민과 다투면서 동시에 외세와 대결해야 하는 이중의 대치상태에 놓여 있다고 토로했다. 볼리바르의 인식과 같이 지배층인 메스티소와 원주민 간의 갈등은 내부분열을 심화시켰다.

4) 전후 남미에는 독일을 비롯한 유럽과 중동에서 대거 이주해 온 외래민족의 집단거주지가 생겼다. 《브라질에서 온 소년들》이라는 나치 부흥조직을 배경으로 하는 소설의 무대가 되기도 했다. 모사드가

아이히만을 체포해 예루살렘의 전범재판에 세운 곳도 아르헨티나였고 이스라엘 최고의 스파이 엘리 코헨의 신분세탁이 이루어진 곳도 남미였다. 유럽이나 아랍계 중남미 인사들이 정부 고위직이나 대사로 임명되어 조상의 나라에 파견되기도 한다. 선조의 고향 친척과 무덤은 아직도 그곳에 있고 따라서 인맥 형성이 쉽기 때문이다.

5) 이러한 역사문화적 혼잡성은 사회적 계층의 불균형으로 이어졌다. 정치권력을 가진 상위인사들은 유럽식 가치관을 갖고 있고 일반 국민과는 사고방식에 격차가 심하다. 더구나 심화된 부의 편중은 국민의 공동체 의식을 이루기 어렵게 한다. 아르헨티나와 칠레에서는 군사독재와 테러가 반복되었고 조속한 경제발전을 명분으로 군부의 권력탈취를 정당화하기도 했다. 이 때문에 극단적인 정치적 대결 현상이 나타나 가톨릭 사제들의 해방신학이나 공산주의 반군의 무장투쟁이 발생했다. 이 같은 배경하에 중남미에서는 정치와 경제의 혼란상황이 장기간 계속되었다.

6) 중남미의 정체성을 찾는 도중에 새로운 국가의 가치를 만들어 내기 위한 정치적 노력도 시도되었다. 브라질은 자본주의와 사회주의를 절충한 제3의 길이라는 독자적인 정치실험을 모색했다. 코스타리카는 1949년 군대를 폐지하고 평화주의를 선언했다. 코스타리카 관광청의 홍보 영상물에는 평화국가로서의 코스타리카를 홍보하면서 아름다운 자연을 배경으로 날고 있는 새 떼를 자국 공군으로 표현했다. 이와 아울러 남미가 보유한 천연자원의 중요성을 간과할 수 없다. 지구의 허파로 불리는 아마존 유역은 약 300만 종류 동식물의

서식지로 세계 산소생산량의 20퍼센트를 담당하고 있다. 남미는 지구 생태환경의 보호역할을 하는 것에 대해 산업선진국들이 경제적으로 적정한 보상조치를 해 줄 것을 요구하고 있다. 남미의 이러한 자원주권 발동은 장래 국제정치에 변수가 될 것으로 급속히 진행되고 있는 기후변화 문제를 감안하면 한국과 남미와의 자원과 환경 분야에서의 협력 필요성은 크다.

3. 브릭스(BRICs) 시대의 개막

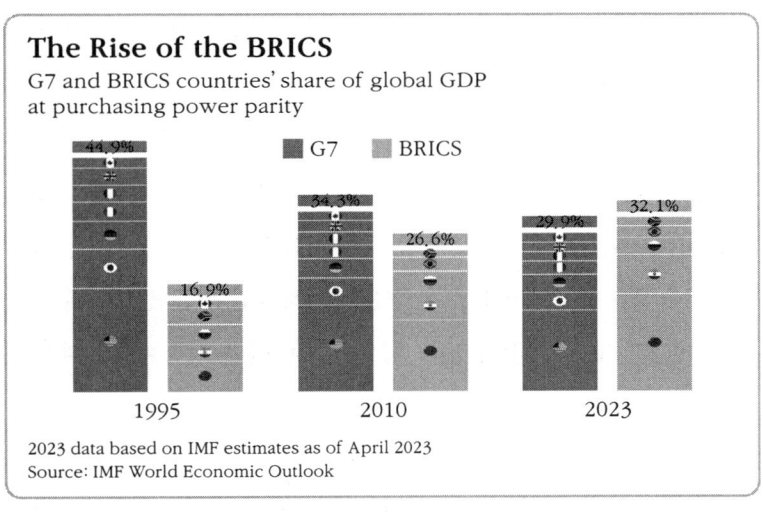

2023년 브릭스는 세계 GDP의 32퍼센트를 점유해 G7을 추월했다.

1) 브릭스는 브라질, 러시아, 인도, 중국 그리고 남아프리카공화국 5개국을 포함한다. 21세기들어 이들 국가는 방대한 국토와 인구규모 그리고 풍부한 자원과 비교적 높은 교육수준과 기술력을 바탕으로

높은 성장세를 보이고 있다.[118] 세계 주요연구기관들은 브릭스 국가들의 성장동력을 첫째, 적정한 인구 증가율, 둘째, 풍부한 천연자원, 셋째, 외국자본과 정보기술의 적극적 도입으로 인한 노동생산성의 향상 때문으로 분석한다. 브릭스는 2009년 6월 러시아 예카테린부르크에서 4개국 국가정상 간 합의로 출범했고 2010년에는 남아프리카공화국이 가입했다.

2) 브릭스의 국내총생산(GDP) 규모는 2002년 2조 5,000억 불로 미국의 4분의 1에 불과했지만 20년 만인 2022년에는 26조 300억 불을 넘어 2023년 3분기 미국의 26조 8,500억 불에 근접했다. 이 중에 중국은 2021년 16조 8,600억 불로 브릭스 국가 중 GDP 규모가 가장 크다. 브릭스의 존재감이 커지면서 이집트, 아랍에미리트, 방글라데시가 브릭스 신개발은행에 가입했고 북미자유무역블록 NAFTA(캐나다-미국-멕시코 협정 CUSMA)의 멕시코가 가입을 검토하고 있다. 2023년 브릭스는 세계 GDP의 32.1퍼센트를 차지해 G7의 점유율 29.9퍼센트를 약간 추월하지만 빠른 성장세로 인해 2030년까지 세계 GDP의 50퍼센트 이상이 될 것으로 예상된다.[119]

3) 브릭스 회원국은 세계 주요문제에 적극적으로 참여하는 방안을 논의하면서 미국과 서구주도의 세계경제구도에 개편의욕을 보이고 있다. 구체적으로는 미국 달러화를 대체하는 안정적이며 예측 가능한 새로운 글로벌 통화의 필요성을 발표했고 이것은 국제금융계에서 달러화 가치하락 논쟁을 불러일으켰다. 미국이 기축통화국 지위를 위협하는 브릭스의 성장에 위기감을 느끼는 것은 당연하기 때문

에 주의 깊게 보아야 하는 부분이다.

4) 인구 면에서 브릭스는 출범국 4개국만으로 세계 10위권에 모두 포함되어 세계 인구의 42퍼센트를 차지한다. 2021년 기준으로 인도 14억 8,000만 명, 중국 14억 1,200만 명, 브라질 2억 1,400만 명, 러시아 1억 4,300만 명, 방글라데시 1억 6,900만 명, 멕시코 1억 2,700만 명, 이집트 1억 100만 명으로 합계 약 35억 7,400만 명 정도로 세계인구 78억 8,800만 명의 절반가량이 된다. 천연자원의 확인 매장량은, 석탄은 중국이 세계의 30퍼센트(1위), 인도 7퍼센트(4위), 러시아 5퍼센트(6위)며, 석유는 러시아 11퍼센트(2위), 중국 5퍼센트(5위), 천연가스는 러시아가 22퍼센트(1위)를 차지한다. 브릭스가 보유한 주요 광물자원은 철광석이 세계의 56퍼센트, 알루미늄 35퍼센트, 마그네슘 67퍼센트를 차지한다. 산림면적은 러시아 8억 5,139만ha, 브라질 5억 3,249만ha, 중국 1억 6,348만ha, 인도 6,411만ha, 총 16억 1,147만ha로 지구 산림면적 전체의 약 42퍼센트를 보유하고 있다. 국토면적 122만 평방킬로미터에 인구 6,100만 명인 남아프리카공화국 역시 세계 금 산출량의 60퍼센트와 다이아몬드의 20퍼센트를 비롯해 지하자원 개발의 잠재력이 크다.

5) 한국은 천연자원의 부족과 높은 수출입 의존도 그리고 원화의 불안정성과 높은 수준의 외채 원금과 이자의 압박과 같은 경제적 취약점을 갖고 있다. 따라서 경제 위주의 실용적 대외정책이 요구되고 자유로운 무역활동을 적극적으로 추진할 필요가 있다. 대외교역으로 국가경제를 유지하고 있는 한국이 정치와 진영 논리에 종속될 경

우에는 경제안보의 위기지수가 높아진다. 분단상황으로 인해 사실상 도서국가가 된 상황에서 자급자족이 가능한 국가와는 다른 여건임을 감안하지 않으면 안 된다. 이 때문에 떠오르는 경제세력인 브릭스와의 협력관계 구축이 요구되는 이유다.

4. 아프리카, 미래의 대륙

아프리카는 풍부한 천연자원과 자연환경으로 미래의 대륙으로 불린다.

1) 콩고는 세계 최대 코발트 생산국으로 세계의 주목을 끌고 있다. 통신기기와 첨단 반도체 제조에 필수재료이기 때문이다. 히로시마에 투하된 원자폭탄에 사용된 우라늄 원석도 콩고에서 채굴되었다. 《쥬라기 공원》의 작가 마이클 크라이튼의 《콩고》는 고성능 레이저 장비에 사용할 천연광물을 찾아 나선 탐험대가 콩고의 열대 오지에서 만나는 사건을 사실적으로 묘사하고 있다. 아프리카가 보유한 천

혜의 자연조건을 보면 미래의 대륙이라는 표현이 실감난다. 광물자원과 자연환경 그리고 농토와 같은 것이다. 아프리카는 지구 전체의 광물자원 중 삼분의 일과 천연가스의 8퍼센트 그리고 농토의 60퍼센트 정도를 보유하고 있다. 생명다양성에 있어서 아마존에 버금가는 지구 열대우림의 삼분의 일이 있는 세계 탄소수집의 주요지역이다.[120] 6개국에 걸쳐 있는 360만 평방킬로미터의 콩고분지에만 세계 10퍼센트 정도의 동식물 종이 살고 있는 생명의 보고다.

2) 천혜의 자연조건에도 불구하고 아프리카의 경제는 세계 하위권에 속해 있다. 여기에는 아프리카 국가들의 정치적 불안정성이 문제다. 대부분 아시아와 아프리카 국가들은 제2차 세계대전 후 식민지에서 벗어나 독립했다. 이러한 동질성을 바탕으로 이들 국가는 1954년 4월 콜롬보 회의를 거쳐 1955년 4월 반둥 아시아-아프리카회의를 개최했다. 그리고 1961년 9월 발족한 비동맹운동에서 가나의 엔쿠르마 대통령은 정치적 자주의식과 자원민족주의를 역설했다. 근대와 현대에 걸쳐 진행된 서구제국주의의 인적 물적 수탈의 결과가 아프리카의 빈곤을 초래했다는 주장이다.[121]

3) 21세기에 들어서도 아프리카 대다수 국가는 국가발전의 정상적 궤도에 오르지 못하고 있다. 이것은 아프리카인들의 역량이 부족해서가 아니라 대다수 국가에서 굿 거버넌스가 이루어지지 못하고 있기 때문이다. 제레드 다이아몬드는 《총 균 쇠》에서 식량생산과 같은 지리적 중요성이 대륙별로 달라진 발전의 원인이 되었고 인종별 능력의 차이가 아니라고 결론지었다.[122] 아프리카인과 직접 만나 보면

지적 육체적 능력이 다른 대륙의 민족과 별로 다름이 없음을 알게 된다. 단지 국내외적으로 가해진 정치경제적 환경이 능력 발휘를 방해하고 육성하지 못했기 때문에 사회발전이 정체된 것이다.

4) 아프리카 흑인노예 출신의 조상을 둔 스튜어트 홀은 대서양 노예무역의 중간 기착지였던 자메이카 섬에서 출생했다. 그리고 영국으로 이주해 옥스퍼드 대학에서 교육을 받았고 이후 현대문화연구에 선구적 역할을 했다. 자전적 역사소설 《뿌리》의 작가 알렉스 헤일리는 감비아에 조상에 두고 있다. 코피 아난 유엔 사무총장과 오바마 대통령을 비롯해 2013년 포브스가 '세계에서 가장 영향력 있는 100인' 중 한 명으로 선정한 미국 언론인 오프라 윈프리의 성공사례는 유명하다. 이 밖에도 세계 지성사에 두각을 나타낸 흑인들은 적지 않다. 러시아의 문호 푸시킨은 아프리카계 러시아인으로 러시아의 국민작가로 불린다. 아프리카 여러 나라는 전통적으로 음악성과 무용 그리고 목공예와 건축물에서도 뛰어난 미적감각을 지니고 있다. 아프리카 상당수 국가가 겪는 내전과 정치불안이 없다면 문화예술에서도 발전 가능성이 크다.

5) 지역별로 다른 인종과 종교 그리고 문화적 차이도 아프리카 국가들의 협력과 발전을 가로막는 원인이다. 북아프리카 지중해 연안의 아랍계 마그레브 국가들과 이들 국가 아래쪽으로 위치한 흑 아프리카 간의 역사문화적 차이는 크다. 정치적으로도 아랍민족인 이집트에는 아랍연맹(Arab League)의 본부가 있고 에티오피아에는 아프리카연합(African Union)의 본부가 있다. 따라서 아랍과 아프리카

간의 협력과 견제관계가 발생한다. 2023년 나일강 상류에서 에티오피아가 그레이트 댐을 건설해 강 하류에 있는 수단, 이집트와 수자원 갈등을 빚는 것도 그중 하나다. 아랍계와 아프리카계 대결의 상징과 같은 남수단과 북수단 간의 갈등은 장기간 내전과 분단으로 이어졌고 1994년 약 80만 명의 인종학살이 벌어진 루안다 내전 역시 부족갈등이 원인이었다. 그리고 코트디부아르에서는 기독교와 이슬람 간의 갈등으로 동시에 두 명의 대통령을 탄생시켰고 2002년과 2011년 두 차례 내전으로 발전했다. 콩고의 자원개발을 둘러싼 부족 간의 무력 대결은 나라 전체를 장기간 불안정하게 만들었다.

6) 서구와 아프리카 간에는 노예무역과 식민화와 같은 역사의 채무관계가 깔려 있다. 이러한 역사의 부채가 없는 한국은 아프리카와의 충분한 협력 가능성을 갖고 있다. 중국과 일본 역시 적극적으로 아프리카에 접근하고 있다. 그러나 한국은 제국주의의 실천경험이 없고 같은 식민지를 경험했으며 이것을 극복한 발전경험을 가진 나라다. 정부와 NGO가 지원하는 기술대학이나 농업대학 설립과 같은 모범적 사례도 아프리카 여러 곳에서 진행되고 있다. 그리고 2024년 6월에는 아프리카 48개국을 초청해 한-아프리카정상회의를 개최했다. 이 같은 다자협력관계를 발전시키면서 실질적 우호협력의 동력을 이어 갈 필요가 크다.

VIII
2100 코리아 유나이티드

20세기 혼란과 질곡의 근현대사를 극복하고 대한민국이 성취한 국력은 한민족의 리더 역할을 하기 위한 것이다.

그러나 세계에 유례없는 최장기 분단상태와 이산가족 문제는 평화민족으로서의 전통적인 국가 이미지를 약화시키고 영구분단과 전쟁재발의 우려를 높이고 있다.

정체된 상태로 남을 것인가 새로운 도약을 할 것인가 또는 파멸적 전쟁에 휩쓸릴 것인가의 기로에 서 있는 것이다.

21세기는 대한민국이 국제사회에 정신문화와 생명자본의 가치를 제시하고 실천할 때다.

이것은 한계에 봉착한 세계의 물질문명과 핵전쟁의 위험을 방지하는 일이다.

따라서 통일은 한반도뿐만 아니라 세계의 평화와 번영에 기여하는 일이 된다.

이것은 대한민국과 한민족의 미래세대를 위한 것이고 이 때문에 정권은 변천해도 국가의 근본기조는 변함없이 이어져야 한다.

1. 철학과 상식 그리고 원칙
   1. 냉전한국의 세 가지 고민   367
   2. 정상국가로 가는 길   371
   3. 세계가 보는 1983년 KBS 이산가족 찾기   374
   4. 통일한국의 이상과 현실   377

2. 능동적 가치외교
   1. 외교의 목적과 4개의 기본원칙   381
   2. 노태우, 김대중, 박근혜 세 대통령의 통일정책   384
   3. 21세기 휴머니즘 코리아의 가치외교   388
   4. 동해 해저식당과 황해 보트경주   391

3. 인고의 K-정체성
   1. 홍익인간, 한국인의 마음   396
   2. 3.1 독립선언문의 재발견   398
   3. 한반도의 전쟁과 평화   401
   4. 세계평화를 위한 세계시민의 책임   404

4. 2100 코리아 유나이티드
   1. 코리아 유나이티드를 바라보며   408
   2. 1991년 남북한 유엔 동시가입의 의미   413
   3. 한민족 공동체의 합금 코리아   417
   4. 뿌리 깊은 나무와 샘이 깊은 물   419

1. 철학과 상식 그리고 원칙

1. 냉전한국의 세 가지 고민

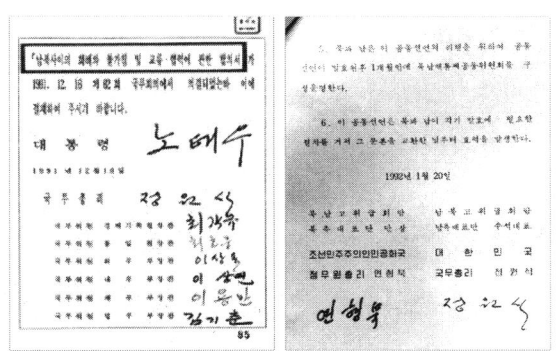

1991년 남북한은 〈남북 사이의 화해와 불가침 및
교류·협력에 관한 합의서(남북기본합의서)〉를 체결했다.

1) 한국은 아직 정전상태에 있는 준전시 국가다. 한국전쟁 이후로 남북한 간에는 무력충돌과 평화협상이 반복되는 모순이 발생했다. 1968년에는 1월 21일 북한군의 청와대 기습과 11월 울진 삼척 침투에 의한 전투가 있었다. 그리고 1972년 〈7.4 남북공동성명〉으로 남북한 간에 최초로 평화공존이 선언되었다. 그러나 1976년 8월 판문점 미루나무 절단과 미군피살사건 그리고 1983년 10월 미얀마 아웅산 테러사건과 1987년 11월 대한항공 858기 폭파사건을 비롯한 위기상황이 벌어졌다. 1990년 8월 우리정부는 한반도의 평화와 통일에 이바지하는 것을 목적으로 하는 〈남북교류협력에 관한 법률〉을 제정했다. 그리고 1991년 〈남북기본합의서〉와 2000년

〈6.15 남북공동선언〉으로 이러한 원칙이 확인되었고 2000년과 2007년 그리고 2018년에는 남북정상 간 회담으로 관계가 진일보했다. 그러나 이러한 과정 중에 서해 북방한계선(NLL)을 둘러싸고 1999년 6월 제1차 서해교전과 2002년 6월 연평해전 그리고 2009년 11월 대청해전과 2010년 11월 연평도 포격전과 같은 무력충돌이 발생했다.

2) 이러한 냉전한국의 고민은 다음 세 가지로 살펴볼 수 있다. 첫째, 한국전쟁의 전후처리를 어떤 형태로 마감 짓느냐다. 둘째, 남북한은 통일 또는 영구분단의 기로에 서 있다는 인식의 불확실성이다. 셋째, 제2의 한국전쟁 발발의 위험성이다. 이 같은 문제의 배경에는 전후 80년 가까운 한반도 분단기 동안 계속된 남북한 통일전략의 오판이 있다. 남북한 모두 부정확한 지도를 따라왔기 때문이다. 따라서 일반 국민의 평범한 생각과 상식적인 질문으로부터 시작해 처음부터 다시 문제를 풀어 갈 필요가 있다. 우선 전쟁과 같은 무력으로는 남북한 모두에 손해만 가져올 뿐 문제를 해결할 수 없다는 인식이 기본이 되어야 한다. 전쟁을 두려워해서는 안 되지만 명분과 실리 없는 전쟁은 민족의 파멸을 불러오고 제3국에 어부지리의 이익을 주는 결과가 된다. 그리고 그간에 있었던 무력충돌의 배경과 양측 합의사항이 제대로 이행되지 못한 원인을 찾아보아야 한다.

3) 이같은 주제에 대한 사회적 담론이 활성화되지 못한 이유는 내적요인과 외적요인으로 나뉜다. 내적요인은 첫째, 냉전의 극단적 진영논리에 갇힌 사회분위기다. 둘째, 통일이나 북한에 대한 언급을 주저하게 만드는 국가보안법과 실정법의 애매한 조항이다. 북한에 대한 찬양고

무죄의 해석이 불분명하거나 정치적으로 오용될 가능성이 있는 것이다. 셋째, 북한주민이나 탈북민과의 접촉에 대한 혐오 또는 두려움이다. 남북한이 서로를 불신하고 있다는 사실은 주목할 부분이다. 전쟁의 위험뿐 아니라 상대와의 접촉과 교류가 국민의 심리적 이탈과 체제 파괴로 이어질 가능성을 우려하기 때문이다. 북한의 자유화 그리고 남한의 공산화를 서로 경계하는 것으로 이 때문에 접촉을 극소화하고 상대의 국력신장을 저지하려는 것이다. 그러나 법률을 위반하지 않는 건강한 통일논의나 북한주민과의 접촉을 억제할 이유는 없다. 국가체제의 근간을 전복하려는 범죄에 대한 처벌은 당연한 것이기 때문이다.

4) 외적요인의 경우에는 첫째, 정전협정 조인 당시 그대로 남아 있는 한국전쟁의 법적 군사적 상태다. 둘째, 남북한의 동맹국과의 관계다. 북한은 1961년 7월 6일 모스크바에서 소련과 조소우호협조 및 상호원조조약을 체결했다. 그리고 5일 후 7월 11일 중국과 조중우호협조 및 상호원조에 관한 조약을 체결했다. 이와 마찬가지로 한국은 한국전쟁을 계기로 체결한 1953년 10월 미국과의 상호방위조약으로 결속해 있다. 남북한 모두가 동맹국과의 관계를 고려하면서 남북문제를 풀어 가야 하는 구도다.

5) 남북한의 국력이 신장됨에 따라 강대국들의 진영편제 시도도 강화되고 국제사회의 주목도 커지고 있다. 그리고 이같이 중첩된 관계 속에 남북한 모두는 외교적 타협이나 양보 없이 강고하게 대치해 왔다. 동서독처럼 인적 물적 교류와 통신과 서신 그리고 공중파 수신이 허용되었다면 남북한 사회의 분단 분위기는 달라졌을 것이다. 남

북한 이산가족의 자유로운 방문과 상봉이 가능했다면 더욱 그렇다. 1990년대 북한에 대규모 아사자가 발생할 때 남한이 구호식량을 적극적으로 지원해 주었다면 서로의 관계는 달라졌을 것이다. 전략적으로나 인도적으로 또는 민족애의 명분으로라도 검토되어야 할 사항이었다. 1999년 10월 전국경제인 연합회 국제자문단의 일원으로 방한한 리콴유 싱가포르 총리는 김대중 대통령과의 회담에서 햇볕정책에 관해 충고했다. 남북 간에 사람들의 교류가 활발해져야 한다는 것으로 연구소, 대학, 여론형성자와 같은 사람들의 교류가 활성화되어야 북한 사람들의 사고방식이 바뀐다는 것이었다.[123]

6) 남북 간에는 〈7.4 남북공동선언〉을 위시로 수차례 평화공존이 선언되어 종전선언은 사실상(de facto) 이미 이루어졌다고 볼 수 있다. 미국과 중국 그리고 북한 간의 종전선언을 어떤 형태로 어떻게 만들어 내느냐는 문제가 남았다. 여기에는 유엔의 역할도 불가결하다. 한반도의 평화는 한국의 앞선 국력을 바탕으로 주도적으로 풀어가야 할 문제다. 한국전쟁은 본질적으로 남북한 간의 충돌 문제이기 때문이다. 남북문제가 해결되면 이후에 비로소 국제적으로 연동된 문제를 해결해 나갈 수 있다. 1950년대 남한보다 앞선 국력을 가진 북한이 한국전쟁을 일으켜 막대한 피해를 내고 증오심을 남긴 것은 오랜 후유증으로 남았다. 현재는 남한이 북한보다 월등히 앞선 국력을 갖고 있다. 그러나 한국전쟁과 같은 물리적 해결을 추구하는 과오를 되풀이해서는 안 된다. 배후 지원국가들이 있는 한 남북한 간의 전쟁은 끝나지 않고 다시 원점으로 돌아갈 것이다. 그리고 남한의 국력이 약화되고 북한의 국력이 강화되는 시기가 온다면 다시 충

돌하는 악순환이 계속될 것이기 때문이다.

7) 따라서 소모적이고 자학적인 대결이 아니라 평화적 공존으로 남북한의 상생방안을 모색하는 것이 합리적이다. 북한은 일당제 지배하의 통제체제다. 폐쇄적인 전체주의 사회로 민주적 선거제도에 의한 자유로운 사회와는 다른 것이다. 그러나 북한도 시간의 흐름에 따라 자유로운 개방사회로 변화하게 되는 것은 필연적인 사실이다. 따라서 접촉과 교류를 계속하면서 민족 공동의 선을 찾아가는 것이 현실주의적인 해결책이다. 그리고 여기에는 철학과 상식 그리고 원칙이 있어야 한다.

2. 정상국가로 가는 길

1) 헌법상 대한민국의 영토는 한반도로 되어 있다. 그러나 이것은 실제 현실과는 맞지 않는 것이다. 그간 수차례 남북한 간의 합의문서 발표 그리고 1991년 유엔에 동시가입하면서 북한의 국체를 사실상 인정했기 때문이다. 북한 역시 적화통일을 고집해 왔기 때문에 남북한 모두가 가지고 있는 근본적인 법 인식의 모순이 충돌하게 된다. 이것은 독일의 분단 당시 서독 기본법이 가졌던 현실 감각과 다른 것이다. 따라서 통일이라는 큰 문제의 논의를 위해서는 통일 전 동서독 간의 법적 정치적 관계를 참고로 우리 법제상의 기본적인 문제부터 검토해야 할 것이다. 한국전쟁의 와중에 피난 나오면서 가져온 북한 내의 토지문서에 대한 법적인 효력이나 남북한에 나누어진 이산가족들 사이에 발생하는 재산상속 문제 역시 마찬가지다.

2) 남북한 간의 무력충돌도 공개적으로 또는 비밀리에 벌어졌다. 남파공비들과 북파공작원들의 간첩과 파괴활동이다. 언론에 보도되지 않고 국민 대부분이 알지 못하는 사이에 벌어진 사건들은 우발적인 전쟁을 촉발할 수도 있는 위기상황을 만들었다.

3) 남북분단의 외재적 원인으로 일제의 식민지화와 침략전쟁 그리고 종전 후 한반도에 진주한 38선 이북의 소련과 이남의 미국을 들 수 있다. 그러나 이들 외국에만 모든 책임을 추궁할 수는 없다. 우리 자신의 문제를 먼저 점검하고 냉철하게 문제를 풀어 가야 한다. 이러한 인식은 남북문제의 폭력적 해결방식의 과오와 외국의 예에서 배우지 못한 것 그리고 한민족의 역사적 의미의 망각과 같은 솔직한 자각으로부터 나온다. 그리고 이 같은 인식이 이루어진 후에 비로소 분단문제 해결의 정확한 로드맵을 그려 볼 수 있다.

4) 당사자보다 제삼자가 문제의 핵심을 더 잘 본다는 말은 국제정치에서도 유사하다. 따라서 이해관계가 없이 객관적인 조언을 하는 외국의 의견을 경청할 필요가 있다. 이들의 의견은 거의 동일하다. 북한과의 소통은 큰 것보다 작은 것으로 시작해 상식적인 선에서 할 수 있는 것부터 차근차근히 단계별로 추진하라는 것으로 요약된다. 2014년 박근혜 정부가 발표한 남북한 간의 〈작은 통로〉 정책을 예로 들 수 있다. 한국에 있어서 북한은 국가며 동시에 국가가 아닌 모순된 존재다. 1991년 9월 유엔에 동시가입한 이후에도 1991년 12월 〈남북사이의 화해와 불가침 및 교류·협력에 관한 합의서(남북기본합의서)〉와 2000년 6월 〈6.15 남북공동선언〉으로 남북한은 특수한 관계가 되었다.

5) 21세기 한반도는 통일의 기회에서 점차 멀어지고 대신 영구분단의 가능성이 높아지고 있다. 이것은 남북한 간의 정치뿐 아니라 문화적 격차가 더욱 심화하고 있다는 점과 북한의 경제난이 러시아와 중국의 지원으로 점차 해결되면서 남한과의 경제협력이나 물자지원 효과가 감소하는 점, 그리고 이산가족의 고령화와 사망으로 인적 유대감이 단절되고 있는 것과 같은 이유를 들 수 있다. 남북한 간의 신뢰구축 통로가 좁아지고 있는 것이다. 남북한 간에 기존의 합의들을 무시하고 발생한 수차례의 무력충돌이 이러한 사실을 반증한다. 한국전쟁에서 전사한 미군과 중국군의 유해는 발굴조사가 합의되어 각각 고향으로 유해송환이 되고 있으나 남북한의 전사자 유해는 가족에게 돌아가지 못하고 있는 상태다.

6) 이 때문에 평화와 번영을 위한 원칙이 추동력을 받을 수 있도록 해야 할 필요가 있다. 한민족의 공동선이라는 큰 틀에서 남북문제의 해결방안 마련이 기본이 되어야 한다. 이러한 길을 가기 위해 시행된 역대 정부의 통일정책을 계승·발전시키는 노력이 요구되는 것이다. 국가가 분명한 미래 비전을 제시하지 못하면 국민은 방향을 정하기 어렵다. 국민의 의지가 결집되어 정확한 방향을 정한 이후에 비로소 통일정책은 중심을 잡고 정상궤도를 달릴 수 있다. 남북한의 유엔 동시가입은 서로를 국제사회의 책임 있는 주권국가로 사실상 인정한 것이라고 할 수 있다. 현재와 같은 특수한 양자관계로 평화구축이 아닌 소모적인 갈등과 답보상태를 반복하는 것보다는 정상적인 국가관계로 전환해 소통을 확대하는 것이 통일의 시작이 될 수도 있을 것이다.

3. 세계가 보는 1983년 KBS 이산가족 찾기

1983년 KBS 이산가족 찾기 행사는 한국전쟁 발발 33년 만에 이루어졌다.

1) 남북한의 새 박사 부자로 유명한 원홍구, 원병오 두 사람은 한국전쟁 당시 1951년 1.4 후퇴로 이산가족이 되었다. 그리고 1963년 아들 원병오 박사가 연구용 가락지를 다리에 끼워 보낸 쇠찌르레기 철새가 2년 후인 1965년 북한 생물학연구소장인 아버지에 채집된다. 아버지 원홍구 박사는 가락지에 찍힌 일본 농림성 마크에 따라 일본에 없는 쇠찌르레기의 소재를 동경의 국제조류보호연맹 아시아본부에 문의하면서 남한의 아들 이름과 소재를 확인하게 된다. 이후 이들은 제3국을 통해 서신만을 교환하고 만나지 못한 채 1970년 10월과 2020년 4월 각각 사망했다. 1992년 일본은 북한과 합작으로 이들 부자의 이야기를 영화 〈버드(Bird)〉로 만들어 제5회 동경국제영화제에 출품 상영했다. 이 같은 비극적인 가족사는 우리 사회에 드물지 않은 일이다.

2) 1983년은 한국 현대사에 중요한 사건 중 하나가 있었던 해다. 분단 후 처음으로 이산가족 상봉이 이루어진 것이다. 이것은 정부가 아닌 언론기관과 민간인들로부터 시작되었다. 1983년 6월 KBS는

한국전쟁 33주년과 휴전협정 30주년 기념방송을 기획했다. KBS는 출연자 섭외 과정에서 이산가족의 고통과 애절함을 인식했고 2시간 특집물 〈KBS 특별생방송 이산가족을 찾습니다〉로 확대했다.

3) 그러나 방송 후 문의전화가 폭주했고 이산가족들이 새벽 택시 편에 몰려와 KBS는 접수된 이산가족을 다 소개할 때까지 방송을 계속하기로 하고 프로그램을 연장했다. 첫날 방송에서 총 36건의 이산가족이 상봉했다. 다음 날 새벽부터 KBS 여의도 사옥 근처는 출연을 원하는 이산가족들로 발 디딜 틈이 없을 정도가 되었다. 이산가족찾기 추진본부가 설치되고 KBS 본관 건물 벽면과 여의도광장, 가로수까지 가족을 찾는 벽보로 뒤덮였다. 연장방송으로 총 100,952명의 이산가족 상봉신청 가운데 절반 정도인 53,536명을 소개했고 이 중 10,189명이 가족을 찾았다. 방송제작 인력에 1,641명이 투입되고 서울 본사와 21개 지역국을 비롯해 전 네트워크에서 5,000여 명의 직원이 참여해 138일 동안 생방송으로 진행된 초대형 국가행사가 되었다.

4) 한국의 이산가족찾기 방송은 세계적으로 주목을 받았다. 해외 주요언론은 특별취재반을 파견해 KBS 기자실에 25개국 기자들이 상주하면서 상봉 소식을 실시간으로 해외로 송출했다. 하비에르 UN 사무총장은 남북이산가족의 비극에 깊은 동정과 이해를 표시했고 그해 9월 콜롬비아 개최 제6차 세계언론인대회는 이 프로그램을 〈1983년의 가장 인도적인 프로그램〉으로 선정했다. 그리고 1984년 2월 아프리카 가봉에서 개최된 제24차 골드 머큐리 세계평화협력회의 총회는 방송기관으로는 처음으로 KBS에 〈1984 골드 머큐리·애

드 호너렘상〉을 수상했다. KBS 프로그램이 전쟁의 상처를 고발하고 인권과 평화의 중요성을 전 세계인에게 고취시킨 공로를 인정해 상을 수여한 것이다. KBS 이산가족찾기 기록물은 〈2015년 유네스코 역사기록유산〉에 등재되어 세계역사의 한 페이지에 남았다.[124]

5) 이것은 한국에 있어서 더구나 정부에게는 자랑이 아닌 부끄러움이 된다. 이유는 첫째, 분단 이후 30년이 지난 후에야 이러한 시도가 이루어졌다는 점이다. 정부나 민간단체 특히 이산가족들이 그동안 이 같은 시도를 왜 못 했는가라는 질문이다. 둘째, 정부가 아닌 언론기관이 시작해 이산가족들의 적극적인 호응으로 이루어졌다는 점이다. 셋째, 분명한 목적을 갖고 계획한 것이 아니라 우연히 만들어진 일이라는 점이다. 그동안 일부 이산가족들은 그들의 사적 자원과 전화, 신문광고 등을 통해 국내 또는 북한 내 가족과의 상봉을 성사시켰다. 미국이나 일본, 중국 등 제3국을 통해 가족이 상봉한 사례들도 있었다. 그러나 대부분은 그러지 못한 것이다.

6) 이산가족이 만남을 위한 노력을 할 수 없었던 이유는 한국전쟁의 후유증으로 폐쇄성과 공포심이 남아 있는 사회 분위기 때문으로 볼 수 있다. 자신이 이산가족이고 북한에 가족이 있다는 사실에 불안감을 가진 것이다. 북한에서 밀파한 간첩이 이산가족에게 접근해 포섭하거나 동반월북하는 사례가 있었던 것도 사실이었다. 이산가족으로 주목의 대상이 되거나 직장에서 당할 곤란을 두려워하는 것이 당연했다. 더구나 연좌제로 가족과 친척이 받을 불이익과 고통은 컸다. 이 같은 사회 분위기를 감안하면서 정부는 국내 이산가족들의

상봉을 위한 공식적인 노력을 했어야 한다.

7) 부모와 자식 그리고 남편과 아내를 아무런 소통도 할 수 없도록 평생 분리해 놓는 것은 분단의 현실 때문이라고 간단히 처리할 문제는 아닐 것이다. 안보를 목적으로 하는 행정편의주의라고도 볼 수 있고 통일 전 동서독 관계나 중국과 대만 간의 유연성있는 관계와 비교할 필요가 있다. 가족 간의 서신 연락이나 통신마저 단절된 비인도적 상황을 남북한 모두가 외국인들에게 이해시킬 방법은 찾기 힘들다. 국민의 천부적 권리와 인륜을 잇는 방법을 찾지 못한 정부의 무능력도 비판을 회피할 수 없다. 안보를 위한 조치를 병행하면서도 추진이 가능한 일이기 때문이다. 이러한 과정 중에 한국전쟁 후에 수백만 명에 달했던 이산가족의 수는 2020년 들어서는 10만 명 정도가 되었다. 앞으로 멀지 않은 시기에는 아무도 남지 않게 되고 이러한 사실은 역사의 한 장에 기록될 것이다. 더구나 이산가족은 남북관계를 이어 주는 중요한 동력이다. 따라서 이 문제를 시급히 해결해야 할 이유는 충분하다.

4. 통일한국의 이상과 현실

1) 냉전학자 베스타는 역사가 길잡이라면 지금 한국에서 우리가 바랄 수 있는 최선의 방향은 다음의 세 가지라고 했다. 첫째, 남북한의 군비통제. 둘째, 남북한 간의 긴장완화. 셋째, 북한정권이 풀어지기 시작할 때 비로소 놓아주겠다는 중국의 정책이다. 그리고 가장 두려

운 것은 전쟁이라고 하면서 자신의 책을 베이징의 한국학생들뿐 아니라 수많은 이들이 열렬히 바라는 통일되고 평화로운 한반도의 미래를 위해 바친다고 했다.[125] 통일논의가 다음 세대에 평화와 행복을 전해 주기 위한 것임은 당연하다. 분단의 지속은 한민족의 역사와 역량을 절반으로 축소하고 그나마도 서로의 충돌로 더욱 감소시키기 때문이다. 기회비용의 손실일 뿐만 아니라 후손에게 물려줄 유형무형의 미래자산을 소모하는 것이다.

2) 통일의 당위성은 다음과 같다. 첫째, 인도적 측면에서다. 분단의 영구화는 역사상 유례없는 이산가족의 단절로 이어진다. 남북한 모두는 반인륜적 정책을 고집한 국가로 역사에 남고 평화민족의 이미지는 소거될 것이다. 둘째, 분단과 대결의 지속은 민족의 손실이고 주변국에는 어부지리의 이익을 준다. 남북 간의 투쟁이 장기간 계속되는 중에 일본은 적극적 평화주의를 내걸고 국제사회에서 위상을 높이는 외교전략을 구사하고 있다. 중국이나 러시아 그리고 미국 역시 한반도를 완충지역으로 두는 지정학적 이점을 유지할 수 있다. 셋째, 통일은 난관에 봉착한 한국 경제에 새로운 기회를 준다. 그리고 통일비용을 최소화하고 경제효과를 극대화하는 방안을 실행에 옮길 수 있다. 넷째, 미래의 후손을 위해서다. 후대에 국제사회에서 활동할 수 있는 넓고 튼튼한 공간을 제공해 주어야 한다. 다섯째, 국제평화에 기여하는 것으로 통일은 한반도에서의 전쟁위험을 제거하고 제3차 세계대전을 예방한다.

3) 통일의 당위성을 부정하는 견해를 볼 필요가 있다. 첫째, 역사적

으로 공산주의자 특히 북한과의 협상은 불가능하거나 이용당할 뿐이다. 둘째, 통일 비용이 막대하고 후유증으로 경제가 퇴보하고 국력이 약화한다. 셋째, 장기간 분단으로 인해 남북한 간에 축적된 이질성이 내란으로 이어질 가능성이 크다. 이미 정치와 경제 그리고 문화적으로 남북 간 불균형이 고착화했고 민족동질성의 회복은 불가능하다. 넷째, 북한식 공산주의체제로 통일이 진행될 가능성이 있으므로 용납할 수 없다. 다섯째, 득보다 실이 많은 통일을 무리하게 추진하기보다는 분단국가로 살아가는 편이 낫다. 이제는 생존한 이산가족도 거의 없고 민족동질성도 거의 소멸했다는 주장이다.

4) 2023년 KBS가 10,487명을 대상으로 조사해 1,675명이 참여한 통계결과에서 통일에 관심이 있느냐는 문항에 67.3퍼센트, 그리고 통일의 필요성을 묻는 문항에는 68.6퍼센트가 긍정했다.[126] 한편, 2022년 서울대학교 조사결과는 다음과 같이 과거 15년간의 의식변화를 보인다. 통일 필요성은 2007년 63.8퍼센트에서 2022년에는 46퍼센트로 줄었다. 그리고 필요하지 않다는 응답은 2007년도 15.1퍼센트에서 2022년 26.7퍼센트로 늘었다. 반반이라는 대답은 21.1퍼센트에서 27.3퍼센트로 비슷하다.[127] 한국사회에서 통일의 당위성과 가능성에 대한 회의적 분위기가 늘고 부정적 인식이 증가하는 것은 주목되는 일이다. 일반 국민은 당면한 일상생활의 분주함 때문에 통일논의에 소홀할 수 있다. 취업과 결혼문제가 시급한 젊은 세대의 경우에는 경제문제가 더 중요할 것이다. 통일방식에 따라서는 한국의 경제력이 제한 없이 북한으로 이전하게 될 경우를 염려할 수도 있다. 따라서 이에 관한 정부의 리더십과 세부적인 법제상의 조치가 마련되어야 한다.

5) 통일 문제에서는 외국인들이 주는 조언이 문제의 정곡을 찌르는 것이 될 수도 있다. 이것은 대부분 기본적인 것들이다. 첫째, 한민족은 실제로 통일할 의지가 있느냐는 질문이다. 둘째, 할 수 있는 쉬운 것 작은 것부터 시작하라는 것이다. 셋째, 우선 신뢰구축이 되어야 한다는 것이다. 넷째, 국제법과 국제사회의 통념을 따르라는 것이다. 이러한 전제가 충족된 후에 비로소 현실성 있는 문제해결이 시작된다는 것은 납득할 수 있는 일이다.

6) 1989년부터 1993년간 주한 미국 대사를 지낸 도널드 그레그는 2010년 남북한 관계가 화해와 대결의 기복을 보일 때 다음과 같이 한국정부에 조언했다. "한국의 지도자는 미국이 한국을 존중하고 있다는 사실을 유념하고 이러한 사실을 십분 이용해야 한다. 그러나 북한에 관한 모든 조치는 철저히 한국 국민의 관점에서 이루어져야 한다는 사실을 잊어서는 안 된다. 다시 말해, 북한과의 관계개선을 위해 대통령이 취하는 어떤 조치이든 간에 이는 한반도의 분단 상황을 건설적이며 평화적인 방법으로 그것도 한민족의 손으로 반드시 종식시켜야 한다는 이해관계와 맥을 같이해야 한다."라는 것이다. 그리고 다음과 같이 권고했다. "한국의 역대 지도자 가운데 북한과의 영구적 관계개선을 추진하는 데 있어 이처럼 좋은 위치와 환경을 맞았던 지도자는 없었다. 현 지도자가 자신에게 주어진 이 기회를 적절히 이용한다면 그는 한국 역사상 가장 훌륭하고 또 가장 유명한 지도자로 길이 기억될 것이다."라고 평가한 것이다. 그러나 이후 실제 현실정치에서 남북관계는 악화되고 파탄상태로 전환했다.[128]

2. 능동적 가치외교

1. 외교의 목적과 4개의 기본원칙

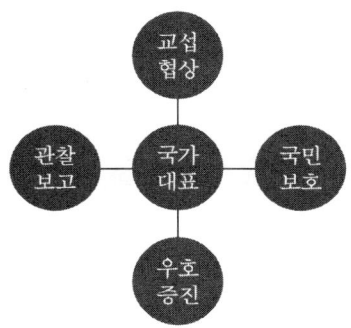

외교활동의 5대 주요목적

1) 외교활동에는 위와 같은 다섯 가지 목적이 있다. 평화적 수단을 통한 국가의 안보와 번영을 위한 것이다. 그리고 이 같은 목적을 달성하기 위하여 저명한 현실주의 국제정치학자 한스 모겐소는 평화를 위한 외교의 네 가지 기본원칙을 다음과 같이 설명한다. 첫째, 외교는 십자군 같은 정신에서 벗어나야 한다. 교조주의적인 추상성과 절대성을 삼가라는 것이다. 둘째, 외교정책의 목표는 국익의 관점에서 정의되어야 하며 적정한 힘에 의해 뒷받침되어야 한다. 셋째, 외교는 다른 국가의 입장에서 국제정치를 보아야 한다. 넷째, 국가는 필수적으로 중요하지 않은 모든 문제에 대해서는 기꺼이 관련국과 타협해야 한다는 것이다.[129]

2) 그리고 타협하기 어려운 상황이 발생할 경우에 이것을 타개하기

위한 다섯 가지 방법을 들었다. 이것은 ① 실질적 이익을 위해 무가치한 권리를 포기할 것. ② 후퇴하면 체면을 잃게 되고 심각한 위험을 감수해야만 하는 위치에 스스로 서지 말 것. ③ 약한 동맹국이 자신을 대신해 결정을 내리게 하지 말 것. ④ 군대는 외교정책의 주인이 아니라 그 도구라는 점을 명심할 것. ⑤ 여론의 노예가 되면 안 된다는 것이다. 그리고 평화보존을 위해 외교가 성공하기 위해서는 지도자가 도덕적이며 지적인 자질을 가져야 한다고 했다. 국력의 구성요인을 잘못 평가하면 평화와 전쟁이 뒤바뀌게 된다는 것이다. 그리고 국력측정에 오류를 일으키는 돌발사고가 그런 결과를 초래할 수 있다고 경고했다.

3) 21세기 신지정학 시대에 들어 세계 주요국들의 외교활동은 더욱 활발히 전개되고 있다. 과거 국제무대에서 소극적이던 중동국가들 역시 시대적 변화에 맞춰 적극적으로 외교활동을 전환하는 모습을 보인다. 과거에 3S의 중동이라고 하던 Sunshine(햇볕), Sand(모래), Simplicity(단순성)에서 벗어나 다양성으로 변모하고 있다. 아라비아의 로렌스는 자서전 《지혜의 일곱 기둥》에서 중동의 특징을 사막의 고요함과 바다의 역동성이라는 극적인 대조로 표현했다.[130] 유럽과 아시아 그리고 아프리카가 교차하는 육로와 해상 중간무역상의 전통을 가진 아랍 상인들의 상술은 잘 알려져 있다. 바다와 사막에서의 생존을 위한 정보력과 인내심을 갖춘 의지에서 나오는 능력이다. 국제정세 변화에 대한 중동국가들의 실리적인 대응 역시 이 같은 전통에서 찾을 수 있다.

4) 아랍의 보수 왕정국가들이 균형외교를 표방하면서 진보성향의 비동맹운동에 가입해 활동하고 있는 것도 주목할 점이다. 이들 국가들은 120개 회원국과 19개 참관국을 가진 비동맹운동에 참여해 미국과 러시아와 같은 강대국에 대한 일정한 범위의 발언권을 확보하고 외교지평을 넓히고 있다. 남북한도 1975년 페루 개최 비동맹외무장관회의에서 회원국 가입을 신청했으나 북한의 가입만 성사되었고 북한은 이후 국제무대에서 자신들의 입장을 후원받는 데 활용하고 있다. 한국의 경우에는 외교력의 대부분을 미국과 일본을 비롯한 주변 4강이 차지하고 있다. 그러나 다양한 외교전략을 구사하기 위해서는 국제사회에서 우방국을 더욱 확보하고 외교무대를 넓게 사용할 필요가 있다.

5) 카타르와 아랍에미리트는 카타르 파운데이션(Qatar Foundation)이나 에미리트 전략연구소(Emirates Center for Strategic Studies and Research)와 같은 학술연구기관을 활용해 주요 국제세미나와 포럼을 개최한다. 카타르 국왕이 설립한 알자지라(Aljazeera) 네트워크는 국제사회에서 영향력 있는 방송사의 위상을 확보했다. 왕실은 세계미술시장에서 중요 수집가로 자리 잡고 할리우드 영화계와 함께 국제영화제를 주관하면서 문화자본을 축적하고 있다. 그리고 종교 간 대화 회의를 개최해 세계 주요 종교지도자들을 초청해 이해와 협력을 중개한다. 2022년 11월에는 중동 최초로 월드컵 축구대회를 개최했고 그리고 2024년 2월에는 아시안 컵 축구대회를 유치해 카타르 대표팀이 우승했다. 사우디아라비아는 2023년 12월에 2030년도 리야드 엑스포 유치에 성공했다. 득표전략과 교섭활동은

외교적 정확성을 따르는 수준급이었고 홍보자료는 사우디아라비아와 중동의 미래 비전이 담긴 설득력 있는 것이었다. 이들 국가는 적극적 외교활동을 통해 외교의 원심력을 최대화하고 있다.

2. 노태우, 김대중, 박근혜 세 대통령의 통일정책

1) 한국전쟁 이후 대한민국은 지속적으로 통일정책을 추진했다. 이 중에서도 노태우, 김대중 그리고 박근혜 세 대통령의 경우에는 시대 조류를 적절히 활용하면서 보다 전향적이고 실질적인 접근방법을 시도했던 것으로 평가할 수 있다.

2) 1989년 12월 몰타 정상회담에서 부시 미국대통령과 고르바초프 소련공산당서기장은 냉전의 종식에 합의했다. 그리고 1990년 10월 독일이 통일을 성취했고 1991년 12월에는 소련의 해체가 선언되었다. 이러한 새로운 시대의 전환에 힘입어 노태우 대통령은 구소련권 국가들과의 수교를 비롯한 북방정책을 시작했다. 대한민국은 1991년 9월 북한과 유엔 동시가입에 합의했고 12월에는 〈남북기본합의서〉를 체결했다. 이것은 1972년 〈7.4 남북공동선언〉으로부터 시작된 한반도의 평화통일정책을 남북한 정부가 더욱 구체적으로 진전시켜 공식문서화한 의미가 있다.

3) 2000년 12월 스톡홀름 노벨평화상 수상식에서 김대중 대통령은 다음과 같이 세계에 약속했다.[131] 이것은 첫째, 한국은 북한과의 화해

의 메시지를 지속적으로 홍보해 왔고 둘째, 북한의 흡수통일을 시도하지 않을 것이며 셋째, 남북한은 평화로운 공존과 협력을 추구해야 한다는 것이다. 그리고 노르웨이와 같은 도덕적 지도자들을 포함한 전 세계의 햇볕정책에 대한 광범위한 지지로 남북정상회담이 열릴 수 있었다고 감사했다.

4) 그리고 다음과 같이 남북한 간의 합의사항을 설명했다. 첫째, 통일은 독립적이고 평화적으로 이루어져야 하며 서두르지 말아야 한다. 이 때문에 현재로서는 평화적인 교류협력을 확대하고 평화공존을 구축하기 위해 양측이 협력해야 한다. 둘째, 양측의 통일공식에 있어서 북한이 느슨한 형태의 연방제를 제안함으로써 통일 이전단계로 1국 2체제 2독립정부에 가까워져 처음으로 통일 과정이 도출될 수 있는 접점을 찾았다. 셋째, 한반도와 동북아의 안정을 위해 미군의 한반도 주둔이 지속되어야 한다는 데 의견을 같이했다는 것이다. 그리고 이와 같은 합의에 근거해 10월 서울에서 개최된 제3차 ASEM 정상회의에서 유럽 우방국들에게도 이러한 협력을 권유했다고 밝혔다. 스톡홀름 연설 이후 일부 유럽국가가 북한과 외교관계를 수립하고 상주공관 개설이 이루어졌다. 그리고 북한을 국제사회에 한 발자국 더 들어서도록 하는 개방의 문을 확대했다.

5) 2013년 3월 출범한 박근혜 정부는 〈통일대박론〉이라는 표어를 제시하고 남북한의 통일에 의한 경제발전론을 홍보했다. 그리고 남북한 철도연결을 통해 유라시아 대륙으로 새로운 경제지평을 열어간다는 계획을 발표했다. 5월에는 미국 상·하원 합동연설에서 비무

장지대를 세계적인 생명과 평화의 공간으로 재창조하기 위한 〈DMZ 세계생태평화공원〉 사업을 제시했다. 남북한과 국제사회의 파트너십으로 군사분계선을 중심으로 친환경적인 국제공원을 조성한다는 계획이었다. 그리고 2014년 3월 독일 드레스덴 연설에서는 "남북한 주민이 서로를 이해하고 한데 어울릴 수 있어야 한반도가 진정 새로운 하나로 거듭날 수 있다."라고 강조했다. 그리고 〈평화통일의 기반 구축을 위한 3대 제안〉을 북한에 전달했다. 이것은 ① 이산가족 상봉의 정례화와 같은 남북한 주민들의 인도적 문제해결, ② 남북 공동번영을 위한 북한 내 복합농촌단지 조성과 남·북·러 그리고 남·북·중 합작사업으로 민생인프라 구축, ③ 역사문화 그리고 예술교류와 민간접촉 확대로 남북한 주민 간의 동질성 회복을 위해 노력하자는 것이다.

6) 그리고 박근혜 대통령은 8월 15일 광복절 경축사에서 남과 북이 서로 만나 소통할 수 있는 〈작은 통로 만들기〉를 제안했다. 남과 북이 사고방식과 생활양식부터 융합해 나갈 수 있도록 〈환경·민생·문화의 3대 통로〉를 만드는 것이다. 작은 통로들이 모이면 남북 간의 신뢰에 기반한 공동체를 형성해 나갈 수 있다는 것이다. 그리고 인도적 차원에서 정치상황과 구분해 북한의 영유아·산모에 대한 모자보건사업을 지원했다. 또한, 남북 간 이질화 문제 극복을 위해 문화·종교·스포츠 등 사회문화 교류확대와 겨레말 큰사전 편찬회의, 개성 고려왕궁터(만월대) 공동 발굴사업이 2014년에 재개되었다. 그리고 2015년 광복절 경축사에서는 DMZ 세계생태평화공원 조성, 이산가족 문제 해결, 자연재해·안전문제 공동대처, 민족동질성 회복을 위한

교류와 같은 '생명과 평화의 한반도'를 만들자고 북한에 촉구했다.

7) 그리고 2015년 8월에는 2002년 4월 개통한 도라산역의 연장화 작업으로 한반도 종단 경원선 철도의 복원사업을 시작해 남측구간부터 우선 착공했다. 그리고 국민적 공감대를 기반으로 남북 간 신뢰형성을 통해 관계를 발전시킬 것을 약속했다. 또한, 한반도 통일의 비전을 국제사회와 공유하면서 통일의 길로 나가겠다고 선언했다.[132] 박근혜 정부는 이와 아울러 남북 간의 격차를 줄이고 행복한 통일을 이루기 위해서는 북한의 열악한 인권상황을 개선해 나가는 것이 중요하다고 보았다. 이에 따라 유엔을 중심으로 하는 국제사회의 북한 인권개선 노력에 적극적으로 동참하기로 하고 2016년 3월 〈북한인권법〉을 제정했다.

8) 북한의 개방을 위한 유연한 접근과 자유와 인권의 압박이라는 두 개의 상반된 정책을 동시에 추진하는 것은 서로가 상충될 개연성이 큰 일이다. 1990년 최초 제정된 후 2020년까지 수차례 개정된 〈남북교류협력에 관한 법률〉과 상충되는 점도 적지 않을 것이다. 더욱 중요한 하나를 우선 추진하면서 다른 하나를 점진적으로 추진하는 것이 순서다. 그리고 유엔에서 미국과 일본이 주도하는 북한인권결의안과 동일한 내용의 북한인권법의 제정에는 북한의 내정간섭 주장과 충돌할 것이다. 다른 한편으로는 반작용으로 중국과 러시아의 북한지원으로 나타나게 된다. 실제로 2003년부터 시작된 유엔에서의 〈북한인권결의안〉에는 국내외 상황에 따라 우리 측의 기권과 찬성 또는 공동제안국에의 참가와 불참이 교차되었다. 폐쇄국가의 개

혁과 개방에는 시간과 과정이 필요하며 이후에 단계적인 변화가 이루어진다. 냉전 해체 후 동구권 국가들의 경우를 보면 알 수 있다. 북한의 경제구조 변화와 신세대의 출현에 따라 사회 분위기는 점차 바뀌게 될 것이다. 이것을 감안해 시간의 여유를 둔 점진적인 정책추진이 요구되는 이유다.

3. 21세기 휴머니즘 코리아의 가치외교

1) 강대국은 국제법이나 국제사회의 도덕적 규범과 같은 원론적인 물음을 회피하는 경향이 있다. 자신의 이중기준 정책이 비판받을 우려가 있는 논의 과정을 꺼리는 강자의 논리라 할 수 있다. 유엔안보리 상임이사국의 거부권 특권으로 회원국 설득의 필요성이 없다고 판단하는 것일 수도 있다. 그러나 제2차 세계대전 후 국제사회는 전쟁재발 방지와 평화유지를 위한 염원으로 유엔을 출범시켰고 유엔헌장으로 분명하게 인도적 평화주의 원칙을 선언했다.

2) 2000년대에는 초강대국 미국 역시 국제사회의 민주적 분위기를 인식하고 있다. 그리고 과거와 같은 일방적 국력행사보다 보편적 가치를 내세워 공감대를 확보하려는 외교활동을 강화하는 모습을 보인다. 조셉 나이는 "국제관계에서의 성공은 누구의 군대가 이기느냐에 달려 있지만 또한 누구의 스토리가 이기느냐에 달려 있기도 하다. 강한 내러티브는 힘의 근원"이라고 하면서 내러티브의 중요성을 강조했다.[133] 한국은 이 같은 스토리와 내러티브에 충분한 역사자본

과 역량을 갖고 있다. 세계 주요국가들도 연성국력을 중시하고 공공외교를 적극적으로 전개하고 있다. SNS와 언론의 현장보도로 뉴스가 신속히 전파되고 여론의 영향력이 커졌기 때문이다. 그리고 전쟁 중에는 자국군의 인도적 행동을 부각하고 상대방을 비인도적 존재로 악마화시키는 심리전이 활발해졌다. 군사력뿐 아니라 연성국력을 활용하는 하이브리드 전쟁의 일환이다. 그리고 여기에 명분으로 내세우는 가치는 인간을 위한 휴머니즘적인 것으로 동감국가(Like Minded Countries)를 모으려는 목적이다.

3) 국제사회의 규범을 만들려는 가치외교는 '평화'와 '공정' 그리고 '정의'와 '인권' 같은 인도적 가치구현을 명분으로 한다. 그러나 가치에 대한 해석은 국가마다 자국의 입장에 따라 다르다. 국가의 건국과정과 이후 역사 발전 중에 일어난 사건들이 제각각 다르기 때문이다. 따라서 특정국가가 가진 가치에 편향되면 이것을 거부하는 국가로부터 정치경제적으로 보복을 받거나 다자외교에서 외교적 충돌을 유발하게 된다. 악의를 품은 내정간섭으로 이해될 수 있기 때문이다. 더욱이 전략적 요충지에 있는 국가가 전개하는 가치외교는 곧바로 지역 내의 역학관계에 영향을 준다. 이 때문에 국제사회에서 설득력 있는 목표를 제시하고 국제법과 규범에 따라 국력의 범위 안에서 추진할 필요가 있다.

4) 한국외교는 건국 이후 한국전쟁을 통해 미국과 체결한 확고한 안보협정을 기반으로 안정적 외교를 운영해 왔다. 그리고 유엔에서의 한반도 문제에 관한 표 대결과 같은 북한과의 외교대결을 제외하면

특별히 주도적으로 가치를 내세운 적극적 외교를 펼치지는 않았다. 그러나 21세기 세계의 정치와 경제 그리고 군사적 환경은 일대 전환기에 들어섰다. 더구나 한반도 주변 정세는 동북아 패러독스로 불릴 만큼 다중적이며 복합적으로 전개되고 있다. 주요국가들이 가치와 명분을 내세운 주창형 외교를 적극적으로 추진하는 중에 피동적 외교에 안주하고 있으면 이러한 구심력에 일방적으로 휩쓸릴 가능성이 크다. 따라서 국익을 위한 정체성과 가치관을 갖고 한국의 가치외교 논리를 정립하지 않으면 안 된다.

5) 한국의 대외정책에는 국제사회에서 공감대를 형성할 수 있도록 설득력 있는 가치 아젠다가 필요한 것이다. 더욱이 한국과 같은 중견국가의 경우에는 이 같은 원칙의 정립과 준수 필요성이 더욱 요구된다. 이것은 인류공통의 보편성을 갖는 인도주의에 기반한 세계평화의 구현이다. 이러한 점에서 홍익인간과 3.1 독립선언문은 세계에 선포할 수 있는 인도주의 사상으로 세계 주요국의 주창외교에 응대할 수 있는 한국의 외교적 가치로 활용할 수 있다.

4. 동해 해저식당과 황해 보트경주

(출처: Alexey Potov, Ithaa inside, Wikimedia Commons)

몰디브의 해저식당

1) 열심히 하는 자가 좋아서 하는 자를 못 이기고 좋아서 하는 자가 즐기며 하는 자를 못 이긴다는 것은 맞는 말이다. 열심히 하는 것에는 한계가 있기 때문이다. 의무감에 사로잡혀 목표를 향해 매진하게 되면 피로감이 누적된다. 강철도 피로가 쌓이면 균열이 생긴다는 말처럼 부작용이 나타나고 임계점에 달하면 파열한다. 그러나 좋아하거나 즐겨서 하는 일이라면 자신도 모르게 일하고 저절로 성과가 나타난다. 이 때문에 힘든 노동 중에 노동요를 부르면서 일하고 군대에서는 군가를 부르면서 악천후 속에서도 진군할 수 있다. 이렇듯 모든 나라가 국민의 사기를 높이고 공동체 의식을 강화하기 위해 노력한다. 카니발이나 페스티발 그리고 마을 축제와 같이 고대부터 이어져 내려오는 공동체 유지의 방법이다.

2) 다민족 국가인 말레이시아 페낭은 말라카 해협을 끼고 있는 동남

아 해양교통의 요충지다. 주민의 절반 가까운 화교들이 중심지 조지타운을 비롯해 요지에 거주하고 중국의 국부로 불리는 쑨원의 망명시절 집터도 주요 관광지다. 화교 집단거주지 안에는 콩시(公司)라고 이름 붙은 저택들이 있다. 중국 본토에서 이주한 동향인들끼리 모인 지역향우회 건물이다. 유명한 곳은 쿠 콩시(Khoo Kongsi)로 저택 마당에서는 정기적으로 사자춤을 공연한다. 관광객을 위한 것이지만 중국인 사회의 단결을 도모하는 전통문화로 공연에 참가하는 청년들의 집단의식을 고취한다. 사자춤에 출연하는 두 사람은 꽹과리와 북의 격렬하고 빠른 음율에 맞춰 움직이면서 기예를 자랑한다. 사자춤은 무술 동작과도 유사해 마치 화교사회의 공동방위 훈련처럼 보인다. 한국에도 북청사자놀음이 있지만 움직임에 여유가 있고 예술적인 것이 대조적이다.

(출처: (왼쪽) Kounosu, Kishiwada-Danjiri-Matsuri Osaka Japan, Wikimedia Commons.
(오른쪽) Atmhk, Dragon boat racing in Hong Kong, Wikimedia Commons)

일본 기시와다 단지리 마쓰리(祭)와 홍콩 드래곤 보트 레이스

3) 홍콩의 유명한 드래곤 보트 경기에는 전 세계에서 관광객들이 모인다. 길이 12미터 폭 1미터 정도의 쾌속선에 앉은 10명이 20개의 노를 젓는다. 앞과 뒤에는 키잡이와 북 치는 고수가 자리 잡고 물살

을 가르면서 목표지점까지 전속력으로 달리는 모습은 상쾌함을 전해 준다. 우리나라에서도 한강에서의 수상 스포츠 경기를 활성화 할 수 있을 것이다. 일본의 경우에 단결심을 고취하는 것은 마쓰리(祭)가 활용된다. 수백 명 또는 수천 명이 행렬의 중심인 단지리를 쫓아가며 일체감을 느낀다. 간사이 지방 기시와다의 단지리 마쓰리는 굉음을 내며 빠른 속도로 달리는 단지리 차바퀴에 치여 사상자가 나오기도 할 만큼 박진감이 있다. 보는 사람을 열광적으로 몰입하게 하는 이러한 단체행동이 일본이라는 1억 3천만 명 국가공동체의 단결로 연결되고 대화혼의 전통을 이어 간다.

4) 나라(奈良)의 비와호(琵琶湖)에서는 오사카 인근 나라의 비파호에서는 일본 언론사가 주최하는 학생 글라이더 경연대회가 열린다. 무동력 비행기의 활공시합으로 항공 기술의 발전보다는 학생들의 도전정신을 키우는 목적이다. 학생들이 직접 제작한 글라이더에 조종사가 타고 페달을 밟으면서 비행해 물결 위를 날아간다. 대부분 몇십 미터 정도에서 호수에 빠지고 최장거리라 해도 몇백 미터 정도다. 출발하자마자 그대로 물에 빠지는 글라이더도 있다. 그러나 조종사나 이들을 쫓아가는 팀원 그리고 관중은 경기성적보다 경기 자체에 열중하고 응원한다. 이러한 경험에서 나오는 활기와 패기가 일본 식당에서 조리사들이 "이랏샤이마세!"라고 외치는 환영 인사로 연결된다. 처음 들어가 보는 손님으로서는 놀라게 되는 박력과 자신감이다.

5) 선진국들이 엘리트 체육뿐 아니라 학교와 사회체육을 중시하는

이유는 청소년과 일반시민들의 건강한 신체를 육성함으로써 용기와 호연지기를 갖게 하기 위해서다. 인구가 수백만 명에 불과한 작은 나라면서도 국제 스포츠계에서 상위급인 국가들도 드물지 않다. 월드컵 축구 결승에 진출하고 세계격투기대회 챔피언을 배출한 스포츠 강국 크로아티아도 그중 하나다. 이들 국가는 젊은 세대의 진취성은 활기찬 신체에서 비롯되고 머릿속의 지식에서만 나오지 않는다는 생각으로 이 같은 사회적 장치를 만들어 유지하고 있다.

6) 이러한 운동이나 축제문화는 오늘날 한국사회에서 청소년 세대에 필요한 덕목이다. 시험공부 그리고 점수와 스펙 경쟁 속에만 빠져 있게 하는 것은 다음 세대를 올바르게 육성하는 것이 되지 못한다. 청소년이 활기 있게 다음 세대의 주인의식을 키울 수 있도록 기회와 장소를 제공해 주고 불필요한 굴레를 없애 주는 것이 기성세대가 할 일이다. 국제선 항공기가 운항하는 인천공항 앞바다에 청소년들이 직접 제작한 보트 경주가 열리고 동해 바다에는 독도를 왕복하는 패러글라이딩과 요트 경주가 열리면 젊은 세대에 꿈과 용기를 줄 것이다. 청년들이 독도로 수련회와 신혼여행을 다녀오면 우리 국토에 대한 애정은 마음속 깊이 남을 것이다. 태평양의 도서국가 몰디브와 중동의 이슬람 공화국 이란도 바다에 해저 레스토랑을 건설해 국내외 관광객을 모으고 있다. 독도에 최고급 해양 호텔과 일류 셰프가 운영하는 미슐랭급 레스토랑을 만들면 훌륭한 자연경관을 4계절 밤낮으로 느낄 수 있다. 밤하늘에는 은하수를 아침 햇살에는 반짝이는 물결을 보고 돌고래와 함께 유영하다 보면 젊은이들의 마음은 바다처럼 크고 넓어질 것이다. 벽에는 노틸러스호의 그림과

'mobilis in mobili(움직임 속의 움직임)'이라는 네모 선장의 말을 써 놓을 수도 있을 것이다.

7) 국가의 영토는 역사의 흐름에 따라 변해 왔다. 가만히 그대로 두고 있으면 당신들의 것이 되니 활용하지 말고 있으라는 것은 기만적이고 모순되는 말이다. 조치를 하면 문제화하겠다는 것이기 때문이다. 국토는 사용할 수 있는 만큼 최대한 사용하고 사랑할 수 있는 만큼 마음껏 사랑하는 것이 타당한 일이다. 더구나 독도는 근대 일본 제국주의의 한반도 침략정책이 첫 번째로 시작된 곳이기 때문에 더욱 의미와 상징성이 크다.

3. 인고의 K-정체성

1. 홍익인간, 한국인의 마음

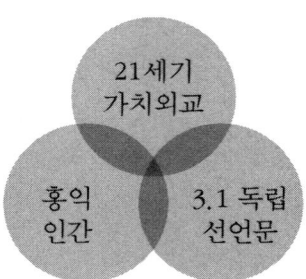

21세기 가치외교의 시대에 한국은 홍익인간과 3.1 독립선언의 정신을 주창할 수 있다.

1) 모든 국가에는 나라의 기둥이 되는 정신이 있다. 이것은 신화나 전설 속에 전승되어 오거나 성문법에 명시되어 있어 국가의 정체성을 담고 있는 큰 틀과 같다. 뉴욕 자유의 여신상이 들고 있는 미국 독립선언문이나 중국의 중화(中華) 또는 일본의 대화혼(大和魂)과 같다. 중동에서는 이스라엘의 유대교 신앙이나 아랍의 이슬람 신앙이 국가의 최고 가치로 되어 있다. 이것은 장구한 시간이 지나면서 민족의 정신에 각인되어 국가의 안보와 발전에 원동력으로 작용한다.

2) 한민족은 널리 사람을 이롭게 한다는 홍익인간의 건국정신을 갖고 있다. 단군의 스토리는 웅득여신(熊得女身)으로 기술된 대로 현실적인 것이다. 웅화여신(熊化女身)이나 웅변여신(熊變女身)이라는 신체적 변화가 아니라 곰 부족 출신 여성 웅녀가 왕비로서의 자격

을 얻었음을 의미하는 기록이다. 외국인들에게 개천절을 소개할 때 홍익인간 스토리는 좋은 소재가 된다. 세계에 내놓을 만한 흥미롭고 자랑스러운 사상이기 때문이다. 21세기에는 문화와 연성국력이 중요한 국력요소가 되었다. 이 때문에 외국과 공감대를 형성할 수 있는 스토리가 있는 나라가 효과적인 공공외교를 펼칠 수 있다.

3) 홍익인간에 대한 학문적 설명을 보면 홍(弘)은 클 대(大) 또는 넓을 광(廣)의 의미를 지닌다. 익(益)은 넉넉할 혹은 이로울 이(利)의 뜻을 갖고 있고 이것은 개인의 경우는 사익이 되고 전체의 입장에서는 공익이 된다. 따라서 익의 이로움은 개인의 총화로 이루어지는 사회적인 협동성을 의미한다. 그러므로 홍익이라는 말은 행복, 복지, 자애, 큰 이익, 널리 이롭게 한다는 뜻으로 남에게 해를 끼치지 않는 이타적 행위가 된다.[134]

4) 홍익인간이 추구하는 사상적 지향점은 인본주의라는 말로 요약할 수 있다. 이것은 국가권력의 존재이유와 방향을 제시하는 건국이념이지만 인류사회의 문명 전반으로까지 확대될 수 있다. 그리고 인간사회를 결속시키는 공동체 윤리를 설명하는 것이기도 하다. 홍익인간은 국가권력 그리고 세상을 구성하는 다양한 문명은 인간을 위해 봉사해야 한다는 메시지를 전달한다. 그리고 사람들에게는 이웃과 공동체를 위한 이타적 삶을 사는 것이 우리 모두를 위한 것이라고 권고하는 것으로 해석할 수 있다.[135]

5) 민주주의, 자유, 정의, 평화 또는 공정을 주창하는 21세기 주요국

가들의 가치외교에 있어서 한민족의 홍익인간 사상은 새로운 의미를 갖는다. 이와 같은 가치를 제시하는 국가가 실제로 국제관계에 있어서 홍익인간과 같은 인도주의를 실천하고 있는가 여부로 가치외교의 진실성 여부를 판단할 수 있는 것이다. 이것은 국가에 따라 이중기준(double standard)이나 기정사실화(fait accompli)를 적용하는 이중외교 또는 패권주의의 허실을 지적해 준다. 학문적 연구 활동과 세미나를 통해 이론을 발전시키면 세계평화 구현의 기준으로 내세울 수 있으며 한국이 주도하는 평화주의의 사상적 배경으로 제시할 수 있다. 일제통치하의 식민지와 해방 그리고 한국전쟁과 민주화라는 근현대사의 질곡을 거친 한국이 제시하는 홍익인간 사상은 비인간화된 물질문명의 위협에 직면한 21세기 국제사회에서 설득력을 갖는다.

2.3.1 독립선언문의 재발견

1) 1956년 〈우상의 파괴〉 제하의 글로 한국문단에 신선한 충격을 준 젊은 학자 이어령은 한국전쟁 후 정치경제적 궁핍함에 놓인 한국사회의 혼란한 정체성을 《흙 속에 저 바람 속에》 책을 통해 표현했다.[136] 청마 유치환은 〈그래서 너는 시를 쓴다?〉에서 당시 빈곤한 삶의 피폐함을 시로 남겼다. 서울 변두리 산동네에 사는 딸의 집을 찾아 올라가다가 "또 밥 달라고 성화할 테냐 죽여버린다."라고 배고파 보채는 어린아이를 야단치는 여인을 본 기억이다.[137] 조선의 멸망과 일제 식민지 그리고 미군정 시기와 한국전쟁의 어려움을 겪고 기적

처럼 경제발전을 이룬 대한민국의 불과 한 세대 전 지성인들이 겪은 일이다. 시인의 딸이 살던 상도동 언덕은 이제는 현대식 고급 아파트의 불야성처럼 변했다. 그러나 오늘 한국인이 이 같은 과거를 잊으면 국내는 물론 세계 속에서도 방황하게 된다. 이것은 한국인의 내면에 DNA로 남아 있기 때문이다. 따라서 한국의 근현대사에 각인되어 있는 정체성을 잃지 않고 미래의 진로를 찾아가는 것은 중요하다. 반세기가 지난 후 이어령은 지성의 완숙기인 노년기에 《이어령의 마지막 수업》을 쓰면서 이것을 인류 공동의 가치인 생명자본이라고 부르고 한국인은 경험적으로 이 같은 가치를 품고 있다고 했다.[138]

2) 21세기 세계 주요국들은 적극적으로 주창외교를 전개하고 있다. 국제사회에 공감을 얻을 수 있는 가치를 제시해 외교지평을 넓히려는 것이다. 그리고 동참하는 국가 간에 하나의 가치연대인 레짐을 만들기도 한다. 한국도 세계 평화운동의 모범이 되는 3.1 독립운동을 부각해 국제적 평화레짐을 구성할 수 있다.

3) 3.1 독립운동은 조선의 독립뿐만 아니라 인류평등의 큰 도의를 분명히 하려는 한민족의 자주적 행동이다. 그리고 새로운 인도주의의 시대가 열렸음을 온 세계에 알리는 역사적 선언이다. 독립선언문은 다음과 같이 독립운동의 목적을 분명히 했다. 민족의 자유와 발전 그리고 인류양심의 발로에 뿌리박은 세계개조의 시운과 함께 가기 위해서라고 한 것이다. 그리고 이것은 하늘의 지시며 시대의 추세며 전 인류 공동생존권의 정당한 발동이기에 천하의 어떤 힘이라

도 막거나 억제하지 못할 것이라고 선포했다. 또한, 침략주의와 강권주의를 구시대의 유물로 규정하고 일제가 조선에 입힌 피해를 다음과 같이 적시했다. 첫째, 민족의 생존권을 박탈한 것. 둘째, 정신상 발전에 장애를 준 것. 셋째, 민족의 존엄과 영예에 손상을 입힌 것. 넷째, 새로운 기운과 독창력으로 세계문화에 이바지할 기회를 잃은 것이 얼마나 될 것이냐고 이와 같은 기회비용의 막대한 손실을 지적했다.

4) 독립선언문은 위력의 시대는 가고 도의의 시대가 왔다는 선포로 끝맺는다. 그리고 과거 한 세기 동안 성장한 인도주의가 이제는 문명의 빛을 인류 역사에 비추기 시작했다고 말한다. 혹심한 추위가 지난 한때의 형세라면 화창한 봄바람과 따뜻한 햇볕에 원기를 펴는 것이 새로운 시대의 형세라는 것이다. 이 때문에 천지의 돌아온 운수에 접하고 세계의 새로 바뀐 조류를 탄 조선 민족은 아무런 주저함이나 거리낌이 없다고 했다. 양심과 진리가 함께하고 조상의 신령이 보이지 않는 가운데 돕고 세계의 새 형세가 밖에서 보호하기 때문에 앞길의 광명을 향해 힘차게 곧장 나갈 뿐이라는 것이다. 인류 공통의 옳은 성품과 시대의 양심이 정의라는 무기로 돕고 있는 오늘날 우리가 어느 강자를 꺾지 못하며 무슨 뜻인들 펴지 못할 것이냐고 스스로를 격려했다.

5) 3.1 독립운동은 이후 중국의 5.4 운동과 인도의 독립운동에 영향을 주었다. 타고르는 1916년 일본 방문 중에 자신을 찾아온 조선인 유학생 진학문을 통해 〈패자의 노래〉를 조선에 전해 주었다. "주께

서 나에게 하시는 말씀이 쫓기는 이의 노래를 부르라 하시다"로 시작되는 시는 식민치하에서 고난받는 조선민족을 신이 남달리 사랑해 숨겨 둔 신부로 비유하면서 언젠가 행복한 미래가 온다는 희망의 메시지를 전한다. 인도의 독립 후 초대 총리가 된 네루는 영국 식민지 당시 감옥에서 딸 인디라 간디에게 보낸 편지에 조선의 3.1 독립운동과 유관순 열사의 의거를 높이 평가했다. 그리고 이들의 행동을 본받도록 당부했다.

6) 독립선언문은 동양평화를 기반으로 하면서 세계평화와 인류의 행복으로 향해 가는 단계적 방안을 제시했다. 그리고 일제의 만행을 규탄하지만 적개심에 휩쓸려 폭력적으로 대응하려는 것이 아님을 명확히 했다. 피로 피를 씻는 악순환을 거부한 것이다. 이것은 제국주의와 패권주의가 아닌 인류의 정신사적 각성의 수준을 보여 준다. 세계를 향해 인도주의와 평화주의의 구현을 촉구하는 것으로 한국발 국제 레짐의 성립 가능성을 보여 준다. 식민주의와 물질문명 사상에 반대하고 생명을 존중하는 정신문명으로 이행하도록 인류의 정신적 고양을 주창한 것이다. 21세기에 이러한 사상은 국제사회에서 세계사적 의미를 담은 세미나와 포럼으로 활성화하고 홍보할 가치가 있다. 그리고 이로써 능동적으로 평화외교를 전개할 수 있다.

3. 한반도의 전쟁과 평화

1) 제2차 세계대전후 초대 일본주재 호주대사를 지낸 맥마흔 볼의

평가처럼 한반도의 전략적 가치는 해양세력보다 대륙세력에 있어서 더욱 중요하다.[139] 공격하는 자보다 막으려는 자의 입장이 더욱 절실하기 때문이다. 역사적으로 대륙세력은 한반도에서의 세력균형이 깨질 때마다 적극적으로 개입했다. 북방 유목민족은 중원을 침략하기 전에 우선 한반도를 제압하려고 했다. 한국전쟁에서 중국은 인도와 연대해 국군과 유엔군의 38선 이북으로의 진격을 반대했다. 그리고 전쟁발발 4개월 후 10월에 지상군을 파병해 1.4 후퇴를 강요하면서 군사력으로 저지했다. 소련 역시 중국군 복장을 착용한 소련 공군 조종사와 미그기를 참전시켜 국군과 유엔군의 제공권을 저지했다. 소련의 공군력 지원이 없었다면 한국전쟁의 결과는 달라졌을 것이다. 따라서 제2의 한국전쟁이 발발할 경우에 중국과 러시아의 참전 가능성은 매우 높다고 볼 수 있다.

2) 21세기 들어서는 전쟁에서 핵무기 사용을 절대악으로 규정하는 기존관념이 변화하고 있다. "No More Hiroshima"의 표어는 "히로시마와 같은 비극이 더 이상 없게 하자"라는 각성이 아니라 "히로시마와 같은 죄의식은 더 이상 없다"라는 의미처럼 보이게 되었다. 부분적 핵전쟁이나 전술핵 사용에 관한 연구발표도 증가하고 있고 우크라이나 전쟁에서는 푸틴 러시아 대통령이 공개적으로 핵무기 사용을 경고했다. 미국 역시 전술핵전쟁을 작전개념에 포함시켰다. 전술 핵무기의 사용은 실제 군사 목표물을 파괴하는 것 보다도 시범적 목표물을 가격함으로써 얻는 심리적 효과가 크다. 적국 국민의 사기를 저하시키고 여론분열을 위한 것이다. 여기에는 방사성 물질 피해를 최소화하는 핵폭탄의 연구가 성과를 거둔 영향도 있다. 그러나

대형 핵폭발 또는 연속적인 다량의 핵폭발 경우에 결과를 확신할 수는 없다. 지구의 자연과 생태환경에 대해 아직 완전히 알지 못하고 있음에도 불구하고 인간의 만용과 잔혹성은 그대로 남아 있는 것이 문제가 된다.

3) 21세기 문명사회에서도 1999년 코소보전쟁에서의 인종청소와 같은 비인도적 전쟁범죄가 벌어졌다. 2022년 우크라이나 전쟁이나 2023년 팔레스타인 전쟁에서 비무장도시에 대한 무차별 공격 역시 이와 같다. 더구나 자국민의 생명은 아끼고 상대국의 생명은 수십만 명도 비인간화하고 타자화했다. AI를 활용한 로봇 병사와 드론과 같은 전투기계의 발전은 가속화하고 있다. 이러한 현대 문명국가들의 야만적 움직임 속에서 한국의 역사와 전통 속의 평화주의는 특별한 의미를 갖는다.

4) 해양으로 방어가 가능한 일본과 미국은 대륙에서의 전쟁에 있어서 유리한 입장이다. 광대한 국토면적의 중국이나 러시아 역시 마찬가지다. 한반도가 핵전쟁의 현장이 되는 것은 주변 4대 강국과 비교할 수 없는 남북한 모두의 파괴적 상황이 된다. 더욱이 역사상 수차례 국제전쟁의 희생양이 되었던 한반도는 이제는 생명과 평화의 상징이 되어야 할 당위성이 있다. 한국 역사의 대부분 전쟁은 강요된 것이었기 때문에 한국은 평화를 요구할 자격이 있고 이것은 한반도뿐만 아니라 세계의 평화를 위한 것이기도 하다. 따라서 균형은 한국의 운명이며 평화는 한국의 사명이라고 할 수 있다.

4. 세계평화를 위한 세계시민의 책임

유네스코헌장은 세계평화를 위해서는 국가 간의 협력과 함께
민간부문의 역할이 중요하다고 선언했다.

1) 독일통일의 주역 빌리 브란트는 1971년 노벨평화상 수상식 연설에서 임마누엘 칸트의 저작인 《영구 평화론》을 거론하면서 세계평화를 기원했다. 칸트는 세계평화를 위해 ① 공화정 체제 ② 국가 간의 평화동맹 체결 ③ 세계시민권의 필요성을 주장했다. 칸트가 말한 세계시민이란 세계의 평화를 만드는 사람들(Peacemaker)을 의미한다.[140] 그러나 국제사회에서 평화구현을 위한 개인의 역할은 아직 미약하다.

2) 현실주의 정치학자들은 도덕적 원칙은 추상적이며 이것을 보편적인 형태 그대로 국가행위에 적용할 수는 없다고 주장한다. 또한 개인자격으로는 "세계가 멸망할지라도 정의를 실현하자.(Fiat justitia, et pereat mundus.)"라고 말할 수 있지만 국가를 책임지는 정치가에게는 국가가 망하더라도 정의를 실현하자고 말할 권리가 없다고 한다.[141] 이 같은 논리는 국가 간 패권 경쟁이 지구적 규모

로 확대된 현대에 들어서는 더욱 확산되었다.

3) 그러나 얼핏 타당하게 보이는 이 같은 단정적인 결론에 있어서는 검증이 필요하다. 지구와 인류의 운명이 걸린 문제는 위정자나 정치학자들만이 결정할 문제가 아니라 사상가와 문학가 그리고 보통의 직업을 가진 일반시민들의 의견 역시 중요한 것이다. 평화와 전쟁이 단지 조직화된 소수의 사람만이 결정하는 강자의 논리에 빠질 수 있기 때문이다. 아직 정치나 사회적 이해관계가 없는 학생이나 어린이들의 의견도 중요하다. 미래는 이들의 것이기 때문이다. 그리고 전쟁의 비참함을 경험한 전쟁세대의 증언을 소환할 필요가 있다. 평화를 위한 개인의 역할을 주목하는 국제연합교육과학문화기구(UNESCO)의 입장을 살펴보는 것도 그중 하나다. 1945년 11월 서명된 유네스코헌장은 정부의 정치적 경제적 조정에만 기초를 둔 평화는 영속적이며 성실한 지지를 확보할 수 있는 평화가 아니라고 정의했다. 그리고 인류의 지적 도덕적 연대 위에 평화를 건설해야 하며 전쟁이 인간의 마음에서 나왔음으로 평화도 인간의 마음에서 나와야 한다고 선언했다. 인류공동의 평화적 가치를 실천하는 세계시민의 역할을 말하는 것이다.

4) 유네스코는 정치에 앞서는 인간의 지적 도덕적 역할을 주목했다. 구체적으로는 사상과 지식의 자유로운 교환과 국민 간의 의사소통 수단의 발전과 확대 그리고 상호이해가 필요하다고 지적했다.[142] 그러나 이후 냉전의 시작과 세계질서의 재편 과정 중에 이 같은 국제기구 헌장 상에 자연인의 기능은 소거되었다. 그리고 국가의 기능은

강화되어 평화를 위한 본래의 헌장정신은 희석되었다. 아울러 '자유'와 '정의' 그리고 '전쟁'과 '평화'도 애매하거나 혼란된 개념으로 방치되어 오직 '힘'에 의한 문제해결의 유혹을 더하고 있다.

5) 아리스토텔레스는《정치학》에서 가정과 노예 그리고 생산자와 같은 단위공동체의 결합으로 구성되는 국가공동체의 원리를 설명했다.[143] 그리고 이 같은 국가공동체의 형성이 그리스 민주주의의 힘으로 이어졌다. 그러나 이후 민주주의의 역사에는 국가공동체의 커진 힘을 이용한 지도자의 전횡이 나타나고 국가공동체에서 민주적 요소가 소거되는 현상이 나타났다. 그리고 이것은 근현대 민족국가 형성기에 있어서 나치즘(Nazism)과 파시즘(Fascism)이라는 극단적인 국가주의 형태로 나타났다. 이들 국가는 정치적으로 부담을 주는 복잡한 외교교섭의 과정을 회피하고 군사력을 사용하는 편리함을 추구하는 것이다. 그리고 이러한 단순하고 신속한 해결방식으로 국민여론의 지지를 유도할 수가 있다.

6) 플라톤은《국가》의 마지막 장을 정의에 관해 쓰면서 책을 마감했다. 세상을 떠난 영혼의 입을 통해 정의로운 삶을 살도록 다음과 같이 권고하는 것이다. "홀연히 눈을 떠보니까, 새벽녘에 자기가 화장하는 장작더미 위에 눕혀 있는 것을 보았다는 것일세. 글라우콘, 이렇게 해서 얘기는 구제되어 멸망하진 않았지만, 만약 우리가 이 이야기를 믿는다면 그건 또 우리를 구제할 수가 있을 것이고, 그리고 우린 레테의 강을 무사히 건너서 영혼을 더럽히지 않은 채로 있을 것일세. 그러나 만약 우리가 내 말대로 따라서, 영혼은 불사(不死)이고

온갖 악도 선도 견뎌 내는 것임을 믿는다면 우리는 늘 향상하는 길을 유지해서 모든 노력으로 정의와 사려를 따르게 될 것일세. 그렇게 함으로써 이 세상에 머무른 동안에도 또 경기의 승리자가 여러 가지 상품을 모으러 다니듯이 우리가 정의의 상을 받을 때에도 우리는 자기 자신에게만이 아니라 신들께도 다정한 친구일 수가 있겠고, 그리고 이 세상에서건 내가 얘기한 천 년의 여행 길에서건 우리는 행복하게 지낼 수가 있을 걸세."

7) 이와같이 플라톤은 정의가 구현되기 어려운 이유를 개인과 집단 간의 차이점으로 돌리고 인간성 그중에서도 종교성이 있고 없음을 들었다.[144] 개인은 종교적 양심에 기반하는 정의를 따르지만 국가는 양심이나 영혼의 평안이 개입할 여지가 없으므로 힘에 기반하는 폭력적 정의를 따르게 된다는 것이다. 이것은 생명의 유한함을 인식하고 있는 인간과 무한한 영속성을 추구하는 집단 간에는 차이가 있을 수 밖에 없기 때문이다.

8) 따라서 오늘날 세계는 국가가 인도주의에 입각한 자유와 정의를 따르도록 민주주의를 법과 제도화하고 있다. 이로써 국민의 안전과 국제사회의 평화가 유지될 수 있는 것으로 여기에는 세계평화를 위한 세계시민으로의 인식과 역할이 불가결하다. 이런 점에서 한국인의 심성 속에 있는 종교성은 세계시민으로의 자격이 충분함을 알려 준다.

4. 2100 코리아 유나이티드

1. 코리아 유나이티드를 바라보며

통일은 한민족의 평화와 번영에 역사적 이정표가 될 것이다.
그러나 분단의 장구화는 민족 간의 분쟁으로 이어질 가능성이 크다.

1) 한국전쟁 종전 후 80여 년이 되었지만 한반도의 분단상태는 변함이 없다. 가장 큰 이유는 냉전구도 속에 놓여 있는 남북한 간의 신뢰 결여 때문이다. 양측 간의 통일방안에 관한 구체적인 논의도 실종되거나 답보를 거듭했다. 국내 연구논문 중에는 정치권이 정권유지를 위해 남북관계를 이용한다는 견해마저 나타났다. 남북한 모두에게 해당되는 지적이다. 2000년대에 들어 한반도와 국제정세는 과거와 비교할 수 없이 변화했다. 따라서 흐르는 물에 뜬 배가 노를 젓지 않으면 뒤처지고 표류하게 되는 것처럼 정세의 변화에 따라 정책이 변

하지 않으면 목적한 결과물을 얻지 못하는 것은 당연하다.

2) 주변 정세의 혼란과 정치적 난관에도 불구하고 역대 정부의 통일 노력은 부분적으로 성과를 거두고 점차적으로 진전되었다. 최초의 남북합의는 1972년 〈7.4 남북공동성명〉이다. 그러나 월남의 패망으로 인한 안보불안과 10월유신으로 공동선언의 이행은 동결되었다. 1972년 7월 4일 박정희 대통령과 김일성 주석의 지시로 분단 이후 최초로 〈7.4 남북공동성명〉이 서울과 평양에서 동시에 발표되었다. 성명에서 남북한은, 첫째, 통일은 외세에 의존하거나 외세의 간섭 없이 자주적으로 해결해야 한다. 둘째, 통일은 서로 상대방을 반대하는 무력행사에 의하지 않고 평화적인 방법으로 실현해야 한다. 셋째, 사상과 이념, 제도의 차이를 초월하여 우선 하나의 민족으로서 민족적 대단결을 도모해야 한다는 〈통일 3원칙〉에 합의했다. 그리고 정부는 뒤를 이어 1973년 6월 23일 〈평화통일외교정책선언〉을 발표했다. 내용은 ① 조국의 평화적 통일을 위한 모든 노력의 경주 ② 한반도의 평화유지와 남북 간의 내정 불간섭 및 불침략 ③ 성실과 인내로써 남북대화 계속 ④ 남북한의 국제기구 참여 불반대 ⑤ 남북한 유엔 동시가입 불반대 ⑥ 모든 국가에 대한 문호개방 ⑦ 평화선언에 기초한 대외정책의 추진이다. 한반도 내에서의 군사적 충돌을 방지하고 유엔과 국제무대에서 소모적인 외교대결을 중지하자는 남북한 간의 약속이었다. 그러나 1974년 8월 15일 박정희 대통령 암살 시도로 육영수 여사가 피살되면서 남북관계는 급격히 악화되었다.

3) 1980년 취임한 전두환 대통령도 전임 대통령의 통일정책 계승을

선언했다. 뒤를 이어 1988년 노태우 대통령은 7.7 선언으로 북한과의 관계발전과 북방외교를 시작했다. 그리고 1991년 남북한은 유엔에 동시가입했다. 1992년 2월에는 총리급이 주재하는 남북고위급회담에서 다음과 같은 〈남북사이의 화해와 불가침 및 교류협력에 관한 합의서(남북기본합의서)〉를 발표했다. 남북한의 점진적인 한민족통합방안을 향하는 로드맵이다. 서문에는 〈7.4 남북공동성명〉에서 천명한 〈통일 3원칙(자주, 평화, 민족대단결)〉을 재확인하고 쌍방 간의 관계는 나라와 나라 사이의 관계가 아닌 통일을 지향하는 과정에서 잠정적으로 형성되는 특수관계임에 합의했다. 그리고 제1장에는 ① 상대방 체제의 인정과 존중 ② 내부문제 불간섭 ③ 비방중상 중지 그리고 파괴와 전복행위 금지 ④ 현 정전상태를 공고한 평화상태로 전환 ⑤ 국제무대에서의 대결과 정쟁 중지 ⑥ 판문점에 남북연락사무소 설치 운영에 합의했다. 제2장에는 ① 무력 불사용과 무력침략 포기 ② 의견대립과 분쟁문제의 평화적 해결 ③ 불가침의 경계선과 구역의 명시에 합의했다. 제3장에는 ① 경제 및 사회 문화 분야에서 다양한 교류와 협력 ② 자유로운 왕래와 접촉 실현 ③ 인도적 문제에 대한 대책 강구 ④ 철도 도로 연결 및 해로와 항로 개설 ⑤ 우편 전기통신 교류에 필요한 시설설치 지원에 합의했다.

4) 그리고 이후 1992년 김영삼 대통령을 시작으로 문민정부 시대로 들어서 김대중, 노무현, 이명박, 박근혜, 문재인 대통령을 거치면서 대북정책의 기조는 비슷하게 유지되었다. 그러나 〈남북기본합의서〉는 1992년 10월 실시한 한미합동군사훈련을 구실로 북한이 일방적으로 고위급회담 중단을 발표하면서 이행이 좌절되었다. 그리

고 북한의 핵개발을 방지하기 위해 전력공급용 경수로 건설을 목적으로 한반도에너지기구(KEDO) 프로젝트가 추진되었다. KEDO는 1994년 10월 제네바 북미기본합의서 체결로 1995년 3월 발족해 북한 함경남도 신포에서 경수로 건설공사가 진행되었다. 그러나 2002년 10월 평양 북미고위급회담에서 북한 핵개발이 확인되면서 제네바 합의가 폐기되었고 경수로 건설공사도 중단되었다. 2003년 1월 북한의 핵확산금지조약(NPT) 탈퇴선언 후 남북한과 미·중·일·러가 참여하는 6자회담이 시작되었으나 별다른 진전이 없이 북한의 핵개발 시간이 되었다. 2006년 10월 북한의 제1차 핵실험으로 실질적인 핵보유국이 되면서 12월에 KEDO 사업이 종료되었다. 그리고 2009년 5월 제2차 핵실험으로 한반도 정세가 악화됨에 따라 회담은 교착상태가 되었다. 아울러 이 기간에 서해북방한계선(NLL)을 둘러싸고 남북 간 군사적 충돌이 발생해 1999년 6월 제1차 연평해전 그리고 2002년 6월 제2차 연평해전 그리고 2009년 11월에는 대청해전이 일어났다.

5) 이러한 상황에서 남북한 상호 간의 신뢰구축은 이루어질 수 없었고 북한 핵실험은 국제사회가 남북한 평화협상에 깊이 개입하는 변수가 되었다. 그러나 한편으로는 관계진전이 이루어지는 성과도 나타났다. 1998년 11월부터 2008년 7월까지 금강산관광이 계속되어 육상과 해상으로 연인원 196만 명이 북한을 방문했다. 경제협력 면에서는 2000년 8월에 개성공단 건설합의서가 체결되었다. 그리고 2004년 12월 첫 제품이 생산되었다. 123개 한국기업이 개성공단에 상주해 남북한 근로자 53,000여 명이 근무하면서 2013년 4월 가동이 중단될 때까지 운영되었다. 남북 간의 유화적 분위기는 2010

년 3월 백령도 부근 해상에서 발생한 천안함 폭침사건과 11월 연평도 포격전 그리고 2013년 2월 북한의 제3차 핵실험으로 경색되면서 그대로 굳어졌다. 이같은 교착상황은 2018년 남북 정상회담 그리고 2018년과 2019년 두 차례 북미정상회담으로 타개되면서 다시 변화의 조짐을 보였다.

6) 남북한이 보유한 핵과 생화학(ABC) 무기의 비축량은 세계적 규모다. 재래식 무기와 병력 역시 막대해 한반도는 단위면적당 세계최대의 살상무기 집결지가 되었다. 소규모 거주면적인 한반도의 완전한 파멸이 가능할 정도로 충분한 화력이 밀집된 공간이다. 전쟁이 발발하고 현재 국내에 가동 중인 24개 원전이 파괴되면 나타날 핵누출의 위험성 역시 마찬가지다. 이 때문에 핵폭탄만을 주시하는 것은 달이 아니라 손가락만을 보는 견지망월(見指忘月)의 오류가 된다. 그리고 남북한 간에 정치와 외교는 배제되고 군사적 대결만이 강화되는 국제정치에서의 '치킨 게임'과 같다. 이 때문에 마치 시시포스의 돌 굴리기와 같은 악순환을 끝내기 위해서는 기본적인 인식의 전환이 요구된다.

7) 정권의 변동에 따라 대북정책이 차이를 보이는 것은 민족적 비전과 대북 정책의 명확한 원칙이 부재하기 때문이다. 따라서 한반도평화 로드맵은 이 같은 현실을 명확히 인식하는 것에서 시작해야 한다. 그리고 국민의 지지가 있어야 한다. 그렇지 않을 경우에는 국론의 분열로 내우외환을 초래하기 때문이다. 그 이후에 비로소 남북한의 평화공존을 기반으로 하는 통일 트랙의 가동이 가능할 것이다.

2. 1991년 남북한 유엔 동시가입의 의미

유엔헌장: 우리 연합국 국민들은 우리 일생 중에 두 번이나 말할 수 없는 슬픔을 인류에 가져온 전쟁의 불행에서 다음 세대를 구하고, 기본적 인권, 인간의 존엄 및 가치, 남녀 및 대소 각국의 평등권에 대한 신념을 재확인하며, 정의와 조약 및 기타 국제법의 연원으로부터 발생하는 의무에 대한 존중이 계속 유지될 수 있는 조건을 확립하며, 더 많은 자유 속에서 사회적 진보와 생활수준의 향상을 촉진할 것을 결의하였다.

1) 한반도의 정세는 1991년 9월을 기점으로 이전과 이후로 나뉜다. 9월 17일 대한민국과 조선민주주의인민공화국은 유엔에 동시가입해 정식으로 국제사회의 일원이 되었다. 이로써 국제사회에서 남북한 관계는 과거와 전혀 다른 국면으로 접어들었다. 유엔회원국으로 유엔헌장에 따라 남북한 관계와 통일정책을 추진해야 하는 책임을 지게 된 것이다. 유엔이 남북한을 동일한 주권국가로 인정한 것으로 한반도에서의 전쟁에는 유엔이 회원국 문제로서 개입하게 된다. 분단이후 43년간 계속된 유엔에서의 한반도 문제 표 대결에서 남북한의 외교적 소모전도 일단락되었다.

2) 그리고 남북한 간의 충돌에 있어서 유엔회원국 지위에 입각해 유엔헌장과 국제법이 적용되는 것이다. 따라서 북한 내 쿠데타 또는

민중봉기와 같은 긴급사태 발생에 있어서 대한민국의 개입이나 동맹국인 미국과 연대한 군사력 발동에도 유엔의 입장을 비롯해 고려할 변수가 많아졌다는 사실을 의미한다. 북한정권은 당연히 중국과 러시아의 지원을 요청할 것이지만 모든 북한주민들이 대한민국의 개입을 환영할 것으로 예상할 수는 없다. 그리고 중국과 러시아 그리고 미국이 동시에 북한 내에 군사적으로 진입하는 것은 한국전쟁을 제3차 세계대전으로 확산하는 것이 되고 일본 역시 참전하게 될 것이다. 다른 한편으로는 한반도 정전체제의 종식과 같은 한반도 평화 과정에 있어서 유엔의 협조를 받을 부분도 있음을 간과할 수 없다.

3) 유엔에 가입한 남북한은 회원국의 일원으로 유엔헌장과 국제법을 준수할 책임을 지게 되었다. 그러나 가입 이후로도 남북한 모두는 서로에 대하여 국가 간이면서도 국내법과 국제법이 혼용되는 기형적인 관계를 계속해 왔다. 남북한 간 국내법의 법리상에 영토범위의 불명확함이나 서로를 국가로 인정하지 않은 상태에서 유엔의 동시가입을 국제사회에 명료하게 이해시키기는 쉽지 않은 일이다. 더구나 한반도에서의 평화선언과 분쟁발생의 반복과 간헐적인 군사적 충돌은 이러한 인식상의 어려움을 더하게 할 것이다. 따라서 왜곡된 상황인식을 정상화하기 위해서는 법제상의 정리와 새로운 접근 패러다임이 필요하다. 여기에는 남북한 간의 상주공관 교환설치도 검토할 수 있을 것이다. 적법한 절차로 비자를 발급해 인적·물적 교류를 활성화하면서 평화적 신뢰 구축장치를 만드는 방안이다.

4) 남북한의 유엔 동시가입 이후에 미국의 대북한정책이 변화 조짐

을 보이면서 역사상 처음으로 미국 대통령과 북한 지도자 간의 회담이 이루어졌다. 2018년과 2019년 두 차례 트럼프·김정은 정상회담에서 한반도에서의 전쟁발발 위험성을 제거할 방안을 모색했지만 중도에 파탄되었다. 북한의 한국전쟁 종전선언 그리고 대북제재 해제 요구와 미국의 북한핵포기 조건이 합의되지 않은 것이다. 폼페이오는 미 중앙정보국장과 이후 국무장관 자격으로 2018년 수차례 북한을 방문했고 6월 싱가포르 1차 정상회담과 2019년 2월 하노이 2차 정상회담에 배석했다. 5월의 북한방문에서는 억류되었던 한국계 미국인 2명을 동반해 귀국하는 성과를 보였다. 폼페이오는 퇴임 후 회고록《Never give an Inch(한 치의 양보도 없이)》에서 지구상 누구도 미북정상회담을 예상하지 못했을 것이라고 하면서 싱가포르 정상회담 장소에 운집한 세계언론의 열띤 취재현장 모습을 묘사했다.[145] 양국정상 간의 회담은 북한의 유엔 가입이 없었다면 이루어지지 못했을 것이다. 그리고 만일 북미 간 합의가 성사되었다면 트럼프 대통령은 2020년 9월 중동평화를 위한 아랍-이스라엘 간 아브라함 협정 체결과 함께 커다란 외교적 성과를 과시했을 것이다.

5) 1973년 6월 박정희 정부는 북한과 공동으로〈평화통일외교정책선언〉을 발표하면서 남북한은 유엔 동시가입을 반대하지 않는다고 선언했다. 이러한 약속은 18년 만에 성사되었다. 이 같은 정책의 연장선에서 대한민국은 유엔회원국으로서의 권리와 의무에 부합하는 국민의식을 고양하고 국가정책을 구현해 나가야 하는 것이 마땅한 일이다. 2007년 1월 제8대 유엔 사무총장을 배출한 국가로서 더욱 그러하다. 국제적 시각과 기준에 맞춰 통일정책의 이상과 현실을 점

검해 보아야 하는 것이다.

6) 유엔 가입 후 북한은 2000년대 초반에 영국, 독일, 이탈리아, 스페인, 호주, 독일, 캐나다, 네덜란드, 뉴질랜드, 튀르키예와 외교관계를 수립했다, 그 이전에는 1948년 폴란드, 1973년 핀란드와 스웨덴, 1974년 스위스, 1980년 멕시코를 비롯해 대부분 제삼세계 국가들과 수교했다. 스웨덴을 비롯해 평양에 주재하는 외교사절은 북한사회의 개방에 부분적으로 역할을 하고 있다. 유엔이 파견한 직원들의 활동도 마찬가지다. 2006년 2월부터 2008년 7월까지 초대 북한주재 영국 대사를 지낸 존 에버라드는 자신의 경험을 바탕으로 2014년 8월《영국외교관, 평양에서 보낸 900일》을 써서 자신이 본 북한사회를 외부세계에 전했다.[146] 에버라드 대사는 "김정일이 죽은 후 학자들과 정책 입안자들은 북한을 고립시킴으로써 이 쟁점들을 정면으로 다루는 방법과 북한에 개입함으로써 이 나라의 행위를 바꾸고자 하는 방법 가운데 무엇이 최선인지를 두고 수년간 논쟁을 벌여 왔다. 나는 두 가지 접근법 모두 효과가 없음을 보일 것이다."라고 북한에 대한 고립 또는 개입정책에 관해 조언했다. 그리고 북한 관련 정보의 오류와 한계에 관해서 "책을 쓰면서 북한정세 전문가들로 이루어진 업계가 있고 그들 중 상당수는 북한 땅을 밟아 본 적도 없으면서 이 회의 저 회의를 돌아다니며 똑같은 사람들과 똑같은 생각을 교환하는 일로 먹고 산다. 이따금 내게는 그들 중 일부가 자신의 입장을 옹호할 때의 열정이 그들의 북한지식에 반비례하는 것처럼 보인다. 북한에서 실제로 일했던 더 많은 사람들이 이 나라에 관해 더 많이 쓴다면 그리하여 아주 제한된 지식을 가지고 북한에 관해 장황하

고 거슬리게 써 온 일부의 주장을 바로잡을 수만 있다면 우리는 더 정확한 정보를 바탕으로 이 나라에 관해 토론할 수 있을 거라고 굳게 믿는다."라고 책의 서문에서 언급했다. 이것은 한국을 비롯한 외부 세계가 북한에 대한 정확한 현실감각을 갖출 필요가 있다는 사실을 말하고 있는 것이다.

3. 한민족 공동체의 합금 코리아

1) 한민족의 역사에는 고조선 시대 중국과의 교류를 비롯해 북방 대륙문명 그리고 남방 해양문명과의 교류가 있었다. 한반도 남북을 종단하는 1,000여 킬로미터는 실제로 이 정도 거리를 이동해 보면 생각만큼 먼 거리가 아님을 알 수 있다. 한반도에는 원거리로부터 도래한 다양한 문명의 축적이 이루어졌고 이로서 배양된 역사문화적 역량은 이후 뒤를 잇는 국가에 전통과 유산으로 전해졌다. 고구려와 백제 그리고 조선에 이르기까지 이어져 내려온 반만년 역사의 흐름이었다. 한반도 남단의 소국이었던 신라의 삼국통일 저력은 한민족의 이러한 요소들을 수렴하는 포용력에 있었다. 천마총에서 발견된 로마 물병과 동남아 유리구슬 그리고 스키타이 계통의 금관과 황금 칼은 신라 문화의 세계성을 보여 준다. 신라는 이 같은 융합의 저력으로 삼국을 통일하고 천년왕조를 유지했다.

2) 어느 시대에 있어서나 민족공동체 내의 분열은 국력의 쇠퇴와 위험을 초래한다. 서로마와 동로마가 화합 대신 분열을 선택했을 때

게르만과 튀르키예민족에게 멸망당했다. 솔로몬 사후에 둘로 나누어진 북이스라엘과 남유다는 아시리아와 바빌론 두 제국에 기원전 722년과 586년에 모두 멸망했다. 그리고 이천 년간 유랑생활을 하면서 디아스포라의 고난과 홀로코스트의 참극을 겪었다. 고구려와 신라 그리고 통일신라와 발해가 양국관계를 외교적으로 해결하고 연대하지 못한 것은 이후 우리 역사에 커다란 기회비용의 손실이 되었다. 이같이 민족 내부에서 화합 대신 대결을 선택해 실패한 사례는 근현대 세계역사 속에도 자주 나타난다. 아랍민족의 분열은 중동전쟁에서 연이은 패배로 귀결되었다.

3) 새천년이 시작되는 첫 백 년 21세기는 미래 한국의 진로에 결정적인 시기다. 이 때문에 합금 코리아의 인식이 절실한 때다. 합금과 같이 서로 다른 성질을 가진 요소가 합칠 때 나오는 강하고 유연한 국가역량이 필요한 것이다. 이것은 물질뿐 아니라 정신과 사상에 있어서도 마찬가지로 서로의 갈등과 충돌이 아닌 화합과 상승이 되어야 한다. 해방 후 한국전쟁을 겪고 불사조처럼 일어선 대한민국의 성공은 금속의 융합으로 이룬 철강 한국의 기적과도 같다. 여기에는 과거 정권의 공과 과 그리고 국민의 피와 땀과 눈물로 축적된 역량이 있다. 이 때문에 과거의 잘못은 되풀이해서는 안 될 교훈으로 삼고 성과는 이어받아 확대해 재생산하는 지혜가 요구된다.

4) 21세기 세계에는 국제법적으로 인정된 대한민국과 조선민주주의인민공화국이 있으며 그리고 재외한국인 사회가 있다. 대한민국은 강한 국력과 높은 국가위상으로 국제사회에서 중요한 선진국가

의 위치를 차지하고 있다. 따라서 대한민국이 성취한 국력은 이 같은 한민족공동체의 리더십을 발휘하기 위해 주어진 것이다. 현실을 부정하는 아집이나 문제를 회피해 소극적으로 안주하는 것은 대한민국과 민족 전체의 손실이고 위험을 키우는 일이다. 한민족의 역사 속에 나타난 성공과 실패의 경험을 바탕으로 미래를 만들어 가야 한다.

5) 이것은 시간적으로는 역사 속에 축적된 한민족의 역량을 모아 정리하는 것이고 공간적으로는 남북한 그리고 해외 한민족의 역량을 합해 결집하는 것이다. 이후에는 재일 민단(재일본대한민국민단)과 조총련(재일본조선인총련합회) 간의 대립을 비롯해 해외 동포사회에서의 갈등과 분열도 자연적으로 풀리게 된다. 남북한의 대결로 인해 소외되고 불필요한 고통을 겪으면서도 민족정신을 잊지 않은 귀중한 인적자원이다. 한민족이 공유해 온 역사문화 속 DNA를 모아 화합과 번영의 융합 과정을 거친 이후에 대한민국은 마치 합금처럼 한반도에 자리잡은 국가 역사상 가장 강력한 모습으로 다시 태어날 것이다.

4. 뿌리 깊은 나무와 샘이 깊은 물

1) 애국가의 가사처럼 백두대간이 시작되는 백두산에서 나오는 강물은 흘러 바다로 간다. 강물이 국가라면 물줄기의 한 방울 한 방울은 국민이라 할 수 있다. 이들이 모여 파도를 만들고 다시 큰 강을 이루면서 세계의 바다로 향해 간다.

2) 한민족은 역사의 격랑 속에서 대륙과 해양으로부터의 압박과 침략을 받았고 용기와 지혜로 응전했다. 그리고 근대 서세동점의 시기에 들어 대한제국은 일본에 의해 멸망해 민족의 정체성은 최대의 위기를 맞았다. 그러나 이를 극복하고 2000년대 대한민국은 국제사회의 중견국가가 되었다. 그리고 한민족공동체의 미래를 결정할 중대한 역할을 맡게 되었다. 여기에는 한민족이 가진 불굴의 의지와 노력이 있었고 때로는 그 이상의 역사의 섭리가 있었다. 결과적으로 이러한 고난의 시간이 대한민국을 강하게 키워 준 것이다.

3) 스토리가 있는 민족이 미래를 만든다. 스토리에서 의지가 나오기 때문이다. 이것은 물질적 역량이 아닌 정신적 역량이고 꿈과 비전이 만드는 힘이다. 한민족의 스토리는 히브리 민족의 야훼 신이 노예로 살아가던 자신의 민족에게 주었던 자유와 성공의 스토리와 같다. 이스라엘과 유다처럼 때로는 내부의 갈등으로 충돌해 분열하고 그 때문에 자멸하기도 했다. 그러나 불사조처럼 다시 태어나 새롭게 부흥했다. 무궁화처럼 끝없이 이어지는 한민족의 저력이다.

4) 그리고 이것은 대한민국의 사명으로 이어진다. 세계에서 고난 중에 있는 민족에게 꿈과 비전을 줄 수 있는 것이다. 고난을 극복하고

일어선 희망의 증거가 될 수 있기 때문이다. 이같이 인간과 신이 만들어 가는 역사의 시간은 씨줄과 날줄처럼 엮어져 인류사에 새로운 장을 기록해 간다. 이 때문에 이제는 한민족공동체가 과거의 시간과 공간을 수렴해 미래를 향해 나갈 때다. 민족의 뿌리를 다시 보고 나무를 키우는 샘물을 찾아야 한다. 조상이 물려준 메시지 속의 코드를 읽고 뿌리와 샘을 찾으면 미래가 열린다.

5) 지금 대한민국에 필요한 것은 조상이 남긴 정신과 역량을 발견하고 자신감을 되찾는 일이다. 숨겨 놓은 퍼즐 조각이나 비밀리에 써 보낸 편지처럼 전해 온 메시지들은 이제 되살아나고 있다. 그리고 세계는 작아지고 한반도는 커졌다. 국토가 좁으면 세계를 무대로 넓게 쓰고 국가와 국민의 역량이 부족하면 키우면 된다. 과거가 미흡했다면 이제부터 미래를 만들어 가면 되는 것이다. 이것은 의지와 용기를 갖고 크고 높은 비전을 바라보면 할 수 있는 일이다. 21세기의 시간과 공간은 역사의 신이 대한민국에 주는 선물이자 시험이다. 대한민국에 도착한 천시와 지리에 인화가 더해지면 거대한 기회의 문이 열릴 것이다.

6) 지난 한 세대 동안 대한민국은 세계가 놀랄만한 경이적인 발전을 이룩했다. 신의 섭리와 인간의 의지가 연결된다면 모든 것이 합력하여 선을 이루게 된다는 말과 같다. 그러나 이것은 이미 성취했다고 생각하고 교만에 빠지면 위기가 된다. 힘과 욕망에 사로잡혀 눈앞의 현실만을 보고 이익만을 좇으면 장마에 무너질 모래 위의 탑과 같다. 국력은 아직 충분하지 않고 그동안 우리를 경시하던 국가들과의

본격적인 경쟁은 시작되어 강한 바람처럼 불어오고 있다. 이 때문에 흔들리지 않는 뿌리 깊은 나무와 마르지 않는 깊고 넓은 샘이 되어야 한다.

7) 세계 모든 왕조가 건국에 즈음해 장구한 미래를 기원하는 서사를 썼다. 조선이 한글을 창제한 후에 만든 〈용비어천가〉는 국왕을 찬양하기 위한 것만은 아니다. 한민족공동체의 유구한 역사의 흐름을 위한 것으로 보아야 한다. "불휘 기픈 남간 바라매 아니 뮐쌔 곶됴코 여름 하나니 새미기픈 므른 가마래 아니 그츨쌔 내히 이러 바라래 가나니"라는 서원이다. 그렇다면 후손들에게 어떤 꽃과 열매를 맺도록 할 것인가를 그리고 어느 바다로 향해 갈 것인가를 생각해야 한다. 이것은 오늘 우리가 어떤 목표를 갖고 있고 어떻게 할 것인가에 달려 있다. 그러면 미래에는 다시 우리의 후손들이 이와 같은 고민과 노력을 하면서 더 나은 방법을 찾아 나갈 것이다.

8) 경주의 에밀레종 신라 성덕대왕이 만든 신종은 세계에 유례가 없는 아름다운 모습과 음색을 갖고 있다. 중국대륙과 일본열도가 수많은 칼과 창을 만들 때 한반도에서는 지식을 나누는 금속활자를 만들었다. 그리고 아픈 사람을 살리는 책과 침을 만들었고 마음에 울림을 주는 종을 만들었다. 맑고 조용한 날에는 100리가 넘게까지 들린다는 종소리는 잠시 길을 멈추고 숨을 고르면 멀리서도 듣고 힘을 얻는 편안한 소리다. 조상이 전해 주고 모친의 탯줄로부터 이어받은 원기와 같다. 한민족의 건국이념인 홍익인간 사상이 현대에 되살아나고 통일한국이 이루어지면 이것은 합금 코리아의 대미를 장식하

는 일이 된다. 우리가 사는 이 땅에 한민족공동체라는 나무의 뿌리를 깊게 내리면 나무는 자라 큰 배가 된다. 그리고 샘을 깊고 넓게 파면 이 배는 강물을 타고 멀리 큰 바다로 나갈 것이다. 그리고 세계에 유례가 없던 대한민국의 새로운 역사를 쓰게 될 것이다.

참고자료

I장. 천시의 도래

1 헤겔, 《역사철학강의》, 〈세계사의 지리적 기초〉, 동서문화사 월드북, 2008.
2 정상우, 〈조선사편수회와 조선사〉, 《주요 현안 분석. 통권 74호》, 서울대학교 규장각 연구원, 2013년 5월.
3 윤해동, 이성시, 한양대학교 비교역사문화연구소, 《식민주의 역사학과 제국》. 책과함께, 2016.
4 Warf, Barney, Excavating the Prehistory of Time-Space Compression, Geographical Review, Vol. 101, No. 3(July 2011).
5 유네스코 한국위원회, 국제연합교육과학문화기구(UNESCO) 헌장, https://www.unesco.or.kr/assets/pdf/unesco_constitution.pdf
6 Westad, Odd Arne, Empire and the Righteous Nation, The Belknap Press of Harvard University Press, 2021.
7 루이즈 포셋(엮은이), 백승훈·이주성·이수진(옮긴이), 《중동의 국제관계》, 미래엔, 2021.
8 사마천(지은이), 정범진 외(옮긴이), 《사기열전》 하, 까치, 1996.
9 Barney Warf, Excavating the Prehistory of Time-Space Compression, Historical Geographies, First Published Geographical Review, Vol. 101, No. 3(July 2011).
10 Tsatsou, Panayiota, Reconceptualising 'Time' and 'Space' in the Era of Electronic Media and Communications, Journal of Media and Communication, Vol. 1(July 2009).
11 BBC Earth, 〈Alexander Armstrong 스리랑카 기행〉, 2024년 2월 9일 방영.
12 에드워드 기본(지은이), 강석승(옮긴이), 《로마제국 쇠망사》, 동서문화사, 2016.
13 함규진, 《조약으로 보는 세계사 강의》, 제3의공간, 2017.
14 EBS 다큐프라임, 〈철, 인류의 견고한 욕망〉, 2022년 5월 30일 방영.
15 송현, 〈꼬리에 꼬리를 무는 철 이야기〉, 2022년 8월 25일, https://brunch.co.kr/@twopair/2
16 History of the World Map by Map, foreword by Peter Snow, Penguin Random House, Malaysia, 2018.
17 Wootz Steel, https://en.wikipedia.org/wiki/Wootz_steel.
18 Manucy, Albert, Artillery Through the Ages, Division of Publications National Park Service, U.S. Department of the Interior, Washington. D.C. 1949(Reprint 1985).
19 Henry Bessemer, English inventor and engineer, https://www.britannica.com/biography/Henry-Bessemer.

II장. 초연결 시대의 지리

20 Mckinder, Halford, John, The Geographical Pivot of History, Royal Geographical Society, 1904.
21 에드워드 기본(지은이), 강석승(옮긴이), 《로마제국 쇠망사》, 동서문화사, 2016.
22 도널드 케이건(지은이), 허승일·박재욱(옮긴이), 《펠로폰네소스 전쟁사》, 까치, 2006.
23 사마천(지은이), 정범진 외(옮긴이), 《사기열전》 하, 〈흉노열전〉, 까치, 1995.
24 사마천(지은이), 정범진 외(옮긴이), 《사기열전》 하, 〈대원열전〉, 까치, 1995.
25 Brezezinski, Zbigniew, The Grand Chessboard, Published by Basic Books, A Member of the Perseus Books Group. 1997.
26 아돌프 히틀러(지은이), 황성모(옮긴이), 《나의 투쟁 1, 2》, 올제 클래식, 2022.
27 Donald Stoker, Craig Whiteside, Blurred Lines: Gred Lines: Gray-Zone Conflict and Hybrid W one Conflict and Hybrid War—Two Failures of American Strategic Thinking, Naval War College Review, Volume 73, Number 1, Winter 2020.
28 Dennett, Tyler, President Roosevelt's Secret Pact With Japan, The Taft-Katsura Agreed Memorandum, July 29, 1905, Institute for Corean-American Studies, Vol. 21, No. 1(October, 1924) Published By: University of California Press.
29 Turchin, Peter, War and Peace and War, Plume, 2007.
30 이보 안드리치(지은이), 김지향(옮긴이), 《드리나 강의 다리》, 문학과지성사, 2005.
31 Westad, Odd Arne, Empire and Righteous Nation, 600 Years of China-Korea Relations, the belknap press of harvard university press Cambridge, Massachusetts, 2021.
32 호머 헐버트(지은이), 마도경·문희경(옮긴이), 《한국사, 드라마가 되다》, 리베르, 2009.
33 정재철, 〈응제시에 나타난 권근의 세계관〉, 《漢文學論集》 8, 근역한문학회, 1990.
34 존 M 콜린스, 《대전략론》, 안보총서 13, 국방대학원 안보문제연구소, 1979.
35 막스 더블린(지은이), 황광수(옮긴이), 《왜곡되는 미래》, 의암출판, 1993.
36 Heikal, Mohamed, Sphinx & Commissar, The Rise and Fall of Soviet Influence in the Middle East, Collins, 1978.
37 오드 아르네 베스타(지은이), 옥창준(옮긴이), 《냉전의 지구사》, 에코리브르, 2020.
38 앨빈 토플러, 《21세기 한국비전》, 토플러 어소시에이츠, 2001.
39 Anderson, Benedict, Imagined Communities, Verso, 1983.
40 조흥국, 〈고대 한반도와 동남아시아 및 인도의 해양교류에 관한 고찰〉, 한국해양대학교 국제해양문제연구소, 2010.
41 KBS 역사스페셜, 〈2012 신년기획 2부작 랭턴 박사의 역사추적 제2부 유리구슬의 대항해〉, 2012년 1월 19일 방영.
42 존 카터 코벨(지은이), 김유경(옮긴이), 《한국문화의 뿌리를 찾아》, 눈빛출판사, 2021.
43 혜초(지은이), 지안(옮긴이), 《왕오천축국전》, 불광출판사, 2010.

III장. 인화가 모두를 결정한다

44 https://www.scienceall.com/합금alloy/사이언스올, 과학문화의 모든것
45 남만성 본문석해, 《주역》, 현암사, 1973.
46 쥘 베른(지은이), 질베르모렐(그린이), 김석희(옮긴이), 《해저 2만 리》, 작가정신, 2009.
47 이완범, 〈임진왜란의 국제정치학〉, 《정신문화연구 제25권 제4호 통권 89호》, 한국정신문화연구원, 2002.
48 Nicholson, Harold, Diplomacy. Oxford University Press, London, 1942.
49 Heikal, H. Mohamed, The Cairo Document, Doubleday & Company, Inc., Garden City, New York, 1973.
50 프랜시스 후쿠야마, 《역사의 종말》, 한마음사, 1997.
51 프랜시스 후쿠야마(지은이), 구승희(옮긴이), 《트러스트》, 한국경제신문, 1996.
52 진병운, 철학 텍스트들의 내용 분석에 의거한 디지털 지식 자원 구축을 위한 기초적 연구, 《루소『사회계약론』》, 서울대학교 철학사상연고수, 2003.
53 김선기, 〈항왜 김충선(사야가)의 모하사상 연구〉, 박사학위논문, 부산외국어대학교 대학원, 2011.
54 The Nobel Foundation, https://www.nobelprize.org/prizes /peace/1994/ rabin /biographical/
55 "신은 유치원생들에게 자비를 베푸신다 / 학교 학생들에게는 조금 덜하게 / 그리고 그들의 어른들에게는 더 이상 그렇지 않을 것이다 / 그들을 그들 스스로에게 내버려두시고 / 그리고 가끔 그들은 타오르는 사막을 지나 / 네발로 벌벌 기어야만 할 것이다 / 사상자 집결소에 도착하기 위해 / 피를 흘리면서"
56 라인홀드 니부어(지은이), 이한우(옮긴이), 《도덕적 인간과 비도덕적 사회》, 문예출판사, 2017.
57 Recovery and examination of sculpture group, Fugitive Slave by V. Beklemishev Kamilla B Kalinina1*, Sander Habets2, Evelina A Tarasova1 and Svetlana L Petrova.
58 도널드 케이건(지은이), 허승일·박재욱(옮긴이), 《펠로폰네소스 전쟁사》, 까치, 2020.
59 투퀴디데스(지은이), 천병희(옮긴이), 《펠로폰네소스 전쟁사》, 숲, 2022.
60 이우연·차명수, 〈조선 후기 노비 가격의 구조와 수준, 1678-1889〉, 《經濟學硏究 제58집 제4호》, 2010.

IV장. 전략적 사고가 필요한 때

61 헨리 A. 키신저, 《헨리 키신저의 중국 이야기》, 민음사, 2012.
62 카알 폰 클라우제비츠(지은이), 허문순(옮긴이), 《전쟁론》, 동서문화사, 2009.
63 쥘 베른(지은이), 질베를 모렐(그린이), 김석희(옮긴이), 《해저 2만 리》, 작가정신, 2009.
64 대교무부, 《통수강령》, 병학사, 1999.
65 존 카터 코벨(지은이), 김유경(옮긴이), 《부여기마족과 왜》, 글을읽다, 2006.

66 허웅 주해, 《용비어천가》, 국문학대계, 시가경전편, 정음사, 1955.
67 안병희, 《월인천강지곡해제》, 문화부 문화재관리국, 삼성출판사, 1992.
68 역사문제연구소 포츠담현대사연구센터, 《한국전쟁에 대한 11가지 시선》, 역사비평사, 2010.
69 윌리엄 스툭(지은이), 김형인·김남균·조성규·김재민(옮긴이), 《한국전쟁의 국제사》, 푸른 역사, 2001.
70 해롤드 니콜슨(지은이), 신복룡(옮긴이), 《외교론》, 평민사, 2016.
71 한스 모겐소(지은이), 이호재·엄태암(옮긴이), 《국가 간의 정치 1》, 김영사, 2014.
72 John A. Wickham Jr. Interview, L.A.Times Sam James and AP Terry Anderson, Aug.8, 1980. "Korean people are like 'lemmings' who are willing to follow any leader they get."
73 조셉 나이 외 26인(지은이), 이은주(옮긴이), 《2020 대한민국, 다음 십 년을 상상하라!》, 랜덤하우스코리아, 2010.

V장. 역량배양의 길

74 Leadership and Ethics: 11 Leadership Principles from West Point, the Army, and General Counsel's Office. https://www.acc.com/sites/default/files/2019-08/Leadership%20and%20Ethics%2011%20Leadership%20Principles%20from%20West%20Point%20the%20Army%20and%20General%20Counsels%20Office%20%28Slides%29%20%28002%29.pdf
75 박경련, 〈해양경찰공무원의 세월호 침몰사고 대응과 조직 변화에 따른 심리적 경험에 대한 현상학적 연구〉, 박사논문, 차의과학대학교 일반대학원 의학과, 2020.
76 BBC, Sandhurst's sheikhs: Why do so many Gulf royals receive military training in the UK? Published, 26 August 2014, https://www.bbc.com/news/magazine-28896860.
77 최인훈, 《옛날 옛적에 훠어이 훠이》, 문학과지성사, 2009.
78 정재철, 〈아기장수 설화의 기호학 해석〉, 『인문사회 21, 제7권 제3호』, 2016.
79 탄종성, 〈애국계몽운동에 관한 연구, 대한 자강회와 신민회중심으로〉, 건국대학교교육대학원, 석사논문, 1994.
80 김준엽, 《장정 1 나의 광복군 시절》, 나남, 2017.
81 호머 헐버트(지은이), 마도경·문희경(옮긴이), 《한국사, 드라마가 되다》, 리베르, 2009.
82 이순신, 《난중일기》, 올재 클래식, 2014.
83 Developing Leaders of Character, The West Point Leader Development System 2018, United States Military Academy West Point, New York. https://www.westpoint.edu/sites/default/files/pdfs/ABOUT/Superintendent/Developing%20Leaders%20of%20Character%202018.pdf
84 Tommy Koh & Li Lin Chang with Joanna Koh, The Little Red Dot, Reflections of Foreign Ambassadors on Singapore, World Scientific Publishing Co. Pte. Ltd., Singapore, 2015.

85 리콴유(지은이), 유민봉(옮긴이), 《리콴유의 눈으로 본 세계》, 박영사, 2017.
86 왕수정(지은이), 나진희·황선영(옮긴이), 《한국전쟁, 한국전쟁에 대해 중국이 말하지 않았던 것들》, 글항아리, 2009.
87 Das Boot - It's a long way to Tipperary - "Red Army Choir", https://www.youtube.com/watch?v=-CZ74m28I3E, https://www.youtube.com/watch?v=Ugf3b76tn_o,SovietRedArmyChoir- Battle Hymn of The Republic.
88 https://www.youtube.com/watch?v=7H8si4ImrEw.
89 피에르 부르디 외(지은이), 이영욱(옮긴이), 〈예술적 취향과 문화자본〉, 《문학과 사회 14호》, 문학과지성사, 2001.
90 엘빈 토플러, 《21세기 한국비전》, 토플러 어소시에이츠, 2001.
91 콘라트 로렌츠(지은이), 양승태(옮긴이), 《현대문명이 범한 여덟 가지 죄악》, 이화여자대학교출판부, 2002.

VI장. 시간이 문제다

92 존 카터 코벨(지은이), 김유경(옮긴이), 《한국문화의 뿌리를 찾아》, 눈빛, 2021.
93 데니스 아이젠버그·엘리 랜더우·유리 단(지은이), 샘터 편집부(옮긴이), 《모사드》, 샘터, 1980.
94 Carter, Jimmy, Why Not the Best?: The First Fifty Years, Univ. of Arkansas, 1996.
95 류성희, 〈숯 생산공정에서 발생하는 PAHs의 배출특성 및 인체 위해성 평가〉, 석사학위논문, 용인대학교 대학원, 2012.
96 Aron, Raymond, The Opium of the Intellectuals, Translated by Terence Kilmartin, The Norton Library W · W NORTON & COMPANY · INC, NEW YORK, 1962.
97 투퀴디데스(지은이), 천병희(옮긴이), 《펠로폰네소스 전쟁사》, 숲, 2004.
98 도널드 케이건(지은이), 허승일·박재욱(옮긴이), 《펠로폰네소스 전쟁사》, 까치, 2020.
99 Cesaretti, Paolo, Theodora, Empress of Byzantium, A Mark Magowan Book, The Vendome Press, 2001.
100 Rhee, Syngman, Neutrality As Influenced by the United States, Faculty of Princeton University in Candidacy for the Degree of Doctor of Philosophy, 1912.
101 조지프 나이(지은이), 이기동(옮긴이), 《미국의 세기는 끝났는가》, 프리뷰, 2015.
102 UN Millennium Development Goals and Beyond 2015, UN.
103 National Archives, British Battles, The Egypt War of 1882, https://www.nationalarchives.gov.uk /battles/egypt
104 국채보상운동, 기념사업회(사), http://www.gukchae.com/kor /about/sub01.asp
105 요한 고틀리프 피히테(지은이), 곽복록(옮긴이), 《독일 국민에게 고함》, 올재 클래식, 2022.

Ⅶ장. 세계의 흐름

106 장영철, 《당신들이 그렇게 잘났어요》, 사회평론, 1997.
107 헨리 A. 키신저, 《헨리 키신저의 중국 이야기》, 민음사, 2012.
108 바오미(지은이), 유전귀(옮긴이), 《황화》, 영웅, 1992.
109 TASS, RUSSIAN NEWS AGENCY, 11 FEB 2022, 01:01, Putin's Munich Speech 15 years later: What prophecies have come true?, https://tass.com/politics/1401215.
110 EBS 위대한 수업, 〈반다나 시바 - 식량주권선언 1강 녹색혁명의 폭력〉, 2023년 3월 26일 방영.
111 File: Siege of Constantinople 1453 map-fr.svg-Wikipedia
112 에드워드 기번(지은이), 강석승(옮긴이), 《로마제국 쇠망사》, 동서문화사, 2016.
113 Kissinger, Henry, World Order, Penguin Books, 2014.
114 존 M. 콜린스, 《대전략론》, 『안보총서 13, 안보문제연구소』, 국방대학원, 1979.
115 Brzezinski, Zbignieu, The Grand Chessboard, American Primacy and Its Geostrategic Imperatives, Basic Books, A Member of the Perseus Books Group, 1997.
116 Foreign Minister Sergey Lavrov's remarks at the 30th Assembly of the Council on Foreign and Defence Policy, Moscow, May 14, 2022, 1019-14-05-2022 Foreign policy News, The Ministry of Foreign Affairs of the Russian Federation.
117 도널드 케이건(지은이), 허승일·박재욱(옮긴이), 《펠로폰네소스 전쟁사》, 까치, 2020.
118 Statista, Gross domestic product(GDP) of the BRICS countries from 2000 to 2028(in billion U.S. dollars), https://www.statista.com/statistics/254281/gdp-of-the-bric-countries/
119 The BRICS Has Overtaken The G7 In Global GDP, Mar 27, 2023Posted bySilk Road Briefing, By Chris Devonshire-Ellis, https://www.silkroadbriefing.com/news/2023/03/27/the-brics-has-overtaken-the-g7-in-global-gdp/
120 Rethinking African debt and exploitation of natural resources, March 27th, 2023, Opinion by Michael Danquah,Albert Kwame Osei-Owusu,Edgar Towa, https://african.business/2023/03/resources/africas-debt---urden-contributes-to-overexploitation-of- na tural-resources
121 BBC, By Frank Swain, 4th August 2020, The forgotten mine that built the atomic bomb, https://www.bbc.com/future/art icle/20200803-the-forgotten-mine-that-buil--the-atomic-bomb
122 제레드 다이아몬드(지은이), 강주헌(옮긴이), 《총 균 쇠》, 김영사, 2023.

VIII장. 2100 유나이티드 코리아

123 월간 조선, 2015년 3월 호, 〈인물〉, 조갑제, 2015.
124 박인애, 〈방송 기록물의 가치와 활용 방안- 'KBS 특별생방송 이산가족을 찾습니다', 기록물을 중심으로〉, 한국외국어대학교대학원, 정보·기록학과, 2015.
125 Westad, Odd Arne, Empire and Righteous Nation, 600 Years of China-Korea Relations, the belknap press of harvard university press Cambridge, Massachusetts, 2021.
126 KBS 공영미디어연구소 조사팀, 〈2023년 국민 통일의식 조사〉, 2023년 8월 9일.
127 서울대학교 통일평화연구원, 〈2022 통일의식 조사〉, 2022.
128 조셉 나이 외 26인(지은이), 이은주(옮긴이), 《2020 대한민국, 다음 십 년을 상상하라!》, 랜덤하우스코리아, 2010.
129 한스 모겐소(지은이), 이호재·엄태암(옮긴이), 《국가 간의 정치 2》, 김영사. 2014.
130 Lawrence, T. Edward, Seven Pillars of Wisdom, A Penguin Book, 1962.
131 The Nobel Prize, The Nobel Peace Prize 2000, Kim Dae-jung, Nobel Lecture, https://www.nobelprize.org/prizes /peace/2000/dae-jung/lecture/
132 〈박근혜 정부의 통일 구상〉, Initiative for Korean Unification, 통일부, 2015년 9월.
133 Joseph S. Nye, Jr., "How Sharp Power Threatens Soft Power", Foreign Affairs Snapshot(January 24, 2018).
134 강철민, 〈홍익인간 이념연구〉, 통일정책학과, 숭실대학교, 2000.
135 정영훈, 〈홍익인간 사상에 대한 새로운 해석〉, 《고조선단군학 vol.34, no.34》, 고조선단군학회, 2016.
136 이어령, 《흙 속에 저 바람 속에》, 범우사, 1975.
137 유치환, 《생명의 서》, 미래사, 1991.
138 김지수, 《이어령의 마지막 수업》, 열림원, 2021.
139 맥마흔 볼, 《아시아의 민족주의와 공산주의》, 학문과사상사, 1981.
140 임마누엘 칸트(지은이), 박환덕·박열(옮긴이), 《영구 평화론》, 범우신서, 2020.
141 한스 모겐소(지은이), 이호재·엄태암(옮긴이), 《국가 간의 정치 1》, 김영사, 2014.
142 유네스코 한국위원회, 〈국제연합교육과학문화기구(UNESCO) 헌장〉.
143 아리스토텔레스, 《정치학》, 올재, 2015.
144 플라톤, 《국가》, 올재, 2013.
145 Pompeo, Mike, Never give an inch, Harper Collins Publishers Inc., 2022.
146 존 에버라드(지은이), 이재만(옮긴이), 《영국외교관, 평양에서 보낸 900일》, 책과함께, 2014.